南开文学教材系列丛书

大学写作教程

（原理卷）

崔修建 编著

南开大学出版社

图书在版编目(CIP)数据

大学写作教程.原理卷 / 崔修建编著. —天津：南开大学出版社，2009.6(2022.7重印)
ISBN 978-7-310-03161-0

Ⅰ.大… Ⅱ.崔… Ⅲ.汉语－写作－高等学校－教材 Ⅳ.H15

中国版本图书馆 CIP 数据核字(2009)第 076029 号

版权所有　侵权必究

大学写作教程.原理卷
DAXUE XIEZUO JIAOCHENG. YUANLI JUAN

南开大学出版社出版发行
出版人：陈　敬
地址：天津市南开区卫津路94号　邮政编码：300071
营销部电话：(022)23508339　营销部传真：(022)23508542
https://nkup.nankai.edu.cn

天津市蓟县宏图印务有限公司印刷　全国各地新华书店经销
2009年6月第1版　2022年7月第8次印刷
880×1230毫米　32开本　12.5印张　356千字
定价：39.00元

如遇图书印装质量问题，请与本社营销部联系调换，电话：(022)23508339

目 录

第一章 绪论 …………………………………………………… (1)
第一节 写作的内涵与作用 …………………………………… (1)
一、什么是写作 …………………………………………… (1)
二、写作的主要作用 ……………………………………… (4)
第二节 写作的特性和规律 …………………………………… (7)
一、写作的特性 …………………………………………… (7)
二、关于写作规律的认识 ………………………………… (11)
第三节 大学写作教学概论 …………………………………… (15)
一、确立现代大学写作教学观 …………………………… (15)
二、大学写作教学的主要任务 …………………………… (16)
三、大学写作教学的基本要求 …………………………… (19)
[思考与训练] …………………………………………………… (22)

第二章 写作系统的考察 ……………………………………… (25)
第一节 "谁来写":素描写作主体 …………………………… (26)
一、写作主体的界定 ……………………………………… (26)
二、引发写作行为的原因 ………………………………… (26)
三、写作主体在写作活动中的作用 ……………………… (31)
第二节 "写什么":走近写作客体 …………………………… (32)
一、写作客体的界定 ……………………………………… (32)
二、写作客体的属性和类型 ……………………………… (34)
三、写作客体在写作活动中的作用 ……………………… (37)
第三节 "如何写":触摸写作载体 …………………………… (38)

一、标题……………………………………………………（38）
　　二、材料……………………………………………………（41）
　　三、主题……………………………………………………（44）
　　四、体式……………………………………………………（53）
　　五、语言……………………………………………………（63）
　第四节　"为谁写"：对话写作受体……………………………（82）
　　一、写作受体在写作活动中的作用………………………（82）
　　二、写作受体的心理特征…………………………………（85）
　　三、写作主体的"受体意识"………………………………（87）
　［思考与训练］…………………………………………………（90）
第三章　写作主体素质的提升…………………………………（96）
　第一节　夯实基础的生活素养………………………………（96）
　　一、生活在写作中的作用…………………………………（97）
　　二、如何提高生活素养……………………………………（99）
　第二节　超越自我的思想品位………………………………（102）
　　一、思想品位在写作中的作用……………………………（103）
　　二、如何培养良好的思想品位……………………………（106）
　第三节　博采厚积的学识修养………………………………（111）
　　一、学识修养在写作中的作用……………………………（111）
　　二、写作主体应具备的学识修养…………………………（114）
　第四节　或隐或显的情感……………………………………（118）
　　一、情感在写作中的作用…………………………………（118）
　　二、如何进行情感积累……………………………………（122）
　第五节　知难而进的写作意志………………………………（124）
　　一、写作意志在写作中的作用……………………………（124）
　　二、应培养怎样的写作意志………………………………（127）
　［思考与训练］…………………………………………………（130）
第四章　写作主体能力的培养…………………………………（134）
　第一节　洞悉幽微的观察力…………………………………（135）
　　一、观察的界说与观察力的构成要素……………………（135）

目　录　　　　　　　　　　　　　　　　　　　　　　3

　　二、观察的类型与作用 ………………………………… (137)
　　三、如何进行观察 ……………………………………… (140)
　第二节　敏锐通透的感受力 ………………………………… (143)
　　一、感受的含义 ………………………………………… (143)
　　二、感受的类型 ………………………………………… (144)
　　三、感受力的培养 ……………………………………… (146)
　第三节　灵动飞扬的思维力 ………………………………… (152)
　　一、形象思维 …………………………………………… (153)
　　二、抽象思维 …………………………………………… (158)
　　三、灵感思维 …………………………………………… (161)
　　四、创造思维 …………………………………………… (168)
　第四节　神奇曼妙的想象力 ………………………………… (171)
　　一、想象的含义和类别 ………………………………… (171)
　　二、想象在写作中的作用 ……………………………… (173)
　　三、想象力的培养 ……………………………………… (176)
　第五节　扎实持久的记忆力 ………………………………… (179)
　　一、记忆的作用 ………………………………………… (179)
　　二、如何培养良好的记忆力 …………………………… (183)
　[思考与训练] ………………………………………………… (187)

第五章　写作过程的审视 ……………………………………… (195)
　第一节　引发契机的感知 …………………………………… (196)
　　一、写作感知的特性 …………………………………… (196)
　　二、写作感知的作用 …………………………………… (199)
　　三、写作感知的过程 …………………………………… (202)
　第二节　预制蓝图的构思 …………………………………… (206)
　　一、构思的特性 ………………………………………… (206)
　　二、构思的方式 ………………………………………… (210)
　　三、构思的过程 ………………………………………… (218)
　第三节　心手合一的行文 …………………………………… (232)
　　一、行文的特性 ………………………………………… (232)

二、行文的过程 …………………………………………… (234)
　　三、如何提高行文质量 …………………………………… (245)
　第四节　精益求精的修改 …………………………………… (249)
　　一、修改的意义和要求 …………………………………… (249)
　　二、修改的范围和方法 …………………………………… (253)
　[思考与训练] ………………………………………………… (256)

第六章　写作表达方式的选择 …………………………… (261)
　第一节　条理清晰的叙述 …………………………………… (261)
　　一、叙述的界定与作用 …………………………………… (261)
　　二、叙述的类型 …………………………………………… (267)
　　三、叙述的要求 …………………………………………… (274)
　第二节　穷形尽相的描写 …………………………………… (278)
　　一、描写的界定与作用 …………………………………… (278)
　　二、描写的类型 …………………………………………… (280)
　　三、描写的要求 …………………………………………… (297)
　第三节　或隐或显的抒情 …………………………………… (299)
　　一、抒情的方式 …………………………………………… (299)
　　二、抒情的要求 …………………………………………… (304)
　第四节　精辟透彻的议论 …………………………………… (306)
　　一、议论的要素 …………………………………………… (306)
　　二、议论的方法 …………………………………………… (307)
　第五节　客观清晰的说明 …………………………………… (313)
　　一、说明的类别 …………………………………………… (314)
　　二、说明的特点和要求 …………………………………… (318)
　　三、常见的说明方法 ……………………………………… (320)
　[思考与训练] ………………………………………………… (323)

第七章　写作技法的运用 ………………………………… (327)
　第一节　写作技法简说 ……………………………………… (327)
　　一、写作技法的界定 ……………………………………… (327)
　　二、从"师法他人"到"法而无法" ……………………… (329)

目 录

第二节　常用传统写作技法举隅 …………………………（331）
　　一、聚焦与立骨 ……………………………………（332）
　　二、悬念与那辗 ……………………………………（335）
　　三、巧合与误会 ……………………………………（339）
第三节　常用现代写作技法举隅 …………………………（341）
　　一、意识流与蒙太奇 ………………………………（341）
　　二、反讽与黑色幽默 ………………………………（345）
　　三、象征与变形 ……………………………………（349）
第四节　写作技法的辩证艺术举隅 ………………………（352）
　　一、动与静 …………………………………………（352）
　　二、隐与显 …………………………………………（354）
　　三、断与续 …………………………………………（356）
　　四、繁与简 …………………………………………（359）
　　五、张与弛 …………………………………………（364）
　　六、抑与扬 …………………………………………（366）
第五节　变化多端的开头艺术 ……………………………（367）
　　一、为什么要重视文章的开头 ……………………（367）
　　二、常见的开头技法举隅 …………………………（371）
第六节　意味深长的结尾艺术 ……………………………（376）
　　一、言尽意存的结尾 ………………………………（376）
　　二、常用的结尾技法举隅 …………………………（377）
［思考与训练］………………………………………………（381）
主要参考文献 ……………………………………………（386）
后记 ………………………………………………………（388）

第一章　绪论

[**本章导引**]

写作是人类社会中一项极为重要的文化活动。写作是什么？为什么要进行写作？写作的特性有哪些？如何认识写作的规律？当代大学写作教学的内容和要求有哪些？对这些基本问题的探讨，可以帮助我们推开写作虚掩的门，可以对写作有一个初步的了解和认识。

通过本章的学习，可以理解写作的内涵、特性、意义，深化对写作规律的认识，尤其是要认清现代社会大学写作教学观念、教学内容、教学方式的变革，是时代和社会提出的要求，也是写作学发展的要求。写作是人类的一项极为重要的精神活动，可以锻炼和提高人才的素质和能力，可以创造出巨大的精神和物质财富。

第一节　写作的内涵与作用

一、写作是什么

自从有了写作活动，人们就一直在追问"写作是什么"，就像人们追问"美是什么"、"文学是什么"一样，尽管人们思考的角度和维度各不相同，给出的答案也不尽相同，但仔细地梳理、考察一下那些从不同角度得出的关于"写作是什么"的深入思考和阐释，则会帮助我们更好地认识写作的内涵,更好地洞悉写作的性质和特征。

有人认为"写作"是对客观世界的反应行为;有人认为"写作"是一种用符号传达有创造意义的制作行为;有人认为"写作"是有目的、有组织地运用语言文字进行书面表达,以反映客观事物、传情达意的行为过程;有人认为"写作"是使用有组织的文字传递信息、表达思想感情、反映客观事物的活动;有人认为"写作"是运用书面语言能动地反映对世界的认识,表达作者对客观事物的认识和感受的精神劳动;有人认为"写作"是人们用语言记写思维成果的行为活动;有人认为"写作"是综合了多门学科知识的一种创造性活动;有人认为"写作"是人类特有的一种文化活动……

虽然上述关于"写作是什么"的不同解释和阐述,的确揭示出了写作的一些本质属性,比如,揭示了写作的内容是主体对客观世界的反映,揭示了写作是主客体统一的结果。然而,这些阐述大多只是反映出写作特质的某些方面,而且在解释写作这一人类特有的活动时,大多是静态地考察写作,过多地关注了写作的功能,强调了写作的技术因素。诚然,作者收集材料、构思文章蓝图、进行传情达意的产品制作过程,与工人加工机器零件、电脑工程师编制软件程序一样,确实表现为一定的操作工艺程序,体现出了写作者明显的操作技术的巧妙与笨拙、娴熟与生疏等差异。当写作被看作一种高级工艺、高级技术来掌握时,的确可以成为一部分人的职业,写作可以"应时"、"应世",比如各类在工作、学习、生活中普遍运用到的应用写作,便极大地满足了人们信息的沟通和交流,实现了社会精细分工和周密协调的组织和调配等。但是,写作决不仅仅是作为一门技术或工艺而存在的,它也不是作为一门社会职业而存在的。

也有人看到了写作与生命之间的哲学关系,认为"写作是人类运用书面语言文字创生生命生存自由秩序的行为、活动"(马正平编著:《高等写作学引论》,中国人民大学出版社,2002年版,第67页),强调"写作是生命的需要和表达"这类的观点。的确,作为人类特有的一种社会实践活动,写作本身便是人类丰富的社会生活的有机组成部分,写作的过程是生命的张扬与展示,其产品是生命的寄寓之所,是一种生命状态

第一章 绪论

的自觉的选择与呈现,是生命自我确定的一种形式。写作与人的生命有着天然的血脉相通的联系,散发着生命浓郁的气息。写作的过程就是生命成长的过程,作品是作者心血的"结晶","作品是作者生命的一部分","我写作则我生存"、"写作是自我的第二身躯"等等,古今中外的人们,将写作视为生命不可或缺的重要内容,视为生命展示与延续的一种重要方式。如中国古代文人追求"立言传世"、衣被后世、流芳千古,其本质就是让自己和被写作的对象的生命闪烁在文字中间,让生命在文章中找到新的生存空间,因写作而令生命不朽。

透过写作活动和写作的成果,我们也不难发现作者的生命状态和运行轨迹,不难看到生命的风貌、气质、秉性等在写作中呈现的鲜明印痕,在内容和形式统一的文章中透着明显的生命本真的底色。可以说,写作是人的生命内在的、永久的本质需要,可以帮助人实现生活和生命的最大价值和意义。正是迥然不同的众多个体生命状态,汇聚成了特定时代、国家、民族心理、心态的色谱。所有文化史和思想史,只不过是对久经沉积的历代写作行为现象的重新开发而已。如慷慨悲歌的屈原、抑郁顿挫的杜甫、豪放不羁的李白、超然达观的苏轼、世事洞明的曹雪芹、深刻犀利的鲁迅等等,在他们历久弥新的神采飞扬的文章之中,我们很容易就能触摸到他们生命的温度,感受到他们生命的密度与厚度。阅读他们的文章,就是在阅读着他们各自生命最为真切的状态,他们在不同时代的思想意识、价值观念、个性风采、精神历程等,犹如浩瀚苍穹中闪闪的繁星,一直给与后世生命不竭的照耀。

当然,作为个人生命状态在写作中的呈现,并非都出于作者自觉的选择,有时这种生命状态总是不经意地顽强地裸裎出来,只是存在着或显或隐、或强或弱的区别罢了。但很多的写作都是经过认真思考、反复斟酌的结果,是作者自觉、自主的选择,作者所要表现的和所能表现出来的,也往往只是生命状态的某一方面。因为写作者的写作行为是一种面对特定的写作环境、有着特定的写作意图和写作选择的实践活动,是对个体生命生存方式的关注和反映,是其生命的一种态度的记录、反映和呈现。所以,不能简单地将文章所呈现的生命状态等同于作者实际的生命状态。

显然,为"写作是什么"提供一个标准答案显然是不可能做到的,似乎也是不必要的。因为"写作"的疆域实在太宽广,它所包含的内容实在广博,它还是开放的、流变的、生长的,是与时俱进的……但这并不妨碍我们对"写作是什么"持久不懈地扣问和思索,不妨碍我们进行种种迫近写作内涵的"准确定义"的努力。

在当下的社会语境中,依据对写作活动的客观性、主观性、创造性、动态性和中介性的综合考察,本教材综合众多的阐述,为写作给出如下的"定义":

写作是写作主体运用语言文字表达自己对客观事物的感受和认识的一种心智活动。

首先,确立写作的性质:写作是一种心智活动,即是一种精神创造活动,创造的成果是精神产品。作者的创造精神决定了写作活动的成败以及写作成果的优劣,而且写作是一种动态的活动过程,并非静态的。

其次,确立作者的主体地位。作者在整个写作过程中具有主导作用,"写什么"和"怎么写"都是由作者决定的,作者的经历、教养、思想、感情、知识、智力、能力等对写作具有直接或间接的影响。

再次,写作的对象是客观事物及其主体对客观事物的感受和认识,写作是客观性和主观性的统一,因此闭门造车或缺乏见地的写作行为都是不可取的。

另外,写作是以语言文字为中介符号表情达意的,所以提升语言文字运用能力是写作的一项至关重要的内容。

相应地,对于现代写作的理解,也应当从写作观念的现代更新、写作内容的时代特色、文体的现代演变、思维方式的现代变异、写作空间的现代拓展及写作工具的现代化更替等多角度、多层面入手,综合地考察和辨析。

二、写作的主要作用

(一)贮存和传播信息的基本途径

任何时代,都普遍地存在着信息的记载和交流活动,每一个生命个体都会接纳和传播信息,无论是内部的还是外部的,无论是审美的还是

第一章 绪论

实用的,无论历史的还是现实的。作为一种资源、一种财富,随着社会的进步,随着传播途径的拓展和传递速度的加快,信息的贮存和交流,已经深入到社会生活的各个方面、各个层面,如科技工作者需要了解和掌握最近的科技动态和成果;文学创作者需要了解社会政治、经济、文化中各种最新的情况;商业人士关注商品生产、流通、消费等方面的信息;教师需要了解教育观念、人才培养模式等方面的新进展等信息;求职者需要了解用人单位的相关信息……总之,信息的交流无处不在。而作为贮存和传播信息为基本手段之一的写作活动,也已日益成为一种极为普及的社会活动,越来越受到现代社会各行各业的广泛关注和高度重视。社会大量地需求各类专业的和非专业的写作人才,需要各种各样的写作活动,需要源源不断地提供大量的写作文本。而且,伴随着社会分工的日益细化,传递不同行业、不同专业领域信息的不同层次的写作也日趋分化,如商业写作、广告写作、司法写作、科技写作、公关写作、文秘写作、新闻写作、军事写作等,以不同的社会需要,传递不同专业的信息为前提,以自身的专业特点为标志,逐渐发展起来,丰富着写作学的学科体系。

以文字符号为记载和传播媒介的写作,无论在怎样的社会条件下,都会发挥着不可替代的巨大作用,写作能够把信息、思想、情感等内容通过语言文字记载成为物化的形态,既方便保真、存储、传世,又方便阅读和利用。

(二)实施现代管理的必要手段

现代管理涉及的方面大至国家的政治、经济、文化、军事、外交等,小至具体行业、部门、单位的人事、财务、生产、经营等,可以说,现代社会的各方面、各环节、各步骤,都离不开现代管理,都需要一定的管理制度、管理程序、管理手段、管理方式、管理人才等,而这些管理都需要相应的写作来支撑。以一家以营销为主的商业集团的运作为例,从集团经营的主导思想、营销策略的制定,到各岗位、各部门的人员分工;从目标效应体系的建立,到每位员工的岗位职责的明晰,从管理部门的信息发布,到各部分营销情况的反馈等等,每个环节、每个举措、每一种运营方式都与写作密切相关。比如,营销计划的制订需要写作,工作总结、管理程序的编排等需要写作,各部门的情况沟通和信息通报需要写作,员工的意见反馈、心理诉求等也需要写作。再以当代大学的现代管理为例,学生的入学注册、学籍管理、学分管理、作业和考试管理、人才培养管理等等,均离不开各种形式的写作支持。

当今社会,应用写作的空前繁荣,也在生动地说明写作在现代社会的各项管理中,正在发挥着不可或缺的重大作用。人们越来越充分地认识到,写作已经是现代社会中的人们必须掌握的一项基本技能。拥有一定的写作能力,已成为现代人工作、学习和生活的基本需求,成为推进国家、集体和个人事业发展的需要。

(三)交流思想情感的特殊媒介

作为一种记载和传递人类思想和情感的文化活动,写作能够使人类各个时期所创造的精神产品得以传承,并作为凝重丰厚的文化资源为各个时代的人们服务。同时,也使写作者的思想情感得以延续,实现精神生命的永恒。

写作在其诞生之初,就以传情达意、展示人类的精神世界为基本内涵。尽管随着社会与时代的发展,写作的功能不断地扩大,但运用语言媒介创造艺术形象、表达思想情感,始终是写作的一项极为重要的功能。人们丰富的思想情感,需要沟通与交流,需要选择合适的载体,往往要借助写作活动,将思想和情感物化为特定的精神产品——写作成果,并通过出版发行、审美阅读等,实现作者与读者的双向交流,实现人们对社会、生活、人生与生命等的审美认识和思想情感的交流。比如,人们通过阅读那些描写自然风光的诗文,可以激发起人们热爱自然的情感,通过阅读古今中外的那些经典名著,人们可以与作者及作品中的人物进行思想和情感的沟通与交流,可以开阔视野,提高认识,获得审美享受。

进行思想情感的交流,不仅在文学创作中体现得尤为明显,在其它文体写作中也十分鲜明,如一些理论文体写作,作者和读者都是在进行着思想的碰撞和交流。

(四)提升综合素质的重要渠道

写作能力综合体现着一个人的心理素质、思想品位、文化素养、知识储备等,反映着一个人的智力结构。通过写作,可以提高人们的观察力、感受力、思维力、想象力和表达力,可以提高人们的思想觉悟,塑造人们的高尚的人格品位。

在写作过程中,人们的视野会得到更大的拓展,知识结构会发生新的变化,认识水平会得到提高,人们的观察、感受、记忆、想象、思考、创造等能力都会得到充分的锻炼,人们的思维会更加活跃,会更加关注历史、现实和人们的心灵世界,会更具有创新意识和创新能力,人们的语言表达水平将获得明显的提高。

通过写作训练,人们会对生活的理解和认识更准确、更细致、更深入,对人生与生命的感受会更全面、更细腻、更深刻,对真善美的追求和对假恶丑的鞭挞会更自觉,会有助于提高生活的品位,提高生命的质量,建构起更为完美的人生。

总之,写作是提升人的综合素质的一条重要渠道。

第二节 写作的特性和规律

一、写作的特性

作为人类特有的一种创造性的精神生产活动的写作,从整体上看,具有如下鲜明特性:

(一)社会性

1. 写作目的的社会性

写作是一种社会活动。写作动机的产生、写作目标的确立,往往体现着一定的社会需要。记载和传递信息、交流思想情感的写作目的的实现,写作者与读者达成信息沟通和"心灵共鸣"的需求,都反映出写作在社会生活中所发挥的桥梁和纽带作用。

2. 写作对象的社会性

写作行为是在一定的社会语境中展开的,写作的材料选择、主题提炼、语言表达方式等,都不可避免地受到一定时代的社会生活风貌、社会文化等影响；写作的客体主要内容就是社会生活，不管什么形态的生活，都具有一定的社会性，而且写作主体也是社会生活中的一分子，个人的生活经历和思想情感都来源于社会生活。

  3. 写作效益的社会性

  写作的成果是在社会的传播、交流中实现价值和发挥作用的，因而写作的价值和意义往往是通过写作产品的社会效益体现出来的。作者在写作中，会自觉不自觉地考虑到写作成果的社会影响，会思考如何最大限度地发挥作品的社会功用。同时，社会对写作活动的反应，也会影响和制约着写作活动的展开。

  （二）综合性

  写作是一项特殊的活动，受到多种复杂因素的影响，有着明显的综合性特点。其一，从学科角度看，写作学是一门边缘性、交叉性学科，与语言学、文艺学、思维学、心理学、美学、哲学、传播学等学科密切地联系着。写作学是名副其实的综合性的学问，融会贯通了多学科的知识和理论。其二，从写作活动的过程来考察，无论是文学创作还是实用写作，其进程总是体现着主体、客体、载体、受体的综合作用，写作是一个动态的系统。其三，就写作主体的能力而言，写作是由写作主体的生活经验、知识、理论、感受、思维、心理等多方面的因素综合发挥的结果，主体的综合素养和能力构成了写作能力，综合性的写作能力是决定写作成败的关键。另外，主体的社会性，也决定了写作活动与社会的复杂关系，写作的综合性正是这种复杂关系的体现。

  （三）个体性

  写作的个体性体现了写作主体自身的能动性，是由写作者的个性差异所决定的。

  首先，从写作的行为方式来看，它是一项个体化的劳动，它的整个劳动过程，主要是以个体活动的方式进行的。每个相对完整的写作环节，如一篇文章、一部书稿的构思和表达，都是由写作个体承担的，虽然写作之初可能会与他人探讨创意等，写作过程中也可能要参考和吸收别人的一些意见，但是主要的劳动还是由个人来独立完成的。即使是某些集体写作，其集体性也只是体现在写作之初的集体讨论等环节（如搜集资料、修改、誊写)中的任务分担,具体到某一个环节的写作时,不管他人提供了什么样的资料、思路和方案,最终必定还要经过个体化的作者的整合,从一个人的思维通道中流出,并由一个人执笔完成。至于个别的由每个人负责一段的"接力写作",也是每一个写作个体在独立完成自己承担的写作任务。

有些公文写作,往往被认为是非个体性的写作,因为它往往注入了部门或领导的意图,有的甚至是指定性的授意写作,但这些公文的主旨、材料、写作范式等虽然非执笔者一人所定,并不否认写作的个体性,因执笔者在实现写作意图的同时,还会因个人的思维能力和表达能力等差异性,为写作成果打上一些个人性的印记,比如在思维缜密程度、语言风格方面,写作的个体性特征依然显著。

其次,从写作主体来看,也体现着鲜明的个体特征。每个主体的社会阅历、知识储备、文化素养、写作能力等各不相同,人们在感受事物、接受信息、思考方式、表达习惯等方面也千差万别,体现在写作中便是千人千面,各有特点,有着非常明显的个人化的特征。即使同处一样的环境中,因观念、兴趣、性情等差异,不同的主体的着眼点和兴奋点也会大不相同,其写作的内容和写作风格也可能迥然不同,如仰望同一轮明月,有人会抒发思乡之情,有人会寄托祝福之意,有人会呈现出悠然自得的平和心态,有人会感慨日月永恒而人生短暂,有人则会由月之盈亏感悟出有关得失与进退等人生哲理。

再者,从写作结果方面来看,每一件个人化的精神产品,都不可避免地带有个人的印痕,体现着个人精神世界的丰富多彩和写作个性的千差万别。1923年8月,两位散文大家朱自清与俞平伯乘同一条船游览秦淮河,见闻、经历大致相同,两人写了同题散文《桨声灯影里的秦淮河》,但两人的文章在内容、倾向、情趣上有着明显的差别,朱自清的文章以理取胜,俞平伯的文章以情取胜。至于因作者认识水平和审美倾向的差异,面对同样的生活或类似的人生经历,却写出大相径庭的作品,这类的例子不胜枚举。

(四)创造性

写作的创造性比个体性更进一步,它体现着个体性与共性的统一而又超越共性的个体独特的创造,也叫创新。当然,不是每一次写作实践都具有创造性,一些常规性的重复写作也大量存在,也有着一定的现实应用价值。但是,创造性的写作具有长远的甚至永恒的价值,是写作应当追求的目标。写作的创造性主要体现为创造性思维的开发和运用。

首先,创造性表现在各种文体写作之中,表现在写作的不同环节之中。就文体而言,不仅文学文体的写作需要勇于突破前人、他人的创新,非文学文体的写作也应当坚持致力于创新。如衡量一篇学术论文质量的主要标准,就是看文章是否创新。有些机关公文和事务性文书的写作,虽然在实践中,不可能每次都做到创新,但可以将创新作为一个理想的目标,"虽不能至,心向往之"。就写作过程而言,作者应树立创新意识,努力打破惯性思维,在观察、体验、感受、积累、构思、表达、修改等各个环节都力争有所突破,不重复他人和自己,努力找到与众不同的方法和途径。就文章的结果而言,可以是立意新、选材新、结构新,也可以是语言新、文章体式新,可以是某一方面创新,也可以是多方面综合创新。初学写作者可以先从局部创新做起,逐步过渡到整体创新。

其次,写作的创造性还体现在对写作主体的塑造上。写作这项综合性的精神生产活动,在完成一件件富有创造性的精神产品的过程中,也完成了对主体的建构。主体在写作实践中,写作技能更加成熟,综合素质得到提升,心智得到了开发,创造力得以增强。简而言之,经常性地进行创造性的写作活动,必然会大大地提高创造能力。

再次,写作的创造性体现为不同层次。完全迥乎他人的全新的创造,或者在他人基础上在某一个方面有所突破,或者在某一个细微之处的别出心裁,甚至几次写作之间的差异,等等,都应视为有创新。写作的创造性并非高不可攀,也并非是一味地求新、求异、求奇。有时,能够发挥自己的水平,完成一定的写作目的,实现自己的写作设想,其实也是一次包含了创造成分的写作。

(五)实践性

写作的实践性,也称实践操作性。其内涵十分丰富:

首先,写作的结果是将内心的感受和思考,转化为有痕迹的文字产品,即借助一定的工具,通过语言文字这一媒介,将思维内容物态化、外观化。

其次,各类写作学知识和理论,必须通过具体的实践操作,才能得到更为充分的体认和内化。写作操作的过程,是将写作理论付诸实践的过程,也是在实践中总结经验和教训、寻找规律、提炼理论的过程。"纸上得来终觉浅,绝知此事要躬行",写作者不仅要学会用眼观察、用耳倾听,用脑思考,不仅要掌握一定的写作知识和理论,还必须要学会动手,学会拿起笔来,进行具体的实践操作,做到"知行合一"。实践操作主要体现在"写"上,"写"就是手脑并用的操作,是主体身体力行的能动行为,是一种心理操作行为和行为操作行为相互交融向前推进的活动。有了"写",才有"写"的产品,才有写作知识的丰富,才有写作技法的运用,才有写作原理和规律的掌握,才有写作经验的积累。

再次,写作能力只有在实践中才能有效地提高。实践操作是既动脑又动手的劳动过程,它以主体的思维活动为基础,也是留下思维活动轨迹的手段和保证;它既按照一定的规矩和程序又经常有所突破,它体现着思维的活动,将主体的情、意、识融注到语言之中,将思维的推进和拓展寓于语言文字的表述之中,最终赋予思维内容一定的呈现形式,并使之物化。

二、关于写作规律的认识

规律是对事物本质特点的揭示,具有不依人的意志为转移的普遍客观性。写作这种复杂的精神活动,有基本规律也有特殊规律。写作规律包含写作实践活动发展变化的必然趋势和有序层次,反映着构成写作诸要素的本质联系。关于写作规律,较普遍的认识有:

(一) 主客体交融转化规律

主客体交融转化规律是早期写作学教材中经常提及的,是指写作主体与写作客体相互作用、相互交融,并且转化与融通产生主客体统一的精神产品——文章。即一切文章都是主体与客体(或称"物"与"我")之间相互作用、相互交融、相互转化而成的。其中,写作客体是从事精神劳动的对象,是触发写作主体产生写作欲望和写作动机的诱因,是主体获得写作感知和写作材料的源泉,是主体实现写作目标或意图的凭借和依托,是衡量和制约着写作行为的一种"内在尺度";写作主体为写作客体赋予生命和灵魂,并为写作活动确立目标和方向,操作和调控写作行为。写作主体和写作客体相互依赖,各显其能,在写作中始终进行着双向的矛盾运动,最终达到二者完美统一,在"对象主体化"和"主体对象化"两个同时进行的有机融合过程中,诞生了主体与客体、内容与形式转化与统一的精神产品。

(二)双重转化规律

刘锡庆在《基础写作学》中首先提出了由事物到认识、由认识到表现的"双重转化规律":任何一篇文章或一部作品的写作,都经过一个由客观事物转化为认识、再由认识转化为表现的一个双重转换的过程,即经过"物→意→文"的双重转化,并由此概括出"由物转化为意"和"由意转化为文"的运行模式。陈果安在《现代写作原理》中将此概括为:一个是生活的心灵化,一个是心灵的文字化。前者是写作的基础,后者是写作的归宿,二者联系的桥梁是作者的心灵。

"双重转化"强调了现实生活和客观事物是写作的源头,作者是认识的主体;"双重转化"的实质是从认识到表现,从内容到形式,需要多种素质和能力的综合协调。

(三)三重转化规律

"三重转化"是通过对"双重转化"进行深入研究,发现由"物"到"意"的转化,其实存在着由写作对象转化为头脑中的感知、再由感知转化为构思两个阶段,从而更为准确地揭示出了写作的流程为:物→感→思→文。它最早是由金长民、林可夫在《高等师范写作教材》中提出来的:

> 写作是在写作主体操作下多元复合的整体行为,然而在具体推进中却呈现出由内化到意化再到外化的流动变化轨迹。所谓内化,就是变外物为内物,变身外之物为储存于脑中的感知之物,并使之被写作主体化解、融纳。它是写作的准备亦即感知的积累阶段。所谓意化,就是写作主体在心理操作下,将感知之物意态化,使之转化为意念与形象。它是写作的设计亦即意象的孕育阶段。所谓外化,就是将孕育成型的意象,通过语言符号定型于身外,使思维成果物态化。它是写作的完成亦

即表意行文的阶段。写作主体只有感知上、思维上、语言上的三道障碍，实现了三重转化，才能达到预期的写作目的。

"三重转化"中的"内化"是写作的感知积累阶段，"意化"是构思阶段，"外化"则是行文表达阶段。

（四）三级飞跃规律

在朱伯石主编的《现代写作学》中是这样阐述"三级飞跃规律"的：写作过程是感知立意→孕育构思→表达行文。一篇文章的诞生，首先是客观事物由人的感官被大脑所反映，作者产生了一些感性认识，随着感性认识材料的不断积累，就会产生一个"感知飞跃"，形成理性认识，即思想，构成写作基础，一切的写作动机和写作意图由此萌生；接着，在动机和意图的引导下，作者的认识开始向多种内在的物象透射、向某种内在形态聚合，在丰富的联想和想象的作用下，由心灵产生一个完整或基本完整的"心灵产品"，这便是"内化飞跃"；继而，作者以文字符号将头脑中的内在形态凝聚、物化为具体可感的文章，实现写作过程中的第三个飞跃——"外化飞跃"。（参见朱伯石主编：《现代写作学》，人民日报出版社，1986年版，第17页）

"三级飞跃"在强调"写作过程"的同时，还揭示了每个阶段的递进、"质变"特征，强调了写作的创造性本质。特别值得注意的是，将立意阶段称为"感知飞跃"，揭示出写作的立意是从对写作客体"感知"的心理思维活动中生成的，强调了写作灵感在写作活动中的动机作用。

"三级飞跃规律"与"三重转化规律"十分相似，二者差异是："三级飞跃"把对写作行为中对材料的感知和立意视为写作行为的第一阶段，而把对写作客体的结构酝酿（内孕）视为转化的第二个阶段；"三重转化"则把对写作客体的感知视为第一个阶段，把立意和写作构思视为写作的第二个阶段。

现在写作界大多赞同"三重转化"对转化阶段的化分，因为第一个转化阶段的写作行为的主要心理特征是感觉化、体验化、情感化、经验化，尚未进入理性化、整体化的立意阶段，这一转化的功能是萌发写作动机并为写作行为提供动力。"三级飞跃"则把感性化、直觉化的感知和理性化的立意杂糅到了一起，理论思维不十分清晰。

(五)知行递变规律

"知行递变"是马正平最先中提出来的：

这里的"知"是指写作活动中写作主体所获得的目的性、目标性的表达对象,即广义的表达目的和广义的写作主题、信息,而"行"是指写作主体为了实现、物化、传达表达目的、写作主题而采取的广义的表达方式。

写作活动就是作者不断地把自己的表达目标、目的、对象(知)形式化为具体感性的写作行为、手段,只有作者把全部的表达目标、目的变成最后一个写作行为、表达方式以后,写作活动才算真正完成。因此,写作是一个把抽象变具象的过程,或是形式化的过程。(马正平编著:《高等写作学引论》,中国人民大学出版社,2002年版,第197页)

马正平认为,整个写作过程是由一系列的"知——行"递变机制所构成的：当作者为了实现反映客观世界的目的,深入生活、观察体验、把握客观世界,进而采用相应的题材、体裁,确立一定的主题、结构和表达方式等,就是在"行",写作行为由此构成"知"与"行"的系统。当作者"知"的目的变成"行"后,这个"行"马上又变成新的"表达目的",即新的"知",当新的"知"产生后,为了表达它,作者又必须采取新的"行"……这样,连绵不断的"知——行"递变构成了整个写作活动。

"知行递变规律"揭示了写作活动中"各个阶段的内在联系和必然趋势",其中,"知"是起点,是基础,是动力;"行"是"知"的落脚点,是结果。写作中既要重视"知",又要重视"行",善于将"知"与"行"有机地统一起来,推动写作活动顺利进行。

(六)四体统一规律

四体统一规律是20世纪90年代以来,写作界通过对写作活动进行动态和静态的综合考察后,普遍认可的一条写作规律。它强调写作活动是由写作主体、写作客体、写作载体、写作受体相互作用及动态组合的过程,其中写作主体处于写作活动的中心地位,既是客体的感知者,又是构思和行文的实施者,主导着写作活动;写作客体是写作的基础和本源;写作载体是承载和运送写作内容的媒介,是内容和形式的统一体;写作受体的接受和反馈是写作活动的自然延伸,对写作的方向和内容选择等有着一定的引导作用。

写作主体、客体、载体、受体渗透并制约着整个写作活动,这四个写作要素的作用各不相同,但又相互制约。"四体"之间互逆、互助、互摄、互生,它们与写作活动的纵向环节渗透、交叉、整合,使写作过程呈现立体复合状态。因此,只有认识和处理好"四体"的关系,写作活动才会顺利地发生和完成。具体而言,就是要认真研究四体如何相互渗透和相互制约的,充分发挥主体的主宰作用,并综合考虑客体、受体的要素,遵从载体的要求,融合"四体"推动写作活动的展开。

第三节 大学写作教学概论

一、确立现代大学写作教学观

置身于现代社会文化语境之中,大学写作教学观念必须与时俱进,由传统的写作教学向现代写作教学转化。

(一)人才观是大学写作教学的主题

随着知识经济时代的来临,全球化的人才竞争已经愈演愈烈,人才已越来越成为最重要的社会财富来源。面对社会对高素质、高能力人才的迫切需求,为适应新形势下的人才培养战略,当下的大学写作教学观念必须从传统的知识本位转向能力本位,即改变过去的重在知识传授的理念,站在更高的层次上认识"人才"的内涵,以培养大批富有想象力、创造力和竞争力的新型人才为目标,要充分认识到写作不只是一门操作技术,也不只是便于求职就业的一项"技能",更不是什么"文章套路"和语言组合模式;它也不只是承担着"载道"的任务,还肩负着对人的全面素质提升的任务,是人才培养的重要途径。因此,开发智力,增强创作力,训练思维,培养综合能力,应该是当下的大学写作教学的主题。

(二)主体观是大学写作教学的基础

写作是写作主体的一种创造性的实践活动。从哲学的角度看,写作的价值在于体现写作主体的存在,就像有人所言的"我写故我在";从文化、教育的角度看,写作不仅可以促进知识的学习,锻炼多方面的能力,还可以超越个体生命的局限,实现生命的延续,保证精神的流传。由此,要从传统的"以文为本"的教学观念转向"以人为本",即从文章的角度转向写作主体的角度,正确理解写作主体在写作中的主导地位,强化写作主体素养与能力的建构,教学重点转向探究如何切实提高影响主体写作的生活素养、学识修养、人格品位、意志品质等人文素质,转向对写作主体的感受力、思维力、想象力、阅读力、创造力等写作过程中必须具备的各种能力的培养。

(三)效率观是大学写作教学的保证

现代社会的飞速发展,科学技术日新月异的变化,前所未有地扩大着人们的知识储备和认知视野,改变着人们的价值观念和思维方式,作为人类的一种重要精神劳动的写作,必须适应时代进步的需要,引进效率观念,强化效率意识,体现在写作教学当中就是:要更新教学内容,要及时地汲取和推广最新的写作学研究成果,要运用高科技的教学设备和教学手段,要改革单一、封闭的教学环境,积极开辟写作的"第二课堂",探索高效率的训练模式和科学的评价体系。同时,要充分利用传统写作教学中积累的大量有益的经验,兼容并蓄,既要重视前人的成果,又要积极吸收中外先进的理念和方法,切忌生硬地"照搬概念"和"术语轰炸",切忌华而不实的"理论空转",要扎扎实实地把写作教学的效率提高上去。

二、大学写作教学的主要任务

(一)传授写作理论

写作理论是对写作实践的规律性概括和总结,有着一定的普遍性、指导性、规范性作用,大学写作教学是一种理性的写作教育,强调清醒的理性精神则十分必须和必要。那种忽视理论教育,淡化理论传授,认为写作没有理论或者不需要理论,只需要多读书、多体验生活、多练笔,文章自然就会写好的观点是相当片面的、偏激的。写作学包含着极为丰富的理论,只有真正地掌握写作理论,并将理论灵活地用之于写作实践,将理论的引导与写作训练有机地结合起来,写作课才能站在理性高度,学生的写作能力才能有一个根本性的提高。有些作者虽然没有系统地学习写作理论,通过读写借鉴了别人的写作经验和教训,掌握了写作的规律和方法,提高了写作的水平,但这恰恰证明理论学习的重要性,因为他们是在实践中理解、感悟、提炼出了一些"规律"和"方法",是把他人和自己的实践上升为了某些理论并潜移默化地运用到了写作的实际之中,是理论的获取与实践操作的自然结合。而且,从提高写作训练的效率讲,强化理论传授也是十分必要的。当前,人们普遍认可大学写作教学应该突出训练,而训练必须有科学的理论依据、有正确的理论指导。

大学阶段,学生们已经掌握了一些基本的写作知识,还需要掌握能够理解和驾驭的、系统的学术理论和操作理论,而不需要那些凌空蹈虚的"新"名词、"新"术语,不需要那些拼凑起来的玄妙、奇异的难以理解和应用的所谓"创新理论"。具体说来,大学阶段应该重点讲授的基本理论应该包括以下几方面:

1. 写作系统建构方面的理论

现代大学写作更加注重写作系统的理论建构,注重对写作主体、写作客体、写作载体和写作受体之间相互作用所形成的写作系统进行理论探究,尤其有关写作主体方面的理论建构,因为主体的思想观念、智能结构、心理结构、思维方式、情感态度、语言素养等,以及主体与写作客体、载体、受体的关系等等,是写作理论的重要内容。

2. 写作思维方面的理论

写作是思维的外在表现形式,思维是写作的物质基础。思维贯穿于写作的整个过程,写作的成果也是思维的成果,没有思维的深度,就没有写作的深度。本教材重点阐述有关写作中的形象思维、抽象思维、灵感思维和创造思维的理论。

3. 写作过程方面的理论

写作过程是一个由"物"到"感"到"思"再到"文"的转化生成,是一个错综复杂动态递变过程,具体表现为写作感知、写作构思、写作行文三个互逆互动、互摄互生的环节。递变过程中一些基本理论,是应当重点掌握的写作理论之一。

4. 写作技法方面的理论

写作学是"学"与"术"并举的学科，写作技法在写作中具有独立存在的意义。写作技法是指写作的技巧和方法，写作中的技法其实也是思维的技法，是渗透在写作系统和写作过程中的。常用的传统技法、现代技法和写作技法运用中的辩证艺术，是应重点掌握的技法理论。

5. 文体写作方面的理论

写作有基本规律和共通的理论，不同的写作文体也有自身的特征和要求，进而形成了不同文体的写作理论，大学阶段重点要掌握文学文体、新闻文体、理论文体和应用文体写作方面的理论。

（二）提升综合素质

写作的综合性和实践性的特征，已经决定了它是一门综合素质教育课。传授写作理论的目的也在于提高写作能力和写作水平。

写作素质的提升，落实在写作能力的提高上。写作能力是写作主体的个人文化背景、知识、智力、操作技能高度综合的复杂结构形态。个人文化背景主要表现为思想素养、人格修养、心理素质、审美理想、价值观念等；智力主要表现为观察力、记忆力、感受力、想象力、阅读力、鉴赏力、发现力、判断力等；知识主要包括专门的写作知识、各学科知识和生活常识等；操作技能是写作能力的外在表现形态，主要体现在写作的感知、构思、行文、修改等具体操作过程之中。

通过写作理论学习和写作实践，对学生进行人格精神塑造，提高其思想认识，培养其审美情感，建构其健康的心理结构，培养其良好的思维方式和思维习惯，增强其感受力、发现力和创造力，提高其表达力，等等，写作从众多方面对学生进行素质提升和能力培养，这是这门课程的光荣使命。

（三）培养写作技能

写作与人们的现实生活联系极为密切，许多写作的目的和行为，都与人们的工作、学习、生活息息相关，写作的"应世"特点在社会飞速发展、信息交流日益广泛的当今显得更为突出，社会各行业、各部门都对写作提出了更多新的要求，对于掌握一定写作技能的高素质的写作者的需求更为迫切，大学写作有必要走出"象牙塔"，避免理论的空转，将提高学生的写作技能作为教学的一项重要内容。

注重写作技能培养的同时，一定要警惕将写作的"应世"教育简单地转化为急功近利的应用写作教育或者实用写作教育，避免将写作主体建构这一教育重心转向实用技术和方法的讲授。而应该将技能的培养与人的综合素质的提升有机地统一起来，以人的能力的提高带动技能的提高，可以根据不同学生所学专业性质和未来工作、学习、生活的需要，有针对性地进行一些必要的写作技能训练。比如，对于当前大学生普遍性的应用文体写作的需求，可以选择计划、调查报告、述职报告、讲话稿等常用文体进行重点指导；针对一些文学兴趣浓厚、文学创作基础较好的学生，可以侧重于文学创造能力的培养；对于某些对学术研究兴趣浓厚的学生，可以重点传授一些学术类文章的写作技能。总之，应根据学生的实际情况，分类推进，不能简单地搞"一刀切"。

三、大学写作教学的基本要求

（一）针对性的讲授

大学写作教学涉及的内容非常广泛，教师必须根据学生的写作实际，制定相应的教学计划，设置合理的教学目标、教学重点、教学实施步骤，也就是说一定要确立针对性强的教学内容和教学重点，因人而异、因材施教，每个教师都应该制订一套有针对性的、具体可行的教学方案。

在实际教学过程中，要注重"三个结合"：一是注重"学"与"术"相结合，即一方面重视理论，一方面重视应用。也就是注重系统的理论学习与系统的操作实践相结合。二是注重"精讲"与"多练"结合，要精讲那些重要的写作理论，把它讲深、讲透，让学生理解并懂得如何应用，而对那些一般性的写作理论可以少讲甚至不讲，但可以给予一些必要的引导或提示，让学生自主探究；要抽出一定的时间，指导学生进行写作训练，要专门训练和综合训练相结合，课堂训练与课外训练相结合。三是注重"课堂教学"与"课外教学"相结合，一方面要充实课堂教学，增大课堂教学的容量，提高课堂教学效率，另一方面，要将教学延伸到课堂之外，针对学生在课外写作学习和实践中出现的问题,要主动、热情地帮助学生去查找原因、探讨解决的方法,激发学生写作兴趣,通过写作能力的提高,带动其它学科知识的学习和能力的培养,从而推动写作活动向更广阔的天地拓展。

(二)启蒙性的引导

相对于其它学科,写作课的综合性特征使其不能构成自足性的教学体系,不能以"完结"的形态存在,有时甚至不具备充分的过程性因素。因而,写作教学的启蒙特色尤为突出,教师示范性的开启,点拨性的引领,适时性的助推,既是写作教师教学艺术和魅力的展示,也是达到教学目的和要求的必然选择。

大学阶段是人生走向成熟的关键时期,作为一门最具生命特质的课程,写作课必须彰显强烈的写作启蒙色彩,承担起对学生的思想认识、情感体验、审美理想诸多方面的启蒙任务,从而引领学生进入真正意义上写作实践,突破中小学阶段基础性的、常识性的写作基本素养的训练,在对社会人生、自我生命的叩问和找寻中,展开个体对世界和自我的审视与省悟。

著名作家韩少功有这样的一段关于写作的表述:

当这个世界成为了一个语言的世界,当人们的思想和情感主要靠语言来养育和呈现,语言的写作和解读就已经超越了一切职业。只有苏醒的灵魂,才总是力图去语言的大海洁净自己的某一个雨夜或某一片星空。

韩少功此处所讲的虽然主要是指文学创作,但他却概括出了所有写作的本质意义就在于写作对人的精神层面的提升,在于对个体生命体验感受和表达的价值的提升,使人获得更为丰富的生命潜质与内涵。

启蒙性的引导,有时或许仅仅是一两句话的提醒或点拨,就有着神奇的效果,著名作家汪曾祺曾谈到自己的老师沈从文当年在给他上创作课时,经常说的一句话,是"要贴着人物来写","要滚到里面去写"。沈从文的"点化"让他茅塞顿开,恍然懂得了自己的笔要紧紧地靠近人物的感情、情绪,用志不纷,一心一意沉浸到人物的世界中,与笔下的人物同悲同喜，没有丝毫的游离。可见，知名作家沈从文并非引经据典的理论阐述，只是信手拈来的一句切身的写作体验，便点到了要害处，引导学生进入了写作佳境。汪曾祺后来成为作家，原因固然有很多，但沈从文的启蒙，也是其深深铭记而终生受益的。

写作教师不能满足于知识传授，而应当从写作观念、兴趣、方法等诸多方面强化引导。首先是思想的引导，要以自身深透的理解来展示写作的魅力，引导学生意识到写作的重要性，认识到写作并非神秘莫测、高不可攀，每一个人都可以力所能及地展开一定的写作实践，从而激发学生的写作兴趣，达成师生间心灵的共识。其次，强化写作的实践指导，要制订科学、系统的写作训练计划，有重点地进行写作训练，对学生的具体写作操作给予必要的指导，及时地帮助学生发现并解决写作实践中存在的各类问题。

（三）系统化的训练

写作活动的训练因素是永恒存在的。大学写作课突出的实践操作性注定了其必然的开放性，不仅教材有着鲜明的敞开性、扩展性，为教师创造性的教学和学生创造性的学习提供了广阔的拓展空间，而且写作训练本身就是多元化、多样性的，唯其如此，写作的个性创造能力才得以培养和施展。

作家周国平先生说过："写作是永无止境的实验。一个以写作为生的人不得不度过不断实验的一生。"（周国平：《另一种存在》，广西师范大学出版社，2001年版，第153页）大学生写作能力的培养，必须依靠科学、扎实的训练，训练是写作课重要的有机组成部分，一方面要求教师结合教学内容和培养目标，依据学生的学习实际，设计科学、有序的训练计划，设计训练规范，并注意适时地进行优化性的调度，将所有的训练整合为有机的系统，最大限度地发挥训练的效用，提高训练的效率，避免训练的随意性和庞杂性，不能使训练成为一般性的写作辅导和练习；另一方面，要求每一个学生主动地根据自身情况，制订切合自己需求的行之有效的训练方案。

同时，写作训练具有灵活多变的特点，没有固定的模式和程序，写作教师应该善于捕捉、利用各种训练的契机，因地制宜、因材施教地采取合适的训练内容和训练模式。

　　好的写作训练,可以激发学生的写作兴趣,引导学生进入"写"的状态,并能够使其有所依附地循序渐进地掌握训练的方法,享受训练成功的快乐。

　　同时,真正优秀的写作课教师,除了具备一般教师的学识修养,还应当具备一定程度的写作修养,有一定的写作特长、写作经验,要和学生一道参与写作训练的每一个环节,愿意写作,善于写作,以自己的切身实践体验,丰富自己的写作理论和实践能力。这样,教师的指导才会抓住规律,才会有的放矢。写作教师要善于"通过自己的写作实践来影响学生,特别要把自己的切身体验和实际操作与学生进行交流,以求得言传身教的效果。即使是先前没有写作爱好和特长的人当了写作教师,也应尽快培养这种爱好和特长,要教别人游泳,教者是应该先下水的。"(邢海珍:《"写作"的开放与延伸》,《文艺报》2007年1月6日)教师将自己亲身实践的个体经验与教材中的普遍性的理论有机地融合,可以便捷地与学生建立心灵的交流和沟通,让学生在近距离的教师亲自操作中受到最直接的启发,教师通过个人的富有生命意义的体验和感受,把学生带进写作的"化境"。无疑,教师"以身作则"的写作,对于培养学生的写作兴趣,激发学生的写作热情极为重要。写作能力强、写作成果丰硕的写作教师,往往是学生最敬佩的,也是最愿意接受其教诲的。

[思考与训练]

　　1. 为什么说写作是"实现自我"的一条通道?
　　2. 写作的创造性体现在哪些方面?
　　3. 以自己的一篇文章的写作过程为例,谈谈写作的"三重转化规律"。
　　4. 下面是选自王蒙在《我是王蒙》(团结出版社,1986年版)一书中的一段自白:

　　至少我有理由希望,我的作品会比我自己走更远的路。我的作品会走进我还没有机会走进的房子,我的作品会说我还不会说的话,我的作品会用比我自己更宽阔的胸怀和臂膀,拥抱我们这个星球,拥抱我们的这个世界,拥抱那个叫做人的同类。至少我有理由希望,在写作的时候我能够比我自己还要好一点,聪明一点,丰富一点,有时候更执著一点,也有时候更豁达一点,因为我是太平凡了,我是有太多的缺点以至于缺陷。我不能满意于自己,我已经没有办法再重新投胎一次生活一次,我只能在写作里得到一些校正与补偿。

思考题:
(1) 这段话中的"校正与补偿"的含义是什么?
(2) 这段话表明了作者怎样的写作理想?
(3) 这段话体现出写作具有什么样的特性?

5. 下面是 2002 年 3 月 8 日小说家余华在苏州大学所做的题为《我的文学道路》讲演中的几句话,请结合你的写作经历,谈谈你对这些话语的阅读体会。

写作可以使我的人生变得完整起来。

写作给了我更多的欲望,更多的想象力,更多的情感,给我铺好了一条表达的道路,现在想想,我觉得虚构的世界比现实的世界更加丰富,更加吸引我。因为我的现实世界每天都一样,而我的写作每天都会有变化。

还有一个体会是我写了多少年以后,我才知道写作是什么,我感觉到写作是一条比人生还要漫长的道路。

6. 作家北村曾经说过这样一句话:"一个写作者并不是因为明白了为什么写作才写作,而是写作让他明白了为什么。"谈谈你对这句话是怎样理解的。

7. 阅读下面张爱玲谈写作的一段话,说说你的读后感受。

养成写作习惯的人,往往没有话找话说,而没有写作习惯的人,有话没处说。我并不是说有许多天才默默无闻地饿死在阁楼上。比较天才更为要紧的是普通人。一般的说来,活过半辈子的人,大都有一点真切的生活经验,一点独到的见解。他们从来没想到把它写下来,事过境迁,就此湮没了。也许是至理名言,也许仅仅是无足重轻的一句风趣的插浑,然而积少成多,究竟是我们文化遗产的一项损失。

8. 写一篇 1000 字以内的小传,注意交代清楚自己的籍贯、家庭、简单经历、性格、特长、兴趣爱好等,要突出重点。

9. 给父母、中学时的老师、外地的同学各写一封信,把自己走进大学校园后的所见、所闻、所感,告诉他们。

第二章　写作系统的考察

[**本章导引**]

通过对写作行为状态的深入研究、探讨,中国当代写作学界目前较为普遍地认同:应该将写作视为一个完整的动态系统,写作系统是由写作主体、写作客体、写作载体和写作受体四个要素组合而成的,四个要素分别对应着"谁来写"、"写什么"、"怎样写"和"为谁写"的问题。正是这"四体"的相互联系和有机组合,构成了写作的接受、加工、传播和反馈系统。

写作主体是写作活动的启动者和实施者,是写作的主导;写作客体是写作活动的基础,它不同于哲学意义上的认识客体,认识对象成为写作客体的两个基本条件是:纳入写作主体视野,并能满足写作主体的取材需要;写作载体是文章内在性质的外化形态,包含和承载写作意图和写作内容,是内容和形式的统一体,包括标题、材料、主题、体式、语言五个要素;写作受体的参与是写作活动最终完成的前提和条件。现代语境中的写作主体既要尊重写作受体,又要征服写作受体,提升写作受体。

第一节 "谁来写"：素描写作主体

一、写作主体的界定

写作主体，是指进入写作思维和写作行为的人。即使有一定的写作能力和经验，如果这个人没有进入写作思维和写作状态中，那么他仍不能算作写作主体。

写作主体是写作活动的发起者、策划者和实际操作者，虽然许多人常常把"写作主体"与传统意义的"作者"等同看待，其实这二者是有区别的："作者"是相对于写作成果而言的，是文章或著作的撰写者，也就是法律意义上的该文章或著作的知识产权拥有者。有写作成果存在，必然要有"作者"存在。"作者"可以是个人，也可以是机关、法人、组织等。写作主体只有在写作活动中才存在，才有实际意义，写作活动一结束，写作主体的使命就随之结束，它就不再存在。

写作主体需具备一定的生活积累，具备相应的知识结构，具备包括观察力、鉴赏力、感受力、思维力、想象力等能力结构，具备包括动机、兴趣、意志、情感、性格等非智力结构。这些都是对写作主体的要求，是保证写作活动得以顺利进行的条件和前提。

有关写作主体素养和能力方面的内容，将在第三章、第四章阐述，此处不赘。

二、引发写作行为的原因

（一）情意触发

情与意是写作活动发生的首要原因。刘勰在《文心雕龙·明诗》中说："人禀七情，应物斯感，感物吟志，莫非自然。"大自然的绚丽神奇、摇曳多姿、妙趣横生，社会生活的纷繁复杂、潮起潮落、风景重叠，人生岁月的兴衰荣辱、酸甜苦辣、悲欢离合，历史长河的星转斗移、大浪淘沙、物是人非等等，无时无刻不在冲击着人们心灵世界，无时无刻不在丰富着人们的精神世界,无时无刻不在充盈着人们的情感世界。应该说,人们内心里积聚了很多感触、情志、情绪和情趣,需要倾诉、需要宣泄,需要与人交流、与人分享,需要借助文字寻找情感的知音,寻找心灵的共鸣。古人说"诗言志","志"的含义很丰富,简言之就是藏在主体内在的志向和欲求,是一种坚定的品质和情感趋向。因"志"而作诗,"志"引发了诗情,"志"成了写作的内容和主题。诗是缘于"志"而生的,没有了"志",便没有了"诗"。陆机《文赋》中有一句备受人们关注的阐发写作与情感关系的话是:"诗缘情而绮靡",正是因为先有了"情动于心",才有了"发乎为文"的结果。

　　写作,作为一种情感表达方式,是人们的一种自然的选择,仅以抒发朋友之情为例,友人邂逅,可以写诗作文,抒发欣喜之情;友人要远走他乡,写诗馈赠,以表离别情绪;友人在远,会写思念之文,情意绵绵;好友辞世,会著文回忆,深情悠悠……或许只是一轮寻常的明月,也可能在瞬间引发了"举头望明月,低头思故乡"的思乡之情,引发了"当时明月在,曾照彩云归"的怀恋之意,引发了"但愿人长久,千里共婵娟"的美好祝愿,引发了"人有悲欢离合,月有阴晴圆缺"的自然慨叹,引发了"年年岁岁花相似,岁岁年年人不同"的世事沧桑的感悟……是世间的万事万物,拨动了人类敏感的心弦,是那缕缕的挥之不去的情感,让人不由自主地进入写作活动当中,让情感引导着人去观察、去感受、去思考、去表达,著名作家巴金的一段真实的内心表白,形象地阐述了情感是如何启动写作行为的:

　　我是一个不善于讲话的人,唯其不善于讲话,有思想表达不出,有感情无法倾吐,我才不得不求助于纸笔,让在我心上燃烧的火喷出来,于是我写了小说……

　　我感觉到我们的社会出了毛病,我却说不清病在什么地方,又怎样医治……我有感情无法倾吐,有爱憎无处宣泄……让我的痛苦,我的寂寞,我的热情,化成一行一行的字留在纸上。我过去的爱和恨,悲哀和欢乐,受苦和同情,希望和挣扎,一起来到我的笔端。(巴金:《文学生活五十年》,见《巴金文选》第一卷,四川人民出版社,1982年版,第1页)

是蓄积在作家内心丰富、强烈的情感,催动巴金拿起笔来,写出了许多堪称经典的作品。可见,是作家在生活中有了需要一吐为快的情思,才引发了写作。

当然,写作主体所要表达的情感,往往并不仅仅是一己之情,不是单纯的自我情感的流露,更多的是表达了一定时代的、社会的、群体的共通的情感,情感内容是极其丰富的,不仅包含着个人的友情、爱情、亲情等人间真情,还包含着国家之情、民族之情、生活之情、社会风情、历史情怀等更为宽泛、辽阔的人类情感,正如爱尔兰作家叶芝所言:

一位小说家可能会描绘自己的偶然经历,即那些支离破碎的记忆,但他绝不能仅仅就这样;他与其说是一个人,毋宁说是一类人,毋宁说是一种激情。(《诺贝尔文学奖获奖作家谈创作》,北京大学出版社,1987年版,第32页)

可以说,正是那些无处不存、无时不在生长的情感世界包围着我们、感染着我们,才让我们动情和多情,不可遏止地寻找各种方式去表达,而写作无疑是一条极为宽敞、极为方便并易于掌握的表情达意的方式。借助写作,人们可以实现情感的宣泄与交流。

缘情而作,并非只在文学创作中出现,在应用文写作中也时有发生。如一位大学生在学校食堂就餐时,发现大学生买多吃少、随意丢弃饭菜等浪费现象较为严重,她感到十分痛心,便写了一篇新闻稿子,在学校广播站播出,她还写了一份倡议书张贴出来,号召全校的大学生都能在平时珍惜每一粒粮食,珍惜每一分钱,养成节俭、文明就餐的习惯;再比如,一位市民面对所生活的省会城市交通拥挤、一些市民不文明乘车的状况,感觉到作为城市中的一员,有责任去把问题反映给有关领导和部门,于是,他不辞辛苦,做了大量的调查,写出了一份很有质量的调查报告,提交给了交管部门,并通过人大代表反映给有关领导,使问题得到了高度重视并得到了妥善的解决,他本人良好的心愿落到了实处,也感到十分的欣慰。以上两次写作行为,都是因作者心中有了不吐不快的感受,在一种勇于承担一份责任的情感的驱动下,拿起笔来,进行了一次写作活动,是因事作文,也是缘情写作。

（二）因事而作

人们在现实生活中常常会遇到许多的事情，简单的、复杂的、容易处理的、难以处理的……各种各样的事情或事务摆在每个人面前，有时需要写成文字来传递信息，有时需要记录下来作为凭证以备将来查考，有时需要以书面语言的形式来处理或办理，有时需要各种文字材料来反映情况、传达意见、落实任务等等，也就是说写作不仅仅是作家的事情，不只是抒情达意的文学创作，很多写作活动发生在非文学领域，很多人写的是传递信息、处理事务的实用性文章。很多文体因经常使用，已经形成了一定的体例、格式或范式，有了统一的操作模式和要求，譬如一些行政公文就有着统一、规范的格式要求，必须严格遵守。这些诸如命令、决议、报告、请示、批复、会议纪要等公文，是传达贯彻党和国家的方针、政策，发布行政法规和规章，实行行政措施，请示和答复问题，指导、布置和商洽工作，报告情况，交流经验的重要工具。而在机关内部和机关之间，在处理日常的公共事务中，还有大量的诸如调查报告、计划、总结、报表、汇报材料等事务文书，在承担着处理公务、实施管理等任务；同时，还有一些为了管理个人事务、实现信息传递或者留下历史凭据的私务性的应用文写作，诸如日记、请假条、申请书、遗嘱、书信、欠条、收据等，所有这些都是因事而作的文章，都主要着眼于事情的处理或事务的办理。

再比如，某文化公司准备在年终岁末举办一次大型公益性的文艺演出，募集资金，城市里的给弱势群体送一份温暖。为了使活动获得圆满成功，首先要制定一份详尽的活动策划方案，要把活动的宗旨、参加活动的人员组成、活动的内容、活动的程序安排等先确定下来，然后，分头准备，分工负责，有人写邀请函，有人为活动创作歌词、节目表演脚本等，有人写串联词，有人写宣传海报，有人撰写新闻稿，有人写演出活动通知……所有这些文案的起草和制作，都是因事而起，都是为事服务的。

没错，大量的写作活动就存在于我们身边，只要我们有事情要做，有事务要处理，就离不开写作。比如，要申请加入某一组织，需要写申请书和汇报材料；借还他人钱物，要写借据、收条；反映情况、提出设想，要根据要求写成各种文字材料；应聘、求职，要写求职信、推荐书等；交代他人办理事情，需要写委托书、介绍信、留言条……可见，在现代社会里，因事而作的现象是普遍存在的，即使一个人从不搞文学创作，也应当学习写作，掌握一定的写作技能，因为每个人在社会生活中，都会碰到很多需要写作的时候，都会面对一些不容回避的写作任务。

（三）受命而作

有时，写作主体并非是出于自身意愿而主动进入写作活动中的，而是接受某些命令、指示、安排而被动地进入写作活动中的，即所谓的受命而作。一位秘书接受领导的指示，撰写一篇讲话稿；一家法律事务所接受客户的委托，帮助起草一份诉状；一家调查机构受到某商业集团的委托，进行市场调查，然后提交一份有关该商业集团产品销售情况的市场分析和预测报告；学生为完成老师布置的作业，写出的各类书面文字；根据上级机关指定，由会计事务所对某一单位财务管理进行审查后，写作的财务审计报告；某一广告公司，为企业代写的广告文案等等。所有这些写作活动，都起因于外力的催促和推动，都属于受命而作。

受命而作的情况是很寻常的。它反映出很多社会性写作活动，是建立在广泛的社会和个人需要的基础之上的。同时，受命而作，也可以发挥某些写作人才的写作优势，提高写作质量，加快写作速度，帮助有关单位、部门和个人完成自身难以完成但又必须完成的写作工作。受命写作的作者，还可以由此获得一份工作，拥有一份事业，获得施展才能的机遇。尤其是随着社会经济的发展，随着社会分工的细化，越来越多的人开始重视受命而作这一古已有之的写作方式，从中获得的益处也越来越多。

在文学创作领域，受命而作的例子也屡见不鲜，很多作者都有过应报刊编辑或出版社等媒体约请，撰写某一方面文稿的经历，他们受约的稿子，往往被指定了写作的内容、题材、字数、体式、风格等，有的还约定了交稿的时间、要求等等，作者为完成这些约稿而进行的写作，便是受命而作。当然，在完成具体的受命写作任务过程中，作者可能会缘情而作或因事而作，有着一定的写作主动权，可以突破所约的限制，获得个人自由写作的空间和机遇。

受命而成为写作主体的人,往往都有较高的写作素质和能力,能够驾驭一定的写作任务,是值得授命人信赖的。从实践中也会发现:一些受命之作的质量也是很高的,如国内一些电影、电视剧的剧本写作,往往邀请一些知名作家来完成,而这些作家的确不负重托,在约定的时间内交出了令人满意的作品。当年,鲁迅先生应朋友钱玄同之约,创作的第一篇小说《狂人日记》便是受命之作,并且"从此以后,便一发而不可收,每写些小说模样的文章,便敷衍朋友们的嘱托,积久就有了十余篇"(见《呐喊·自序》)。有些人受朋友、弟子等约请,为一些作品集而写的序、跋、评论等文章,都成了脍炙人口的美文佳作。这类的受命之作,授命的人慧眼独具,受命的人才华不凡,故皆大欢喜。

能否令人满意地完成受命之作,关键还取决于受命的主体。人们常说某某秘书是单位的"笔杆子",领导交待的写作任务完成得快、完成得好,实际是说这个人的写作能力很强。

很多时候,因为"受命",主体的写作欲望和热情反而被激发起来,写作潜能也被开发出来,主体的创造力也得以充分发挥,写出了连其本人都不曾预料到的佳作。

三、写作主体在写作活动中的作用

(一)写作主体为写作客体赋予生命和灵魂

客观事物在没有进入写作主体视野和心灵之前,只是一种客观存在,并不构成写作客体。正是主体对客体的感知,为客体赋予了生命和灵魂。大自然的山山水水、社会生活中的大事小情,人生中的种种机遇,只有在主体的观照下,有了主体的情、理、意、识等渗透、映射和凝聚中,才获得了蓬勃的生命力,才显示出其丰富的内涵并由此回馈给主体更多的认识和感受。如一块寻常的鹅卵石、一株平常的小草、一座古朴的石桥、一颗倏然滑过的流星、一件微不足道的小事,甚至一个眼神、一个微笑、一句感叹,都可能会因为主体的情感灌注,它们在瞬间便具有了人的灵性精神,有了生命的寄寓和暗示,成为有灵魂和生命的写作客体。

(二)写作主体为写作活动确立方向和目标

在写作系统中,首先是主体主动或被动地与客体接触并产生感知,主体丰富的感受和体验积累到一定程度,就会不可遏制地催生写作的动机和热情,并在写作动机、兴趣和热情的引导下,产生一定的写作意图,在脑海里浮现出一定或模糊或清晰的写作图式,从而进入写作构思阶段,依据一定的写作方向和目标,设计文章的蓝图。

(三)写作主体在写作过程中起主宰作用

写作主体是写作活动的发起者、策划者,也是写作活动的执行者,在写作各个阶段发挥着主宰作用。

首先,主体启动了写作活动。无论是缘情而作,还是因事而作,无论是自发性的个人化的随意书写,还是非主体主动发出写作指令的受命性写作,都要由主体来启动和实施。

其次,主体主宰着写作活动的各个阶段,从"写什么"到"怎么写",从主题的提炼、材料的选择,到结构的安排、语句的生成,主体主宰写作中的每一个环节。即使某些有着严格、固定的一定的文章体例、范式、形式要求和约束的行政公文写作,或由领导安排的按照某些意图或形式进行的实用写作,最后主宰写作进程的仍然是写作主体。因为选择什么材料、如何处理材料与观点的关系、如何确立文章基调、如何措辞等等,仍由实际执笔的主体把握。

第二节 "写什么":走近写作客体

一、写作客体的界定

凡是进入主体认识视野的一切对象,都是客体。写作客体是指进入写作主体视野并被主体感知的对象。需要从以下两方面入手,理解写作客体的内涵:

第一,写作客体是进入写作主体视野的对象。

主体面对的客体是否能成为写作客体,取决于与之共时性的主体的身份和实践目的。如果此时此刻主体只是认识客体,即只是客体对象的认识者,还没有被确定为"写作主体",那么,主体视野中的客观对象就只能是一般意义上的客体,并非写作客体。例如,一个人面对一束漂亮的鲜花,欣赏了鲜花的颜色、姿态,认识了它的品种,了解了它的习性,但并没有进入写作思维和写作活动之中,这个人还只是一个认识主体,他所面对的那一束鲜花只是认识客体,只是潜在的写作客体。而当这个人进入了写作状态,成为了写作主体,他对面前的这束鲜花有了一定的感知,引发了写作的冲动。这时,原来的认识客体就变成了写作客体;或者这个人带着搜集素材进行写作的目的,遇到了这束鲜花并引发了感知,这束鲜花也由此成为了写作客体。是主体的身份和目的的不同,决定了一个客体是否能成为写作客体。一枚钉子,在木工的眼里,它只是用来加工产品的工具,而在一位诗人的眼里,则可以成为引起写作冲动的写作客体,并可以转化为写作材料。

第二,写作客体还必须是被写作主体感知的对象。

一个客体对象,无论是自然景物还是社会生活,如果它仅仅进入了写作主体的视野,但没有被主体所感知,也就是没有进入写作活动中,只是一个被注意的对象,那么它同样不能成为写作客体。在大千世界里,写作主体面对的客观对象浩瀚无穷,只有那些被主体感知的对象,才会引发写作的欲望、冲动和兴趣,才会成为写作的素材或材料。例如,一个人在杂志上看到了一位人物的许多英雄事迹,但他没有被这些事迹所触动,没有产生由此进行写作的冲动,那么,他所了解的英雄事迹可能会被有意识或无意识地存入记忆当中,成为潜在的写作客体,当这些英雄事迹引发了主体的感知和思考,并由此进入写作活动,这时他所面对的就是写作客体了。

可见,写作客体是指进入写作主体视野并引起了写作主体的感知和思考,从而激发了写作欲望、产生了写作目的的那部分客体对象。所以,不能简单地把一切进入主体视野的对象,都视为写作客体。

认识写作客体,目的是为了获取写作材料。写作主体获取了写作客体,只是找到了写作材料的来源。人们常常说"写作材料来源于生活",这句话有一定的道理,但不十分准确,应该说材料是从人们感知的、成为写作客体的那部分生活中获取的;没有被写作主体感知而成为写作客体的那些生活中,是不可能提取出写作材料的。

人们经常混淆的两个概念是写作客体和写作材料。其实,写作材料是经过写作主体加工改造的写作客体,有些写作客体可以成为写作材料,有些则不能。写作客体与写作材料之间的区别在于:

其一,二者的属性不同。写作客体是写作主体直接面对并引起认识的对象,而写作材料是从写作客体那里筛选出来用以表情达意的事物或观念。写作客体在前,是写作材料的基础;写作材料在后,是认识写作客体之后的结果,写作材料存在于写作客体之中。例如,一个写作主体面对浩瀚的星空,引发了人生短暂的感受,进而引发了欲借此抒发内心感受的写作冲动。这里,"浩瀚的星空"成为写作客体;当写作主体依据一定的写作目标,通过联想和想象,将眼前的写作客体加工成为能够承载主体情思的依据时,写作客体才转化为写作材料。

其二,二者所指的活动阶段和范围不同。写作客体是写作主体感知阶段必须面对的对象,其中有的可以成为写作材料,有的则不能;写作材料是针对写作的表现而言的,是构成文章内容不可缺少的要素。比如,一段童年的生活,引发了写作主体的感知成为了写作客体,其中某些能实现写作意图的典型、新颖的、深刻的写作客体,经过加工改造可能转化为写作材料,有一些则不能,充其量只能作为备用的写作素材而已。

其三,两者存在方式不同。写作客体存在方式是客观的,是没有筛选的,是原生态的或只是简单加工的;写作材料则是在一定的写作方向和目标引导下,写作主体进行了深入地分析、筛选和精心加工改造的那部分写作客体。比如,写作主体面对的一片风景可能是写作客体,而对这"一片风景"进行加工并在最后凝聚在文章中的那些东西,才是写作材料。

二、写作客体的属性和类型

(一)写作客体的属性

了解写作客体的属性,不仅有助于获取更多的写作客体,还有助于通过转化写作客体获得更多的写作材料。

1. 写作客体的客观性

自然景观、社会生活、精神产品等都可以成为写作客体,但无论哪一种写作客体,都是不依赖写作主体意识而独立存在的,即使与主体发生对应关系,经过"客体主体化"之后,其客观性仍然不会失去,仍会保持自身的本质特征,仍会按照自身的规律发展变化着。主体可以认识和改造写作客体,但必须尊重客体的本质特征和发展规律,不能一厢情愿地肆意地改造,如主体不能把面前污染严重的湖泊描绘成"清澈见底",不能把一场人为造成的火灾归结为"是不可避免的天意",更不允许在一篇调查报告中随意加入一些经不起推敲的虚假材料。

2. 写作客体的对象性

写作客体是在进入主体视野之后形成的,是被写作主体感知的对象。即写作客体是引发写作主体感知的,即作为写作客体的对象,必须是写作主体的观照和感知的对象。一个人在面对一处美丽的自然风景时,如果只是像普通的游客那样去观赏,只是在体验一种美感,并没有产生将其描述下来的意图和行动,那么,这个人还没有成为写作主体,这一处风景也只能是一般认识的客体,并不能成为写作客体。

3. 写作客体动态性

写作客体的动态性体现在两个方面:一方面,随着写作主体视野的不断扩大,会有更多的写作客体出现;另一方面,随着人类物质文明和精神文明的不断发展,越来越多的新的写作客体也会涌现出来。如"博客"、"超文本"、"赛博空间"等过去没有过的话题,如今已频频出现在文章中。

4. 写作客体的历史性

写作客体是自然运动和社会运动的结果,不可避免地带有历史的痕迹和影响;因写作主体水平和能力总是受一定的社会历史条件的制约,客观对象在被写作主体感知成为写作客体的过程中,也必然地会带有一定的历史局限性。

正是因为写作客体具有上述属性,由写作客体加工改造转化而来的写作材料,在选择和使用时的一些原则,便有了充分的依据:写作客体的客观性,决定了写作材料是写作活动的物质基础,决定了选材要真实、确凿;写作客体的对象性,决定了写作材料的选择要与写作目的相一致;写作客体的动态性,决定了选材要新颖、典型,要有时代气息;写作客体的历史性,决定了选材要完整,不能断章取义,不能以偏概全。

(二)写作客体的类型

写作客体的类型,可以从不同的角度来划分。

从本体状态的角度,可以分为自然客体、社会客体和精神客体。自然客体是天然存在的自然物和人工自然景观;社会客体是指社会存在、社会意识以及社会实践活动;精神客体是指人类的精神活动和精神活动的物化成果。

从存在状态的角度,可以分为实在客体和虚拟客体。实在客体是指以物理、生物、社会活动等形态与写作主体发生联系的客观世界的实在之物;虚拟客体是利用计算机和网络系统所创造的一种信息多层次化组合的"界面世界",是一种特殊的"虚拟实在"。

从表现和认知途径的角度,可以分为形象化客体和抽象化客体。形象化客体是可以直接感受到的,如风霜雪雨、花鸟鱼虫、人物事件等;抽象化客体,则只能通过文字或符号间接理解,如一些概念、理论等。

从写作活动认识、把握和运用客体的角度,可以分为:对象化的客观存在(包括自然景观和社会生活)、对象化的精神产品和对象化的写作主体。

对象化的客观存在,是指把人类社会生活的种种活动和自然界的种种景观等,作为认识、感知和揭示的对象,使之与写作活动相联系。这类写作客体是写作活动的本源,写作主体可以直接从中获取材料。

对象化的精神产品,是把不同介质(如书籍、报刊、电视、网络等)中所负载的人类精神文化成果作为认识、评价、利用和表述的对象。这类客体由于经过了人工的优化处理而信息密度加大,主体可以由此间接地获取写作材料。

对象化的写作主体,是把写作主体本身的精神世界作为认识和描述的对象。这类客体是由前面两种客体作用而形成的,从中可以直接获取多种形态的写作材料。

通过对写作客体类型的划分,我们可以看到写作主体与写作客体之间的关系是复杂多样的,写作客体之间是相互联系、相互作用的。因而,获取写作材料的途径也是多样的。

三、写作客体在写作活动中的作用

写作客体是写作系统的基础要素,是写作活动的前提条件,是写作传播的信息源。写作客体在写作中的作用主要体现为:

(一)触发写作动机

写作动机是写作客体进入了写作主体的视野,引起了主体的感受,并产生了写作的冲动。同时,正是主体的写作欲望和冲动,使原来一般的主体获得了"写作主体"的资格,也赋予了主体面对的客观对象以"写作客体"的身份,从而启动了写作活动。比如,一个人在阅读一篇文章时,被文章中的某一个情节所打动,自然地联想到自己的某些遭遇,并产生了一种欲通过写作来倾诉内心感受的渴望。这时,那篇被感知的文章就成了引发写作冲动的写作客体。

(二)获取写作材料

写作材料是主体从写作客体那里提取出来的。写作主体要实现写作目标、完成写作任务,就要在一定的写作方向和目标的引导下,主动到写作客体那里去,通过对写作客体的一系列的加工改造,选取符合写作需要的各种材料。如果主体视野开阔,感受力、想象力、思维力等很强,主体所获得的写作材料相对而言就会十分丰富,对材料的分析和加工也会细致、深入,即获得的写作材料就会"量多质优"。相反,如果写作主体的视野狭窄、对写作客体的转化能力十分有限,所获取的材料就会受到一定限制。

(三)激活写作构思

随着写作欲望的强烈,写作意识的逐步清晰,越来越多的材料汇聚而来,主体在感知的基础上,自然地要进入设计文章模式,构建文章图式的构思阶段。成为写作客体的材料孕育、生成了文章的主题,材料之间的关系制约着文章结构的安排,材料呈现出来的不同特性,也影响着文体的选择和文章风格的确定……总之,通过构思阶段对材料的选择、加工、改造,写作的思路逐渐清晰起来,文章的雏形逐渐形成。

(四)评判写作成果

写作主体和写作受体,在对写作成果进行评判时,考察的方面很多,其中对由写作客体转化而来的写作材料的选择和运用的评判,是一个不容忽视的重要方面,往往要评判材料选择是否充分地反映出了主题,是否揭示出了事物的本质,是否实现了写作的目的,材料是否新颖、深刻,材料之间的关系处理是否合理,材料的剪裁取舍是否恰当……当然,这些评判在写作过程的各个阶段都会发生,但在传播活动中,随着写作受体的加入,评判的范围和尺度都明显地增加了,对写作客体的认识和要求也更高了。

第三节 "如何写":触摸写作载体

写作载体是包含、运载写作意图和内容的文章形体和传播媒介。写作载体不能离开写作内容,是内容和形式的统一体。写作载体包括标题、主题、材料、体式、语言五个要素。其中,材料和主题是内容要素,体式和语言属于形式要素,标题既是内容要素也是形式要素。

一、标题

(一)标题的含义

标题,有时也叫题目,是指标明文章、作品等内容的简短语句。标题是文章的有机组成部分,总是居于文章的"首要"和"至高"的位置,率先进入读者的视野,留给人第一印象。

(二)标题的种类

标题是一个非常庞大的家族,从不同的角度可以划分出不同的类型。

从构成标题的词句内部结构形式可以分为词语标题和句子标题,词语标题比较简短,表意上留有的"空白"较大,还可以细分为词语标题和词组标题,如《夜》、《怀念》、《美丽的小河》、《再别康桥》等;句子标题繁丰，表意上有较大的完整性和较强的透明性，有的还要加上标点符号断句和表示一定的语气，如《答案在风中飘》、《我为什么写作》、《老去的是岁月，年轻的是爱情》、《你看，过年的方式在改变》等。

从标题外在的组合方式，可以分为单行标题和多行标题，如新闻的标题的构成有单行标题，有引题加正题、正题加副题的双行标题，也有引题加正题再加副题的多行标题。

从标题与文章主题或中心思想的关系，可以分为：

1. 直接揭示主题或主要内容的标题。这类标题旗帜鲜明地亮出观点或态度，使人能够对文章主旨和作者的写作意图一目了然，多用于议论文体、新闻文体和一些实用文体。如《实践是检验真理的唯一标准》、《逆境不能改变我的梦想》、《新时期小说文体流变概述》、《北京奥运会今日开幕》、《关于做好春运工作的通知》等。

2. 间接暗示主题或主要内容的标题。这类标题比较生动、形象，容易引起人们的联想和想象，读者可以透过标题流露出的信息和想象来理想化把握文章的主题或主要内容。如《脚比路长》、《被爱情遗忘的人》、《干净的力量》、《跌倒的地方也有风景》、《比尔·盖茨的事业转型》等。

3. 引导读者理解主题或主要内容的标题。这类标题往往用疑问句式提出一个供读者思考的问题，引导读者到文章中去寻找答案。如《爱怕什么》、《人民币升值让谁更富裕》、《谁是最需要关心的人》、《高校如何正确定位》、《聪明怎么会被聪明所误》等。

4. 点出文章涉及的时间、地点、人物、事件或题材、论题等，交代了与主题和主要内容相关的因素。这类标题或是作为全文的线索，或是突出全文的主要表现对象，或是交代了全文的主要故事情节，或者限定了选题范围，但从标题中很难看出主体的思想、情感和主要观点。如《春》、《北京的胡同》、《欧洲之旅》、《一双绣花鞋》、《浅谈嫉妒》、《有关网络安全》等。

5. 与主题或主要内容没有关系。由于写作语境或作者出于某些特殊因素的考虑，作者有意识地将作品真正的"标题"隐去，代之以耐人寻味、令人思索的标题——《无题》，或者取一个与主题或主要内容无明确联系的标题,如《断想》《偶感》《抒情十四行》《草叶集》等。

6.标题与内容合一。有些文章的标题即内容,内容被压缩成一个标题。如某些标题新闻和某些文摘报刊中后面所列的"重要文章要目概览",都属于这类情况。

(三)标题的拟制要求

首先,标题要贴切。所谓的贴切,是指标题与文章的内容、形式,深浅适宜,宽窄合度。如朱自清的散文《背影》,标题就紧紧地抓住了令作家动情、融情的"父亲的背影",给读者留下了深刻的印象。再比如奥斯特洛夫斯基的长篇小说《钢铁是怎样炼成的》这个标题,引导读者通过阅读和思考,更好地理解主人公的成长经历和精神品质,从而深刻地领悟了小说深刻的主题。不贴切的标题,将有损于文章的质量,如一篇批评中学生早恋的文章,标题拟成了《可耻可恨的早恋》,就有些言过其实了,观点和语气都值得商榷。

其次,标题要简洁。所谓的简洁,就是高度概括,言简意赅。拟题简洁是写作主体思维清晰、善于抓住关键的体现。如鲁迅的小说《药》这个标题,一字千金,内蕴十分丰富,十分耐人寻味。再比如余光中的《乡愁》、冰心的《小桔灯》、迟子建的《清水洗尘》、余华的《十八岁远行》等,都以简洁的文字,传递出更多的情思内容。

当然,标题的简洁,并不等同于字数少。有些文章的字数虽然较多,但已经是一字难减了,在本质上仍是简洁有力的。如李国文小说《冬天里的春天》、张丽钧的散文《看见阳光就微笑》等。

再次,标题要新颖。所谓新颖就是要新奇、别致,不落俗套,给人耳目一新的感觉。如张晓风的散文《从你美丽的流域》、何建明的报告文学《落泪是金》、梁晓声的小说《今夜有暴风雪》等。

另外,标题要富有美感。即要在读者的心灵中唤起美的感觉,引起美的遐思和美的愉悦。如琼瑶的小说《心有千千结》、季羡林的散文《赋得永生的悔》、潘洗尘的诗歌《六月,我们看海去》等,都文情并茂,天然清丽。

二、材料

(一)材料的含义

材料是写作主体为了特定的写作目的而收集的或写作入文章中的一系列事实现象和理论依据。诸如景物、人物、事件、数据、情理、名言等。

(二)材料的作用

没有材料,就没有写作。材料是文章的"血肉",其作用主要体现在:

1. 材料是形成正确认识的基础

任何文章,都要表达作者的观点、认识、情感、情趣等,而这些观点、认识、情感、情趣等都不是作者头脑中固有的,而是源自于作者对客体对象的感知和认识,源自于作者面对的各种写作材料。

2. 材料是形成主题的基础

从材料中抽象出来的认识,经过作者的进一步的开掘、深化、综合,形成了统摄材料的主题。也就是说,主题是从材料中提炼出来的。

3. 材料是表现主题的支柱

任何主题,都需要相应的材料来支撑。离开了恰当的材料,主题就无法显现出来;离开了新颖的、典型的材料,主题的深刻性就无法保证;离开了真实的材料,主题的可信度就会大大降低。主题需要材料来进一步叙述它、说明它、论证它,是材料围绕主题构成了一个有机的文章整体,从而实现了写作的意图,完成了写作任务。

4. 材料是安排结构的依据

一篇文章最终选择怎样的结构,与所选用的材料密切相关。材料自身的逻辑关系、材料与材料之间关系以及材料与主题之间的关系,都影响着文章结构的安排。比如,如果所选的一组材料是并列关系,文章的结构模式也是并列关系的;如果一篇文章选择的材料是非常连贯的故事,就可能选择一种叙述性的结构模式。

(三)材料收集的方式

1. 有意识地采集

有意识地采集,是指在一定的写作方向和写作目标的引导下,主体主动地去选取那些能够完成写作任务的材料。比如，一位研究人员确立了一项研究课题后，首先要围绕着课题进行相关资料和文献检索，然后，依据检索的引导，多方面地搜集所需要的各类资料，书籍的、报刊的、网络的，文字的、图片的、影像的。以上两种情况，都是有了写作的方向和任务后，作者有意识地进行材料采集。

有意识地采集，虽然常常是在一定的写作意图的驱动下进行的，主体清楚自己为了实现怎样的写作目的去采集，所获取的材料具有一定的针对性，而且这些材料将用在什么地方，可能会解决什么问题，这些材料是否合适写作任务的需要等等，写作主体在采集的过程中已有了初步的考虑，对个别材料的未来使用情况也已做到了"心中有数"。即便如此，有意识地采集到的材料，也不一定都能满足写作的需要，"拣到篮子里的并不一定都是菜"，因为那些材料往往还是零散的、杂乱的，尚有待于主体进一步梳理、选择和加工。这也提醒写作主体要注意两个问题：

其一，有意识采集材料并不等于写作主体已经先入为主地事先确立了主题，然后去"按图索骥"，而只能是确定了一个采集的方向和采集的范围。比如，某位作家要写一部反映农村改革题材的小说，他会选择一个有代表性的乡村去体验生活，采集大量的第一手材料，还要了解大量有关农村改革的方针、政策、理论，尽可能收集大量的二手材料。这位作家绝对不能"主题先行"地先下好了结论，然后再去找论据，而恰恰是相反，作者应依据自己所掌握的大量材料，合乎情理地推演出作品的主题。如果在采集材料之前就预先设定了主题，采集时就会把符合设想的材料留下，不符合的随手抛弃了，材料就会流于片面，用这样材料写成的文章，就可能偏离生活实际，或者流于表面化和简单化。

其二，有意识采集的材料是有待于加工的。采集的材料反映的情况或蕴含的观点往往是有差异的，有的还是完全相反的，互相矛盾冲突的。写作主体不能仅仅依赖几个材料，就轻率地得出一个结论或者一个判断，而应当对所有的材料进行集中的归纳、分析，不要只看材料所反映的现象表面，还要透过现象看到材料所揭示问题的本质，要通过对材料之间的联系合乎逻辑地推出严谨的结论。比如，一位学生收集到两个关于乞丐的材料，一个材料是一位老龄乞丐在城市的过街天桥上乞讨，另一个材料是一名少年乞丐在旅游风景区乞讨,他不能就此简单地断言:乞丐的大量存在,已经破坏了这座城市的风景。因为,他只看到了有限的材料,这些材料还不足以推理出那样的认识判断。因此,有意识地采集仍然要求在相应的范围内多多撷取各种材料,以便为写作提炼出有价值的观点或得出可靠的结论打好材料基础,也为将来表达时的材料选择留有更多的余地。

2. 无意识地储备

采集材料中的无意识储备,是指在没有明确的写作意图或写作目标的情况下进行的材料收集和存储。当一些景观、一些人事、某些人生遭遇等,进入主体的视野并引起了一定的感受,主体可能会感觉那些景物、那些人物、那些事件等可能具有一定的写作价值,或许可以作为写作的素材或者题材,至于将来用到什么地方,在什么时候用到,如何运用等,主体并不十分地清楚。于是,主体将这些材料放到自己的"材料库"中保存起来,以备将来调用。文学写作中的材料大多来自于无意识的储备。理论性文体和应用文体写作也需要无意识储备,比如阅读到某一本理论书籍时,被其中的某一个观点或某一段论述所吸引,主体会将之记录下来。再比如一些重要的思想认识、政策、实例、数据等,在阅读和思考时发现了,就随手记下来,它们都可能是未来的某一次写作中很好用的材料。

无意识储备的材料,除了储存于记忆当中,还可以保存在读书笔记、日记、卡片和阅读批注之中。

与有意识地采集相比,主体无意识储备时,不仅没有相应的取材"方向"和取材"区域",更没有一定的写作驱动力,因而这些储备起来的材料(素材)暂时还不能派上用场。但不能由此说无意识储备是在做无用功,因为一旦主体有了某种写作需要,在某种写作冲动和写作目标的召唤下,这些潜藏在记忆中的或者资料库里的材料,就会主动地涌现出来,成为写作的材料或激发联想和想象的重要因子。如一位作家无意识地储存在记忆中的童年生活经历,可能会成为他某一天非常重要的写作资源。当代作家梁晓声在谈及自己的创作体会时,曾深情地感激自己年轻时在北大荒度过的那段难忘岁月,他认为那些重要的人生经历是一生不竭的写作资源。作家毕淑敏的许多重要作品如《昆仑殇》、《红处方》等，都取材于她早年在雪域高原的生活经历，是那些难以磨灭的往事深深地植根于作家的记忆中，当写作契机来临时，那些无意识存储的往事便不邀而至，成为了极好的写作材料。

因为材料收集的目的不确定，使用的意图不明显，收集的功利性不强烈，所以，无意识的材料储备的最大优势在于数量上的丰富性和类别上的多样性。这就为以后的写作，准备了更加广阔的选择空间，有的材料可能用之于多种文体写作，不像有意识采集那样，要写什么文体的文章，需要什么材料了，才有意识地去寻找与文体相符的材料。无意识储备的一个材料，有时可能会引发或勾连起更多的材料，形成一个"材料链"。

无意识储备局限性也是明显的，主要是材料的数量过于繁多、种类过于繁杂，对于一些记忆力欠佳或缺乏分类整理能力的写作主体来说，有可能会降低材料的可靠性，或造成大量材料闲置或被遗忘。

因此，写作者在收集写作材料时，应当将有意识地采集和无意识地储备结合起来。在有明确的写作意图和文体规定的情况下，可以以有意识采集为主，结合无意识储备，使自己的"材料库"不断"增容"；在没有明确的写作意图的情况下，无意识储备的材料也应有意识地时常加以整理、回味，以加深记忆。

无论是有意识采集的，还是无意识储备的；无论是目前需要的，还是以备将来调取的；无论是以传统的方式如写日记、做笔记、标索引、做资料卡片、剪贴剪报等，还是用现代手段如复印、扫描、打印、复制软盘、制作光盘等方式进行物态化的保存，主体都是在进行着材料积累。

要更好地积累材料，就要对获取的材料进行分类和归类，进行分门别类地保存，以便于日后提取使用方便。

三、主题

（一）主题的含义

主题，也称主旨，是文本所表达的主要思想、基本情意或中心内容。它是一个由多种因素构成的内涵宽泛的、开放性的概念，因作者的写作意图、文章体式及形态的不同而有所不同,它可以是一种思想观点、一种认识倾向,可以是一种或隐或显的情感、情绪或一种感觉、印象,可以是一种情调、趣味,也可以是一种或详或略的知识。依据主题在不同文体中表现的形式可以将主题分为思想型主题、情感型主题、情趣型主题和认知型主题四类。

古代文论中使用的与主题含义相同或相近的术语是"意"、"义"、"旨"、"主脑"等,如陆机《文赋》中有"或文繁理富,而意不指适也"。李渔在《闲情偶寄》中有"古人作文一篇,定有一篇之主脑,即作者立言之本意也"。这里的"意"和"主脑"都是指文章的主题。

(二)主题的特性

1. 主题具有客观性

从形成过程来看,主题是作者对客观事物认识的体现,它是一系列的写作材料反映在作者的头脑中所产生的某种观念、情感等。文章一经写出,其中就一定包含了某些思想认识和倾向,或者包含了某些情感内容,或者包含了确凿无疑的主要信息,这些主题因为是从客观性材料中提炼出来的,因而也必然具有客观性。

2. 主题具有主观性

文本构思和表达中的主题,是作者从对材料的感受、认识中得来的,是作者的一系列加工改造的结果,其中掺杂了作者的多种情感和心理活动,必然会融入作者的立场、观点和情感,融入作者个性化的感受和认识,体现着作者独特的写作意图、审美情趣、个人偏好等。可见,在主题提炼和形成过程中,会受到作者的思想观念、主观情感和综合素质等影响和制约,不同的作者即使面对同一对象,也会形成不同的主题,因而,主题具有主观性。

3. 主题具有时代性

每一个作者都生活在特定的时代之中,都是在一定的社会文化语境中进行写作活动的,作者的思想意识、审美情趣等都不可避免地要打上一定的时代烙印,都会对特定的时代生活产生与其时代氛围等相应的认识,而这些都会直接或间接地影响到作者对所关注对象的选择,影响到对主题的提炼。即使是选材于历史生活,在表现既往时代的社会生活风貌和特征时,作者在主题的挖掘和表现过程中,也会自觉不自觉地带上其所处时代的某些生活印记。

4. 主题具有开放性

一篇简单的文章往往只有一个主题,单一、集中;但某些复杂的作品,如一些长篇小说或影视文学作品,往往会有多个主题。有些作者还喜欢在写作时故意表达多个主题,以增加文本的内涵。同时,写作系统中还有一个重要的环节,就是写作受体(即读者)对写作成果的接受和评价。读者在阅读文本时,对主题的把握经常会出现与作者写作意图大相径庭的情况,还会出现"一千个读者有一千个哈姆雷特"的不同主题的理解情况,这既有读者对主题理解认识角度、方法、能力等原因,又因文本内容和主题本身就是开放的,并非固定、僵化的。甚至,有些主题是作者写作中也没有意识到的,是文本中客观存在的,或者是读者主观性的理解和认识的结果。

(三)主题的作用

1. 主题是文章的统帅

清代学者王夫之曾形象地将主题比喻为统帅:"意犹帅也,无帅之兵,谓之乌合。"主题在文章中居于主导地位,决定和影响着材料的取舍、结构的安排、语言的调遣乃至标题的拟制等。《韵语秋阳》中曾记载了一段苏轼向他人讲授作文秘诀的故事,其中苏轼有这样一段话。

儋州虽数百家之聚,州人之所需,取之于市而足,然不可徒得也。必须有一物以摄之,然后为己用。所谓一物者,钱是也。作文亦然。天下之事,散在经子史中,不可徒得,必得一物以摄之,然后为己用。所谓一物者,意是也。不得钱不可取物,不得意不可用事,此作文之要也。

这段话非常形象地说明了主题来源于材料,深刻地揭示出主题的作用,因为有了主题,才有了对材料的统摄和运用。

从文章的结构安排来看,也不能没有依据地随意组合,而必须要围绕主题表达来进行,必须要在主题的统领下进行通盘考虑。

从主题和语言表达关系来看,主题是遣词造句的依据。选择怎样的语体和语言风格,要根据主题而定,不能一味地追求写作技巧的运用,不能不顾主题而讲求词藻华丽,不能以辞害意。

2. 主题具有社会作用

文章在传播过程中,总会发挥其一定的社会作用,蕴含在文字中间或深刻或新颖的主题,总会带给人们很多的东西,或给人思想启迪,或给人认识指点,或给人精神愉悦,或给人情感的熏染,或给人心理的安慰,或给人知识的传递,或给人信息的告知……读者会在不同的作品中获得多种多样的收获,从而实现了文章的社会价值,发挥了一定的社会作用。

当年徐迟的那篇反映科学家陈景润感人事迹的报告文学《歌德巴赫猜想》一经发表,便造成了巨大的社会轰动,很快便在社会上兴起了一股崇尚知识、崇尚科学的热潮,也引发了有关知识分子精神和社会地位等问题的深入思考。至于新时期以来的伤痕文学、反思文学、改革文学、朦胧诗、先锋诗等,都因为其主题更多地涉及到了中国社会生活,涉及到了人们关心、关注的社会现象和社会问题,因而不仅在当时产生了巨大的"轰动效应",而且在此后相当长的一段时间里,仍能够提供给人们更多的反思的话题,仍体现出值得挖掘和探讨的社会价值和意义,仍发挥着不可忽视的社会作用。

3. 主题影响文章的价值

一篇文章或一部作品是否有价值或价值大小,很重要的一个因素就是主题是否深刻。正如李翱在《朱箴言书》中所说的:"义深则意远,意远则词辩,词辩则气直,气直则辞盛,辞盛则文工。"如古往今来描写岳阳楼的诗文不可胜数,其中不乏大家之作,不乏辞章精妙、华丽之作,但其中传播最广、影响最大的,当属范仲淹所写的《岳阳楼记》,这篇文章通过对洞庭湖景色的描绘和不同遭遇的人登临岳阳楼所产生的感慨,抒发了自己"先天下之忧而忧,后天下之乐而乐"的人生情怀,这一高标的人生境界正是无数仁人志士追求的人生理想,也是深受广大读者敬佩的崇高精神。可见,文章品位的高下,社会价值和影响力的大小,与文章主题有着的很大的关系。

人们常说主题是文章的灵魂,一篇文章若是没有灵魂,若是灵魂暗淡、模糊甚至肮脏不堪,那么,那样的文章自然是等而下之的,自然不会有好的影响。我们很容易看到,有些文章主题肤浅、苍白,或格调、趣味低下,虽然有很多新鲜材料,也安排了别致的结构,且辞采华丽,但行之不远,很快便淹没在诸多的文山书海之中,被读者遗忘殆尽;有的文章甚至刚一诞生,便宣布了自己的死亡。至于网络上传播的一些游戏性的主题有着"硬伤"的拙劣之作,很快便被淘汰也是非常自然的事情了。

(四)主题提炼的要求

主题的生成是一个由表及里、由点到面、由浅入深的认识渐进过程。主题提炼(也称"炼意")的基本要求是:

1. 主题要准确

准确,是指所提炼出来的主题能够揭示事物本质规律,能够揭示事物内在含义,能够准确无误地反映事物之间的联系。它是写作者对事物正确、全面地审视和把握的结果,反映出了作者一定的认识能力和认识水平。衡量主题是否准确的主要标准有两个:

其一,主题要符合客观实际。主题源自于作者获取的繁多的写作材料,这些现实的或历史的、系统的或零碎的、简单的或复杂的材料,直接制约和影响主题的提炼。在提炼主题时,作者必须充分尊重材料,遵循认识规律,保证主题与材料内在的统一,不能从材料中以偏概全、断章取义地提取主题,更不能超出材料所蕴含的意义而主观臆断地随意歪曲、人为地拔高或肆意贬低。比如,一名记者到某一地区采访,当他看到当地因为过度地砍伐和放牧,造成了水土流失、耕地荒漠化的严重后果。这时,他完全可以冷静、客观地报道当地某些做法已经使这一地区的生态环境受到了严重破坏,以引起有关方面的重视。而如果他受某些职能部门的影响,不敢直面真实的现实,甚至闭着眼睛写文章赞美该地区自然环境优美,便是脱离现实生活、进行虚假命题。

只有写作者以正确的世界观、人生观和审美观为指导,勇于面对现实,勇于接受各种挑战,以丰富的材料占有为基础,以深入、细致的分析为保证,不断地增加自己的辨别力、判断力,才能准确地认识客观事物丰富的内涵,才能明辨生活中的真善美和假恶丑,才能做到材料与主题的有机统一。

其二,主题要符合作者实际。主题的生成受作者思想意识、知识水平、生活阅历、写作意图等多种主观因素的制约,即使面对同样的事实材料,不同的作者,甚至同一个作者,因思想境界的高低、生活阅历的差异、写作意图的不同、提炼主题时的心境不同等,他们会从不同的角度、不同的侧面挖掘出不同的主题,得出各不相同的认识。譬如,对于愚公移山这一古老的故事,现代人从不同的视角、不同的层面,可以引申出完全不同的主题:有人从愚公的个人能力有限却要坚持不辞辛苦地移山这一角度,赞叹"明知不可为而为之"的精神,有人却与之恰恰相反,认为应当懂得"该放弃时就放弃,不必坚持做那些不可能完成的事情";有人从愚公建房之初没有考虑出路的问题,结果造成了自己和后代要"移山"的后果这一角度出发,赞同"凡事预则立,不预则废"的古训,有人从中得到"自己一时的错误,可能会遗害他人"的认识;还有人从天神受到感动而帮助愚公实现移山的心愿这一角度出发,强调"什么奇迹都可能发生"或者"只要努力了,就会有收获"这类观点。可见,只要作者能够认真地分析材料,能够依据自己真实的感受,结合自己熟悉的生活,进行个人化的思考,就完全有可能得出符合自身实际的、并非人云亦云的独到的见解,找到属于自己的那个感受最深的主题。

总之,应考虑到材料的客观性,要考虑到作者的主观因素,还要兼顾时代背景和读者对象等,要综合各方面的因素,才能保证所生成主题的准确性。

2.主题要新颖

追求主题新颖,就是要求主题能够表现出富有生气和灵气的思想和别致的情趣,能够令人耳目一新,给人新奇、新鲜、欣喜的感觉,能激发读者的阅读兴趣,给读者新的启示;力戒主题平庸、观点陈旧、认识平淡、呆板无趣。主题要新颖,主体需要从以下三个方面入手:

其一,应贴近时代生活,接触更多的新鲜事物,观察和体会与时俱进的社会风貌,善于从风潮涌动的火热的现实中,寻找和发现富有新意的主题。一个关注现实生活,关注时代进步的作者,往往会站在时代的潮头,迎纳八面来风,能够及时地捕捉到最新鲜的信息,所有的那些新景观、新事件、新人物等,都自然会给作者带来新的感受、新的启迪,自然会涌现出新的主题。如果一个作者不愿意接触新的事物,总是以老的眼光看待新事物，那么，他就可能会感觉迟钝、落伍甚至保守，相对于那些特别"喜新厌旧"的作者而言，他就不大容易有新颖的认识，不大容易发出令人惊诧的"奇谈怪论"，其创新能力也会大打折扣的。

其二，要善于披沙拣金，慧眼独具地发现深藏在事物内里的新意。其实，许多平淡、平常、琐屑的生活小事当中，往往蕴藏着值得探究的新颖主题，只要关心生活，善于变换视角，勤于思索，就能洞悉某些鲜为人知的秘密，就能从司空见惯的事件中欣喜地获得新的发现。

能"见人所未见，发人所未发"，写出"人人心中有，个个笔下无"的认识，是历代写作者不懈追求的目标。曹雪芹曾借贾宝玉之口说出立意创新之可贵："作诗不论何题，只要善翻古人之意。若是随人脚踪走去，纵使字句精工，已落第二义，究竟算不得好诗。"若想从平常中见新奇，于普通中见非凡，常有一己之见，除了观察细致，体验深入，养成多思考、勤琢磨的好习惯，还要善于运用多种思维方法，尤其是充分发挥创造性思维，跳出惯性思维的模式，打破旧有的思维定势，先做到思维创新。可以在他人已有的立意基础上，转换思考的角度，写出新的感受，补充或扩展他人所未发之见。比如，看到春天偶尔飘落的一枚树叶，可以感慨"落叶不止在秋天"，从融化的雪水中看到许多的灰尘，可以得出"有些洁白是污浊的"这类的认识。有时，作者只需在他人的认识上，再向某一个方向拓展一点点，就可能有新的发现。譬如，李雪峰的《爱的力学》一文便从父爱产生创造奇迹的力量这一点进行挖掘，给人以耳目一新的感觉；还可以运用逆向思维方式，大胆地质疑某些似乎早已成定论的观点，进行合情合理地标新立异。譬如，针对人们常说的"车到山前必有路"，逆向思维得出"车到山前没有路"的观点，引导人们应该未雨绸缪，提前做好准备；再比如，对"大树底下好乘凉"逆向思维而得出"大树底下不好乘凉"，对"近墨者黑"逆向思维得出"近墨者未必黑"，诸如此类运用逆向思维，打破既有的某些说法，会提出一些别开生面的观点，引人深思。需要注意的是，在进行逆向思维时，所得出的结论应当合乎情理，可以自圆其说，不能强词夺理，不可为了出新而故作惊人之语。

3. 主题要深刻

主题深刻，是指作者提炼的主题有一定的思想深度，能够抓住问题的关键和要害,揭示出事物的本质和特点,具有普遍的认识和指导意义。如毕淑敏有一篇题为《人生没有意义》的文章,作者从每个人以自己的言行为人生添加内容从而显示出了各不相同的意义这一角度出发,启示人们:人生的意义是自己赋予的,有什么样的思想和行为,就可能会有什么样的人生。这样的主题,是作者透过事物的表层,进行穷追物理,探幽显微,从普通的材料中挖掘出了具有一定深度的主题。要做到主题深刻,可从以下几方面入手:

其一,由表及里,深入挖掘。有人在写作时喜欢就事论事,虽然有时也不乏深刻的见解,但是很多事物所包蕴的思想内涵,往往藏在事物的深层,需要写作者沉下心来,集中精力,一点点地向内里钻探,才能够寻找出那些潜于幽深之处的主题。

其二,滴水藏海,小中见大。生活中有很多深邃的哲理、深刻的智慧,往往都藏在琐碎、细小的事物和事件当中,很多小故事里面往往藏着大道理,很多小天地里面往往藏着大世界,很多小角度往往也可以看到无限的精彩……只要热爱生活,热爱写作,有一双善于发现的眼睛,有一颗敏感的心灵,有一些积极的思维,就可以从生活中的一花一草、一沙一石中洞察幽微,就可以从那些平凡的小故事中获得许多睿思至理。像《每天都是一个礼物》《绊倒你的也许是金块》《一个巴掌也能拍响》《我不祝福你一生平安》《把生命活成一树一树的花》《幸福是零售的》等,仅仅透过这些文章的标题,我们就会发现,正是作者目光凝注到了那些日常的生活场景上,凝注到了那些平淡无奇的小事情上,懂得了如何在一枚叶子上推敲阳光,知道了如何在一条小溪的叮咚中感受大海的喧响,慧眼独具地发现了那些鲜活而又有深意的主题。

其三,溯根求源,层层拓展。缘着事物、事件发展的脉络,进行由果溯因、由末求本的层层推进探究,可以看到事情发展的来龙去脉,进而抓住本质性、规律性的东西,获得有深度的认识。如有一篇题为《母亲不为儿子骄傲》的文章,作者以时间为线索,写了他小学考试经常得双百分,母亲不以为然;他初中三年,克服了许多困难,成为全乡四年里唯一考到省重点高中的学生,亲属和邻居们都觉得应该好好庆祝一下,但母亲仍淡然地回绝道"这才哪到哪啊";当成为全村第一个大学生,成了一位小有名气的作家后,作为一位普通的农家妇女,各方面均平平的母亲,仍从不在他面前流露出拥有他这样一位儿子的点滴的骄傲和自豪。他一直不明白母亲为什么会那样,他一次次地发奋努力,期望母亲为自己骄傲的愿望一次次落空。直到某一天,他不经意间从父母悄悄的谈话中得知"原来母亲一直是为儿子骄傲的,只是她把这份骄傲深藏在心中,她表面的淡然,其实正是激励自己不断上进的一种爱的方式。"从而向读者展示了母爱的意味深长。正是这样一点点地沿着"母亲为什么不为儿子骄傲"这一疑问层层递进地追溯,让思路拓展开来,从日常的琐事中找寻到了富有深意的主题。

以溯本求源的方式获得深刻的主题,可以采取由此及彼、由近及远、由事及理的探求方式。以张丽钧的《牡丹花水》为例,作家在旅途中偶然听到牡丹花水的名字,便猜想它可能与妙玉给宝玉沏茶用的梅花雪水相仿,禁不住对它向往起来。等知道所谓的牡丹花水,不过是西北人对沸腾的开水的一种形象称呼,不禁心生感动,思绪翩翩,自然地联想到西北地区一些人艰苦的生活条件,进一步想象什么样的人、在什么样的环境中、怀着怎样的心情,给普通的开水赋予了这样一个象征着富丽、吉祥的名字,进而由此生发开来,意识到这个名字里有着太多的意味,寄寓了太多的情感。就这样,作家的目光没有仅仅停留在"牡丹花水"这一事物上,而是透过它读到了西北人民对美好生活的憧憬,读到了一种积极的生命态度,读到了一种令人感慨不已的人生情怀。

其四,缘物生理,由物获情。作者可以从一些事物的自然属性出发,挖掘出一定社会价值和人生意义,从而物我合一,托物言志,寓情于物。譬如,贾平凹通过一块丑石的种种遭遇,阐述了"丑到极处便成了美"的深邃之见,史铁生由地坛所目睹和经历的沧桑岁月,引发了一系列有关生命意义的深刻追问;余秋雨行走于历史的山山水水之间,感悟着中国文化的博大精深。只要作者的目光不只是停留在某些事物的表层,不只是看到事物本身所具有的特征,还能够由物及人,由物推及到社会、人生的诸多方面,就会触类旁通,生发出许多掩藏在生活深处的远见卓识。

四、体式

(一)体式的内涵

文章体式是写作实践中反复出现的、被约定俗成地遵从或恪守的文章类型,是文章的体制、结构、格式这三方面的总体要求的概括。以现代诗人冯至的《我们站在高高的山巅》为例:

> 我们站立在高高的山巅,
> 化身为一望无边的远景,
> 化成面前的广漠的平原,
> 化成平原上交错的蹊径。
>
> 哪条路、哪道水,没有关联,
> 哪阵风、哪片云,没有呼应;
> 我们走过的城市、山川,
> 都化成了我们的生命。
>
> 我们的生长、我们的忧愁,
> 是某某山坡的一棵松树,
> 是某某城上的一片浓雾;
>
> 我们随着风吹,随着水流,
> 化成平原上交错的蹊径,
> 化成蹊径上行人的生命。

这是一首体式鲜明的抒情诗。从体制上讲,它属于"商籁体",即"十四行诗",是流传于欧洲的一种格律严谨的诗体,诗歌的前两节各有四行,后两节各有三行,形式的特征非常明显,与其他诗体有着明显视觉上的差别。从诗歌的内部结构来看,第一节写诗人登上高高的山巅时的心灵感受,作者感觉到此时此刻自己已经与凭高而眺所见的平原上景物融为一体,个体生命已成为静态的自然美景中的一部分;第二节借流动的风、云和水这些意象,写出动态的自然之景,借城市、道路、山川这些意象,写出静态的自然与人文景观,而这些动态的和静态的景色与人的生命"物我合一"的融合,构成了一种令人遐思悠悠的意境;第三节和第四节,写我们的生命历程,和自然界中那些流水、树木、道路有了一致相似或相通,我们生命的踪迹,可以很容易地在自然中的一树、一溪等身上察觉得到,就像道路和流水永恒地向前延伸,我们短暂的生命因与自然的深情拥抱,也获得了一种永恒。诗人隐隐而露的情思,会引发不同的读者不同的联想和思考,其幽深的内涵与这谨严有度的诗体,达到了自然而巧妙地结合。再来考察一下这首诗的格式:两个四行,加上两个三行,四个诗句方块组成了一首整齐的诗,第一节、第二节中,都是第一句与第三句押韵,第二句与第四句押韵;第三节和第四节中,都是第二句、第三句押韵,第三节的第一句与第四节的第一句押韵。严格的韵脚,形成了该诗特有的韵律和节奏,轻柔而舒缓,与内容和谐一致。

1. 体制

文章的体制,是对某一类具有共同特征的文章的名称、体裁、要素、格局等方面的规定或要求,人们常说的日记体、公文体、书信体、诗歌体、广告体、论文体等都是指文章的体制。每一种文章都有一定的体制,写作者必须了解文章的体制,按照文章的体制要求写作,比如要写对联,就要了解对联的体制;要写古体诗,就要了解古体诗的体制,分清楚什么是律诗、什么是绝句,如何用典、用韵等等;要写法律文书,就要掌握各种法律文书的体制,像合同的体制是什么样的、起诉书的体制又是什么样的等等,必须在写作之前就要掌握;每次写作,都要做到文章合体,即要符合该文体的体制要求。如果连最基本的"写什么像什么"都做不到,就是不合体制的写作,是会影响写作的质量和效应的。尤其是在一些应用文体写作中,一定要正确地掌握并遵守该文体的法则、规律,要接受其指导和制约。做到文章合体,是写作最基本的要求。

2. 结构

结构是对文章的谋篇布局方面的规定和要求,涉及文章各部分的组合、文章的层次安排、段落的划分等问题,是文章内在的联系与外在的模式的统一。如果说,主题是文章的灵魂,材料是文章的血肉,那么,结构就是文章的骨骼。一个人若没有健康的、坚实的、灵活的骨骼支撑,就无法行走,无法进行正常的活动;一篇文章没有合适的结构,只是一些材料的杂乱的堆积,就不能算作是一篇文章,因为主题再好,材料再新鲜,若是结构混乱,也难以表达清楚作者的写作意图,难以吸引读者。所以,真正的写作者,无一不重视文章结构的安排。

每一种文体都有着自己的相同或相似的结构模式,都是可以模仿、借鉴的,是相对独立的。比如,叙述类的文体的结构模式,大多是按照"开端→发展→高潮→结局"的事件进展的顺序安排层次;消息的结构模式大多采用"倒金字塔形结构",按照"导语→主体→背景→结语"的顺序组织材料;说明类的文章,常常选择"总说→分说→总说"的结构方式进行布局;议论文大多按照"提出问题→分析问题→解决问题"的逻辑顺序来谋篇布局;调查报告则常常采用"说明情况→分析原因→提出对策"的思路组织文章。

在日常写作中,人们概括出了许多文体常用的结构模式,如总分式、并列式、递进式、对比式、连贯式等等,作者可以根据不同文体的特点,根据写作的内容、写作目的、读者对象等不同,灵活地选用合适的结构,可以对某些结构模式进行适度的改造,可以自创一些新颖的结构模式。

3. 格式

格式是对相关文体的撰写、制作、编辑、出版等方面的明文规定或约定俗成的规范和标准。格式大致可以分为法定格式、暂定格式和惯例格式三类。法定格式由国家或有关部门制定并颁布,如《国家行政机关公文格式》、《文摘编写格式》、《科学技术报告、学位论文和学术论文的编写格式》等,对标题、开头、结尾等很多方面都有具体、严格的要求;暂定格式具有随机性,多由出版、编辑、发行单位或组织临时拟定的著作的编写体例、文章的制作格式,要求也比较严格。惯例格式多为人们习惯使用或通用的格式,如私人书信格式、广告格式、协议书格式、请柬格式等等,要求虽不如法定格式严格,但作为一种规矩,仍对相关文体的写作有一定的约束力,作者不能不顾人们约定俗成的格式要求自行其是。

体制、结构和格式在文章写作中所起的作用各有侧重:体制主要解决的是"依体而作"的认识问题,结构主要解决的是文章如何做到"言之有序"的方法问题，格式主要解决的是文章体式的规范化、标准化的操作问题。三者层面不同，功能也不同，是各司其职，共同制约和承载着文章的内容。

需要特别注意的是，一些文体的体制与格式往往是结合在一起的，体制即格式，格式也是体制，如十四行诗、行政公文，是体制要求了相关格式，格式体现了文章的体制。

(二)体式的特点

1. 规范性

规范性是文章体式的本质特点。文章体式是人类在长期的写作实践中，根据共通的写作经验而建立起来的一种被普遍遵从的规范，是对写作实践具有预见和推断的作用，具有引导和约束的作用。

文体具有不同类型、不同层次的众多规范样式，文章的体式在体裁、结构、规格的各层次所涉及的规定和要求也不尽相同：有的只有大致的原则性要求，并没有细致的规定，如现代诗歌，只要求分行书写即可，并不像古代的律诗、绝句那样的严格要求，没有字数、行数、押韵等方面的规则；有的就比较具体、比较严格，如《国家行政公文处理办法》中就对行政公文的体式，做了明确的规定："公文一般由发文机关、秘密等级、紧急程度、发文号、签发人、标题、主送机关、正文、附件、印章、成文时间、主题词、抄送机关等部分组成。"这一规定，对行政公文的结构、规格、款式均提出了严格、统一的要求；有的体式要求比较宽松，如当代散文的体式就十分自由，可以写得像小说一样情节紧凑、悬念迭出，也可以写得像戏剧文学那样，可以写得像通讯那样，还可以写得像日记、书信那样，还可以写成好像调查报告、说明书一样的公文体，字数方面也没有严格的规定，可以短到只有几百字，也可以长达数万字；有的文章体式，对某些格式要求相对严格一些，如论文写作，就对论文中的引文和注释的写作，有较为严格的规范，还有国家标准的规定。

2. 流变性

体式是一定历史语境中沉淀下来的，所涉及的要求和规定，都是一些基本的原则，具有一定的稳定性，可以跨时代、跨地域地被人们认识和遵守。但是，很多文章的体式并非是一成不变的，它会随着时代的发展而发展,是流动的、变化着的,具有一定的历史性。可以说,任何一种文章的体式,都与一定的社会文化背景、写作发展状况和人们的表达需要相适应。体式体现着历史的流变性与稳定性的有机统一,特别是一种文体随着其文体种类的更迭和变异,其体式规范也会或多或少地发生变化。如有些无情节化的散文体小说,有一些跨文体的文本,兼具多种文体的体式特点,特别是伴随着网络写作的繁荣,一些原有的文章体式受到了很大的冲击,有的在悄然发生着改变,而且新的范式和要求,也随着人们对文体的认识的深入而诞生出来。

3. 综合性

文章体式的综合性表现在两个方面:一方面,它是文章的体制、结构和格式互相配合、共同作用的结果和体现,如概貌通讯在体制上属于新闻体,其正文结构多采用先进行总体概述,然后分别阐述,最后再概括总结,采用说明文体常用的"总说——分说——总说"的格局模式。另一方面,由于某些文体之间并没有绝对的界限,往往可以互相融合,难分彼此。如有人用诗歌的形式写给恋人的情书,既是私人书信,又是诗歌;再比如,有的作者以话剧脚本的格式写作散文、小说等,都属于杂交了多种文体,吸收了不同文体的体式优点,带给人耳目一新的感觉。

随着信息时代的来临,文体变化、发展的速度也越来越快,各种文体之间相互交叉、渗透、融合,各种文体优势的综合与互补,越来越受到人们的重视,大量具有综合特点的文体诸如日记体小说、新闻体广告、书信体散文等纷纷涌现,便是文体综合的鲜活例证。

(三)体式在写作中的作用

写文章首先要确定文章的体式,要遵循文章的体制、结构和格式作文。否则,文章的材料、技巧、语言等,就无所适从,就难以实现写作目的。正如古人所言:"夫文章之有体裁,犹宫室之有制度,器皿之有法式也……苟舍制度法式而率意为之,其不见笑于识者鲜矣,况文章乎?"(徐师曾:《文体明辨序说》,人民文学出版社,1962年版,第77页)

下面分别谈谈构成体式的体制、结构、格式在写作中的作用:

1. 体制在写作中的作用

其一,文章依据体制确定形态特征。每一种文体都有自身的形态特征,这些特征是文体长期发展积淀而成的。文体的形态与一定的表达内容相适应,受制于文章内容,又反作用于表达的内容,对内容具有一定的制约。请看唐代诗人杜牧依据平仄格律而作的诗《清明》:

清明时节雨纷纷,　　平平仄仄仄平平
路上行人欲断魂。　　仄仄平平仄仄平
借问酒家何处有,　　仄仄平平平仄仄
牧童遥指杏花村。　　平平仄仄仄平平

这首诗在体制上属于中国古典诗歌中的七绝。全诗共四句,每句七个字,严格按照绝句的平仄、对仗安排,在固定的体制、有限的字数要求中,诗人写景、写人、写事、写情,诗歌自然合体,既体现了体制的规范,又借助体制完成了抒情达意的目的。

有人曾用标点符号,对这首诗进行点顿、断句,将其改造成一首词的形式:

清明时节雨,
纷纷路上行人,
欲断魂。
借问酒家:
"何处有牧童?"
遥指杏花村。

这样一改,就成了词,具备了词的体制形态,句子长短不齐,韵味参差不齐,跟绝句的体制大不相同。并且,随着体制的改变,停顿和标点的不同,其内容也发生了变换,还是原先的那些字词和排列顺序,但新的体制中要求新的内容与之适应。还有人将这首诗改编成剧本形式:

清明时节。雨纷纷。
路上。
行人:(欲断魂)借问酒家何处有?
牧童:(遥指)杏花村。

经过上述改编,就具备了戏剧体的体制形态,这里有舞台说明(包括时间、地点、场景、人物、神情、动作的说明)和台词(对白),跟绝句、词的形态又完全不同了,承载的内容也再次发生了改变。

体制作为文章在形态方面的规定和法则,是文章存在的模式性格局,也是在大量的写作实践过程中反复出现的、被遵从或恪守的文章类型。作者在写文章之前,一定要明确它属于哪种体制类型,这种类型在形态方面有哪些特点和要求,然后才能依据体制确定文章的形态。否则,就会出现文不对体、文不合体的错误,可能会闹出用格律体的形态写现代抒情诗、用文学的形态写产品说明书之类的笑话。

其二,文章依据体制确定内容构成要素。任何一篇文章都是由相互依赖和相互作用的若干要素组成的具有确定功能的有机整体。所谓的内容构成要素,就是文章必须具备的内容及组成形式,如议论文体必须具备论点、论据、论证过程这三个内容构成要素。有不少文体对文章内容所必须包括的方面及组成形式,有法定的或约定俗成的规定要求,这些规定要求也是作者在写作前必须明确和掌握的。如我国《合同法》规定经济合同的内容必须具备标的(即合同当事人的权利和义务所共同指向的事物、目标,包括实物、工程、服务等),标的数量与质量,价款或者酬金,履行合同的期限、地点和方式,违约责任,解决争议的方法,合同的份数及有效期等,这些都是合同内容的构成要素。请看下面的例子:

购销合同

立合同单位:

××种子销售公司(以下简称甲方)

××种子培育中心(以下简称乙方)

为大力推广农业新品种,更好地服务于农业生产,甲乙双方经平等协商,订立本合同,条款如下:

一、乙方向甲方提供品种为"红星一号"的大豆种子5吨,每吨价格4000元;品种为"春风四号"的小麦种子5吨,每吨价格3200元;品种为"龙丹三代"的玉米种子10吨,每吨价格2500元。

二、乙方交货时间为2008年2月1日至2008年3月1日之间。要求由乙方负责送货,乙方承担所有送货费用。乙方应一次性交齐全部货物。

　　三、乙方提供的所有种子的质量，均按农业部颁发标准执行。检验方法：以乙方自检为主，甲方随时抽检。如在销售中发现质量不符，应由乙方负责处理。数量由甲乙双方当场验收交货，事后如有差错由甲方自行负责。

　　四、货款结算。甲方在乙方送货验收后三天内，付给乙方总货款的40%；余下总货款的60%，自交货之日算起，甲方在三个月内付清。

　　五、甲方未能履行合同，应承担以下责任：（略）

　　六、乙方未能履行合同，应承担以下责任：（略）

　　七、由于不可抗拒的因素或特殊情况，未能履行合同时，双方应协商解决。本合同未尽事宜，由双方商定补充。

　　八、本合同一式四份，甲方、乙方各执一份，送有关部门存查两份。

　　九、本合同有效期为：2008年1月5日至2008年8月5日。

　　（以下是甲乙双方的签章等，略）

　　这份购销合同的第一条，写明了标的、数量、品种规格；第二条交代了交货的时间、地点、方式和各自承担的费用；第三条规定了质量要求；第四条说明了付款方式和付款日期；第五条、第六条规定了违约双方应承担的责任；第七条规定了因特殊情况造成合同违约的解决办法；第八条说明了合同的份数及存放地点；第九条规定了合同的有效期。以上这些，都符合《合同法》的规定和合同写作的要求，是一份符合体制的合同。

　　确定文章的体制，明确文章的内容构成要素，还要确定内容要素之间的关系，这样才能充分保证文章所传递的信息的完整性和清晰度，避免顾此失彼、遗漏缺失。

　　2. 结构模式在写作中的作用

　　"陶者尚型，冶者尚范，方者尚矩，圆者尚规，文章之有体也，此陶冶之型范，而方圆之规矩也。"（顾明行：《刻文体明辨序说》，见《文体明辨序说》，人民文学出版社，1962年版，第75页）这里所说的"型范"和"规矩"就是文章的结构模式，即文章要素的组织形式。结构模式作为一种规范，可以保证内容要素结构形式的统一性、协调性和条理性，其作用表现为：

其一，依据结构模式确定要素的组织形式。一些应用文体的结构要素的组织形式有相对严格的统一要求，从而成为一种固定的格局和被普遍遵守的规范。如建设工程勘察设计合同，就要按照以下的结构顺序来安排内容：

建设工程名称、规模、投资额、建设地点；委托方提供的资料内容、技术要求及期限，承包方勘察的范围、进度和质量，设计的阶段、进度、质量和设计文件份数；勘察、设计计费的依据、取费标准及拨付办法；违约责任。

人们撰写某一体制的文章，在确定了其内容构成要素的同时，还要确定这些要素的组织形式。如一份会议通知，它是由会议名称、会议时间、会议地点、会议参加者、会议相关内容、会议参加者报到时间和地点诸要素按先后有序的关系构成一个有机的整体，作为会议通知的要素结构模式。因此，写会议通知一般要按照"名称→时间→地点→出席人员→相关事项→报到时间和地点"这种结构模式来安排内容。

其二，依据结构模式确定文章内部的结构类型。文章的结构既包括外在的组织形式，也包括内在组织和构造方式。文章的结构要反映事物的发展规律和内在的联系，要为表达目的服务，要适应不同文体的特点。文体的内部结构相对是比较自由、灵活的，没有固定的规则和要求，但有些大致相同的结构类型还是存在的。常见的文章内部的结构类型有：

（1）并列式。各层次间是并列的关系，一些说明性和议论性的文体中常采用这种结构。

（2）连贯式。按照事情发生、发展的经过和时间的先后顺序安排结构层次，各层意思之间的关系是连贯的、自然发展的关系。叙事性文体多采用这种结构。

（3）递进式。各层意思之间是一层进一层、一环扣一环向前推进的关系，表现人们认识事物的由浅入深、由表及里的过程。议论性的文体常采用这种结构方式，

(4)对比式。这种结构类型侧重于人物、事物、现象或情况的两两对比,或是整体的对比,或是局部的对比;有的是在同一层次中对比,有的是在上下层次上对比。

(5)总分式。其结构模式是:先总说,然后分说(第一层和后面的基层关系是总分关系);或者先分说,然后总说(前几层和最后一层的关系是分总关系)。其具体表现为:或者先提出中心论点,然后提出各分论点;或者是概括说明,然后再从不同方面分别说明;或者总体概述,然后再分别描述。说明性文体、叙述性文体、议论性文体都常用这种结构模式。

3.格式在写作中的作用

这里所说的格式是指文章的文面规范和体例。古人就十分重视文辞符合格式规范,进入信息交流加快的当今社会,对文体写作的格式要求更呈现出标准化、普遍化的趋势。

其一,依据格式安排构成要素。现代文体的文面格式及编排格式大致可分为两类:法定格式和惯例格式。法定格式是国家或有关主管部门制定的国家标准或部颁标准,要求非常严格。如行政公文的格式就属于法定格式,必须严格执行。惯例格式是约定俗成的格式,诸如书信、日记、剧本等,要求虽然不如法定格式那么严格,但对作者仍有一定的约束力。如一般单位所用的介绍信的文面格式由标题、编号、收文单位名称、正文、敬颂语、落款、有效时间等其各要素构成,要素的排列格式如下:

介绍信(标题)

××商场:(收文单位)

兹介绍我公司×××同志前往贵商场联系广告招商事宜,请予以接洽。(正文)

此致

敬礼!(敬颂语)

××××× 广告公司(落款)

××××年×月×日(时间)

(有效期两天)(有效时间)

第二章 写作系统的考察

一些著作也有编写体例格式,其作用在于使著作的篇章组合统一化、有序化、条理化。如我们常见的教材在章、节、段等编排时,都会先确定一些格式要素及要素的排列顺序,既有利于教材的编写、编辑、排版,也适宜于读者的学习。

其二,依据格式明确文体标识。了解和掌握了不同文体的文面格式和编排格式的要素,还要按照有关规则对各要素进行标识。如公文的发文机关、发文字号、公文编号、秘密等级和保密期限、紧急程度等,全部都要按国家标准制定的规则对各要素进行标识,要求极为严格。这样有利于公文制作、传递、登记、分类、检索的规范化、制度化和标准化,有利于提高行政办事效率。

五、语言

语言是思想的外壳,形象的载体,表达的媒介。写作活动也是运用语言符号将各种信息和思想情感进行外化的过程。语言贯穿于整个写作过程中,既是思维的工具,也是表达的工具。因此,把写作称为"语言的艺术",正是通过语言这一媒介,作者将自己的思想情感诉诸语言文字,形成了写作成果。同时,读者正是通过阅读和理解那些语言文字,理解了作者表达的内容,使写作的预期目标得以实现。

(一)语言的特性

1. 中介性

从写作表达的角度来看,语言作为中介符号,既是作者实现由意到文的转化的中介,又是沟通写作主体与写作受体的桥梁。

语言是人类交流思想的最有效的物质媒介,语言在本质上是一种符号系统。写作过程实际上就是写作主体的思想情感的语言符号化过程。当写作主体无形的思维内容需要行迹化时,就必须运用书面语言进行恰如其分的表达。表达在西方语言学中被称为"言语的生成",按照我国传统的写作理论,就是由"意"到"言"的转化。无论是"言语的生成"还是由"意"到"言"的转化,都必须借助于语言这一中介物。正是通过语言符号有规则的排列,记载和传输了思维活动的内容,完成了人类极为有意义的写作活动。

写作过程中,作者必须使用外部语言符号即通过固化的外在文字符号,将内部语言即初步符号化的但尚处在构思状态的语言进行物态化定型。在文章的语言符号的转化过程中,作者对语言符号的驾驭能力,会直接影响到写作进程的顺利与否。因为外部语言是逻辑的、线性的、单向的、历时的,而内部语言却是非逻辑的、多维的、非线性的、共时性的,所以没有高超的外部语言的运用能力,是难以把握转瞬即逝的内部语言的。这也正是许多作者为语言表达头疼的原因,也是为什么有人常常感慨"明明想得很好,却总是表达不出来"的重要原因之一。

写作中所使用的语言不同于一般的日常语言,它是一种经过提炼的用来传送信息、表情达意的工具,本身就有一定的审美价值,能够体现出一定的"工具美"。顺畅、优美的表达,会使写作成为一种极富魅力的创造活动,而由精美的语言物化而成的作品,不仅可以实现人与人之间的信息交流和思想情感沟通,而且还具有一定的审美价值,是可以鉴赏的语言艺术品。李清照那首著名的《声声慢》起首七个叠词连用:"寻寻觅觅,冷冷清清,凄凄惨惨戚戚"无需斟酌词义,单从这些词语的语音组合中,就能感受到一种孤寂清冷的味道。这七个叠音词由七个均等的音步造成由缓慢而急促的节奏。以平声的"寻寻"起音,以声调略高的"觅觅"形成一个停顿,然后用"冷冷清清"在略高的音调上进行过渡,接着连用三个发音绵长、音调渐次降低的叠音词,渲染、烘托出有愁惨而凄冷的氛围。轻轻地吟诵,读者会不知不觉地陷入词人欲说还休的"怎一个愁字了得"的凄苦、落寞的情境之中。词人充分发挥了汉语的形、音、义完美结合的优势,展示出了汉语写作独特的风韵和魅力。因此,我们既要充分发挥语言符号的表意功能,还要实现语言符号特有的审美功能。

同时,作者要把自己的思想感情传递给读者,也必须要以语言符号为中介。从写作活动系统构成来看,写作文本一经诞生,作者便退到了文本之后,读者只根据自己所面对的写作文本进行解读。这时,语言的符号中介性就显得更为突出了。

2. 语境性

所有的写作活动都是在一定的语言环境中进行的,而且总要受到所处的环境的影响和制约。所谓的语境就是语言环境的简称,指作者运用语言表情达意和读者解读文章时所依据的客观环境因素。语境有广义的语境和狭义的语境之分,广义的语境又称"情景语境",包括特定的写作过程的背景因素(如写作的时空、场合、目的和对象等)和语言使用者的主观情况(如年龄、身份、经历、性格、文化修养等);狭义的语境又叫"上下文语境",就是上下文或者更小的语言单位所构成的语言环境。

语境对写作活动的制约作用主要表现在两个方面:

一是语言的运用必须符合特定情境的要求,相同的内容在不同场合有不同的语言表达方式,不同人物有不同的语言呈现方式。请看鲁迅的小说《药》结尾处,夏瑜的母亲看到儿子坟头的小花圈后的三段自言自语:

这没有根,不像自己开的。——这地方有谁来呢?孩子不会来玩;——亲戚本家早不来了。——这是怎么一回事呢?

瑜儿,他们都冤枉了你,你还是忘不了,伤心不过,今天特意显点灵,要我知道么?

我知道了。——瑜儿,可怜他们坑了你,他们将来总有报应,天都知道;你闭了眼睛就是了。——你如果真在这里,听到我的话,——便教这乌鸦飞上你的坟顶,给我看罢。

上面这些经过作家精心提纯的生活口语,非常符合小说中的人物身份、文化修养等特点,也十分符合说话人所处的时代背景以及给儿子上坟这一具体语境,精确地反映了母亲白发人送黑发人的内心悲苦,传神地刻画了母亲细微的心理变化和精神状态。

二是文章语言的运用必须符合特定的读者对象和特定的文体要求。不同的文体对语言使用是有不同的要求的,如应用文体强调语言的简洁、朴实,文学文体强调语言的形象、生动、含蓄。请阅读台湾女诗人席慕容的《一棵开花的树》:

如何让你遇见我
在我最美丽的时刻为这
我已在佛前求了五百年

求他让我们结一段尘缘

　　佛于是把我化作一棵树
　　长在你必经的路旁
　　阳光下慎重地开满了花
　　朵朵都是我前世的期盼

　　当你走近　请你细听
　　那颤抖的叶是我等待的热情
　　而当你终于无视地走过
　　在你身后落了一地的
　　朋友啊那不是花瓣
　　是我凋零的心

　　毫无疑问,这是一首纯净的、柔婉的爱情诗,诗人以其画家独特的艺术眼光,选取了一棵爱意充盈的"树",进行了诗情画意的描摹,构成了一幅立体可感的画面:那"在佛前求了五百年",终于感动了佛,把"我"化作了一棵开花的树,"长在你必经的路旁",满怀热情地期待你与我"结一段尘缘",而"你终于无视地走过",在你的背后,"我凋零的心"正如那纷纷落地的"花瓣"。诗人组接了爱的期待、憧憬、相遇、错过这样一串灵性闪动的镜头,将幸福与遗憾、甜蜜与忧伤这样矛盾的情思深刻而细致地展示给读者。语言生动、优美、隽永,为读者营造了一个情意绵绵的意境,在给读者以美的享受的同时,又留下了耐人寻味的深刻意蕴。试想:人生有限,而诗人却说为了爱情,已在佛前求了五百年,显然诗人要打碎时间的枷锁,让美好的爱情和生命像时间一样获得永恒。然而,佛让"我"只能化作一棵不自由的、开花的树,并因你的"无视"而"落了一地"的"花瓣",现实人生的短暂易逝,与前面的渴望永恒形成了巨大落差。诗人正是通过执著的爱情渴求与瞬间情失落这样的形象塑造与情感张力构成的意境中,写出了爱情带给人的欣悦与忧伤,并借助这样美好的爱情的书写,将超越人生局限、爱情失意等愿望隐藏在诗句当中,以美丽的忧伤状写爱的人生,显示一种坚持的力量和永恒的爱的美丽,使这首小诗有别于一般的爱情诗而散发出无穷的艺术魅力。

3. 个体性

作者运用语言这一工具进行个人化的写作,在其写作的过程中必然带有作者强烈的个性特征,总是不同程度地体现着作者的个人特点或风格。如李白的飘逸洒脱,杜甫的沉郁顿挫,李贺的雄奇诡异。

再看下面两段景物描写：

曲曲折折的荷塘上面,弥望的是田田的叶子。叶子出水很高,像亭亭的舞女的裙。层层的叶子中间,零星地点缀着些白花,有袅娜地开着的,有羞涩地打着朵儿;正如一粒粒的明珠,又如碧天里的星星,又如刚出浴的美人。

——朱自清《荷塘月色》

今年夏天,天气异常闷热,而荷花则开得特欢。绿盖擎天,红花映日,把一个不算小的池塘塞得满而又满,几乎连水面都看不到了。一个喜爱荷花的邻居,天天兴致勃勃地数荷花的朵数。今天告诉我,有四五百朵,明天又告诉我,有六七百朵。但是,我虽然知道他为人细致,却不相信他真能数出确实的朵数。在荷叶底下,石头缝里,旮旮旯旯,不知还隐藏着多少骨朵,都是在岸边难以看到的。

——季羡林《清塘荷韵》

朱自清运用了叠词、比喻、拟人、排比等多种修辞手段,辞藻华美,浓墨重彩,尽情地展示了清华园荷花荷叶美的风致,语言呈现出一种华丽之美;季羡林则选用了"开得特欢"、"塞得满而又满"等朴拙率真、简洁明白的词句,描绘出了北大朗润园的荷花盛开时的美景,字里行间透着一种自然、清新之气,呈现出一种朴素之美。

作者的语言特点与其生存环境、人生经历、思想性格、学识修养、阅读爱好及写作经验都有密切的关系,每个人的语言总是或多或少地带有自己习惯性的特点。特别是个性化突出的文学创作中,每个作者都力图在文章中展示出个人独特的语言风格,都以自己的语言独特性而赢得各自的读者群。

即使模式性很强,力求避免主观情感渗透的部分应用文体的写作,其语言也是因人而异的。作者在选词造句时,也总是会流露出较为明显的个人化特征。如有的平铺直叙,语言简洁;有的精益求精,会适度变化句式,或对个别关键词语精心推敲,使表述更为准确、妥帖;有的风格一贯,很少变化;有的随阅历等变化,语言的运用也呈不断变化的趋势等等。

应当充分地肯定写作者语言个性化的运用。因为具有鲜明个性的语言,是确保写作成为创造性劳动的重要条件之一。我们强调学习、模仿、借鉴他人的语言,赞赏"转益多师为吾师",广泛地向他人学习语言,汲取语言运用的成功经验,不断地锤炼自己的语言,增强自己的语言表达能力。但是,绝不倡导一味地照搬他人的语言,亦步亦趋地抄袭他人的语言运用方式。有人在学习和借鉴他人的语言运用时,喜欢在平时抄录一些华丽的词藻或者一些精美的语句,在自己进入写作活动中时,便会想到那些积累的现成的语句,有的简单地进行改头换面,有的甚至干脆直接套用别人现成的语言,这些做法是懒惰的投机,并非真正的写作语言的学习和借鉴。

写作语言学习,应该是建立在对他人语言使用的理解、欣赏、品味基础上的个人创造性的吸收,也就是对他人的语言有所消化,更有所创造,最好能够拥有自己独特的语言,显示出个人化的语言风格和特色。

(二)语言使用的基本要求

语言是写作活动得以实现的基础。构思中的一切美妙的蓝图设想,都必须要借助语言才能够落到实处。语言的使用是博大精深的艺术,每个写作者都应该对语言抱以谦恭、敬重的心态,孜孜不倦地去探究和学习。当然,首先要了解语言使用的基本要求:

1. 准确

准确,是对语言的基本要求,其实也是很高的要求。一般意义上的语言准确,是指用恰当的词语和表达方式确切无误地传达作者的印象、感受和认识。确切无误地使用语言就是用于写作的语言既要符合语言规范,又要符合具体的表达内容的实际,符合生活常理。也就是要做到以下几点:

(1)对表达对象认识准确。这是语言准确的前提和基础。准确地把握认识对象,包括对事物、情理的整体把握和对细节的真切感知。比如,要描写一个人焦急的神态,主体必须充分地认识到描写对象是怎样的一个人,他因什么而焦急,他焦急的神态主要表现在哪里等等,只有全面认识他焦急时的整体表现和个别的表现,才能对其进行准确到位的描写。有时候,人们喜欢用一种模糊的语言表达一种整体的感觉,比如,这样的感受表达:"她听完朋友的讲诉,内心里一时间百感交集,似乎有无数的话都哽在了喉间。"这里使用的虽然是模糊的语言,却准确地表达了一个人五味俱全的难以形容的复杂心情,表达出来的是一种准确的感受和认识。

需要特别指出的是,由于表达的内容本身较为复杂,一时无法认识清楚,或者出于对写作语境或读者的考虑,有时并不一定非要刻意追求"确定"和"精确"。例如在很多文章中,经常出现的"可能"、"大概"、"基本上"、"近年来"、"某种意义上"等模糊性的语言。这些看似"不准确"的语言,在具体运用时,对于表达的认识成果,实现表达意图,往往是真正准确而恰当的。

(2)用词准确。就是所选用的词语能恰切地表达出所要表达的内容,也就是尽可能地找到最合适的那个动词、名词、形容词……而不是使用"差不多"的同义词和近义词来代替。要做到用词准确,一要精心选择最确切的词语,准确地再现事物的状貌,确切地表情达意。鲁迅堪称是语言大师,从其文章中随手拈来几个句子,就能感受到鲁迅用词的准确。仅以小说《阿Q正传》中的"骂人"的话为例,其用词用语也都极为精当,充分地显示人物的身份、地位、经历和鲜明的性格特征。赵太爷骂人的话是:"阿Q,你这混小子,你哪里配姓赵!"形象地刻画出一个有着等级森严的封建观念的土绅士的那种霸气、老气和土气。秀才选的骂词是"忘八蛋",这是流行于当时上层统治者间的时髦的"官骂",折射出读了一些书却没能戴上官帽者对"官本位"的艳羡。小尼姑的骂话又是另一种含义:"这断子绝孙的阿Q!"恰恰是对她自己将来孤苦无靠的命运深深恐惧的心理反映。可见,鲁迅先生用语之准确真可谓是"妙笔落处,分毫无爽。"二要仔细辨析词义,要注意区分近义词在含义和用法上的细微差别。比如,形容事情发生的"突然",可选的近义词有蓦然、恍然、骤然、霍然、遽然、猛然、倏然……必须要根据所描写事情的具体情况,并考虑多方面的因素,仔细斟酌,认真推敲,方能选出最合适的"那一个"。尤其在一些实用文体中,某些词语的含义必须单一,不能出现歧义。如法律起诉书中的"犯罪未遂"和"犯罪中止"在量刑上是截然不同的,在表述时切切不可误用。三要区别词语的感情色彩,做到褒贬适宜。四要根据语境选择恰当的词汇。

(3)符合语法规范和逻辑规则。词语只是建构语句的材料,要表达完整的意思,还必须把词或词组组合成句子,而且组合的句子必须遵守一定的语法规则和逻辑规则,否则就会出现语病,影响语言的准确表达。要做到语句符合语法规则和逻辑规则,一要句子结构完整,不能因随意省略句子成分而造成句子成分残缺;二要词语搭配得当;三要正确使用关联词语;四要句子符合逻辑。

2. 简洁

简洁,就是用尽可能少的语言表达尽可能多的内容,即加大语言的信息密度,做到言简意赅或曰"文约而事丰"。语言简洁,可以减少枝蔓,避免笔力分散,使意思更凝炼,表达更确切。要做到语言简洁,应注意以下几点:

(1)高度概括,一语中的。语言简练反映的是思维的缜密和通透,唯有睿智地把握了对象的本质特点,方能准确地概括出所要表达的对象特征,才能以简写繁,一语中的。否则,一个思维混乱、认识不清的人,是不可能做到言简意赅的。请看杜牧的《阿房宫赋》的开头:

六王毕,四海一,蜀山兀,阿房出。

作者仅用十二个字,便概括出了一大段波澜壮阔的历史进程,写出了一场声势浩大的破坏与建设运动。真是"简"到极处,也"繁"到了极处。

(2)删繁就简,避免堆砌。要使语言简洁,就要注意在表达时,要大刀阔斧地删掉那些可有可无的语句,砍掉那些啰唆的话语,将那些不必要的重复和没有意义的词语统统删除。这需要作者培养自我修改和完善的能力,要养成造句简练的好习惯,要向那些写作大家学习,加大修改力度,对自己的语言"勇于割爱",不"敝帚自珍"。欧阳修在写《醉翁亭记》时,就将原稿开篇的20多个字浓缩为"环滁皆山也"5个字,极准确地写出了醉翁亭周围的自然环境。有的写作者往往不大注意语句的简练,喜欢堆砌一些废话、套话、空话,借以显示自己的才识,殊不知干净利落的传达,才会使文章更有生命力。

(3)善用熟语,旧词活用。熟语是人们常用的定型化的固定短语,包括成语、谚语、歇后语等,它具有丰富的内容和精练的形式,极富有表现力。熟语的使用,往往会收到以少胜多的表达效果。如毛泽东的《改造我们的学习》中有一段话:

无实事求是之意,有哗众取宠之心。华而不实,脆而不坚。自以为是,老子天下第一,"钦差大臣"满天飞。

文中只用了短短的五个成语,就生动、形象地揭示出主观主义的实质并予以了有力的抨击,句句直击要害,具有很强的表现力。

3. 生动

生动,就是讲究文采,使语言新鲜、优美、别致,富有鲜活灵动的气息,富有形象性和感染力。古人云:"言之无文,行而不远。"文章有文采,语言生动活泼,才能起到广泛的传播效应。那么,如何做到语言生动呢?

一是使用形象化的语言。语言文字具有间接性和概括性的特点,在表达时会留下很多的空间需要读者通过想象来填充。形象化的语言有色彩、有声响,能够唤起读者的想象,给读者以具体可感的画面。如黄河浪的散文《故乡的榕树》写榕树把全村人"召集"到"膝下",以"爱心"默默张开"温柔的翅膀",为人们"遮挡"风雨;写夏夜睡在榕树下的如诗如画的优美意境:黝黝树影,神秘恬静,星星微笑,心语互递;月光如水,宛如梦境,似入仙界,睡意朦胧,似见嫦娥,如闻桂香;桥下流水催人入梦,清露润湿了头发,溪水"偷"走了枕头……这情意绵绵、柔婉自然、温馨典雅的文笔,如此形象而生动,让读者不禁要张开想象的翅膀,徜徉在作者创造的似仙似梦的艺术境界之中,同作者一道体味那份魂牵梦萦的对故乡的怀恋之情。

就像上面的例子那样,尽量选有形象感的词语:写人,能让读者如见其人,如闻其声;写景,能让读者如身临其境;写事,能让读者如历其详;写情,能让读者感同身受;写理,也能让读者感觉到仿佛是在听一位智者娓娓道来,"润物细无声"地接受其观点。

二是使用新鲜的语言。就是使用别人没有用过的或很少用的语词组合,传递出很平常的内容。请看叶倾城的《老来多健忘》中一句话:

他从来没有想过,会在十八岁的一个夏夜,与祖父的少年时光劈面相遇。

这里,作者表达的内容是"他"没有想到会在十八岁的一个夏夜,知道了祖父少年时的往事。但作者通过"与祖父的少年时光劈面相遇"这样一个新鲜的句子,生动地表达出了"他"没有想到的"突然",写出了"他"惊讶与欣喜之情。新鲜的语句,令读者眼前也陡然一亮。

再阅读一下邓康延的《天下风光在读书》中的一段话:

爱读书的人拥有两个世界。当你清冷寂寞时,或许在彼方邂逅于温馨欢快;当你心浮气躁时,或许在彼方感悟于天高雁小;当你渐疏于自己的年轮时,或许惊省于彼方的林深叶茂。掀开那一掌大小,五颜六色的封皮大门,即有风雨扑来,星光涌来,让你在夏日里读出雪意,于山坳处闻到海涛。

这里,作者运用了引人浮想联翩的新鲜语言,生动地表达出了读书的种种益处。

三是句式要富有变化。如果文章的句式单一,就会显得呆板,缺乏生气。因此,高明的作者懂得根据表达的需要,调整、变换句式,长句和短句,整句和散句交错使用,有意识地注意语句的节奏和韵味,从而增强语言的生动性。请看台湾作家张晓风的《春之怀古》开头两段:

春天必然曾经是这样的:从绿意内敛的山头,一把雪再也掌不住了,扑嗤的一声,将冷脸笑成花面,一首澌澌然的歌便从云端唱到山麓,从山麓唱到低低的荒村,唱入篱落,唱入一只小鸭的黄蹼,唱入软软的春泥——软如一床新翻的棉被的春泥。

那样娇,那样敏感,却又那样混沌无涯。一声春雷,可以无端地惹哭满天的云,一阵杜鹃啼,可以斗急了一城的杜鹃花。一阵风起,每一棵柳都吟出一则则白茫茫、虚飘飘的说也说不清、听也听不清的飞絮,每一丝飞絮都是一株柳的分号。反正,春天就是这样不讲理、不逻辑,而仍可以好得让人心平气和。

这些精心锤炼的诗化的长长短短的句子与高高低低的音调错落而流畅地组合在一起,极富音乐感,读之感觉舒缓有致,婉转圆润,能够真切地感受出汉语那特有的节奏和韵味。

四是词语搭配新颖。新颖的词语搭配,容易使人产生一种新奇感,也容易引发人们的联想和想象。如余光中的《丹佛城——新西域的阳关》描绘西域奇景的一段:

城,是一片孤城;山,是万仞石山。城在新的西域,西域在新的大陆。新的大陆在1969年的初秋。你问:谁是张骞?所有的白杨都在风中摇头,萧萧。但即使新大陆也不太新的,四百年前,还是红番各族出没之地。侠隐和阿拉伯的武士纵马扬鞭,呼啸而去。然后来了西班牙人。然后来了联邦的骑兵。忽然发一声喊:"黄金,黄金,黄金!"便招来了淘金潮,喊热了荒凉的西部。于是凭空矗起了奥马哈,丹佛,雷诺。最后来的是我,来教淘金的后人如何淘采公元前东方的文学——另一种金矿,更贵,更深。

这里有象征性、暗示性的语句的蒙太奇式的组合,有奇异的对话,有超现实的语言设置,有反常规的语言铺陈方式等等,一同创造出新奇、精美的艺术境界,给读者带来许多意想不到的惊喜,也提供了更广阔的艺术想象的空间。

真正的写作高手会挥舞语言的魔杖,灵活多变地调配词语,排列、组合出新颖、奇特的句子,给人以新奇、欣喜的感觉,带给人美的享受和余音袅袅的回味。这在诗歌写作中尤为突出,请看舒婷的《思念》一诗:

一幅色彩缤纷但缺乏线条的挂图,
一题清纯然而无解的代数,
一具独弦琴,拨动檐雨的念珠,
一双达不到彼岸的桨橹。

蓓蕾一般默默地等待，
夕阳一般遥遥地注目。
也许藏有一个重洋，
但流出来，只是两颗泪珠。

呵，在心的远景里，
在灵魂的深处。

诗人选用了挂图、代数、独弦琴、檐雨、念珠、桨橹等众多的意象，用蒙太奇式的组合、叠加、剪接，打破了时空，表达了丰富的诗意，且给读者创造出了一个巨大的想象空间。抽象的思念被写得如此生动、形象，不能不说新奇的语言组合的魔力使然。

五是巧用修辞手法。依据文体特点和行文的需要，灵活地运用比喻、对比、排比、拟人等一些修辞手法，可以使语言更生动、更形象、更有感染力。

六是精心锤炼词语。文章某些重要的字、词，需要作者精心地筛选，反复地斟酌，直到寻找到最佳的字、词、句，从而使诗文的局部或全篇生动起来。古人就特别讲究炼字、炼词和炼句，贾岛有关"推敲"的佳话几乎妇孺皆知。其他诸如王安石的"春风又绿江南岸"中对"绿"一词的选择，宋祁的"红杏枝头春意闹"的"闹"字的妙用等，无不启示我们：有时虽然只是一个寻常的字、词，但匠心独运的安排会使表达陡然焕发出神奇的光彩。譬如，诗人王维的名句"大漠孤烟直，长河落日圆"，被人们津津称道的"直"和"圆"两个字，本是很平常的，小学生都会用的，并没有什么特别之处，但诗人将孤烟的"直"与大漠的"平"、落日的"圆"与黄河的"长"形成对比，组成了一幅优美的构图，从而创造出了壮阔雄浑之美。看似随手拈来的两个字，用得巧妙，与整首诗的意境高度一致，体现出诗人高超的语言运用能力。

4. 适体

适体，是指所使用的语言应适合文章的文体特征和要求。文体，是指"文章的体裁"，就是具有类的区别性的文章体制、体式或样式，包括篇章形态、结构安排、表达方法、语体特点四个文体模式要素。从文章的写作过程来看，它是在写作实践中反复出现并被普遍遵从、恪守的预构模式或格局；从文章的成品来看，则是文章内在性质的外化形态或类型。从大的方面，文体分为文学文体和非文学文体两大类，其中非文学文体又包括新闻文体、传志文体、论说文体和应用文体。与文体概念密切相关的一个概念是语体。语体是"以语言交际功能为依据而建立的语言风格类型。是适合不同交际目的、内容、范围所形成的，具有表现为有意地选择词语、句式、语言手段、修辞格等表达手段而形成的语言特点系列。"（张涤华、胡裕树等主编：《汉语语法修辞词典》，安徽教育出版社，1988年版，第510页）语体分为口头语体和书面语体两大类，其中书面语体是在口头语体的基础上经过加工而形成的视觉语言，具有系统性、规范性、严密性、稳定性的特点，书面语体从功能上可分为文学语体、新闻语体、理论语体和应用语体四类。

不同的文体对语言有不同的要求。这就要求写作者具有敏锐的文体感，应根据文体特点选择语言。譬如，写一篇消息，就要充分考虑到新闻文体语言的特性和要求，基本上采用陈述句，使用的词语基本上用原义，不大重视藻饰，不讲究句式的跳跃变化，而追求语言的准确、鲜明、简洁、精炼；而在写一篇针对一定的专业读者的学术论文时，就应该充分考虑到论说文体的语言特点和要求，注重语言的逻辑性和严谨性，多用一些专门术语，句式相对复杂一些，很少使用夸张、双关等积极修辞格等；而如果写一首诗歌，则应充分考虑到文学文体的语言特性和要求，重视语言的形象性、生动性、情态性特点，多选择一些新奇的词语，句式也可以灵活多变，可以大量地使用比喻、排比、象征等积极修辞格等。总之，写作语言选择和使用时，一定要充分考虑到文体特点，做到语言合体。

（三）如何提高语言表达能力

充分发挥语言功能，做到意到笔随，流转自如，实现"我手写我心"的理想表达，是每一位作者都在关注、思索和探讨的重要问题。提高语言表达能力，应从以下几方面入手：

1. 培养敏锐的语感

(1) 语感的含义

语感是一种语言直觉,是言语主体对言语的直接感知和直觉判断,是一种不经过复杂的逻辑推理而迅速地对事物做出判断的思维活动,是感性认识与理性认识的综合和统一。在语言运用中,这种直觉是无需经过复杂的理性思考或逻辑推理,一瞬间便知其微言大义。人们正是凭借着这种语言直觉进行交流,才能迅速地实现彼此的沟通。

(2)语感的特征

作为一种突出的语言能力,语感具有以下四个特征:

一是直觉性。直觉性是指人对语言的感知是直接的,是对语言的一种下意识的本能反应,超越、省略了中间的分析、判断、推理和验证等具体的环节,在一刹那间就能自然而然地识别和理解别人的言语,并能够熟练地创造与生成新的言语。像曹植能够在七步之内写出"煮豆燃豆萁,豆在釜中泣。本是同根生,相煎何太急"这样流传久远的诗句,像"初唐四杰"之一的王勃能够在极短的时间里写出千古名篇《滕王阁序》,除了他们具有超拔的才识的原因之外,还在于他们拥有超强的语感。有人能够"一目十行"、"出口成章"、"下笔如有神",就是敏锐的语感直觉性的外在显现。

直觉的本质核心是"悟",语感的直觉性体现出来的是主体在语言运用上的悟性,是快捷地悟透了语言的秘密,掌握了语言的规律。

二是敏锐性。语感的敏锐性使语言的运用超越了言语生成的中间环节,体现在时间上就是快捷,体现在意与言的对应上就是恰当,即主体能够迅速地将意转化为语言,并且转化得十分妥帖、精妙。如有的诗人触景生情,拿起笔来,洋洋洒洒,瞬间便几乎一字不易地将自己内心的情思抒写出来。这正是特定情境中的语感敏锐性的表现。

三是整体性。因为语感是主体直接作用于语言使用层面的言语同化,已经舍弃了对语音、语义、语法、词汇等语素的具体的条分缕析,所以它对言语现象进行的是多角度、多层面的整体把握,获得的是言语的语表意义和隐含意义、语素意义和非语素意义、语境意义和非语境意义等的总合,是感性与理性、经验与理论、具体与抽象交互作用、深层积淀的体现。不少作者在进入忘我的写作状态时,根本无暇去考虑诸如语法规则、修辞手段等语言使用的具体要求,他们只是凭着一种整体性语感进行意言统一的操作。

四是倾向性。语感作为使用语言时表现出来的无意识的表达内驱力，总是带有作者浓厚的个性色彩，在词语和句式的选择、语言风格、审美趣味等方面，都体现出鲜明的个人化的倾向性。如同为武侠小说创作大家，语言功夫十分了得的金庸、梁羽生、古龙三人在选词造句方面却有着很大的差异，熟悉他们各自语言特色的读者，即使不看署名，也能够从混在一起的书堆中指认出是哪一位的作品。是他们个性鲜明的语感，让他们的作品各有千秋。

(3)语感能力对写作的影响

一个人的语感能力的高低强弱，直接关系着对语言的理解和运用的水平，影响着听、说、读、写能力的发展。语感能力对写作的影响主要体现在两个方面：

一是影响对言语的理解程度。语感对言语的理解不同于理性的理解，它是在经验基础上的直接感受，是一种内在的省悟，是学习和获得语言的一种敏感。较强的语感能力能够帮助主体迅速地、多层次地理解言语的意义，为丰富的语言表达提供多样化的基础。

二是影响语言运用正误优劣的辨析判断能力。语感对语言运用有一种直觉的判断能力，即对语言表达正确与否、恰当与否、顺畅与否等，有一种直接的认识能力和审查辨析能力。语感这种特殊的语言感觉，是一种内化的"度"和"分寸"感，作者凭借它可以准确地辨析和使用语言。有些作家在谈论创作体会时，常常会说某某作品写作时语感不错，写得很惬意、很顺畅，某某作品写得有点儿涩、有点儿别扭，往往前者是自己满意的作品，因为有时仅仅凭借语感就可以判断出语言表达是否合适、是否到位。

(4)提高语感能力的途径

语感是以感受为基本形式，主要依靠的是积累与体验，是带有经验色彩的心理活动。当然，语感也离不开记忆、分析、比较等理性认识活动参与。敏锐的语感是基于丰富的语言知识的积累，是在大量语言实践的基础上形成的。语感能力的提高需要经历一个潜移默化的漫长过程，绝非是一蹴而就的。因此，敏锐的语感的培养，需要长时间坚持不懈的努

力,需要掌握正确的方法,找到恰切的培养途径。具体说来,提高语感能力的主要途径有:

一是广博地阅读。通过阅读各类文章,掌握不同类型文章的语感,理解体现着不同作者个性色彩的语感。不仅要默读,还要大声地朗读和诵读,在阅读中体会某些语感独特的妙处。

二是广泛地倾听。多倾听别人的言语表达,获取更多的言语表达现象,是丰富语言积累的有效方法。

三是经常地体验。语言来源于生活经验,感受语言也同生活经验直接相关,离开了生活经验就难以获得具体的语感。所以,语感的培养一定要联系生活经验,将语言文字的积累同所涉及的生活情景联系起来,从而体会它的意义。只有多观察生活,多体验生活,才能对语言有真切的感受,才能获得丰富而深切的语感。

四是注重思维训练。语感所依托的直觉思维是感性与理性思维融合积淀的结果,语感的培养不能缺少形象思维和逻辑思维的参与。文章是客观事物经过主体的思维转化为观念并通过语言文字的形式表现出来的。语感是在言语实践中形成和发展起来的,高层次语感的形成是建立在对语言现象理性探究的基础上的,因此,进行多种思维训练,是掌握语言基础知识和基本理论,从而增强语感能力的重要方式,对于语感能力的提高是大有裨益的。

五是勤于写作实践。语感能力的培养,终究要落实到写作实践中,语感培养不能仅仅停留在听、说、读几个阶段上,还必须通过写作训练一步步地加以强化。在写作这一语言文字的运用过程中,从布局谋篇到遣词造句,每一个环节都在进行着不同内容的语言训练,都是提高作者对语言敏感力的必由之路。经常写作的人会感觉到语言越用越熟练,越用越轻松,那是因为在经常性的练笔过程中,语感能力已经潜移默化地提高了;相反,有人长时间不动笔,很少进行语言训练,即使偶尔有了好的设想,动起笔来,也常常找不到好的语言感觉,其原因就是没有在平时养成经常练笔的良好习惯。

2.建立良好的语言模式

所谓的语言模式,是作者在长时间的写作实践中形成的,具有相对稳定性的特有的表达方式。即使是在描述同一对象时，不同的作者也常常会选择不同的语词和句式，采用不同的表达方式，体现出不同的语言风格，就像同属豪放派的宋代词人苏轼、辛弃疾的语言风格也存在着明显的差异，其中一个重要的原因是彼此选用的语言模式不同。

语言模式主要不是靠学习语法建立起来的，而主要取决于作者的语言环境、所受的文化教养和从小到大的语言熏陶。一个没有读过几年书、土生土长的农民作家，与一个自童年起便一直生活在高知家庭的高学历作家，他们生活的环境和所受的语言熏陶的差异，注定了他们在语言风格上的不同。这样就很容易理解为什么现代作家中，巴金会有自己的语言模式，赵树理会选择自己的语言模式，而张爱玲、沈从文等人的语言模式也截然不同了。

要建立良好的语言模式，就必须认真诵读各民族语言大师的作品，特别是本民族语言大师的作品。只有经过长时期的熏陶感染和潜移默化地影响，才能逐步建立起语言模式。而且，一旦语言模式建立起来，便具有了相对的稳定性。这一点古今中外众多的作家都用自己的实践做了很好的诠释。每一个作家其实都是在博取众家之长的基础上，有所偏爱地选择某一个或某几个著名作家的作品作为语言学习和借鉴的范本，长时间地认真揣摩、体味，直到挖掘出内在的精髓，并予以消化吸收，融化成自己的语言模式，形成自己的语言风格。这种语言模式的学习和借鉴，是十分必要的，也是较快地提高语言表达能力的一条重要途径。不屑于学习或不善于学习者，其语言模式是没有的或不清晰的，更谈不上个人语言风格的形成了。

显然，语言范本的选择对于语言模式的建立是很重要的。如果选择了以语言平实、质朴见长的范本作为主要师承对象进行研读，其语言模式就不大容易是华丽、铺张的；如果选择了语言简约、清朗突出的范本作为主要的研习对象，其语言模式大概也不会是隐喻、晦涩的。当然，一个有志于写作的人，视野应开阔一些，应广泛地涉猎，对多家语言优长进行充分比较和分析，从中选择最适宜自己学习的。开始时宜博取，随着研读的深入，再有所侧重，这样容易汲纳百家之长，而不至于偏重某一语言模式，影响不同文章的表达。同时，选取语言学习的范本，还应尽可能地选择语言精品,不要因人取文,不要盲目相信某些所谓的"经典",而应找到那些自己最感兴趣的、感受最深的、愿意并能够从中学到东西的优秀作品,用它们来指导自己提高语言驾驭能力。

另外,语言模式的建立具有先入为主的特点,所以初学写作者应从精读当代的、本民族的语言精品入手;待语言模式初步建立后,再朝纵、横两个方向拓展,吸取其中有益的部分充实到已有的语言模式中,使之逐步形成和完善。要在纵向上继承,即到深厚的民族文化中汲取营养,广泛地阅读传统的语言精品;要在横向上借鉴,即博览外国的语言精华,将一切有益的东西尽可能多地吸收过来,从而建构起一个既有深厚的本民族文化根基的,又有一定时代特色的较为完善的语言模式。

3. 大量地汲取生活口语

鲜活的语言存在于生活当中,并随着社会生活的变化而变化着,尤其是大量口头语言常常要先于书面语言出现和流行,源源不断地为书面语言输送着丰富的营养。写作者要不断地提高自己的语言能力,就要跟上时代的脚步,必须走进生活当中,去认真地倾听和采集,随时地发现和捕捉充溢着生活气息的各类口头语言,不断将自己从生活中收集到的活泼生动的语言充实到自己的语言库中,使自己的语言材料不断地从生活中汲取着"活水"。鲁迅先生就十分注重从口语中寻找鲜活的语言,增强自己的语言表达力。他主张:"将活人的唇舌作为源泉,使文章更接近语言,更加有生气。"并表示自己要"博采口语,来改革我的文章。"(鲁迅:《坟》,人民文学出版社,1981年版,第279页)毛泽东同志就十分注重向群众学习语言,学习那些带着浓郁的生活气息的生动语言,并经过巧妙的加工,灵活地运用到文章中去,为文章增添了不少的活力,很自然地就将很深刻的理论借助浅显的语言传达出来了,收到了很好的表达效果。譬如,他在《反对党八股》一文当中,用民间俗语"懒婆娘的裹脚,又长又臭"形容空洞无物的文风,用"甲乙丙丁,开中药铺"形容形式主义文风……这些来自人民群众的语言,通俗易懂,生动形象,富有表现力,读起来令人倍感亲切。

当然,口头语言与书面语言还是有差别的。口头语言有鲜活、生动的特点,也有随意、粗拙、不规范等特点,尤其是当今的某些网络语言存在着明显的表意不确切、牵强附会、指代不清等弊病，切切不可简单地拿过来就用，一定要根据表达需要，进行适度的加工改造，使之变得更符合表达的需要。

4. 持之以恒地进行语言训练

语言表达能力的提高，需要一生刻苦地钻研，需要一生勤勉地训练。很多著名作家直到晚年时，仍坚持笔耕不辍，仍在对自己的作品进行反复地修改润色，他们用实际行动告诉人们：语言训练不能靠一朝一夕的突击，也根本没有什么捷径可走，必须要低下头来，脚踏实地勤学苦练。具体的训练安排，可以因人而异，但有几点做法是每个人都要特别注意的：

一是多阅读，多揣摩，多借鉴。要养成勤于阅读的好习惯，而且不光停留在读的层面上，还要开动脑筋，多多思考他人语言运用的得失，体味他人语言运用的方法，不断从他人那里获得语言使用的经验、教训和技巧，用来指导自己的写作，尝试借鉴别人的一些语言运用经验，改造自己的语言模式，逐渐形成自己的语言风格。

二是多进行一些口语训练。经常与他人进行口头语言的交流，娴熟地运用语言与他人沟通情感。在口语交际中，培养自己敏捷的思维、顺畅的语感和词语、表达方式的选择能力，可以为书面语的运用打好基础。一个人能够善于运用口头语言，还会对其进行书面语训练增加信心和动力。在生活中，我们常常会发现不少人的口才很好，他们的写作能力相应的也比较高。这是因为两种语体并非矛盾的，而是相互影响、相互促进的。

三是多学习一些理论，多掌握一些技法。语言运用是一门艺术，也是一门技能，其中有许多指导性的理论和方法，如果能够学习和掌握一些必要的理论和方法，会收到事半功倍的效果。比如，要学习诗歌创作，就要研究诗歌语言运用的一些方法，懂得如何发挥大胆神奇的想象，打破某些语法规范，进行富有新意的词语嫁接、组合，灵活地变换句式，自由地断句等。当然，理论和方法的学习，应当与具体的文本写作实践密切配合起来，不能谈起理论来头头是道，具体一到写作中又茫然不知所措了。更不可不顾写作实际，盲目地套用某些所谓的经验、理论，而应把理论学活了,用活了。说到底,理论的学习,方法的掌握,还是为着更好地运用语言文字表情达意。

四是坚持练笔,循序渐进。如果一个作者只是在有写作任务时才开始动笔,平时不能持之以恒地进行语言训练,那么,他就难免会有"手生"的感觉,难免会有"词不达意"的烦恼。因为,缺乏有计划的、有针对性的训练,语言的积累不丰厚,语言表达能力自然会深受影响。有些学生平时懒于动笔,不愿做艰苦的语言训练,只是在老师布置作业时才草草地应对一下,有时即使想好好地斟酌一下,但终因语言基础薄弱而力不从心。久而久之,语言表达水平提高缓慢,甚至还会出现停滞不前的后果,进而对自己的写作能力发生怀疑。这样的例子并不鲜见。所以,制订一个切实可行的练笔计划,设定每个阶段的练笔内容,从简单到复杂,由少积多,逐步提高。比如,可以先练习写好日记,写好读后感,再练习写一些自己喜欢的篇幅不长的文章;待表达能力有所提高后,再开始尝试写长篇大作。千万不要急于求成,不要指望几次或一段时间的训练,就收到立竿见影的效果。

另外,在进行语言训练的时候,不妨多向他人请教,多与人交流、切磋,以便及时地发现自己存在的不足,及时地加以改正。

第四节 "为谁写":对话写作受体

一、写作受体在写作活动中的作用

写作受体是写作成果的接收者,即读者。写作受体在写作活动中所起的作用是:

(一)写作受体参与写作过程

写作活动从启动到结束,写作受体一直扮演着参与者的角色。相对于写作主体这一显性的写作活动的主导者,写作受体在整个写作过程中,则是亦隐亦显的加盟者。

1. 写作准备阶段的读者导向

在写作准备阶段,作者心目中已经初步有了明确的读者或潜在的读者,其写作意图的产生和目标的设置,都考虑到了读者的因素。比如一份合同、一份诉状、一封求职信,写作者在动笔之前,已经知道了具体的读者是谁,了解了读者一些基本情况;一些新闻作品、广告作品,作者在写作前会知道一些明确的读者,也会想到一些潜在读者;而一篇文学作品创作之前,作者虽然不知道明确的读者是谁,也不清楚读者的数量有多少,但作者心目中一定会有一些潜在的读者,作者会考虑他的作品主要读者会是哪一类人群。总之,作者写作之前,一定会考虑明确的读者和潜在的读者的需求,不会盲目地动笔。

另外,一定的现实文化背景和社会阅读风尚等,会促成整体性的读者需求或者"读者市场",如某类题材成为热门,某类作品、某类写法成为流行,如"先锋文学"、"写实小说"、"网络写作"等在某一时段的盛行,都与"读者市场"的引导有着密切的联系。作者会自觉或不自觉地受到整个社会的阅读环境和氛围的影响,会受到读者的阅读喜好和习惯等影响。尽管有些作者公然宣称自己写作时从不考虑读者,但读者所创造的阅读环境,已经潜移默化地影响到了作者的思维和写作取向,只是作者较少意识到读者的影响而已。

2. 写作操作阶段的读者制约

在构思和行文过程中,作者在充分发挥个人创造的自主性和自由性的同时,也会考虑到不同读者的"阅读期待",会考虑到读者的不同接受心理,在主题的提炼、标题的拟制、材料的选择、结构的安排、语言风格的确立等各个方面,都会贯穿着服务读者的强烈意识。比如一篇演讲稿或者一篇领导讲话稿的写作,作者既要考虑到演讲者和讲话者的因素,还要考虑到听众(即读者)的因素,这样,有针对性的写作,才能充分实现写作目的。如果在构思和行文中,不顾及读者因素,一味地强调个人的自由创造,就容易疏远读者,导致写作的"自娱自乐",一些"自言自语式"的个人博客写作便是明显的例证。

在写作操作阶段,读者的思想、观念、意识、阅读兴趣、接受习惯等影响和制约作者的写作,但同时也为作者的创作提供了有益的提示和启发,作者可以从读者那里汲取一些有益的东西,比如选择怎样的材料、采用怎样的写法等,"读者市场"已有的反馈意见和新的"阅读期待",会帮助作者更好地审视自己手头的写作,会及时地修正写作方向,确立更好的写作内容和写作方式,从而实现写作目标。

3.写作成果传播阶段的读者反馈

作者写出了文章并不能宣告写作过程的结束,因为文章还要进行传播,还要进入到流通和消费领域。写作成果的传播和消费是写作过程不可或缺的一个重要环节,写作成果的检验和评价都将在这一阶段完成,而读者作为这一阶段的主角,将对写作成果进行检验和评价,为作者提供反馈信息。

读者的反馈信息,会继续影响写作活动,有的会促进作者对文章进行重新修改,如领导对秘书提交的各类文稿,提出修改建议,秘书根据领导的意见重新修正文稿;有的反馈信息会促使作者开始新的写作,如某一部作品发表后受到读者的好评,作者会吸收读者的一些意见,创作系列的作品,如《哈利·波特》、《明朝那些事》等畅销作品,都是在"读者市场"的推动下,一部接一部地创作出来的。尤其是现代社会,随着网络的普及和繁荣,读者的反馈信息传播得更快,影响更大,已经越来越深刻地影响到了写作的方向和内容等,甚至读者直接参与作者的写作进程,与作者互动,也已成为一种新的写作方式。

另外,一些专业批评家的批评反馈,因其专业性、学术性更强,不仅对作者的写作具有鲜明的导向性,对读者的阅读也有一定的引导作用。当然,某些媒体有意策划的批评,有时会对写作起到巨大的推波助澜作用,某些畅销作品的推出,就与一些媒体的大肆"炒作"有着一定的关系。

(二)写作受体促进写作价值的实现

作者是写作的主宰者,作者赋予了写作成果一定的价值,但写作价值的最终实现需要由读者来完成。

1.读者的接受有助于写作价值的实现

文章作为信息的载体,只有被读者阅读到了,才能实现信息的传递和交流。每一篇文章都是因读者而存在的,除了作者以外,都要拥有一定数量的读者,需要读者通过阅读来接受文章的内容和观点,以促使写作价值的实现。有些文章没有读者或者读者寥寥，其写作价值就难以实现，譬如一篇写好的美文，被作者搁置在书桌里，没有拿出去与更多的读者分享，其写作价值便微乎其微，因为它只有作者本人这唯一的读者（文章写完以后作者的身份便转为了读者）。相反，古今中外那些经典名著世代相传，拥有无数的读者，其巨大的写作价值便被充分地实现了。

2. 读者的共鸣有助于写作价值的实现

共鸣是指读者在阅读时所产生的观念、认知层次上相同或相近的心理评价。读者在对文艺作品阅读时发生共鸣的现象比较突出，即读者对作品所表达的思想感情和审美情趣产生某种相同或相通的心理状态。通过共鸣，作品的认识功能、教育功能、审美功能以及娱乐功能等得以实现。例如，舒婷的诗歌《致橡树》一发表，就受到了广大读者的欢迎，诗中对新的爱情观的理解和抒发，引起了读者的共鸣，读者也与诗人一同思考该拥有怎样的爱情观。如果一篇作品读者阅读后无动于衷，没有任何反应，那么很难说这一作品实现了写作价值。

3. 读者的实践显著地实现了写作价值

很多文章的写作目的就是为了满足读者实践的需要。如法规、合同、决议等，若是不能起到规范、启动或指导读者实践，便不能实现其应有的写作价值；再比如一份产品使用说明书，只有读者按照其介绍的知识和方法，实现了对产品的正确使用，才算是实现了其写作价值，若是所有的读者都不需要那份说明书的指导，自己就完全可以使用该产品，那么那份说明书的写作价值就无从谈起。

文章所介绍的知识、理论、观点等，被读者理解和接受，并自觉地运用到指导自己的工作、学习、生活的各个方面，发挥出了一定的教育的、审美的、实用的或娱乐的功能，这时，读者就变成了另一个层面的"写作实践者"，显著地实现了所阅读文章的写作价值。

二、写作受体的心理特征

写作主体要使自己的写作活动取得理想的效果，就必须研究写作受体的心理特征，有针对性地进行写作。写作受体的心理特征主要表现为：

(一)求知益智心理

通过写作传送知识,是写作主体的目的之一,也是写作的功能之一,因而,求知受益也是受体最普遍的阅读心理。古往今来,人们都十分重视通过阅读来求知益智,很多人相信开卷有益,广泛地阅读,从阅读中获取各种知识、文化和技能等。正如法国古典主义批评家波瓦洛所说:"一个贤明的读者,不愿把光阴虚掷。他还要在欣赏里获得妙谛真知。"(波瓦洛:《诗的艺术》,任典译,人民文学出版社,1959年版,第64页)作为一名有责任感、正义感和使命感、对人类社会现状和处境有着深切人文关怀意识的写作主体,应当用正义的而非非正义的、公正的而非偏狭的、积极的而非消极的、诚实的而非虚伪的写作准则引导自己的写作,传播科学知识、先进文化、高尚道德情操等,让受体的阅读过程成为愉快的心理体验过程,成为愉悦的审美享受过程,成为快乐地获取知识的过程。

受体在阅读文学作品时,会因作品的思想性和艺术性兼备,而在审美愉悦的过程中,不知不觉地受到情感的感染和思想的启迪,会得到精神的享受和满足,还会间接地获得一些有益的知识。而在阅读和接受一些新闻和应用文时,受体的学习和受益会变得较为直截了当,这类实用性文章的价值往往通过明确的指令、鲜活的事实、准确的数据、严谨的逻辑来体现。

(二)猎奇探秘心理

大千世界充满了各种超出人类想象能力的神奇事物和现象,人类的精神世界和情感世界也同样神秘莫测。因此,受体带着猎奇探秘心理进入阅读当中也是很正常的。他们希望通过阅读了解更多的未知世界的现象和奥秘,探询表象背后的本质和妙谛。无论是大自然的神秘领地,还是人类情感世界的私密空间,都会引起受体产生阅读的浓厚兴趣。他们希望借助于阅读,撩开许许多多隔在自己与关注对象之间的面纱,能与自己感兴趣的人物或事物近距离甚至是零距离地亲密接触。

(三)交流对话心理

在阅读过程中,受体的交流对话心理是一种普遍存在的心理。随着社会的进步,教育的普及,受体的综合素质和能力的提高,受体已经越来越不满足于简单地接受主体的知识传播、思想启蒙和情感陶冶等,不愿意处于纯粹的被动的接受地位,而是要与主体平等对视,期望在阅读中与主体进行平等的交流和对话,希望在阅读中,既实现对自我关照,也实现对写作主体及文章中的现象与事物的关注,和主体一起思考、一起动情、一起寻找解决的方案等。

(四)参与创造心理

受体在阅读过程中,还有积极的创造心理,他们不仅要进入到主体创造的艺术世界当中,体验作品中各种人物的处境和情感,体验作者的情思,即所谓的要"入乎其内",他们还要"出乎其外",即从主体描述的那个世界中走出来,和作品中的人物、事件及主体的思想情感保持一定的距离,去冷静地谛视它、检查它、评价它,从中挖掘新的意蕴,探寻新的见解,发现新的意义,也就是要跳出文本,进行创造性的解读。

受体创造性的发挥,不仅仅发生在对文学作品的阅读中,也发生在对一些实用文体的阅读中,只是文学解读的创造性主要体现在对作品本身的理解和欣赏上,而实用文解读的创造重在文章之外,重在由此及彼。

三、写作主体的"受体意识"

写作主体是写作的主宰,但写作成果的接受者是写作受体,写作的活动是由写作主体和写作受体共同完成的。因此,写作主体一方面要建立强烈的"主体意识",另一方面还必须建立强烈的"受体意识",即要强化"读者意识"。具体说来,就是要做到:

(一)自觉地承担知识和信息传播的任务

作者要承担的一个重要的写作任务就是向读者传播各种知识和信息,让读者"开卷有益",从主体提供的文本中获得相关的知识和信息。作者向读者进行知识和信息的传播,采取的方式有两种:

一种是直接地传送,即作者借助写作将有关科学文化知识直接以文字的方式传输给受体。譬如,一篇介绍景泰蓝制作工艺的说明文,作者详尽地说明了景泰蓝制作的工艺流程和制作方法,读者通过阅读这文本,即使不去实地考察,也基本可以满足自己对景泰蓝制作方面的一些知识需求。再比如一些消息和概貌通讯，作者直接将读者想要了解的信息放入载体中，读者拿过来一读，便会很容易地知晓。

还有一种知识和信息的传播，是间接地传播，即作者将自己所掌握的综合知识或信息渗透在文章的字里行间，不直接地告诉读者，但不同的读者会在阅读时各有所需地从中进行找寻、发现和汲取。比如，我们可以在余秋雨的文化散文中了解一些历史知识、地理知识和文学知识等，这些大多都是在欣赏其优美的文章内容时不经意地获得的，也有读者善于从作品中获得哲学的、美学的、逻辑的、语言的等各方面的知识或信息。

从文章"写什么"和"怎么写"这个角度来看，也可以把上述作者传授知识的方式，分别概括为：直接的知识传授和技能、技巧的传授。一些优秀的作品，往往是两者兼而有之，既传授一些知识，也传授一些表达的技能和技巧，不仅在内容上满足读者的知识需求，还在形式上带给读者美的启示，使读者的阅读的过程，成为开阔眼界、获取知识、享受创造美感的精神愉悦过程。

（二）树立明确的对象指向与影响意图

有些文章中的信息是隐性的，不是直接地呈现在文章之中；有些文章的信息则要直接地传递给特定的读者群，让其接受一定的指令，或受到某些影响。即作者在写作过程中已经有了明确的信息传授的对象，有着较为强烈的影响意图，比如借助文章向特定的读者传达命令、部署安排、指导行动，推动机关、企事业管理的现代化、规范化，行政公文、事务文书的写作，大都有具体的行文对象，有一定的针对性；有的写作是为了向社会公众传递信息，进行政策宣传、精神鼓动、传播文化、推进教育等，通过写作的方式对读者实行影响，如一些新闻作品；有的是对读者进行相关知识的辅导、说明，促进经济发展和社会的和谐进步，如产品说明书、法律法规的解读等作品；有的是展示自己的学术研究成果，向读者阐述自己的新观点和新发现等，如学术论文、研究报告等；还有一些文章的写作目的是陈述事实理由，明辨是非，如调查报告、评论文章等。总之，作者在写作过程中，有明确的读者对象，写作的目的就是为了向读者发布指令或者对其实行一定的影响，他们严格遵循实事求是的原则，用平实的语言为读者提供真实的信息，让读者从文章中直接获得实用知识或信息，甚至是可以直接操作的帮助，以满足其求知的需求。鲜明的写作针对性和目的性，是写作主体的"读者意识"的突出体现。

（三）尊重读者的接受心理特征

"文章是写给读者看的"，如果作者不能充分地考虑读者的存在，不考虑读者的接受心理、接受习惯和接受能力等，那么，该如何保证文章承载的信息准确、畅通地传递给读者呢？写作的目的又如何得以实现呢？我们看到：古今中外的优秀作者，无一不是充分地尊重读者，为读者着想，无论是写作目标的确立还是表达方式的选择，都高度地重视读者的因素。所以，认真地研究读者的需求情况，研究读者的"消费心理"，了解读者的"期待视野"，考虑读者的接受能力，有针对性地进行写作是十分必要的。例如，著名作家金庸就十分清醒地认识到小说写作是一种与读者心灵沟通的方式，他在小说的叙述方式和语言运用中，就充分地考虑到读者的阅读心理阅读习惯，因而他的几乎所有作品都赢得了众多读者长久的喜爱。

当然，作者充分地尊重读者，顺应时代发展的要求，顺应读者的需求和接受心理，并不是无原则地迎合甚至献媚，更不能为了追求个人的名利，而去迎合某些读者的低级庸俗趣味，去追求低俗刺激，或者热衷于标榜创新，哗众取宠。

（四）提供高质量的精神产品

作者通过写作活动，创作出了大量的精神产品，以满足广大读者日益增长的精神生活的需求，尤其是文学创作，作者根据美的规律进行一系列创造性的劳动，借助文章表达自己对真善美的发现和颂扬，对各种假丑恶的揭露和鞭笞，从而给读者以感染、启发和引导，净化读者的心灵，陶冶读者的情操，丰富读者的精神生活。当然，这种写作目的的达成，作者是通过形象、生动的作品，在读者愉悦地享受精神产品的阅读过程中进行潜移默化的渗透，不是直接地说教式的灌输。即使在非文学写作中，作者也应对自己高标准、严要求，不断地探索适应时代发展的写作方式，精益求精，为读者提供高质量的写作成果。

优秀的作者懂得用自己的写作成果去征服读者，去提升读者，也就是作者应该给予读者一种精神力量,能够超越生活,超越自我,走向审美理想境界;真正高质量的作品并不是让读者从作品中寻觅习以为常的东西,而是把读者提升到较高的思想境界上来,这也是写作价值和意义实现的重要表现之一。如果作者不能站到一定的思想高度、认识高度、情感高度、表现高度上,而是始终站在读者的高度甚至低于读者的高度,就会影响其写作成果的质量。一些作家自觉地树立"平民意识",不高高在上地做"导师"和"专家",与读者平等相对,这本身并没有错,但是作者不能由此而降低自身的人格修养、审美情趣和写作水准。另外,作品的教育功能、审美功能的实现,和读者鉴赏能力的提高、思想和文化素质的提升等,也都要求作者应树立精品意识,不断强化自己劳动成果的质量。

[思考与训练]

1. 为什么不能将"写作主体"与"作者"完全等同来看待?
2. 主体"受命而作",是否可以写出优秀的文章?
3. 写作客体与写作材料之间的关系是什么?
4. 什么样的生活才能成为写作客体?
5. 谈谈你是如何积累写作素材的。
6. 结合自己的实际情况,谈谈个人阅读的取向是如何影响写作的。
7. 围绕着"大学生的个性张扬与融入集体"这一话题,在不同的文献中进行检索,整理出2000字以上的写作素材。
8. 作者如何用自己的作品提升读者?
9. 如何在阅读过程中进行语言积累?
10. 体式与体裁的区别有哪些?
11. 题材和材料有什么不同?
12. 阅读一篇小小说,写一篇800字左右的评论,谈谈自己的阅读感受。
13. 怎样理解"文辞以体制为先"这句话?
14. 对于第二人称叙述的问题,历来有不同的观点,谈谈你对第二人称的认识。

15. 如何根据写作受体的阅读心理展开写作活动？

16. 许多人阅历丰富，但写起文章来仍感到无话可说，原因是什么？

17. 在网络上获取写作材料应注意哪些问题？

18. 人们常说"读书破万卷，下笔如有神"，但也有人说"读书破万卷，下笔没有神"，请谈谈你对这两种观点的认识。

19. 茅盾说，他写《春蚕》是"先从一个社会学的命题开始"；狄更斯说他写《双城记》原因之一是"当时被一个强烈的欲望抓住了"；曹禺说："有时候我被一个人或一件事所震动，在心里激起一种想写的欲望，这大概就是所说的灵感吧，这种灵感是最难得的。至于其他的东西……是可以借用的。"以上事实都说明的一个共同问题是什么？

20. 阅读下面这段文字，分别指出其文章体式、表达方式和语体风格。

老残从鹊华桥往南，缓缓向小布政司街走去，一抬头，见那墙上贴了一张黄纸，有一尺长，七八寸宽的光景，居中写着"说鼓书"三个大字，旁边一行小字是"二十四日明湖居"。那纸还未十分干，心知是方才贴的，只不知道这是什么事情，别处也没有见过这样招子。一路走着，一路盘算。只听得耳边有两个挑担子的说道："明儿白妞说书，我们可以不必做生意，来听书吧。"又走到街上，听铺子里柜台上有人说道："前次白妞说书，是你告假的；明儿的书，应该我告假了。"一路行来，街谈巷议，大半都是这话，心里诧异道："白妞是何许人？说的是何等样书？为甚一纸招贴，便举国若狂如此？"……

21. 阅读下面材料，运用创造思维，提出自己的认识，并用适当的文体表达出来。

某徒弟学艺多年。出山心切，就去向师父辞行："师父，我已经学够了，可以独闯天下了。"

"什么叫够？"师父问。

"就是满足了，装不下了。"徒弟答。

"那么你装满一大碗石子来。"徒弟照办。

"满了吗？"师父问。

"满了。"徒弟十分自信。

"师父抓起一把细沙掺入石中,沙一点没有溢出。

"满了吗?"师父又问。

"这回满了。"徒弟面有愧色。

师父又抓来一把石灰,轻轻撒下,还是没有溢出。

"满了吗?"师父再问。

"满了。"徒弟似有所悟。

师父又倒入一盅水下去,仍然滴水没有溢出。

"满了吗?"师父笑问。徒弟无言以对。

22.阅读下面这篇选自金豆子的博客中的小文《轻轻抽出我的手》,回答后面的问题。

一直喜欢席慕容,那种清澈如泉水般的语言,似乎能流淌进我心里。

在偶然的机会里,看到了她的《渡口》,让我如醍醐灌顶般,忽然明白了一种可以没有眼泪的、刻骨铭心的痛苦分别,是存在的,我一直在猜测这种分别到底是什么样子。

后来蔡琴唱《渡口》,改编的人去掉了一行诗:"浮云白日,山川庄严温柔",仔细一想,这改编者真是聪慧啊,去掉的恰恰是这首诗酸涩的地方,去掉了以后,整个面貌就变得通俗而琅琅上口了,更符合大众的口味,却没有伤到筋骨,天才!

想来,分别是很容易让人产生恨意的:

你为什么走?——就不能留下?外边真那么好?

你为什么留?——就不能跟我走?家里真有你舍不下的东西?

我们为什么不能在一起?——别人的话真那么有分量?

这些很容易戳破的谎言,却催生了天下最感人的诗句,告诉后人:人类是一种尊重"无奈"的动物,这真可怕。

我们站在渡口边,站在那两个无奈的人旁边,看他们的告别仪式。

那个懂得无奈的女子,知道分别的必然,于是懂得"轻轻抽出我的手";

那个知道宿命的男子,知道自己的选择,于是任由女子的眼光"把祝福别在襟上"。

在这一刻,他们的爱情是真的,无奈也是真的,我尊重他们。

柳永唱道：此去经年，应是良辰好景虚设。

席慕容说：华年从此停顿，热泪在心中汇成河流。

我说：那后来呢？后来那个执意要走的人，真的在外乡没找到良辰好景吗？后来那个送走情人的女子，真的在热泪的洪流中，停顿了美好的华年，把自己站成一尊望夫石吗？

"那后来呢？"——我恨这四个字和一个问号：这是天下最煞风景的句子。

不要管以后，不要问后来，就说现在，就说眼前人！

可是后来，冷静下来的崔莺莺说："还将旧时意，怜取眼前人。"

站在他们分别的渡口，我看到了许久以后的光景，她没有变成望夫石，他也没有虚度光阴，他们在抽出相握之手的同时，就展开了各自崭新的生活，——开始新生活，我喜欢这几个字，这是天下最美好的句子！

绕了一大圈，却原来，美好的生活从无奈的分别开始啊！

怪不得他们分别的时候没流眼泪呢，尊重彼此的选择，尊重无奈的人生，在那个爱恨交织的渡口，懂得道一声珍重，这就是"山川庄严温柔"吧？

思考题：

(1) 查阅有关文献或者通过网络搜索，找到并认真阅读席慕容的诗《渡口》，谈谈自己的阅读感受。

(2) 这篇读后感的特点有哪些？

(3) 结合这篇文章，谈谈读者与作者是如何进行互摄、互动的。

23. 阅读台湾作家简媜的散文《一竿冷》，回答后面的问题。

千山鸟飞绝

万径人踪灭

孤舟蓑笠翁

独钓寒江雪

我常想，山比水更深奥吗？抑或水比山更辽阔？是哪一个参访河山的古人，在踏破芒鞋之后说"仁者乐山，智者乐水"？成了古往今来，登临山水者的箴言。

山之仁，在于容纳参天古木，亦襟抱了任何一株愿意仁足的小草；

既允许夜半狼嗥、空穴虎啸,又愿意开放枝叶,招待流浪的蝉嘶、迷路的啼鸟。山愿意合抱,让雨水注成湖泊,也愿意裂身,让瀑布发声。山裸露在天空之下,任凭雷劈暴雨;也忍住干旱季节不知从何而来的火燎。山仍然沉默,像一位仁者在希望与幻灭共生的人世上闭目养神。

水的流动多么像智慧之路。水从来不眷恋过往,流动是它唯一的宿命。水或回旋于礁石,思索如何绕身而过,轻轻地扬弃了河道上的顽石,既不争辩,也毋庸和解,只派一匹青苔教导它们水的涵意。至于飘落在水面的柳絮花片,水愿意负载它们,做它们的足,却在流程里教会它们,凡是离乡背井追寻更宽阔天地者必须永远是个孤独者。水不曾允许它们在河面上发芽,遂在中途,慷慨地收留它们腐朽的体肤。就连天光云影,也无法沉淀为水的四肢。智者不宜耽溺,不宜收藏过多的身外之物。水草不断招摇、鱼群愿意繁殖以丰富水的仓囷,但水哉水哉,流动是唯一的命运,纯粹的命运。

水比山深谙随势应变的道理,烈雨只会丰沛它的力量,至于火,从来没有一场火在水面上进行。水只是它自己,于江与万川同一道宿命,朝着真理的海洋奔赴,为了呼应更辽阔的海洋的召唤,为了寻求更深沉的智慧。

两岸桃李,是挥泪的宫女;那河腹的游鱼只是一群企图牵住水袖的童子,水回答它们,这一别就是永远了。

山与水的对话,回响在天地之间。当山以洪钟形的绿意招呼,水回应以短笛。像两位久未谋面却又不曾相忘的故友,一路循声对答。

"为何你总是赶路;难道万顷田地不值得你献身?一塘鱼肥不值得你孕育?你口口声声要与海洋会合,如果千江万川不汇聚为海,这世上的生灵岂不拥有更宽广的土地,锄出他们的家园,种植他们的米粟?"山问。

"我岂能成全短暂的荣华?如果千江万川耽溺于小小的宅舍,在草树鱼粮之中慢慢耗尽血脉,谁来成全沧海?谁显示给生灵,这繁花茂林的土地上有一座无法征服的海洋,像手中的繁华之钥无法开启永生的琉璃门。我多希望微笑永远停留在渔民脸上,但我更愿意海洋启示他们关于不可捉摸、无法猜测的生之奥秘。幻灭是唯一能洗尽他们脸上的油脂,教他们做一个谦卑的人,做一个缄默的人!"水答。

"那么,我是你的反面了。生之短暂是你我都知道的,我担忧狂啸的浪头席卷一切,把短暂生辰里仅有的欢乐吞没。是故,我愿意永远固守在此,至少这世上有一座高山是狂涛追赶不到的,他们可以携带妻儿到我的怀抱里躲避;我预先准备柴薪与蔬果,让他们取火升烟。所有受苦的人看到烟,可以前来分食。如果,你执意以死亡惊吓他们,我亦执意张起绿荫,让他们在此成家、繁衍,以生命连接生命,以人造人,永远抵御你的偷袭!"

"你岂能抵挡无垠之海?如果再有一群愚公,愿意子子孙孙荷锄移山,拿你来填平海洋。就算你镇住了海,而你原来的位置也变成了海。这世上,有多少繁荣的山,便有多少幻灭之海;有多少生的贪爱,便有多少死之恐惧。你我岂是为敌的,我们一动一静,一实一虚,无非为了等待一个真正认识我们的人,他站在你的巅峰吟诵水的歌谣,他坐在我的河畔,默读山的倒影。他能自你的多情中谛听我,从我的无情里注释你啊!"

山仍然盘坐,为了褓抱;水仍然奔赴,为了幻灭:仁者以身为泥,种植希望;智者只是冷冷地观照。当死亡袭击生灵,肉身还给山,而眸底的人泪属于水。

山水的对话在冰封的寒冬里沉默了。却有一名蓑衣戴笠老人,走入山林,劈枝削叶,抖落一树雪花。他削成钓竿,以竿为杖,踏着银白的雪径来到江畔。江面浮着薄冰,仿佛一江冻结的语言。

钓叟朝无垠的江面上,抛出不丝之竿,在冥冥的冰雪地,这时刻,他只为了问安,用山的管弦问候水的歌喉。

思考题:

(1)这篇文章的写作缘由是什么?

(2)这篇文章的主旨是什么?主要的表达方式有哪些?

(3)分析一下这篇文章的语言特色。

(4)仿照这篇文章的写法,选择一首自己喜欢的唐诗,有感而发,写一篇散文。

第三章　写作主体素质的提升

[**本章导引**]

写作是复杂的创造性的精神劳动,要提高写作能力和写作水平,就必须首先全面提升写作主体的综合素质。素质通常是指一个人通过综合的精神状态和行为方式所表现出来的素养。素质不仅指先天具有的生理和心理的自然特征,更主要的是指后天通过环境影响和教育训练等形成的基本素养。写作主体的素质就是主体在写作行为发生之前、之中、之后所表现出来的各方面的素养,它是写作主体的生活积累、思想意识、文化水平、价值观念、思维方式的综合反映,主要包括生活素养、思想品位、学识修养、情感体验和意志品质等。写作主体的素质是写作成败的关键,影响着写作的整个过程。

写作主体的素质,可以通过有意识、有目的、有计划的学习和锻炼获得提升,还可以在日常生活中通过自然而然的感受和积累,潜移默化地提升。

第一节　夯实基础的生活素养

生活素养是人们从事一切文化活动的基础,是开展写作活动的源头活水。生活素养来自于主体丰富而独特的生活经历,也来自于主体对生活深刻、细致的体悟。

一、生活在写作中的作用

写作离不开生活,生活在写作活动中的作用主要表现在以下几个方面:

(一)提供写作素材

"问渠哪得清如许,为有源头活水来。"主体开阔的视野,广博的素材积累,深刻的思想见解,灵活的写作技巧、丰富的语言积累等等,都离不开生活的滋养。可以说,离开了生活这一源头活水,写作便成了干涸的沟渠。

纵观古今中外成功的写作者,无一不具备深厚的生活素养。拥有丰富的人生阅历、生活经验,拥有深切的人生体验和生活感悟,必然会获得丰厚的写作素材。人们对于写作者一再强调的生活积累,其实就是要提高其生活素养。有些人之所以见多识广,一方面是其经历丰富,眼界开阔,见的世面多;一方面是其对生活的观察、体验细致入微,因而感性认识和理性认识不断地递增,各种积累越来越丰厚,写作自然会得心应手,左右逢源了。王蒙在《谈短篇小说的创作技巧》一文里指出,要使自己的写作畅通无阻,就必须具备"丰厚的生活积累、思想积累、感情积累。"

一个生活闭塞或对生活感受迟钝的人,是不会有什么真知灼见的,自然也就不会有什么写作冲动。司马迁之所以能写出"史家之绝唱,无韵之《离骚》"的《史记》,与他在长期的游历中积累了大量翔实的历史资料密不可分;蒲松龄之所以能写出亦人亦神亦鬼的《聊斋志异》,与其科举之路上的一再受挫和他遍搜各类民间传说的生活积累紧密相关;鲁迅变故的家境,求学之路的变化,加上走南闯北的生活经历,都为他提供了丰富的生活经验和人生体会,提供了取之不尽的写作资源。

有些人之所以常常感到没有写作材料,主要是其生活范围狭窄,生活圈子单一,生活内容单调,加之对间接生活的感受不深,自然会感到脑中空空,一有写作的需要,便捉襟见肘。

(二)提供写作语言

生活中存在着大量鲜活的语言,一个善于深入生活的作者,能够在生活中发现并汲取丰富的语言。鲁迅就非常注意走进生活,向群众学习生动活泼的语言。秦牧在《语林采英》一书中举出的大量事例,说明了"语言的宝库在当代人的口头上"。许多外国作家也都很重视学习人民的口头语言。如普希金从小就向祖母学习语言,年长后还到附近市集上听盲人唱各种歌谣;托尔斯泰和各阶层的人物接触、谈话后,认真地做语言笔记;高尔基、狄更斯的生活经历都很丰富,他们都在生活中积累了丰富的语汇和表达方式。"博采口语"并非照搬口语,而是必须对口语进行提炼、加工。有些方言土语虽然很生动,但别处的人看不懂,所以必须对其进行提炼、加工,使其更加大众化。

生活中存在着大量的方言、俗语、俚语、歇后语、避讳语等,它们沾满了生活的泥土气息,有着很强的地域色彩、民间色彩,有着很强的表现力。如赵本山的一些小品创作就十分注重汲取东北话中的一些富有表现力的语言,让作品变得更加生动、幽默,有的还特别耐人寻味。

随着网络的普及,大量的网络语言不仅在网上流行,而且进入了人们的日常生活当中,开始影响到了纸质媒体的语言运用和人们的日常言语交流。感觉敏锐的作者开始有意识地从网络语言中汲取一些有益的成分,非常有效地增强了语言表达能力。

(三)提供写作动力

1. 写作是生活的需要

文学创作是写作主体对客观生活有了感受和认识,产生了表情达意的欲望和意图,进而对生活客体进行审美把握,进行审美性的创造活动。应用文写作的直接动因则来自于客观生活的需要,是管理的需要、处理事务的需要、专门业务的需要、人际交流的需要等,形成了写作的意图,并规定了文种的选择,决定了表达的方式的应用,促使写作活动展开。一句话,是生活的需要,才诞生了写作。无论是信息的贮存和传播的需要,还是思想和情感交流的需要,无论是现代社会管理的需要,还是人才培养的需要,都是写作产生的基础。

2. 生活激发了写作兴趣

丰富多彩的生活给作者提供了大量新奇的感受和体验,可以激发写作兴趣。譬如,作者看到神奇美丽的景色,或者经历了一些令自己兴奋的事情,就会产生用语言文字描述下来的冲动,若这种冲动转化为写作行为并受到了肯定,还会保持写作兴趣。

生活为人们提供了无数的选择机会,每个人都要在生活中找到自己的位置,实现自己的人生目标。而要充分展示自我,实现自我超越,写作能力就成了一种基本的生存和发展的技能,甚至有的人会自觉地将写作当作一项重要的事业,由此引发了写作兴趣。于是,我们看到,写作兴趣产生的缘由五花八门,有的来自于对所从事的工作的热爱,如学者、教师的学术文章写作;有的来自于学习的需要,比如大中学生,为了提高学习成绩,而引发主动地探求写作方法的兴趣;有的来自于信息传递的快乐,如新闻工作者会因自己第一时间里的敏锐发现而感到自豪,而产生写作的热情;有的来自对写作本身的热爱,许多人从小产生了当作家、诗人的梦想,是梦想吸引着他们对写作一往情深……总之,形形色色的生活,为写作兴趣的萌生提供了充分的条件。

3. 生活提供了精神财富

每个人都会从生活当中获得精神滋养,仰望苍穹,会有世界浩瀚、个人渺小的感觉;从草青草黄的荣衰交替之中,会感受到生命的短暂与珍贵;从巍峨的高山、奔流的江河那里,感觉到岁月绵长而深厚的意蕴;从一个个有关亲情、友情、爱情的生动故事里,会产生无数难以形容的美好的感受;欣赏一件件精美的艺术品,会被人类巨大的想象和创造所震撼;咀嚼那一个个惊心动魄的大事件或者一个个琐碎的生活细节,会获得深刻思想启蒙……是的,生活以各种方式,开阔我们的视野,给我们情感以滋润,给我们思想以丰富,让我们在获得物质享受的同时,也获得精神的满足。是生活让人们有了永远抒不完的情、表不尽的意,是生活的汪洋大海,为写作扬起了远行的风帆……

二、如何提高生活素养

(一) 丰富自己的阅历

社会生活是一本包罗万象的"巨书",它立体地、真实地、活生生地展现在每个人面前。歌德有一句名言"理论是灰色的,生活之树常青"。要提高自己的生活素养,首先就得读好生活这本大书,没有别的途径可以代替生活经历这一课。"身之所历,目之所见,是铁门限"(王夫之语)。亲身经历的生活,感受和认识得更真切,经历越丰富,感受和认识也就越多、越深。有时,非得见到其事其物,才能准确地知道其事其物,才会对其事其物有深切的感受。虽然现代社会,获取信息的渠道非常多,人们可以通过书刊报纸、电台广播、电影电视、互联网络等了解各类情况,但深入生活,拥有更多的亲身经历和体验,对于写作者来说,永远都是极为重要的。

这里所说的深入生活,是指做生活的有心人,细心地观察生活,体验生活,认识生活。司马迁早年游历山川名胜的时候,不是单纯的观光,不是无所用心的游玩,而是广泛调查、细心考究、深入发掘。用他自己的话说,就是"究天人之际,通古今之变,成一家之言"。

写作离不开作者的感受和认识,而感受的对象是生活中的人、事、景、物、理,一个人若能够有条件"行万里路",能够有幸亲见滚滚红尘的万象,其必然会直接地触摸大量鲜活的生活现象,会有许多新奇的感知和发现,会进行多方面的观察,会有多方面的感受。

当然,生活素养的提高,并不一定取决于丰富的经历,有些人生活遭遇可谓多矣,苦辣酸甜、悲欢离合都经历了很多,但那也只是证明他们曾经有过那样的一些生活经历而已,并不能证明他们有很高的生活素养。与之相反,有些人生活经历很简单,比如有些人长期被疾病等原因困在狭小的生活环境之中,甚至数十年都足不出户,但他们虽然身居斗室,却不仅知晓天下大事,还对生活有着很深的感悟,其生活素养同样可以超出一般人许多。可见,作者能够拥有丰富的亲历生活固然很重要,但能够对自己的和他人的生活设身处地深入体验更为重要。因为他没有满足于知道生活是什么样子,还对"生活为什么是那个样子"、"理想的生活应该是什么样子"等问题进行了深入的思考,他没有满足于对现象的了解,还对现象背后的本质和规律进行了挖掘。

(二)广泛地阅读体验

直接走进沸腾的生活,置身于生活的海洋中,获取丰富的生活素养,自然是非常必要的,甚至是不可缺少的,但是一个人的时间、精力、财力等毕竟是极其有限的,其生活的范围总是十分有限的,很多事情不可能也没有必要非得亲历亲为,我们还可以走另外一条通向生活深处的重要道路,那就是阅读。

是的,阅读可以向我们打开生活众多的窗口,那是无数的眼睛曾目睹过的生活,那是无数的耳朵曾倾听过的生活,那是无数的身影曾走过的生活,那是无数颗心灵曾感受过的生活,是更辽阔、更精彩、更深刻的生活,那些生活是梳理过的,是提炼过的,是真实的,是审美的,有着自己亲历的生活不可比拟的优点,可以再度感知,可以再次体验,可以有更新的发现,可以有更多的创造。没错,阅读是间接地深入生活,了解客观世界,体验各色各样的人生的一种极好的方式。如果一个人没有条件直接面对大千世界,但他却完全可以去"读万卷书",间接地去观察、体验多样的生活和人生,同样可以获得丰富的感受。正如作家邓康延在《天下风光在读书》一文中所描绘的那样:

你无须回走千年,便可穿水泊、上梁山,结识众英雄好汉,看板斧如何斧正江山;你无须逾越千里,便可去问白胡子老头巴尔扎克,从人间喜剧里听出悲意;你无须再让苹果砸一次头,就能在牛顿肩上远眺不即不离的月亮;你也无须亲自乘坐"发现者"号,就能感觉这颗地球原本悬在空中。

也就是说,生活素养的提高,一方面应努力增加自身亲历的内容,一方面应丰富间接生活体验的内容。二者相互配合,既可以对身处的生活产生感受和认识,又可以对他人描述的生活进行感受和认识。

(三)深入地思考扣问

无论是增加自己的生活阅历,还是博览群书,都不能缺少必要的思考。经历过了生活,有了观察和体验,还远远不够,还必须要对生活进行思考和扣问,让自己的感受更深一些,让自己的认识更深一些;读书,也不只是用眼睛看,不只是了解丰富多彩的生活表象,还需要用心思考,带着思考去读书,去同作者和书中的人物进行情感沟通和思想碰撞,也就是加大自己的生活广度的同时,让自己生活的密度再大一些、深度再大一些。

生活中不乏见闻多而认识少的人,也不乏读书多而智慧少的人,产生这种现象的一个很重要的原因,就是那些人缺乏思考或者不善于思考,他们只是充当了生活的见闻者,是鲜有思想的"生活看客",或者是书籍的浏览者,是知识的贮存器,没有从知识中提炼出思想来。显然,一个要提高生活素养的人,必须要开动脑筋,在观察体验生活的同时,不断地扣问生活,多一些"为什么"、"怎么样"、"如何"之类的质疑和追问,多一些由此及彼的思考,多一些透过现象看本质的思考,多一些辨析真善美与假丑恶的思考,多一些明辨是非、分清正误的思考。那样,对生活的认识就不会停留于感官的了解,对人生、生命意义与价值的探究也会趋于深入。

因为有了思考,目光会变得更加深邃,情感会变得更加深沉,思想会变得更加深厚。因为有了思考,一个个问题被解决,一个个答案被找到,一个个疑问又在诞生,那永不止息的求索脚步,引导着人类向着更深远、更辽阔的世界迈进,而人类也由此获得更大的进步。一个人若是自动放弃了思考,或者惰于思考,那么,其生活中更多的便是无端地盲从,便是匆匆地追逐或跟随,其生命也就变成了生存而已。那样的生活质量是打折扣的,那样的人生也是可悲的,纵然拥有很多的金钱,也依然是精神上的穷人。

不仅生活素养的提升需要经常扣问与思索,生命质量的提高也需要不断扣问与思索。

第二节　超越自我的思想品位

这里所说的思想品位,主要包括思想认识、人格品位、社会意识、人生价值、道德和伦理观念及精神操守等。一个有着深邃的思想背景和恢宏的人格品位的主体,必然会超越自我,会关注社会生活,思考人生,会有一份自觉的社会历史承担,会自觉地陶冶高洁的情操,会积极主动地投身于写作,并以其深刻的思想认识和人格魅力,提升写作的格调。

第三章 写作主体素质的提升

一、思想品位在写作中的作用

(一)影响写作动机

写作动机的产生与作者的思想密切相关,作者思想认识的不同,必然会导致其写作动机的不同。古往今来,许多文章和作品的发轫,均可以找到其思想源头。正是怀着"文以载道"的思想,先秦诸子百家写下了大量宣扬各自不同的政治、经济、军事等主张的文章;正是怀着"致君尧舜上,再使民风淳"的思想,杜甫才写下"三吏"、"三别"等大量反映百姓疾苦的诗篇;正是"不平则鸣"的思想引导,韩愈写出了为人才被埋没而痛惜不已的《马说》等文章;正是怀有"先天下之忧而忧,后天下之乐而乐"这样的人生理想,范仲淹才有了千古名篇《岳阳楼记》;正是出于揭露和批判沙皇统治的自觉,契诃夫写出了《装在套子里的人》等许多内蕴深刻的小说;正是对荒诞人生的深刻认识,卡夫卡写出了《变形记》等许多意蕴深邃的小说……可以说,是作者丰富而深刻的思想见解,催生了一次次的写作行为。

许多作者对社会生活、人生等各方面有了一定的感受,产生了一定的思想认识后,就会自觉地通过写作来表明自己的主张、态度和想法,那些或先锋、或传统、或深刻、或浅显、或直露、或委婉、或全面、或偏激等等不一而足的思想认识,像燃烧的火焰一样照亮了作者的心灵世界,令其不由自主地产生了写作的冲动,产生了一吐为快的欲望,提供了写作灵感迸发的契机。

有人经常羡慕作家总是有写不完的东西,很奇怪自己为什么没有什么可写的东西,这里面的原因有很多,其中很重要的一条,就是因为自己缺少思想认识。没有对事物产生强烈的感受,没有明确的思想认识指引,自然难以产生写作的热情和冲动。久而久之,因为思想认识的肤浅、平庸,加上缺乏对人格修炼的自觉,无端地盲从于他人的言说,不自觉地成为一个生活的旁观者,而不是独立的思想者,即使偶尔有写作行为的发生,也多是受命而作,难得有真正的个人思想和兴趣的渗入,其写作难免会变成一种负担,其结果也可想而知了。

(二)影响写作内容

作者写什么或不写什么,与其思想认识、人格品位有着密切的关系。有感而发的写作,往往是作者感兴趣的写作,而作者的兴趣又是深受其思想的支配和人格修养影响的。比如,20世纪二三十年代,面对黑暗的社会现实,怀着强烈的批判与关怀意识,鲁迅在写出许多堪称经典的小说后,又投入大量精力,写下数量庞大、内容广博的杂文,以其犀利的思想锋芒,给人们留下了一大笔宝贵的思想财富。正如鲁迅在《杂感录·四十三》中所说的那样:文艺创作"固然须有精熟的技工,但尤须有进步的思想与高尚的人格。他的制作表面上是一张画或一个雕像,其实是他的思想与人格的表现。"

作者的思想,会决定其写作题材的选择。屈原忠于君王的思想和对高洁人生的追求,使其选择"香草美人"寄托自己的情怀;陶渊明"不为五斗米折腰"的思想,让他留连于垄亩之间,"采菊东篱下,悠然见南山",于田园之中寻找一方"世外桃源";豪放不羁的李白当报国雄心壮志难酬时,便纵情于山水之间,借大千世界神奇的风光画卷,驰骋自己的天赋的才情;一生爱国、矢志不渝的陆游,则将更多关注的目光投向边塞大漠、投向金戈铁马的沙场,直至临终前仍有"王师北定中原日,家祭无忘告乃翁"的赤诚遗言;经历了国破家碎的李清照,心中郁积的清苦"怎一个愁字了得",其后期的词作选材与立意大多难以逃出那"悲"与"愁"的缠绕……每个作者,都有自己的主导思想,自然也会有自己偏爱的题材。譬如,有人喜欢美食,有人喜欢建筑,有人喜欢山水,有人喜欢娱乐,有人偏好爱情,有人偏好政治,有人偏好都市,有人偏好乡土……表面看似乎主要是各自的生活阅历和兴趣使然,其实更多的是其思想使然。

文章立意的正确与否、深刻与否、新颖与否,都与作者的思想品位有着很大的关系。有人认识肤浅、见解平常,其写作数量可能非常多,但多是对他人和自我的简单重复,难有个人独到的见地;有些作者因思想深邃、人格高拔,而使文章立意新颖、高远,如陈子昂的"前不见古人,后不见来者。念天地之悠悠,独怆然而涕下"的视野之阔大,如刘禹锡的"自古逢秋悲寂寥,我言秋日胜春朝。晴空一鹤排云上,便引诗情到碧霄"的别开生面,如张若虚的"人生代代无穷已,江月年年只相似"的深切感喟,等等,均是有了厚重的思想基石,才有诗歌境界的大开,才有了千古流传的名篇。

有着高尚的思想品位的作家,一定有着历史、社会和生命的自觉承担,有着崇高的写作追求。正如美国作家威廉·福克纳在接受诺贝尔文学奖的演讲中所指出的那样:

> 人不仅能挺住,他还能赢得胜利,人之所以不朽,不仅因为在所有的生物中只有他才能发出难以忍受的声音,而且因为他有灵魂,富于同情心,自我牺牲和忍耐精神。诗人、作家的责任正是描写这种精神。作家的天职在于使人的心灵变得高尚,使他的勇气、荣誉感、希望、自尊心、同情心、怜悯心和自我牺牲精神——这些情操正是人类的光荣——复活起来,帮助他挺立起来。诗人不应该单纯地描写人的生命的编年史,他的作品应该成为支持人,帮助他巍然挺立并取得胜利的基石和支柱。(《美国作家论文学》,赵永穆译,三联书店,1984年版,第368页)

(三)影响作品质量

写作是一种富有个性化的精神劳动,作者的精神气质、思想修养和人格品位必然对写作成品产生巨大的影响。鲁迅有一句名言:"从喷泉里出来的都是水,从血管里出来的都是血。"就是在强调作者要培养良好的思想和人格。

"言为心声",古人就特别重视作者思想的积淀和人格的提升,孔子强调"文德",孟子主张"养气",王充提倡"文德之操",韩愈认为"气盛宜言",陆游表示"文不容伪",明代沈承有言:"立身无傲骨者,笔下必无飞才;胸中具素心者,舌端斯有惊语。"清末学者王国维也说过:"故无高尚伟大之人格,而有高尚伟大之文章者,殆未之有也。"所有这些都是要求作者正其心、诚其意、培其本、深其源,以天下为己任,超越自我,培养高尚的人格、开阔的胸襟、远大的抱负、旷达的情思,他们都强调了"做人"与"作文"的关系。

文章的格调有高低,价值有大小。一般而言,文章的格调和价值,都取决于作者的人格境界和思想水平。《水浒传》与《荡寇志》之间的差异体现在很多方面,但决定性的因素在于前者的作者思想品位明显地高于后者,前者的格调和价值也自然地高于后者。叶燮在《原诗·内篇》中指出:"诗之基,是人之胸襟是也。有胸境,然后能载性情、智慧、聪明、才辨以出,随境发生,随生即盛。"王世贞则这样形象地阐述文章境界的形成:"才生思,思生调,调生格;思即才之用,调即思之境,格即调之界。"也就是说,写作者的才、学、识、思,虽然构成了文章境界的具体内容,但如果没有写作者的高品位的人格贯穿其中,是无所谓境界的。正如清代学者唐彪所说:"石韫玉而山辉,水怀珠而川媚。文字俗浅,皆因蕴藉不深;蕴藉不深,皆因涵养未到。涵养之文,气味自然深厚,风来自然朗润,理有余趣,神有余闲,词尽而意不穷,音绝而韵未已,所以谓渊然之光,苍然之色。"(唐彪:《读书作文谱》,岳麓书社,1989年版)有了深厚的思想和人格涵养,其它方面的问题就好解决了。

二、如何培养良好的思想品位

作者的思想品位在写作中发挥着极其重要的作用,那么,如何提高作者的思想素质,如何建构优秀的人格品位呢?

(一)不懈地追求真理和真知

要树立正确的世界观和人生观,掌握科学的方法论,做一个有思想、有品位的人,首先就要勇于追求真理和真知,也就是要"求真",要坚持独立的思考和判断,不断获得真知,发现更多的规律和本质。

要具备求真的品格和精神,就要有一定的历史承担和社会承担,就要树立自觉的责任意识和使命意识,具备人文关怀意识,关心天下苍生,将自己的知识积累转化人生智慧的积累,对宇宙、社会、生活和生命有真正的理解和领悟,建立起理性智慧心理结构。要做到这些,就应从以下几方面入手:

首先,保持心灵的独立与自由。

写作者丰瞻的思想、超拔的智慧、高洁的人格,均来自于独立、自由的心灵,一颗被条条框框束缚、禁锢的心,一颗丧失了独立思考的心,一颗缺乏自由的心,是很难抵达前者的思想高度和深度的。有些人之所以写不出有见地的文章,就在于他们主动或者被动地放弃了独立的思考和判断的权利,已经没有发出自己独立声音的力量,只能鹦鹉学舌,或牵强附会,成为了别人的思想转述者或机械的传声筒。

其次,怀有对生命的敬畏之心。

广泛地说,人类所有的写作活动都与生命有关。一个懂得关心生命、敬畏生命的人,自然会关心自然界的一草一木,会关心头顶无限辽远的苍穹,会关心脚下的一沙一石,懂得世间的一切都有自己的生命轨迹,都在展示自己的生命智慧。由是,就会怀着谦卑之心,善待每一种生命,会在认真的凝视与倾听中,获得某些真理性的启示。

毫无疑问,对生命的关注与敬畏,可以令我们用平等、平静、平和的心态,看待世间的万事万物,会接受到来自生命深处的真实的体验。自然地,思想也在朝着一个更高的向度登攀,灵魂也会变得越来越纯净。

再次,让好奇心引领自己不断探究。

正是永不停歇的好奇心,引领着人类向许多未知的领域不断地拓进,从而有了无数神奇的发现和创造。对于一个作者而言,保持儿童般的好奇心,是极为重要的,因为有了好奇之心,就有了探索新事物、探究新问题的热情和动力,就可能有新的发现和新的创造。没错,好奇心就是潜在的创造力。正是好奇心催动作者不断地探索、不断地创造。

一个人变得思想保守,往往是从丧失了好奇心开始的。他们不再有强烈而旺盛的求知欲,不再挖掘自身的潜能去发现和创造,而是满足于既得的收获,在对经验的过度信任和依赖中,不知不觉地失去了对思想的深度钻探。

另外,还要勇于自我超越。

众所周知,健康的写作,有益于工作的开展,有益于知识的传播,有益于人类精神生活的提高。而要实现健康写作的目的,写作者的思想品位的提升是关键所在。这就要求写作者要在自我关心的基础上,勇于自我解剖,勇于自我批判,在对自我的关怀中超越自我,实现对时代、社会、人类的大关怀。

要超越自我,提升自己的思想品位,就要具有一定的前瞻意识和先锋意识,保持对时代、社会、生活的高度关注,培养敏锐的感觉力和洞察力,准确地把握时代变化的脉搏,勇于对种种生活现象和问题质疑,以悲天悯人的情怀去体验生命中的那些沉重和苦痛，以满腔的热忱去发现和拥抱新事物，以矢志不渝的信念高举理想的火炬。如此，心胸才会宽广，思想才会深邃，人格才会磨砺得光彩四溢。

（二）不断地追求"善"

这里所说的"善"，是着眼于哲学和美学意义上的"善"，其内涵主要体现在三个方面："一是有关于人生和人类的根底之爱——生命之爱，人性之爱，人类之爱，大地之爱，自然之爱，宇宙之爱；二是对知识的憧憬、信仰与追求——这一有关人类的本性的善；知识是人类真正的善！因为人类的本性在事实上要获得知识，这是开发人的潜能与力量，并使之得到实现与满足的最高雅、美好的方式；三是对真理的捍卫和追求，因为真理所包含的是人类心智中的终极的善，并且一旦当我们献身于对真理的捍卫和追求时，我们也就履行了作为个体的人和作为大写的人的道德义务与责任。"（马正平主编：《高等写作思维训练教程》，中国人民大学出版社，2002年版，第97页）简而言之，对于"善"的追求，就是对博爱、知识、真理的追求。

对知识和真理的追求，会有助于思想品位的提高。同样，树立博爱的思想，带着仁爱之心，走进生活，播撒爱的种子，自然也会收获爱的果实。正是爱搭建起了心灵沟通的桥梁，有了思想和情感的交流，有了道德、伦理、民风的建立，有了人性、人情的思索。通过爱，人们懂得了"憎"，懂得了对真善美的弘扬，对假丑恶的鞭挞。在对爱的追索中，人们获得了智慧，思想丰盈起来，人格品位得到了提升。

那么，如何在对"善"的执著追求中获得思想品位的提高呢？

首先，要树立正确的价值观。

正确的价值观，通俗地说，就是发挥自己的聪明才智，积极投身于造福人类、造福社会的劳动当中，为他人、为社会、为历史创造更多的物质财富和精神财富，在奉献中获得属于自己应得的报酬。

正确的价值观的内涵十分丰富，这里主要指对待物质财富与精神财富所持有的健康的观念和态度，也就是树立正确的功利心。具体表现为对建功立业的渴望，对劳动的尊重，对创造财富的热爱，对获得劳动和创造回报的坦然接受等。

保持一定的功利心，会激发人的进取心，会开发人的创造潜能，那种"完全淡泊名利"的宣传其实是很不现实的，因为作者要生存和发展下去，必须要获取一定的功利，要拿到自己劳动所得的那份报酬。只是要警惕不被"功利"迷住了眼睛，一个人心中若只装有"功利"，其人格就会出现问题，其价值取向就会出现偏失，就会陷入错误的泥淖。

其次，要带着爱意去体验生活。

写作者要获得思想品位的提高，就必须对社会生活、人情、人性等进行多方面、深刻的体验。而要获得满意的体验成果，就应怀揣一颗博爱的心，带着真诚的爱，去做人做事。以充满爱意的目光去打量眼前的世界，去看待周围的人们，去处理日常的生活，在平凡琐屑的点点滴滴中，去体验亲情、友情、爱情等一切人间美好的真情，去感受爱的温暖与温馨，并学会爱的方法，积累爱的智慧，学会用爱去分析和解决一些问题。

带着爱意去生活，就是关爱所有需要关心的人、事、物，去关注、帮助、扶持那些善良的生命，不回避生活里的苦与痛，也不掩饰生命中的悲伤与无奈，而是用爱的信念和力量，去呵护、拯救和建设，让爱闪耀出精神的光芒，展示出物质的坚实。

带着爱意去体验生活，并非要抛弃"憎"，而是要爱憎分明，要敢爱敢恨，要疾恶如仇。如此，才能明辨是非，才能惩恶扬善，才能剔除人性中的缺点，改变人性的弱点，使自己逐渐培养起健康的人格。

再次，要培养社会道义感。

善的求索和爱的传递，都离不开一个人公正的道义感。尤其是置身于竞争日益激烈的时代，各种矛盾和斗争错综复杂、层出不穷，寻求和建立和平共存、和谐发展之路，虽然已经成为大多数人的共识，然而，其道路依然"漫漫其修远兮"。很多人已认识到：公正才是最大的善，公正才是最高的道德。而公正的秩序，必须有赖于更多的有社会道义感的人挺身而出，秉持公正之心，求索公正之路，建立公正的环境，使每个人都获得公正的机遇，每个人都得到公正的发展。

如果要成为一个合格的写作者，就必须要培养一颗公正的心，并把它作为思考人生、反省社会、写作文章的一个信仰尺度。一个有社会正义感、有社会良知的写作者,不会在丑恶面前闭上眼睛,不会在不公平面前喑哑喉咙,而会发出正义的呐喊,发出批评的声音。

(三)坚持对美的追求

写作的过程也是一种创造美的过程。有时写作的目的就是塑造美、传达美。写作内容中包含着许多的美,诸如自然之美、知识之美、情感之美、思想之美等等,许多文章的形式也体现着美,美的开头、美的结尾、美的结构、美的节奏、美的脉络等。至于文章语言的运用,更是处处体现着对美的追求,如美的词语组合、美的句式、美的修辞选择等等。因此,写作主体的审美理想、审美情趣、审美方法和审美能力等方面的建构,对于主体综合素养的提升有着至关重要的作用。可以通过以下几方面的努力,得到美的教育和感染,从而提升思想品位。

首先,学会在生活中欣赏美。

生活中,处处存在着美,只要有一双善于追寻美的眼睛,有一颗善于感受美的心灵,很容易就会发现美,譬如一次壮丽的日出,一片灿烂的星空,一条蜿蜒向前的小溪,一株耸立在悬崖边上的松树,一朵兀自美丽的野花,一缕飘过山村的炊烟……大自然中山山水水、花花草草,会以万千姿态向我们诉说关于美的内涵与表达方式。同样,在我们的周围,在每个人的生活当中,美的场景、美的情节也是随处可见,触手可及,比如,迎着朝阳走向校园的一张张笑脸,脚手架上那些忙碌的身影,风雨中陌生人伸过来的一把红伞,夕阳里相互搀扶的两双手,街口那个花花绿绿的小摊,市中心鳞次栉比的高楼大厦,梦想创造的奇迹,跌倒后再爬起的坚毅,赛场上激动的呐喊,流水线上的严肃认真……那么多的美,就簇拥在我们的周围,吸引着我们的目光,滋润着我们的情感,丰富着我们的认识。因为懂得欣赏,我们一次次体味,不知不觉地汲取着美的琼浆。

其次,学会在鉴赏中品味美。

在文学作品鉴赏中获得美的享受,已是每个读者都曾有过的美妙的人生体验。尤其是鉴赏力较强的人,他们会比一般人从字里行间看到更多的美景,自然也会有更多美的感悟和发现。对文学作品的鉴赏,是提高审美能力的一条重要途径。而对科学、哲学等文本的鉴赏,则更多地体现为对自我的生存环境、思想认识、精神境界的拓展和超越;对于音乐、美术、建筑等各类艺术形式的鉴赏,则会让人们获得更多关于生活、人生、生命的感受,会从那些心灵化的创造中,品味到某些张扬着生命个性色彩、穿越时空的情绪和思想,会从那些或凝重或随意或形象或抽象或简单或复杂的美的建构中,找到属于自己心灵的东西,它们如此亲切地走近我们,让我们惊奇、感动、感慨,让我们有时会在一刹那间获得奇妙的点拨,茅塞顿开,智慧萌生,胸襟扩大。

是的,在对美的鉴赏中不仅可长见识,添学问,还可以陶冶情操,塑造人格。

再次,学会在写作中创造美。

在写作中创造美,表现在写作内容方面,即要直接或间接地体现作者美的意图和美的构想,可以叙述美的故事,塑造美的形象,表达美的情感,阐述美的观点,说明美的事物,介绍美的知识等等,可以将作者所感受到的种种美,写进文章之中,浸透到字里行间;表现在形式方面,即可以选用美的体式,创造美的结构,选择美的语言文字,采用美的表达方式等等,以美的形式传达美的思想情感。一句话,写作中美的创造,可以内容和形式统一,形神兼备,谱写美的篇章。

第三节　博采厚积的学识修养

这里所说的学识修养,是指写作活动所需要的知识、学问、见识等,主要包括综合性的基础知识、相应的专业知识和生活常识。学识是在学习、实践中逐步积累起来的,学识的增长有一个渐进的过程,"活到老,学到老",对学识的渴望和汲取,应该是一生都不能停止的。写作的过程,也是学识的增长和应用的过程。

一、学识修养在写作中的作用

(一)是写作不可或缺的工具

写作是一门语言艺术,进行写作活动必须具备一定的语言文字知识和语言文字运用能力。字、词、句、段、篇的组合，离不开语音知识、语法知识、修辞知识、逻辑知识等，它们都是写作中不可或缺的工具性知识。而相应的文体知识，也是写作中必须先掌握的基础知识。请看绿原的一首题为《航海》短诗：

人活着
像航海

你的恨，你的风暴
你的爱，你的云彩

这首诗十分精炼，充分体现出了诗歌的高度概括性、跳跃性的特点，诗人不仅精心地选择了"航海"、"风暴"、"云彩"这些具体的意象来表达丰富的情感，还使用了比喻和对比的修辞手法，形象地表达出人生之旅犹如大海航行，总会有爱与恨相伴。如何让自己的人生多一些诞生美丽风景的爱，少一些掀起风暴的恨，诗人没有直接点明，给读者留下了不尽思索，可谓是"言有尽而意无穷"。没有相应的学识，是难以写出这样精致的作品的。

（二）文章内容的重要组成部分

所有的写作都必然地要包含一些知识内容，知识也是文章内容的重要组成部分，只不过有的文章中知识容量少一些，有的容量多一些，有的知识隐性地包含在文章中，有些则显性地呈现在文章中。一些以传播知识为主的说明文，如产品说明书、检验报告等，其写作目的就是介绍某一方面的知识，其内容必然大量地涉及到相关知识的介绍和解说；而一些学术论文、学术专著、法律文书、事务文书等，其内容专业性较强，必然也要包含许多专业知识和专业术语；文学作品虽然一般不以传播知识为目的，但其中也会或隐或显地包含一些有关天文、地理、科技、交通、旅游等多方面的知识，甚至有人宣称在文学作品中几乎能够找到各种知识的影子。至于一般常识性的知识，如普通的科学原理、科学命题、历史人物、历史事件、著名的诗文篇章、公理、名言、格言、成语、俗语，以及有关政治、经济、自然、生活等方面的一些知识，也是每一个写作者都应该了解和掌握的，是可以灵活地在写作中加以运用的。

正是包容了有关诗词、建筑、绘画、音乐、园林、饮食、服饰、民俗等多方面渊博的知识,曹雪芹的《红楼梦》才被誉为社会生活的"百科全书"。作者的学识修养,有时会决定文章的文化内涵。阅读马克思、毛泽东等人的著作,人们一方面会为其精辟的论述所折服,另一方面也会惊叹他们知识之渊博,他们对政治、经济、哲学、历史、文学、艺术等众多领域,不仅广泛涉猎,而且多有独到见解,充分显示出大学问家的风采。这也正是他们的文章博大精深、浑厚雄健的重要原因。

同样是写散文,一些专家、学者的散文因有着较为高深的学问,对很多知识了如指掌,似乎信手拈来,随便拿一些资料一组合,便挥洒成一篇内容丰富、知情意自然融合的美文,而有些人知识贫乏、学问疏浅,其文章的知识含量少,内容显得较为单薄,也缺少情趣。请看著名的语言学家王力的散文小品《蹓跶》中有关"蹓跶"与"散步"的解释:

在街上随便走走,北京话叫做"蹓跶",蹓跶和散步不同,散步常常是拣人少的地方走,蹓跶却常常是拣人多的地方走去。蹓跶又和乡下人逛街不同:乡下人逛街是一只耳朵当先,一只耳朵殿后,两只眼睛带着千般神秘,下死劲地钉着商店的玻璃橱;城里人蹓跶只是悠游自得地,信步而行,乘兴而往,兴尽则返。

上面这段似乎是顺手拈来的文字,不仅将"蹓跶"与"散步"在意义上的细微差别辨析得清清楚楚,而且文学色彩很浓,很有小说语言的味道。

写作者若想提高写作素养,就要先打好学识基础,提高自己的知识储备和学问水平。

(三)影响文章的表现力

一提到文章的表现力,有人便立刻想到了如何运用语言、如何运用写作技法等与文章表现直接相关的方面。掌握一定的语言知识和写作知识,的确可以增强文章的表现力,但最为根本的,还是要先提高作者的学识修养,因为学识的高低,会直接影响到文章的表现力。看有学识的人写文章,总有驾轻就熟的感觉,因为他们视野开阔,知识渊博,学问扎实,可以从容不迫多选择材料,可以自由地随物赋形。相反,学识功底不强的人写文章,往往因为眼界狭窄,大脑里可派上用场的东西较少,无奈地凑合或拼凑的痕迹十分明显,连作者自己都会感到写作的辛苦和艰涩。

在阅读过程中,我们也同样会有深切的体会:学识修养高的作者,往往对社会、历史、生活、人生等诸多方面能够进行深幽的思索,能够提出独到的见解,能进行别开生面的创造,其目光深邃而独特,是一般难以望其项背的,如曹雪芹的《红楼梦》、列夫·托尔斯泰的《战争与和平》、普鲁斯特的《追忆似水年华》、加西亚·马尔克斯的《百年孤独》、米兰·昆德拉的《生命不能承受之轻》等等,均显示出作家非凡的学识。可以说,正是有了一等的学问,一等的胸襟,才创造出此一等的作品。

同时,我们还会看到,一些人掌握了某一方面的知识,就可以在自己的写作中扬长避短,使文章的知识性和趣味性融为一体,如某些掌握科技知识的作家,就可以得天独厚地创作一些科普性较强的作品,一些历史学家写起历史小说来,也容易使自己的作品更有历史厚度。

二、写作主体应具备的学识修养

(一)综合知识

有人认为,一个作者应该是"上知天文地理,下知鸡毛蒜皮"的"杂家",也就是其知识面要广,各方面的知识都要知其一二。这种认识是十分有道理的,因为写作内容是无限广博的,写作涉及的知识也是多方面的,若不掌握一定的综合知识,不具备综合的文化素质,其写作必然会受到很大的影响。即使是一个普通的写作爱好者,也应当学习和掌握各类知识,不能把自己的知识面搞得过窄。鲁迅先生就曾语重心长地告诫文学青年:

专看文学书,也是不好的。先前的文学青年,往往厌恶数学,理化,史地,生物学,以为这些都是无足轻重,后来变成连常识也没有,研究文字固然不明白,自己做起文章来也糊涂,所以我希望你们不要放开科学,一味钻在文学里。(《鲁迅全集》第13卷,人民文学出版社,1981年版,第357页)

鲁迅先生的见地是十分正确的,写作者应好好体味这段话的含义。许多优秀作家已经在知识的学习和积累方面,身体力行地为我们树立了很好的榜样。从列夫·托尔斯泰的日记中,我们可以看到他年轻时给自己拟定的庞大的学习计划。这个学习计划包括以下内容:研究俄语和其他外国语(法语、德语、英语、意大利语、拉丁语)、历史、地理、统计学、数学、博物学、音乐、绘画、实用医学和部分理论医学。同时,他又打算研究经济,包括理论经济和实用经济。除此之外,他还准备撰写论文,选题包括他在大学所学的全部课程。看了他的学习计划,我们在惊讶之余,也明白了他日后取得非凡的创作成就绝非偶然,他在青年时代就开始打下了深厚的知识根基。

当然,仅有专业知识和写作知识,是远远不能胜任写作工作的,还必须要学习和掌握多学科、多门类的综合基础知识,比如社会学知识、经济学知识、心理学知识、美学知识、哲学知识、公共关系学知识、传播学知识、历史知识等与写作相关的学科一些基本的知识,都应该有所涉猎,有所了解,对于某些方面的知识还要求深入地理解和掌握。这样,知识的储备丰富起来,视野就会开阔,思路就会活跃,可调动的写作资源就会多起来,写作就会变得更加得心应手。当然,也不能要求作者都变成"万事通",哪一方面的知识都去获取,有些与自己的学习、工作、生活和写作相去甚远的知识,无需也没有必要去掌握,譬如,若不是为了写作需要,一些科技知识、考古知识等,就无需花费时间和精力去了解,只是在写作需要时,去查阅相关资料,取其适用的一小部分掌握即可。丰富知识应该是在"专"的基础上,再"博"一些,要根据自己的条件来决定取舍,不能拿他人的做法简单地套用在自己身上。

还有一点特别重要的,就是写作者应该善于整合自己的知识,善于在写作中综合运用知识积累,懂得对知识有效地组织和恰当地运用,而不能让自己变成一个"知道分子",即只是死记硬背了许多知识,没有把知识学活,即所谓的"散兵一万,不如阵列一千。"

(二)**专业知识**

各行业、各领域都离不开写作,写作者除了具备综合性的知识以外,还应具备相应的专业知识。二者的关系是,前者求其广博,后者求其精深。尤其是现代社会分工越来越细致，写作的专业化方向发展的趋势也越来越明显，对写作者的专业知识的要求也越来越高。写作者只有具备了深厚的专业功底，才能在其擅长的领域内得心应手地进行写作。

任何作者都应该掌握与自己所在的行业、岗位、层面等密切相关的专业知识。比如在行政机关工作从事文案工作的秘书，就必须掌握有关行政机关秘书工作所涉及的专业知识，像档案方面、调研方面、信息方面、公关方面、接待方面、文书方面、日常事务管理方面等，都有大量行政机关秘书必须掌握的知识和理论；再比如，一位中学教师，除了必须扎实地掌握自己所执教的学科知识外，还要掌握与所执教的学科密切相关的知识，掌握与教学和教育管理密切相关的心理学、美学、管理学、社会学等方面的专业知识。要想成为一个合格的写作者，就必须要掌握一门以上的专业知识，必须对某一领域的知识有较为全面的了解，如果一个作家对农村题材写作感兴趣，他就应当更多地获取农村生活方面的知识和经验。因为每个人的社会分工不同，所从事的职业不同，其所掌握的专业知识也不相同，所以，必须选择自己熟悉的、感兴趣的题材，选择与自己专业密切相关的题材，那样才算是"本色当行"，才不至于在文章中说外行话，减少致命的"硬伤"。

每个人工作、生活的领域不同，所接触的事物不同，因而其知识构成也必然是有差异的。写作者必须首先清楚自己占优势的专业知识是什么，自己对哪些领域情况了解更多，然后有的放矢地选择自己最熟悉的、感受最深的某些领域，作为自己写作的主攻方向，而不是盲目地跟风，追随在别人的后面去争抢所谓的"热点题材"或"焦点题材"。有的作家明明生活在乡村，对乡村生活非常熟悉，却偏偏去凑热闹写都市生活的文章，结果写的都是一些浮光掠影的表面现象，很难深入到内里。

当然，如果条件允许，还应尽可能多关注其它一些专业领域，让自己的专业知识更丰富一些，写作的题材更广泛一些，不要像某些人那样只是熟悉很小的生活环境，写过几篇作品后，便没有了可写的东西，让写作只是短暂地"昙花一现"，接着便消失了踪影，如建国初期和新时期文学初始阶段，就有一些作者写了一篇或几篇当时引起轰动的作品后，接着主要由于知识上的空缺，有限的生活素材和情感体验消耗之后，没有及时地补充写作资源,便再也没能写出像样的作品。

(三)写作知识

这里所说的写作知识,是指写作学所涉及到的专门的写作知识,包括写作系统知识、写作过程、写作技法等方面的知识。掌握一定写作知识和理论,写作实践才能有指导依据,才能找到正确的方法和路径。有些人借口现实中某些学历不高、没有接受过系统的教育,对写作知识和理论掌握得并不多的作家,同样写出了高质量的作品,而贬低甚至否定写作知识和理论的学习,其实是陷入了一个认识误区。的确,有些作家没有进行专门的写作知识的学习,没有进行过系统的写作理论研究,但这并不能否认他们不具备一定的写作知识和理论,只是他们在阅读和写作过程中,潜移默化地接受了一定的写作知识和理论,并自觉不自觉地运用到了写作实践当中,他们没有死记硬背一些概念、原理,没有生硬地套用某些写作技法,而是灵活地运用了知识和理论。这些作家的成功,给我们的启示应该是:要把写作知识和理论学"活",要重在应用写作知识,重在根据具体的写作情况加以灵活地运用,而不是单纯地记在本子上应对考试,或者以占有者的身份进行自我炫耀,或者当作教条生搬硬套。

实践证明,写作是一门内容极为庞杂的学科,其中有许多重要的知识和理论,是开展写作活动必须要掌握的。能够系统地学习这些写作知识更好,若没有条件系统地学习,也可以通过多种途径,比如,可以通过在阅读他人作品过程中的感悟而获得写作知识和理论。最好是接受系统的知识和理论传授,与自己的阅读和写作实践感悟结合起来。但不管怎么样,轻视写作知识学习是绝对错误的,很多人之所以写作水平提高缓慢,恰恰在于其不重视写作知识的汲纳。

(四)生活常识

很多的文化生活常识,往往就散落在日常生活当中,存在于人们衣食住行和民情风俗当中,它们琐碎、杂乱、不系统,有的是在书本中很难见到的。由于人们对这些常识司空见惯,习以为常,而往往难以引起足够的重视。其实,有些常识性的东西,对于写作者来说,也是不可忽视的重要资源。比如某一地区的婚丧嫁娶时的一些仪式,某些民族的生活习俗，某些地方的语言习惯等，如果不细致地观察，不注意积累，就很容易在写作中弄出笑话，如有的作者想当然地描写一些动物的习性，或者将某一植物张冠李戴成另一种植物，或者将一些工作的程序颠倒了等等，留下了一些普通读者一眼就能看到的"笔误"。

有一句俗语说得好：处处留意皆文章。每个人在生活中，都会遇到一些常识性的知识。例如，一些似乎没有多少根据却很灵验的偏方，一些难以用现有知识去解释的特殊的现象，一些很民间的艺术，一些世世代代口耳相传的经验等等，它们往往充满了泥土的气息，散发着书本知识难以企及的生活气息，有的目前尚未找到科学依据，有的还裹挟着明显的糟粕，还有的良莠混杂，有的一时很难用通常的是非标准来衡量。但不管怎么样，这些生活常识，都有着极强的生命力，有着很好的艺术表现力，若能够多多地采撷和加工，灵活地用到写作当中，一定会给文章增添很多的色彩。比如，鲁迅文章中穿插的某些民间习俗的描绘，不仅丰富了作品内容，还令读者开了眼界，长了见识。很多大作家，都十分注重从生活中获取鲜活的知识，学习鲜活的语言，从而把文章写得生活气息更加浓郁，更贴近读者，更有生命的魅力。这些都是很值得初学写作者好好学习和借鉴的。

第四节 或隐或显的情感

一、情感在写作中的作用

写作是表情达意的活动，没有情感参与的写作是不可想象的。从写作动机的萌发，到写作构思，再到写作行文，写作主体的情感一直或隐或显地伴随着写作整个进程。刘勰在《文心雕龙·情采》中指出："情者文之经，理者文之纬；经正而后纬成，理定而后辞畅。"情感在写作中的作用主要表现为：

（一）激发写作兴趣

写作兴趣是引导写作者走上写作之路的启蒙老师，是推动写作者勤奋写作和激励其克服写作困难的强大力量。而写作兴趣的激发，往往与写作者的情感体验紧密地联系在一起。比如，有人看到了令自己惊喜不已的美丽风景，便很自然地萌发出想要把它表达出来的热情；有人在阅读文学作品的过程中，会产生丰富的联想和想象，会对其中的某些感兴趣的生活进行情感体验，并由此联想到自己的经历等，也萌生了向他人倾诉自己的人生感受的愿望和冲动；再比如，由于对憧憬、拼搏、求索、苦闷、孤独、忧郁、寂寞、失落等各种各样的人生经历和人生境遇等某一方面，有了深切的自我感受和体验，有了倾诉、宣泄、补偿的情感需求，都可能会激发起写作的兴趣。

别林斯基认为："感情是诗人天性的最主要的动力之一；没有感情，就没有诗人，也没有诗歌。"没错，首先是倾诉的情感需要，使不少人选择运用写作这种方式，来抒发情感，来传递信息，来沟通思想。

（二）提供写作动力

情感会为写作提供源源不竭的动力。写作者若没有了情感资源，便会失去写作的动力，自然也就同时宣告了写作生涯的结束。众多的写作实践证明：写作动机的产生，往往来自于主体的情感活动，是那些不可遏止的情感催动诗人灵感迸发，挥手之间便写下了美丽的诗句；是那些激动心灵的丰富的情感，让小说家、散文家、戏剧家等情不自禁地投入到写作活动当中；即使是在许多受命而作的应用写作活动中，作者饱满的情感，也会帮助他们积极地去获取相关的写作资料，会饶有兴致地去写作在某些人看来枯燥乏味的文章。是情感的催动，有了广泛的材料搜集，有了津津有味的构思，有了忘却辛苦的行文。巴金在对香港中文大学的师生谈自己的创作体会时说："生活靠勇气，写作靠感情。"巴金说他之所以写《激流》三部曲，"不是为要做作家才写小说，是过去的生活逼着我拿起笔来"。是内心积聚的对旧中国封建伦理道德对于青年的迫害的极度憎恶之情，让巴金发出了控诉的呐喊。

虽然因为文体不同，表达的内容和写作的目的不同，情感的表达方式也是多种多样的，有的是隐性的，有的是显现的，有的含蓄的，有的是直白的，有的是复杂的，有的是简洁的……但由情感来启动写作过程却是一致的。是主体情感的参与和激发，才有了感受和认识，有了写作的内在要求,作者的情感越丰富、越细腻,产生写作冲动的机会就越多,写作的欲望就越强烈。

(三)提供写作资源

有些写作内容和主旨,就直接来源于作者的喜怒哀乐,来自于作者在学习、工作、生活中的种种情感体验。而更多的写作材料,都来源主体对客观事物的观察和体验,只有那些被感知和体验到了的对象,才可能被选择、被加工、被组织到文章中去,也就是说只有那些打上了情感烙印,被情感化了的事物,才最终有可能成为写作的对象。

情感的渗入和参与,使作者在对客体的感受与把握中,获得了客观与主观相统一的理解和认识,获得了大量带有主观色彩的材料,其笔下的事物既有客观的实在性,又有主观的情感性。譬如,下面是诗人李琦的《我最喜欢的这只花瓶》中的两节诗:

我经常出神地望着它
花就在我的眼睛里长了出来
动人而尊贵的花
就像童话里最美的公主
一经露面
就闪烁着震慑人心的光芒

有一天,我用它装满了雪
这是最没力气
在尘世开放的花朵
雪在我的瓶中化成了水
那伤心的凉
带着一种从天而降的纯洁

显然,这首诗意象的选择和意境的创造是十分独特的,因为诗人情感的融入,洁白的雪和普通的花瓶都获得了高贵的生命,并由于诗人深情的凝注而生发出美好的诗意。诗人真切的情感流淌在含蓄的诗句中,我们可以完全感受得到那意味深长的内蕴。

作者选择什么样的写作资源,往往取决于作者的情感活动。一个极度痛恨社会生活中某些弊端的写作者,可能会大量地选取那些需要揭露、批判的现象和问题,作为自己写作的素材;而一个天性浪漫、一直生活很阳光的女孩,则可能更喜欢选择那些风花雪月的青春生活,作为自己写作的重要资源。

(四)增加文章的感染力

文章是作者与读者进行情感交流的媒介。作者将强烈的情感注入了文章,才使文章具有了感染力,从而打动读者,感染读者,启迪读者。若是作者不动情,自己不能先被笔下的文字所打动,那么就很难打动读者。正是苏轼"十年生死两茫茫,不思量,自难忘"的深情诉说,才令读者隔了千年仍能感受到一份岁月难以淡化的爱情;正是徐志摩"轻轻的,我走了,正如我轻轻地来。我轻轻地挥手,不带走一片云彩"的欲语还休的情愫,才令读者感受了诗人"轻轻"背后"沉重"的脚步,感受了物是人非、美好往昔已去的难言的忧伤。举凡古今中外的名篇佳作,多是情动于衷,然后发而为文的。虽然早已时空变换,但文中真情依然清晰如风,徐徐地吹拂不同时代背景中的读者,一次次地引发心灵的共鸣。

文章不是无情物,写作是带有情感的人文活动,作者的情感和情绪总是内在地影响着作品的表达效果。凝聚了作者心血和情感的文章,自然有着无可抗拒力量,就在作者优美的风景描绘中,在生动形象的人物言行中,在慷慨激昂的论辩中,在娓娓道来的述说中……人们会感受到那些被情感抚摸的文字,那些被情感浸润的文字,那些被情感浇注的文字,有着岁月无法抹去的美丽,有着语言难以形容的魔力。是的,正是作者发自肺腑的情感,使文章获得了恒久的生命力和感染力。

即使某些应用写作,看似淡化了情感,其实作者认真、严肃、冷静、平和等情感,也早已不声不响地融进了文字当中,细细地品味,总能觅到情感划过的痕迹。

鲁迅说:"能爱能憎才能文。"写作,如果不是有感而发,文章就难免平淡、苍白,即使有华丽的形式,也难以感人。

二、如何进行情感积累

(一)多进行丰富的情感体验

作者丰富的情感体验,有利于情感与客体物象的水乳交融,从而获得更为真实、细腻的主体感受,写出至情至性、洋溢着真善美的文章。有了情感体验,许多事物被赋予了生命和灵性,进而承载了更多的情感。

这里所说的情感体验,其实是一种体察、感受、内省的活动过程,全程都伴随着情感活动,因为情感的投射、凝聚和引导,作者获得了写作资源和写作动力。一个经历丰富的人未必有丰富的情感体验,而一个阅历丰富的人,则一定拥有丰富的情感体验,因为"阅"的过程就是体验的过程。这样就容易理解为什么有些人经历的事情很多,但情感世界依然很苍凉,而有些人虽然没有经历过多少人生的沉沉浮浮、起起落落,但他们善于去体验自身的生活和他人的经历,从而获得了比一般人多得多的情感体验。

在进行情感体验的过程中,还要追求个人体验的独特。看到花开,就想到了春天;看到了黄叶飘落,就联想到秋天;看到了农民耕耘,便想到了汗水浇灌出的丰收;看到了逆境中求学的儿童,就想到了祖国的希望,等等,这类的由惯性思维引导的感受,都不过是一些人之常情,并没有升华为个人化的独特的感悟,这样的情感体验自然也是肤浅的、粗糙的,是很难激起写作热情的,是难以成为写作资源的。

(二)多借鉴成功的写作经验

有了丰富的情感体验,只是奠定了写作的基础。若要充分发挥情感的作用,把情感自然、巧妙地融入到文章当中,还需要多借鉴他人成功的经验。具体说来,可以先选一些文情并茂的范文,反复阅读,细细揣摩,从文章的遣词造句,到布局谋篇,从线索的安排,到基调的设立,各个方面都认真地咀嚼,品味再三,直到将其形与神都悟透了,在脑海里有了清晰的轮廓,发现了其"绝妙"之处,知晓了其如何做到这般"绝妙"的原因。这时,就可以将其作为一个模仿的范例,进行有针对性的模仿。比如,研读了一篇写景抒情的美文,洞悉了其写景的方法,掌握了景中融情的技法以后,就可以另行选择一些自己感受很深的景物,借鉴自己在赏析中所获得的写作方法,首先仿写一篇写景抒情的文章,然后再与自己欣赏的范文对照,看看自己在融情于景的过程中,哪些地方是生硬的,哪些地方是自然的,哪些地方是自己容易掌握的,还有哪些地方是自己还应继续探究的。这样的模仿借鉴看似很笨拙,其实却往往是写作者(尤其是初学写作的人)必走的一条"捷径"。因为揣摩的过程和模仿的过程,都是学习与实践的过程。

待经过了一段认真的借鉴、模仿之后,再思考如何超越他人。仍然先研究自己欣赏的文章,可以多选几篇对照着研究,努力找到文章中存在的破绽或者不足,提醒自己在写作中避免,这其实就是一个超越;还可以从立意、选材、结构、语言的某一点上寻求突破,可以一点点来,先把基础打牢固了,知道什么样的文章是好的,知道好的文章是怎么写出来的以后,再考虑创新的问题,千万不要急于创新求奇。写作实践中,很多人不重视借鉴、模仿,或者羞于借鉴,或者不善于借鉴,一味地谋求创新,任性作文,结果"新"没有创出来,"旧"也没有掌握好。

通过广泛地阅读和模仿、借鉴和创造性的写作过程,作者可以不断地丰富情感积累。

(三)多进行科学的写作训练

科学的写作训练,是指有目的、有针对性、有计划的系统的写作训练。有人一谈提高写作水平,就说要多读多写。多读多写,是必要的。但这里所说的"多读",是建立在善读、精读的基础上的,不是囫囵吞枣的、浅尝辄止的泛泛地浏览,也不是走马观花的点到为止的浅读;这里所说的"多写",是建立在"善写"和"精写"基础上的,是科学、有序的写作训练,绝非是只追求写作的数量、不考虑写作质量的"勤奋练笔"。

简单地说,就是要结合自己的写作实际,先制定一个有针对性的写作训练计划,按照先易后难、先少后多原则,每一次写作练习,都能有明确的训练内容,有可以达到的目标,有针对的问题,有解决的思路和办法,还要有及时的总结。这样,循序渐进,一步一个脚印,踏踏实实地推进,才会有真正的收获。

在进行融入情感的写作训练中,作者可以先选择一种自己最感兴趣、最擅长的体裁,比方诗歌或者散文,先重点练习一种体裁的文章写作,在取得明显的进步以后,再扩展到其它体裁文章的写作,举一反三,触类旁通。这样,容易集中力量有所突破,增加信心。切忌没有重点地挨个尝试,东一下西一下漫无目的地练习。

第五节　知难而进的写作意志

一、写作意志在写作中的作用

写作意志是指作者为了实现预定的写作目的,克服困难,不断地调节、支配自己行动的心理过程,是作者素养的一个重要的组成部分。

写作是一种艰苦而复杂的脑力劳动,同时也是一种很消耗体力的劳动,其劳动强度是很大的,其艰苦性非亲历者是难以理解的。古人所说的"两句三年得,一吟双泪流"(贾岛),"吟安一个字,捻断数茎须"(卢廷让)"日夕著书罢,惊霜落素丝"(李贺),都道出了写作的艰辛。茅盾文学奖获得者路遥在创作小说《平凡的世界》结束后,写了一篇题目为《早晨从中午开始》的文章讲述了创作的艰苦历程,读之令人感慨不已。而作家在小说完成后不久便英年早逝,与其长时间超负荷的艰辛写作不无关系。所以,若是没有良好的意志品质支撑,是很难将写作坚持到底的。我们常常会看到这样的情况:不少人都曾经有过当作家的梦想,都有过一段文学爱好的时光,但很快一些人便打碎了自己的作家梦,不少人再也不愿意动笔写东西,甚至连工作需要的应用写作也草草地应付了事。写作梦想破灭的原因当然有很多,其中缺乏坚韧的意志,遇到困难便退缩,也是其中一个重要的原因。一些人借口写作太难,而不愿意写作,也反映出其写作意志的薄弱。

作者在展开写作活动的过程中,离不开写作意志的调节作用:发动和制止。前者表现为推动作者为实现某种目的而去从事写作活动;后者表现为制止同预定的写作目的不相符合的愿望和行动。具体说来,写作意志在写作中的作用主要表现为以下三个方面:

（一）它是写作动机的延续

作者的写作意志总是由一定的写作动机所激发并指向某种写作目的的。但是，作者要将写作动机所激发起来的写作行为持续下去，还需要写作意志来调节和支配。写作动机只是建立了一个写作的目的和写作方向，该如何抵达这一目标，该调动哪些因素，该克服哪些困难，这就需要坚定的写作意志来延续写作动机。比方，一个诗人触景生情，想写一首诗歌，写作的动机有了，写作的方向也有了。接下来，该由写作意志来保证写作动机的实现了，它会让诗人进一步感受对象，酝酿诗篇，克服写作中的各种干扰因素，比方克服意象选择和诗句组合的困难等，从而使诗人能始终沉浸在写作状态之中，推动着写作不断地向前运行，直到作品的完成。这时，倘若诗人的写作意志不强，不能很好地引导诗人进入写作状态，或者被其它的消极情感所左右，最初的写作冲动很快便会消失，写作行为就此搁浅。

有不少人，常常有写作的冲动，形成了写作目的，但迟迟没有动笔，或很快就不了了之了，许多的写作只是脑海中匆匆闪过的一些想法、欲望而已，并没有真正地落实到具体的写作行动当中，究其原因是没有培养起顽强的写作意志。

（二）它促使认识更具目的性和方向性

产生感受和认识是写作意志活动的前提，而写作意志又可以促进认识更具目的性和方向性，使认识更加广泛而深入。在作者被写作目标吸引，进入写作状态后，写作意志会随时关注主客体的情况和写作的进程，会参与预设写作的结果等。

可以说，写作意志在作者对客观事物的整个认识过程中都扮演着重要的角色，起到了非常大的作用。在写作意志的作用下，作者由对客体的知觉很快转化为主动的观察，无意的注意转化为有意注意，无意的回忆转化为有意的回忆，无意的联想转化为有意的联想，并进入到有强烈的情感伴随的体验活动中，充分地激发想象，由再造想象转化为创造想象，思维也逐渐变得更具方向性和条理性，从而保证写作过程向着预定的目标推进。

是始终不舍不弃的写作意志，协助作者调动各方面的素养、发挥各方面的能力,将作者的认识一步步地推向深入,由模糊向清晰、由肤浅向深刻、由简单向复杂不断地演进,从而使写作活动能够得以持续下去。

有的人写作时认识不清或者写作时断时续,其中写作意志不强,不能自觉地调适作者认识,是一个重要原因,只是常常被人们忽略了,只以为是自己的认识能力方面的问题。其实,保证认识目的更明确、方向更坚定的那股无形的力量,正是作者的写作意志。

(三)它可以抵制消极情绪

积极的、愉快的情绪能够维护写作兴趣,能够强化写作意志的活动,有利于作者保持旺盛的精力和体力,激励作者克服各种困难,实现预定的写作目的。而消极的、不愉快的情绪,则会降低作者的写作积极性,会减弱作者的精力,妨碍写作意志的活动,影响写作的进程。写作意志坚强的作者,能够自觉地抵御消极情趣的影响,能够扼制消极情绪,激发起积极的情绪,从而克服各种困难,写出理想的作品。譬如,那些身处逆境当中的作者,他们面对的写作环境极其恶劣,写作条件极其简陋,但凭着顽强的写作意志,他们克服了诸如政治体制压制、思想禁锢、人身自由被限、身体残疾等常人难以想象的困难,写出了传世的杰作,正如司马迁在《史记·太史公自序》中所指出的那样:

昔西伯拘羑里,演《周易》;孔子厄陈蔡,作《春秋》;屈原放逐,著《离骚》;左丘失明,厥有《国语》;孙子膑脚,而论兵法;不韦迁蜀,世传《吕览》;韩非囚秦,《说难》、《孤愤》;《诗》三百篇,大抵贤圣发愤之所为作也。

国外类似的例子也有很多,如美国著名盲聋女作家海伦·凯勒,一岁半就因病失去视听能力。可是她没有向命运低头,用惊人的意志战胜了种种难以想象的困难,以超过常人的优异成绩,从哈佛大学毕业。她终生努力不懈,掌握了五国文字,成为世界著名的作家和教育家。法国作家普鲁斯特被疾病困于黑暗的小屋,创作出不朽的《追忆似水年华》。前苏联作家索尔仁尼琴曾多次遭到批判,并被流放他乡,他获得诺贝尔文学奖的作品《古拉格群岛》也曾被禁止发行,但他始终不肯放下手中的笔。这些作家有一个共同的特点,那就是他们都凭着极其顽强的写作意志,战胜了消极的情绪,战胜了各种厄运,克服了重重困难,写出了伟大的作品。

一个写作意志薄弱的人,不要说是去从事写作,很可能生活中的一些不如意,就可能让其情绪低落、悲观失望,甚至沉沦下去。当代著名军旅作家林柏松几十年来一直在与各种病魔搏斗着,甚至在自己无法坐起来的时候,他也始终没有放下手中的笔。他说:"是不能放弃的写作意志,让我忍受住了残酷的病痛折磨,让我一次次地沉浸到写作的快乐之中。"

每个人在写作过程中,都会受到一些消极情绪的影响,比如畏难的情绪、怕失败的情绪、思路受阻时的烦躁、写作成果不被认可的失望等等,这些情绪都会考验一个人的写作意志。如果用写作意志战胜了那些消极的情绪,就会全身心地投入到写作当中,就会充分地挖掘自身的写作潜能,将各种写作才能充分地发挥出来,写出连作者自己都可能会惊讶不已的作品。

二、应培养怎样的写作意志

每个作者都应该具备良好的写作意志,因为它保证了写作活动的展开。良好的写作意志不是天生就有的,而是有意识地培养起来的,是在写作实践中不断地磨砺出来的。要培养良好的写作意志,就要从培养写作意志的自觉性、果断性、坚毅性、自控性四个方面入手,应努力做到:

(一)培养写作意志的自觉性

写作意志的自觉性,是指作者对自己的写作目的、写作意义有明确而充分地认识,能够积极主动地为完成写作任务、实现写作意图而努力,能够自觉地参与到推进写作活动的各个环节当中。这样,作者就可以发挥写作的主动性,减少写作的盲目性和被动性。当一个作者意识到自己所要从事的写作活动,对于自己、他人、社会有着重要的意义和价值时,就会高度自觉地投入到写作当中,即使遇到重重困难,也决不会退缩,更不会轻易地放弃。尤其是那些耗费巨大的时间、精力的写作工程,若没有自觉、顽强的写作意志,是根本不可能完成的。如曹雪芹身陷"举家食粥酒常赊"的极端困窘时,仍数十年如一日全力以赴地投入到《红楼梦》的创作中,真是"都云作者痴,谁解其中味"。马克思当年在写作《资本论》时,重病缠身,衣食无着,连写作的稿纸都买不起,但他意识到自己写作的重要意义,依然自觉地投入到写作中,克服了种种艰难,花费了25年的时间捧出了丰硕的成果。当代著名学者季羡林九十多岁高龄了,仍然勤奋笔耕,写作已经成为他生命中的一种自觉行为。

与自觉性相对的是写作意志的盲从性和被动性。被动性是指作者自己不能清楚地意识到写作的重要性,没有认识到自己面前的写作意义和价值,只是被动地去接受写作任务,而不是主动地投入到写作当中。这样的写作,必然是缺乏动力的,是缺乏热情的,是难以开发写作潜能的,是很容易被各种不良情绪影响和外界各种因素的干扰的。不少写作难以为继或草草应付了事,都与作者被动地进入写作活动中密切相关。盲从性是指作者没有形成自己的明确认识,没有独立的判断,盲目地追随某些思潮,轻信别人的意见,轻率地改变自己的决定。盲从性容易导致作者在写作中失去自我,容易陷入一些所谓的"捷径"误区,容易失去真正属于自己的写作目标。

(二)培养写作意志的果断性

写作意志的果断性,是指作者能够综合地考虑多方面的因素,能够明辨是非,迅速地给出正确的判断,适时地做出写作决定并执行决定。果断性的关键在于"适时","适时"就是作者有了一定的感知,形成了一定的感受和认识后,能选择合适的时机启动写作;而当作者意识到写作条件尚不具备,写作时机尚未成熟或者情况发生变化以后,作者又能够适时地做出调整或中断写作的决定。

与果断性相对的是优柔寡断和草率决定。优柔寡断是指作者在写作机遇来临时,仍顾虑重重,犹豫不决,从而丧失了写作的最佳时机。比如,有的作者总是感觉写作的条件不成熟,写作积累不充分,总是想着把写作的各项准备工作做得更周全一些,结果当有灵感迸发的时候,仍在迟疑等待,结果灵感倏然而逝。草率决定与优柔寡断正好相反,是指作者未能对写作情况进行较为全面的了解,未能对一些现象作较为细致的分析，便凭着一时的热血冲动或灵光乍现，就仓促地启动写作活动。结果因为准备不足，而左右受难，写作步履蹒跚，有时虽然能勉强地支撑下去，但写出的东西是很难称心如意的，有时甚至根本支撑不下去，只得无奈地半途而废。

(三)培养写作意志的坚毅性

写作意志的坚毅性，是指作者在写作过程中坚韧顽强，不折不挠，克服一切困难和障碍，达到既定的写作目的的意志品质。坚毅的写作意志，会帮助作者在写作过程中树立必胜的信心，打败所有的挫折和失败，穿越种种艰难，对写作始终不渝，不达目的，决不罢休。人们常常羡慕成功者，但不要忘了簇拥成功的鲜花和掌声的背后，是别人难以想象的汗水和心血的付出。一般人往往惊叹写作大师们非凡的写作才能，却很少有人注意成就大师的坚强的写作意志。其实，有相当多的人具有很高的写作才能，他们一生都没有写出像样的文章，没有发挥出自己的写作水平，其原因固然很多，但缺乏坚毅的写作意志肯定是重要的因素之一。有些作者天赋很好，也具备一定的写作才华，但忍受不了写作中的辛苦便没有坚持下来，很是令人惋惜。

写作是需要具备一定的"吃苦"精神的，需要具备抗挫的品质。如果缺乏坚忍不拔的写作意志，就不可能忍受写作中思路不畅、搜肠刮肚找不到合适材料的煎熬，就不可能耐得住寂寞，坐住"冷板凳"，也不可能承受屡屡退稿的打击等等。自然地，这样的作者也不可能在写作的道路上走得更远，走得更精彩。

事实证明，卓有成就的写作大家无一不具备顽强的写作意志。他们在艰辛面前表现出无所畏惧、知难而上的精神，承受住了写作路途中的各种磨难，最终也迈进了写作的殿堂。司马迁经受了宫刑的奇耻大辱，内心极为痛苦，但他"隐忍苟活"，终于写出了旷世名著《史记》。

缺乏坚毅的写作意志，写作者就很容易夸大写作困难，容易被一些小小的挫折吓退，很难在写作中持之以恒。还有一些人意志薄弱，不愿意吃苦，避难就易，在写作中投机取巧，虽然也能写出一些东西，但很难有大的作为。这就不难理解为什么有的人写作的数量极多，但质量平平，而有的人却宁愿耗尽一生的精力来追求一部厚重的作品。因为后者更愿意挑战自我,挑战艰难,更愿意在有难度的写作中磨砺自己。

(四)培养写作意志的自控性

写作意志的自控性,是指作者善于控制和支配自己的行动或情绪的意志素质。马卡连柯曾经说过:"坚强的意志——这不但是想什么就获得什么的那种本事,也是迫使自己在必要时放弃什么的那种本事。……没有制动器就不可能有汽车,而没有克制也就不可能有任何意志。"(马卡连柯:《马卡连柯全集》第4卷,人民教育出版社,1957年版,第512—513页)没错,是写作意志的自控性,让作者懂得了如何"克制",懂得了如何进行选择和放弃。具体表现为:一方面,作者能够促使自己坚定地执行已经做出的决定,并能努力战胜与之相悖的各类情绪障碍,诸如恐惧、犹豫、懒惰等,使写作活动能沿着既定的方向前行;另一方面,作者能够抑制住自己的其它欲望,能够抵挡住其它诱惑,一心一意地从事写作活动。

缤纷、眩目的生活之中,存在着太多的诱惑,人生中存在着太多的选择,而避难趋易、喜新厌旧又是人类的天性,而写作这种创造活动却要求作者要集中精力,集中时间,心无旁骛,全力以赴地投入。这就必然需要作者具备较强的自控力,以便自觉地控制和调节自己的心态,排除内外的各种干扰,保证写作活动的顺利进行。

总之,写作活动是写作主体的各方面素质、能力的"综合运用"。每次写作活动,都需要充分调动作者各方面的因素,调动各方面的储备,并在写作方向和目标的导引下,把作者的心智、才识、修养等都凝聚、统一到作者要写作的文章中,做到"博而能一"。这里的"博"是作者赖以积聚、综合的基础和条件,它要求作者能够博采众家,将自己的多方面的素养都充分地发挥出来,"一"是作者进行集中、综合的目标和结果,它要求作者调动自身全部的写作智慧,将写作中所需的知识、智力、非智力因素整合为一种综合性的写作素质。

[思考与训练]

1. 如何理解"人品即文品"这句话?
2. 为什么有的人生活经历十分丰富,写作时却仍感到无话可说?

3. 为什么写作主体必须要提高自身的人格修养？
4. 写作主体具备渊博的学识对写作能力的提高会产生哪些影响？
5. 如何充分发挥情感因素在写作中的作用？
6. 怎样克服写作中的懒惰、拖沓的心理？
7. 写作主体应具有怎样的智力结构？
8. 如何丰富自己的生活积累？
9. 如何将个人的人生阅历转化为写作的素材？
10. 为什么说"写作活动成败的决定因素不是生活而是写作主体"？
11. 为什么要培养写作主体的审美能力？
12. 谈谈写作主体的非智力因素在写作中的作用。
13. 阅读史铁生的《我与地坛》中的一段文字，写一篇文章，阐述你的阅读感受。

有一次与一个作家朋友聊天，我问他学写作的最初动机是什么？他想了一会说："为我母亲。为了让她骄傲。"我心里一惊，良久无言。回想自己最初写小说的动机，虽不似这位朋友的那般单纯，但如他一样的愿望我也有，且一经细想，发现这愿望也在全部动机中占了很大比重。这位朋友说："我的动机太低俗了吧？"我光是摇头，心想低俗并不见得低俗，只怕是这愿望过于天真了。他又说："我那时真就是想出名，出了名让别人羡慕我母亲。"我想，他比我坦率。而且我想，他又比我幸福，因为他的母亲还活着。而且我想，他的母亲也比我的母亲运气好，他的母亲没有一个双腿残废的儿子，否则事情就不这么简单。

14. 阅读李雪峰的《给每一棵草开花的机会》，回答文后的问题。

朋友去远方做事，把他在山中的庭院交给我留守。那是一座幽静而美丽的院落，在一片苍苍郁郁林子的中间，红砖青瓦，院子内外鸟语花香，就像是一幅幽美的风景画。

我尤其喜欢这个庭院的院子，有半个篮球场大，除了临墙的地方扎了一道篱笆种些时令青菜外，其余的地方都空着。清晨或黄昏时，品一杯茗，搬一把小椅子坐在院子里品茗读书，天空里云舒云卷，或朝阳或落照，耳边是鸟语和缕缕山野清风，这时读一卷旧书，挺有古典的诗意。

朋友是个勤快人,院子里常常打扫得干干净净寸草不生。而我却很懒,除了偶尔扫一扫院子里被风飘进来的一些落叶,那些破土而出的草芽我却从不去拔它,任它们潜滋暗长地疯长去。初春时,在院子左侧的石凳旁,冒出了几簇绿绿的芽尖,叶子嫩嫩的、薄薄的,我以为是汪汪狗或者芨芨草呢,也没有去理会它。直到20多天后,它们的叶子蓬蓬勃勃伸展开了,我才发觉它们不是汪汪狗或芨芨草,叶子又薄又长,像是院外林间里幽幽的野兰。如果真的是野兰,家有幽兰徐徐绽香,那将多么富有诗意啊。

暮夏时,那草果然开花了,五瓣的小花氤氲着一缕缕的幽香,花形如林地里那些兰花一样,只可惜它是蜡黄的,不像林地里的那些野兰,花朵是紫色或褐红的。我采撷了它的一朵花和几条叶子,下山去找我的一位研究植物的朋友,朋友一看,顿时欣喜若狂,忙问我这花是在哪儿采到的?我同他讲了,朋友欣喜地恭贺我说:"你发财了!"我不解地望着朋友,朋友兴奋地解释说:"这是兰花的一个稀有品种,许多人穷尽一生都很难找到它,如果在城市的花市上,这种蜡兰一棵至少价值万余元。"

"蜡兰?"我也愣了。

夜里,我就挂电话把这喜讯告诉了远在南方的朋友。"蜡兰?一棵就价值万元?就长在我院子的石凳旁?"朋友一听也愣了。过了一会儿,他告诉我说,其实那株蜡兰每年都要破土而出的,只是他以为它不过是一株普通的野草而已,每年春天它的芽尖刚出土就被他拔掉了。朋友叹息说:"我几乎毁掉了一种奇花啊,如果我能耐心地等它开花,那么几年前我就能发现它的。"

是的,我们谁又没有错过自己人生中的几株蜡兰呢?我们总是盲目地拔掉那些还没有来得及开花的野草,没有给予它们开花结果证明它们自己价值的时间,使许多原本珍奇的"蜡兰"总是同我们失之交臂了。

给每一棵草以开花的时间,给每一个人以证明自己价值的机会。不要盲目地去拔掉一棵草,不要草率地去否定一个人,那么,我们将会得到多少的人生"蜡兰"啊!

思考题:

(1)阅读这篇文章,给你最深刻的写作启示是什么?

(2)同样置身于现实生活当中,为何有人却找不到写作素材?结合本文谈谈你的认识。

(3)结合文章,谈谈你认为是主体的哪些素养促成了这篇文章的完成?

15.阅读下面这段文字,自拟题目,写一篇文章,体裁和字数不限。

也许,这个世界上最真挚、最洁净、最让人辛酸的情感就是暗恋了。默默地关注一个人,静静地期盼一份可能永远也不会降临的恋情,不想让对方知道,也不想对世人公布。在深邃的月光下,看得见对方若隐若现的身影,却摸不到对方的衣袂;闻得着对方身上淡淡的味道,却不去依偎对方温暖的胸怀。这是怎样的一种情感沧桑?正如一句话说的那样:世界上最远的距离,就是我站在你面前,你却不知道我爱你。

第四章　写作主体能力的培养

[**本章导引**]

　　写作需要调动写作主体的多种能力,写作水平的高低体现着写作主体综合能力的强弱。反映在写作方面的写作主体能力主要有观察力、感受力、思维力、想象力、记忆力、阅读力、发现力、创造力等,这些能力的综合构成了主体的写作能力。培养洞悉幽微的观察力有助于发现事物的特征,从而获取更多的写作信息;培养敏锐通透的感受力,可以激发情感,深化认识,引发写作的动机和热情;自由灵活的思维力,则可以打开思路,获取更多的写作素材,可以对写作材料进行更好地整合;神奇而丰富的想象力,可以开阔主体的视野,提高主体的创造力;牢固的记忆力可以为主体的写作活动提供充足的资源,保证写作的顺利展开。
　　写作能力不仅可以通过写作活动来锻炼,还可以在生活、学习、工作、休闲等活动中加以培养。能力培养的方法和途径是多种多样的,既有很多规律可以遵循,也有很多个体差异。因此,写作能力的培养因人而异,应找到最适合自己的路径和方式。

第一节 洞悉幽微的观察力

一、观察的界说与观察力构成要素

（一）观察的界说

观察，是一种受思维影响的有目的、有计划的感知和认识活动，是发现和认识客观事物的基础。观察以摄取信息为目的，是始终有思维参与的主动的知觉活动，是持续性的有意注意。一个人只是漫无目的地随便的看看，或者心不在焉地随便瞧瞧，都不能算是观察，只有当一个人有意识地关注某一对象，进而了解和认识该事物，进行了一次"知觉的思维"，才算是观察。

写作观察是观察的一种，它是写作者为了写作这一特定的目的而去感知和认识事物，获取写作材料、动力等的一种行为，有其特定的内涵：其一是作者受一定写作动机的驱使，为写作搜集材料，而进行的定点、定向或定象观察，观察的范围与写作的范围具有一定的对应性。比如，为了再现一个农民工劳动时情景，观察点选择在一个建筑工地上，观察对象选定为一个或几个农民工，观察的重点是农民工的劳动过程。其二，观察中有情感的渗透与参与。一般的观察仅仅有思维参与，而写作的观察还有情感的融入。无论是文学写作还是非文学写作，在观察中都会或多或少地加入一些主体主观的好恶之情，且这些情感会对观察的结果有一定的影响作用。如观察一个乞丐时，难免会生出一份恻隐之情；观察一条被污染的河流时，会流露出痛惜之情；观察一片姹紫嫣红的春花，会有欣喜之情等等。完全不带感情的"纯客观"的观察，在写作中是没有的。其三，写作观察是为了追求新的发现，不愿意重复，要在求真、求深的基础上求新，以获得新的发现为观察目的。因此，写作所需要的观察力，在某种程度上也可以说是一种独到的发现力。正如《金蔷薇》的作者巴乌斯托夫斯基所说的那样，要成为作家的先决条件是"能够看见许多别人察觉不到的东西"。

(二)观察力的构成要素

观察力是写作主体应具备的一项基本能力,观察力主要体现在主体对观察对象的注意力、鉴别力和联想力这三个方面。

1.注意力

注意力是心理活动对一定事物的指向和集中的能力。要做一个好的写作者,就要在日常生活和写作过程中培养自己的注意力,要做生活的有心人,随时随地留意生活中的各类现象和情况,调动各种感官去细致入微地感觉各类客体对象,去认真地凝视、谛听、抚摸、感知、体悟它们,学会聚精会神地投入到观察活动当中。如果在观察的时候注意力不集中,或心有旁骛,或走马观花,就可能"一叶障目,不见森林",就会对很多熟悉的事物视而不见,充耳不闻,就会钝化了感觉,失去写作的冲动和热情,就会与许多珍贵的写作材料擦肩而过,错过了及时发现和捕捉的机会。

俄国教育家乌申斯基曾说过:"注意是一座门,凡是外界进入心灵的东西都要通过它。"写作主体有意识地培养和强化自己的注意力,不仅可以顺利地进入外部世界,还能有效发挥主体的情感、思维等作用,获得最佳的观察效果。

2.鉴别力

鉴别力是主体在对观察对象进行分析、比较中的一种发现能力。主体只有通过仔细比较各种对象,鉴别出"同中之异"和"异中之同",才能抓住事物的独特个性,才能保证观察精准。一个好的写作者,能够敏锐地在大家司空见惯的平常现象当中,发现隐藏其间的新颖的"闪光点",这正是主体高超的鉴别力的体现。许多人同时观察同一对象,为何有人能够有独特的发现,有人却只会重复别人的观察呢?关键就在于主体对客体的鉴赏力有高下之分。因此,在观察时充分发挥思维的作用,进行多层面的对比,进行细致地分析、判断、推理等,鉴别出此事物与彼事物、此现象与彼现象、此问题与彼问题之间的本质差异,就会获得更多新奇的发现,为写作积聚更多的素材。

3.联想力

联想是由一事物想到另一事物的心理过程。它建立在事物之间的沟通点上，即相近、相似、相关、相应、相反、相通等某一点的关联上。为了获得深度观察的效果，使观察所得比眼睛所看到的更多、更远、更深，主体在观察过程中就不能只关注一个对象，而要充分地展开联想，让众多的对象进入观察视野，扩展更大的观察范围，形成完整的观察印象，从而达到在整体中把握个体的观察目的，获得更有典型意义的新颖的材料。

想象也常常会伴随着联想一同介入观察活动，联想与想象一同推动观察向更深层推进。

二、观察的类型与作用

(一)观察的类型

依据观察的心态和目的，观察可以分为不同的类型，它们分别适用于不同的文体写作。

1. 实用观察

实用观察是一种具有直接的目的性，注重客观实际、利害关系、实际功效和实用价值的观察。实用观察的注意力集中在所观察的对象本身固有的状态、性质、特征上面，讲求观察的客观性、实效性和现实意义。

2. 科学观察

科学观察以认识自然界、社会、人生的本质和规律为目的，着力于把握人主体对于客体的科学认知关系和实践关系的观察活动。科学观察以严谨的科学知识和理论为前提，是为着探求事物的真相或真理，观察者时时以科学的眼光审视客体，讲究观察的真实性和准确性。虽然在科学观察中也有一定的情感活动，比如信心感、紧张感、好奇感等，但这些情感活动与观察的结果并无必然联系，观察者并不重视对它的搜集。

科学观察的主要方法有历时性跟踪观察、共时性的透视观察和超越时空、打破类别界限的跨越性观察。

3. 艺术观察

艺术观察是为了艺术创造而进行的观察，它着力于人对客体对象的审美关系，以发现自然美和社会生活美为主要目的，为文学写作所普遍采用。

艺术观察是包含着感知认识和情感体验的观察,观察者以美的眼光看待客体,观察的焦点是美,也涉及到对真和善的把握,也会对观察对象功利性的社会效用和是否符合社会的伦理道德标准进行思考,因为真、善、美是紧密联系的;艺术观察注重以心灵体悟客体,讲究观察的情感性、多元性和个体性。在艺术观察中,主体移情于观察客体的现象很普遍,"一切景语皆情语",便是艺术观察充分彰显情感的自然结果。

4. 日常性观察

除了上述观察类型外,还有一些观察介乎于实用观察、科学观察、艺术观察之间,很难归类。它们中有的既有科学观察的求真,又不像科学观察那么严谨,如"鱼鳞天,不雨也疯颠"、"母亲是一个健康的人"、"她的发型做得很好"等;有的既有审美情感的驱动,又不像艺术观察那么情感丰富,如"这片草地总是那么绿"、"她的眼睛还是像以前那么明亮"等;有的既有实用观察中对实用价值等的侧重,又不像实用观察那么目的直接,如一位学生在一天内对某条交通主干道上车流进行观察,便断定车流高峰出现的具体时间,虽然这种观察发现事物的一些特点,观察结果较为清晰,但没有达到定量、定性的细致程度。我们暂且将这些观察统统归类为日常性观察,以区别于前面所讲的特征明显的三种观察。

当然,观察类型的划分是相对而言的,各种类型的观察之间往往是互相渗透的,是很难截然分开的。一种文体的写作,常常会用到几种类型的观察。

(二)观察在写作中的作用

没有观察,就切断了写作主体与写作客体之间的联系,写作活动便无法进行。所以,观察力是写作主体进行写作活动所必须具备的最基本的能力之一。

1. 提供写作动力

写作灵感的迸发,与观察中的新颖、独特的发现密切相关;写作欲望的产生,观察中的感知和认识密切相关;写作兴趣的延续,与持续、深入的观察、探索活动密切相关;写作热情的激发,也离不开观察中的心灵体验和思维活跃……可以说,观察为写作提供了巨大的动力。

2. 提供写作材料

因为只有主体不断地观察,才能获得对客体的感知和认识,才能源源不断地从生活中获取所需的写作材料。尤其是有目标的写作观察,主体会主动地寻找观察对象,会积极地调动各种观察手段,运用各种观察方法,以获得"适合我心"、"适合我意"的各种材料。

3. 丰富写作情感

为写作而进行的观察也是一种"心灵的知觉",它自始至终都伴随着情感活动,有着明显的情感、情绪倾向性,它引导主体对客体进行了解和把握在向着广度、深度、密度拓进的同时,自觉地加入主体的各种情感体验,如刘勰所言:"登山则情满于山,观海则意溢于海",在"物我合一"的观察体验中积聚写作情感。

4. 提高写作素养

写作主体要掌握丰富的知识,就需要强化自己的观察,通过身临其境的观察,主体会获得更为真切的认识,会掌握许多书本所不能教给自己的知识,比如一位作者通过持续地观察某一个小动物的活动情况,了解这种动物的生活环境和生活习性,从而理解这种动物生存方式的选择等。离开了观察,即使能够从其他途径获得,也是间接的认识。没有亲自观察所得的那样令人兴奋,令人难以忘怀,因为观察会使自己对事物的认识更准确、更深刻。

写作主体思维的发展,也与其对社会生活的细致观察密切相关,只有在生活中就练一双火眼金睛,使自己的思维更缜密、更科学。有这样一场特殊的比赛:一次,高尔基、安德列耶夫和布宁三人商定在饭馆里观察一个刚进门的人,看谁的观察能力最强。高尔基看后说:"他脸色苍白,身穿灰布衣服,还长着一双细长的手。"安德列耶夫抓不住特征,说不清楚。布宁说:"这个人灰衣服,领带上有小花点,小指上的指甲不正常,他的眼睛总是东张西望,精神不振作,故他是个骗子。"后来一打听,那人果然是一个声名狼藉的骗子。布宁敏锐的思维,准确的判断,缘于他拥有一双异常锐利的眼睛,善于通过细致的观察发现藏在表象背后的实质。

另外,写作主体想象力、鉴赏力和发现力的提高,也同样离不开观察力的帮助。

三、如何进行观察

要做好观察,提高观察能力,就要处理好以下几组辩证关系:

(一)个别观察与整体观察

众所周知,观察必须要抓住观察对象的特征,不能眉毛胡子一把抓,而要敏锐地抓住对象关键性的因素,努力找到它区别于其它对象的本质特点,发现它与众不同的"这一个"特性。这就要求处理好个别和整体之间的关系,既突出对一般个体对象的审视,又不忽略对整体的统一把握。具体做法有:

第一,以点带面。观察要全面,就要观察事物的各个方面、各个层面,即从整体到部分,各部分之间的联系及其发展变化的过程都应观察到。但是,有些观察不可能面面俱到,只需从众多事物中,选取最重要的、最有代表性的一个或一部分作为观察对象,进行细致的定象观察。当然,定象观察应建立在对该对象整体情况进行了综合观察的基础上展开,不应孤立地进行,还要充分观察"这一个"与其它对象之间的联系和异同,通过对"这一个"的观察,发现其所在的整体共有的特征,达到借助对一个典型个案的细致观察,得出对一类现象的本质认识,从而收到以点带面的观察效果。

第二,抓住特征。观察的目的是发现,就是要在众多相同或类似事物和现象中发现与众不同之处。因此,在观察的时候,必须抓住事物的特征,观察出事物最突出、最具特色、与其他事物所不同的地方,从而能把它与其他事物区别开来,于"共性"中发现"个性"所在。福楼拜曾要求莫泊桑在观察时不要把"这一个"杂货商和"这一个"守门人同任何一个杂货商、守门人混同起来,后来莫泊桑自己也充分意识到了观察时集中注意力,从大量的观察对象中发现别人忽略或没有发现的地方。要抓住了特征,就要在观察时多采用比较法,将不同的观察对象进行对比,或者将同一对象不同时期的状态、变化等进行对比,就能将"这一个"区别于"那一些",就能保证结果具有"独特的个性"。像鲁迅慧眼独到地发现了"孔乙己是站着喝酒而穿长衫的唯一的一个人"这一显著特征,从而刻画出了这一典型人物的性格。

第三,留意细节。注意幽微的典型细节,也是观察深入的标志。当作者把观察的目光投射到细节的时候,作者已经从事物的表层进入到深层,从粗线条的浏览进入到了精细的凝视。徐志摩正是捕捉到了那位日本女郎离别时地低头娇羞的神态这一细节,使《沙扬娜拉——赠日本女郎》一诗找到了独特的抒情视角;而奥地利作家斯蒂芬·茨威格也将目光凝注到了赌徒们的一只只形态各异又充满贪婪的手,凭着对这细微之处的观察,洞悉了人物的心理世界,从而写出了经典之作《一个女人一生中的二十四小时》。

观察对象的个体独特性往往是通过某些细节显露出来的。因此,必须善于从蛛丝马迹中,敏锐地察觉和捕捉到本质的东西。

(二)定向观察与随机观察

定向观察是写作中常用的一种观察方式。作者先确定了观察的对象,主动寻求到观察目标后,大脑皮层就会形成优势兴奋中心,暂时抑制住对其它对象的注意,从而集中注意力对眼前选定的对象进行深入、细致、持续的观察,获得更为理想的观察效果。

随机观察是指事先没有确立固定的观察对象,是对无意中闯入视野的对象发生了兴趣,进而进行了一系列的观察。这种观察也能给人带来一些意外的发现,获得"无心插柳柳成荫"的惊喜。需指出的是,随机观察起初是无意的,没有明确的目标,但作者的目光一旦被特定的对象吸引过去以后,便开始留意对象,就开始演变为有意注意的定向观察了。

经常性地有意选择一些观察对象,进行积极主动的定向观察,有助于观察力的提高;而猝然而至的无意观察也会迸射出绚丽的火花,也会获得新颖的信息。所以,定向观察与随机观察二者要兼行,要善于将无意注意转化为有意观察,将随机性的观察转向深度的定向观察。

(三)定位观察与移位观察

定位观察是指写作主体确立某一观察点,从这一特定的位置、角度对事物的观察。如朱自清在《威尼斯》一文中对圣马可广场的描写就运用了定位观察法。常用的定位观察有三种:一是鸟瞰式,即居高临下地观察对象的总体概貌;二是窬尝式,将观察对象分解为各个局部,逐个观察,如要观察一棵大树,就可以将其分为枝叶、树干和根本三个部分,分别进行观察;三是聚焦法,即仔细观察事物某一具有突出代表性的特征,并从中透视出事物的全部。如鲁迅在《孔乙己》中对孔乙己买酒付钱时的动作"排出几文大钱"的观察就采用了聚焦法。

移位观察指写作主体变换观察的距离和角度进行观察,也称移步换形法。移位观察的可以是同一个对象,如根据由远及近、由上到下、由外到内、由前到后等不同距离和角度观察一个对象,以获得对观察对象的全面深入的了解和把握;移位观察也可以是随着观察点的变化,观察的对象也随之变化,像一些游记类的散文常用的移步换景法就属于此类,它可以使观察者的视野更为开阔,得到更多的观察结果。李健吾的《雨中登泰山》一文就采用的移位观察法,写出了雨中的泰山独特的美景。

(四)静态观察与动态观察

静态观察是指对处于静止不动状态的事物的观察,分为以静观静和以动观静两种情况;动态观察是指对于处在运动状态中的事物的观察,分为以静观动和以动观动两种情况。以李白的诗歌为例,《黄鹤楼送孟浩然之广陵》:"故人西辞黄鹤楼,烟花三月下扬州。孤帆远影碧空尽,唯见长江天际流。"采用的就是"以静观动",抒发了充满诗情画意的离情别绪;《独坐敬亭山》:"众鸟高飞尽,孤云独去闲。相看两不厌,只有敬亭山。"全诗处处写"静",皆因诗人"以静观静";《早发白帝城》:"朝辞白帝彩云间,千里江陵一日还。两岸猿声啼不住,轻舟已过万重山。"全诗看似静描,实际上处处在写动,写出了舟行之快,是典型的"以静观动";再看《望天门山》:"天门中断楚江开,碧水东流至此回。两岸青山相对出,孤帆一片日边来。"诗人乘舟而行一路欣赏天门上美景,采用的就是"以动观动"。

动态观察和静态观察都是相对于观察对象的视角不同而着力点不同,进而发现了不同的对象特征,从而获得了独特的表现效果。

(五)外向观察与内向观察

外向观察就是对自身以外的客观事物的观察,其基本观察对象是外部世界的人、事、景、物,它具有向外扩张的特性,是丰富主体对外部世界感知和认识的一条基本途径。

内向观察就是对自身的生理感觉和生理活动进行的自我观察。写作的特殊性决定了写作者必须有意识地进行内向观察,因为内向观察不但可以直接提供心理活动的有关信息,而且能为外向观察提供推导的基础,可以把感受的主体转化为表现的客体,可以"由己度人",提高外向观察的效果。通过对自我的观察和醒悟,作者可以更敏感地把握外在的观察对象。

内向观察主要包括社会生活体验、人生体验、生命意识体验、审美体验等内容,具有观察体验的穿透力和内聚力。内向观察的过程,其实也是主体深入地体验观察对象的过程,观察中渗入主体的体验,进行自我情感的移植或对象向自我心灵移植,达到对所体验的对象的穿透性和内聚性的把握,从而获得更加丰富的观察内容。

值得注意的是,内向观察与外向观察往往是紧密地相融在一起的。

第二节 敏锐通透的感受力

一、感受的含义

感受,是指写作主体通过感觉器官并经大脑的分解、综合,对写作对象的状貌、性质、特征等方面的感触、接受和认识,它以感觉和知觉为基础,渗透着情与理,是主体在了解、体察和认识写作客体过程中的一种复杂的心理活动,反映着主体的感情层次、情绪波动和认识流变。感受力不仅是写作主体向外的摄取能力,还是内在的心理加工能力。

感受与观察的区别:观察是对客观事物的特殊感知,是通过人的感觉器官来获得直接经验的有意识的思维活动,着眼于反映客体的具体形象和本质特征;感受则主要是写作主体自身的心态活动,着眼于表现主体受到外物刺激后的心理状态和思维、情感活动的具体体验。

感受作为写作过程中必不可少的一种感性和理性统一的复杂心理活动,是主体强大的主观性与现实的客观性碰撞而发生的心灵火花。主体往往会依据自己的生活经验、文化素养、审美理想等,在对客体有所感知的基础上,通过想象、联想、情感、思维等心理活动对客体进行创造。丰子恺曾回忆他过去住在上海的弄堂屋子里,每天傍晚,他的妻子总是领着孩子到弄堂口去等他回家。孩子在弄堂口认出他时,他们就突然欢呼舞蹈起来,而他则笑着喝骂他们。此时,丰子恺的感受是:

> 我觉得自己应该化身为二人。其一人做了他们的父亲和丈夫,体验着小别重逢时的家庭团圆之乐,另一个呢,远远站了出来,从旁观察这一幕悲欢离合的惨剧,看到一种可悲可喜的世间相。

这里的"体验着家庭团圆之乐"就是主客体合一的感受。

二、感受的类型

感受是主体由于某种动机、目的,主观能动地使用全部感官去体认客观事物时获得的心理认知,是主观的、感性的,往往伴随着强烈情感体验的心理活动,从不同的角度,可以将感受分为多种类型。

(一)初次感受与再度感受

从感受是否被重复的角度,感受分为初次感受和再度感受。初次感受是在特定情境中的感受,再度感受是重返感受情境中或在回忆中,不断地咀嚼、回味初次的感受,使它更强烈、更绵长、更深刻。一般而言,进入写作中的感受,往往都是再度感受。如果初次感受非常强烈,富有冲击力,那么它很容易进入主体意识,转化为再度感受。比如,朱自清先生看到父亲为他送行买橘子那个特别镜头——发胖的父亲,吃力地"穿过铁道,须跳下去又爬上去"。这个饱含着父爱的背影,深深地烙在了作家的眼里和心里,作者这个当时已经20岁的自负的青年,在那一瞬间心灵受到了巨大的震撼,忍不住流下了百感交织的泪水,以至于多年后提笔写作时,那个背影依然历历在目,仍挥之不去。

有时候,某些初次感受或许主体并不大在意,有的虽然当初会引起心弦的颤动,但随着时光的推移,很多感受便渐渐地模糊了,有的甚至烟消云散了,再难以寻觅踪影,有的则被主体尘封到了记忆深处。但有一些看似已经走远或消失的感受,其实已悄悄地沉潜到了主体的记忆仓库,一旦遇到适当的机会,那些最初的感受,就会被回忆唤醒,并在主体强烈的情感的驱动下,进行再度感受,一点点地放大最初的感受,使之变得更加清晰和深刻。如很多作家在谈到创作经验时,往往都会谈到童年记忆对自己创作的影响。正是童年的许多初次感觉,在作家心灵的底片上留下了美好的印记,岁月的流逝非但没有冲淡当初的感受,反而在主体历尽沧桑后,再度感受曾经的往事时,会有特别的意味和特别的发现。

无论是初次感受还是再度感受,都需要主体时刻做生活的有心人,拥有一颗感情敏锐、细腻、丰富的心灵,有迅速地发现和捕捉生活细节的艺术感受能力,有准确、持久的记忆力,有出色的联想和想象能力。只有这样,主体才能培养起超强的感受能力,才能从纷繁的生活中,不断地获取感受强烈的写作资源。

(二)主动感受与被动感受

从主体感受客观事物的态度来划分,感受分为主动感受和被动感受。主体在没有预料的情况下不经意间被客观外物吸引被引起情感共鸣,就是被动感受。上面谈到的初次感受,一般都是被动感受。这种感受往往是不邀自来的,是突然造访的,往往更真切、更自然,往往是"得来全不费功夫",对于写作灵感的激发大有益处。但是,它具有偶然性、随意性,往往是不期而遇、突然前来造访的,写作者不可能总是"守株待兔"式的一味地被动等待,而应当积极主动地去感受,即应当投身到火热的现实生活中去,或者钻进书山文海当中,细心地观察、体验生活中的各种景、物、人、事,细细品味自然、社会、人生中的各种风霜雪雨和苦辣酸甜,主动获取生活知识和经验,掌握感受的方法,提高自身的感受能力。

(三)个人感受与社会感受

从感受的内涵性质来划分,感受可分为个人感受和社会感受。个人感受是个性的、生理性的感受;社会感受是后天形成的,带有群体性特征的,受政治、经济、文化、风俗、习惯和审美语境等影响形成的感受。

在写作中,个人感受十分重要,因为独特的个人感受是实现创造目的的基础,是张扬写作个性、展示个人写作魅力的关键所在。但社会感受对写作的影响也不容忽视,因为社会感受也是主体独特的心理结构、艺术修养的有机组成部分,它或隐或显地影响甚至决定着主体对生活的态度、选材取向、情感内容和表达方式等。我们强调在写作中表现个人独特的感受,是要最大限度地"表现自我",但绝不是在倡导那种与社会生活、文化背景等完全隔绝的孤芳自赏、顾影自怜的"个人主义写作"或"私人化写作"。

个人感受与社会感受有机地融通,在突出个人的感受力、想象力、思维力和创造力的同时,也兼顾社会感受。那样的写作,才是面向心灵、面向社会、面向大众的写作,才是有着光明前途的写作。

(四)情感性感受与认知性感受

从感受所强调的内容来划分,感受可以分为情感性感受和认知性感受。情感性感受强调主体的喜怒哀乐、惊奇恐惧等情感内容,认知性感受强调的是由感性向理性过渡的心理活动。情感性感受是催生写作动机并成为推动写作进程的动力,认知性感受常常成为写作的内容。

主体在与各种人、各种事、各种物打交道的过程中,常常会调动自己的情感积累和情绪记忆,把自己此时此地的情绪置换到对象身上,使对象亦呈现出主体的个性特征,带上了主体的情绪色彩,并在感知中渗透着理性的思考,形成一种"知、情、理、意"有机融合的在脑海中活跃的"心理流"、"情绪流",由此升华出某些情感化的认知。可见,情感性感受与认知性感受往往是交织、渗透在一起的,是很难截然分开的。

三、感受力的培养

感受力是写作主体极为重要的基本能力之一,它体现了外在客观世界与主观世界的广度与深度的关联,是主观世界和客观世界联系的一条重要纽带,无论是主观见之于客观还是客观见之于主观,都离不开感受力。培养良好的感受力,需要养成良好的感受习惯,运用正确的感受方法。

(一)观察体验

观察体验是培养感受力的最基本方法,也是汲纳信息、激发情感、启迪心智、激活写作思路的重要途径。观察是主体通过感官自觉主动地了解事物、感受生活;体验是主体在生理、心理在实践意义上的"亲历亲知",是对事物和生活的具体感受。观察体验相互依存,相互促进。观察体验需要主体开放感官系统,去仔细地观看、认真地倾听、慧心地询问、积极地触摸,充分调动视觉、听觉、嗅觉、味觉等各种感觉器官,与对象进行亲密接触;还需要带着一定的情感深入到生活内部,进入到某些具体的情境当中,感受和感悟客体对象。

观察体验,感受事物,最重要的是能够抓住事物的特征,有所发现。简而言之,事物的特征就是事物之间的差异性;发现,就是对事物特征的一种敏感的洞察和捕捉。正如法国批评家丹纳所说的:"艺术家在事物面前必须有独特的感觉,事物的特征给他一个刺激使他得到强烈的印象,他靠这个能力深入事物的内心,显得比别人更敏锐。"(丹纳:《艺术哲学》,安徽文艺出版社,1991年版,第55页)也就是说,作者在感知过程中,要保持一颗敏感的艺术心灵,其对生活中具体的种种场景、事物、情状和细节,有着特殊的细微的观察、发现和捕捉能力,并能将看到的、听到的、感觉到的东西转化为一种个人独特的心灵体验。

感受的过程,其实也是发现的过程。我们可以在观察体验生活的感受过程中,发现那些能够拨动心弦的景、物、人、事、理,而其中一些典型、独特、新颖的发现,往往会给写作者带来发现的惊喜和表达的冲动。如诗人卢卫平在大街上水果摊前看到一些苹果,自然地联想到它们的出生地——远方的乡村,想到它们身上所蕴含的许多可贵的品质,惊讶地发现:这些苹果是"善良的,是优秀的,是接受城市挑选的",它们与那些从四面八方的乡村汇聚到都市里的奋斗者和漂泊者有着某些相同、相似之处,进而灵感迸发,情不自禁地写下了《在水果街碰到一群苹果》这样一首充满温馨情怀的诗歌。

观察体验,宏观上要求全面,鸟瞰全局,注重整体,侧重于对事物"面"的考察,进行立体的把握;微观上要求细致,洞察幽微,侧重于"点"的透视,进行定点、定位的钻探。无论是对"点"的细致钻探,还是对

"面"的整体鸟瞰,精心准备、勇于实践的观察、用心动情的体验和积极主动的思维活动,都是至关重要的。上一节中已较为细致地阐述了观察的特点,下面谈一谈体验的特点。

1. 体验的亲历性

作者亲临其境、亲身经历,才能获得对社会、生活、人生真切而深入的体验。诗人陆游就强调"纸上得来终觉浅,绝知此事要躬行",王夫之也认为"身之所历,目之所见,是铁门限",都指出了亲历生活对写作的影响。法国作家狄德罗要求作家:"去熟悉各种不同的社会情况。试住到乡下去,住到茅棚里去,访问左邻右舍,更好是瞧一瞧他们的床铺、饮食、房屋、衣服等等。"(《世界文学》,1962年第1期)就是主张尽可能地获得更多的亲身经历。

2. 体验的生命性

体验是主体对于生命意义的把握,是主体从自然的内心出发,积极主动地体验生命、生活的价值,它与主体的信仰、思想、情感、审美取向等密切相关。主体通过对丰富多样的生活的体验,真正地理解了生命的本质与生命的意义,特别是对一定文化语境中的个体生命价值和意义的追问和探寻,使主体不断地深化生命感受,完成了生命的沉思与遐想。

3. 体验的情感性

体验过程中往往伴随着强烈的情感。这种情感能引发主体的写作冲动,也能推动主体更积极地观察客体对象,情感化地把握客体对象,即移情于物,物我一体,情景交融,甚至达到"物我两忘"。当然,在洋溢着情感的体验过程中,主体也需要对客体进行冷静、理性的审视和把握,做到情与理的和谐一致。

4. 体验的强烈性

从强度上看,体验是一种强烈、活跃、深刻、生动的心理活动。在体验过程中,主体有时会调动全部的心理机制,进入一种全身心的心醉神迷的状态。史书记载:伯牙曾拜师于成连学习奏琴。成连谱成一首《高山流水》的乐曲让伯牙演奏。伯牙演奏虽然音调很准,但表现不出高山流水的气魄。于是,成连将伯牙带到一个荒岛上,伯牙面前只有浩瀚的大河,身后是幽密的山林,耳中充满大自然深邃美妙的音响。于是,他面对大河,鼓琴而歌。十天后,再听伯牙演奏《高山流水》,那真是"耸高而激荡,如江水奔腾无羁"。正是强烈的生活体验,使伯牙完全沉浸到了一个别有洞天的艺术境地之中。

(二)调查采访

调查采访是有目的、有计划地搜集材料、了解社会情况的基本方法,是感受生活、采集写作信息的重要手段。它与观察体验不能截然分开。调查采访中必然伴随着一定的观察体验,两者互相促动,使观察体验更深入,使调查采访更透彻。通过调查采访,获得对实事、实物、实情的了解和考察,可以从大量的材料中感受、体会、辨析、认识事物发展规律,接纳各种信息,提炼思想、融通情感,拓展思维空间。

1. 调查采访的方式

普遍调查。这是一种在特定调查范围内对所有对象进行调查的方式。它具有普遍性的特点,可直接取得比较接近实际的全面材料,使文章具有强大的说服力。不过这种方式只能在小范围内进行,否则很难做到。

重点调查。这是在一定调查范围内以选取重点样本为对象进行调查的方式。重点样本虽然数量不多,但调查的标志(统计总体中各单位所共同具有的特征)却在数量上占整个调查总体的绝大比重。在这种调查方式中,所选取的重点调查对象要有普遍性,否则容易出现以偏概全的毛病。

典型调查。这是一种"解剖麻雀"式的调查,即选择有代表性的典型样本为对象进行调查。运用这种以特殊代表一般的调查方式,应在选择典型上下功夫:选择有背景的典型,注意典型的发展历史及其纵向横向等多方面关系;选择有发展性的典型,使之不仅可以代表现在,也可以代表或显示将来。这样做是为了克服典型调查方式难以获取总体、精确资料的局限性。

抽样调查。这是在一定范围内抽出部分样本作为调查对象进行调查,以此推算全体的调查方式。抽样调查所依据的原理是概率论和大数定律,它是非普遍调查中用来推算全面的最完善、最有科学根据的方式。抽样调查要注意：一是样本按随机原则抽取，以保证被抽的样本在总体中是均匀分布的，不致出现倾向性误差；二是抽样调查的误差，可以根据总体中各单位的误差程度和抽取样本单位的数目，事先通过计算控制在一定范围之内。

2. 调查采访的具体方法

开调查会。这是最基本的调查方法，简单易行，便于操作。了解全面情况，或重点搞清楚一两个问题，都可采用这种方法。开调查会前应把调查的内容告诉与会人员，使他们有所准备。参加调查会的人不一定很多，但要注意各方面代表都有。调查者要与参加会议人员打成一片，活跃会议气氛，切忌冷场，不能把调查会开成"问答会"。

个别访问。这种方法适用于向个别人了解情况。访问前应做好充分准备，如了解被访者的基本情况，明确访问的内容，拟好需提问了解的问题等；访问时应向被访者讲清访问的目的、访问的材料如何使用等，以消除对方戒备心理，使对方打消顾虑，说真话，说心里话；还要选择合适的访问时机，掌握访问进程，使访问顺利进行，达到预期目的。

书面问卷。是以书面形式向被问者提出若干问题让其填写。固定问卷调查特别适用于对一项重大课题的大范围社会调查。因为这种调查项目多、地域广，用开会、采访等形式费时费力且获取材料有限，而用问卷法则既省时又方便，而且被调查者没有顾虑，可以畅所欲言，使调查者获取大量真实的材料。问卷调查能否收到满意效果，关键在于问卷的设计水平。因此调查者要充分重视、认真做好这项工作，先作好初步调查，设计一个简明扼要、有的放矢、类型多样的问卷，使被调查者易于接受、乐于填写。

蹲点调查。文学创作、新闻写作和一些应用文写作，常常采用蹲点采访调查的方法。蹲点调查首先选"点"要准，要选有代表性的调查对象，以点带面、点面结合，使所选取的材料具有全面性与典型性；其次调查要扎扎实实，不能走马观花，浮光掠影。

3. 调查采访的要求

调查采访可以快捷地获取信息材料、真切地感知客体对象，尤其是对于新闻写作和某些诸如调查报告、计划等实用类文体的写作尤为重要，要使调查采访获得成功，就要做到：

首先，要做好调查采访前的准备工作。

采访前的准备包括思想准备、政策准备、资料准备、方法准备以及进程设想等，这是调查采访工作顺利展开的基础。思想准备，是指对采访对象、进程和结果等的预期心理准备，将对整个调查采访活动起到一定的指导和掌控作用；政策准备，指对与调查采访对象有关的国情、民情、政策、方针、法规等的了解和把握，这方面的准备，可使采访者视野开阔，理解深刻，在采访中有政策的尺度，容易衡量是非，做出正确的判断，可以少走弯路；资料准备，是针对采访对象，先查阅相关的一些资料，这样一方面可以使采访者心中有数，能够尽快切入采访话题，另一方面可以使受访者感觉到采访者对某些情况已有一定的了解，并非一无所知，这样，容易拉近彼此的心理距离，让被访者产生倾诉和交流欲望；方法准备，是指对调查采访方法的选择和安排，正确的方法，有时会收到事半功倍的效果；进程设想，是预先对调查采访的时间、地点、对象、内容、步骤的安排，拟好具体的调查纲目，可以使调查采访有条不紊地按照计划展开。

其次，调查采访的态度端正。

一要严肃、认真。要严肃地对待每一次调查采访，认真地做好调查采访的每一个环节的工作，不能草率、随意，不能马马虎虎。

二要真诚、热情。只有采访者投以真诚相待，受访者才会敞开心扉，提供更多的材料；只有采访者满怀热情，受访者才可能回报以热情。

三要求实、细心。求实，是调查采访的本质要求，也是采访者的愿望；细心，是采访者获得求实结果必备的工作态度。唯有本着求实的精神和细心的态度，那些具体、生动、鲜活的事实，那些感人肺腑的细枝末节，以及蕴藏着巨大价值的信息，才会源源不断地呈现在采访者眼前，才会挖掘到所需要的写作宝藏。

再次，做好调查采访材料的整理

调查采访所获得的材料，需要经过鉴别和整理才能成为写作材料，也就是说要对所获得的第一手材料再次进行感受和认识。其具体做法是：

一是要全面梳理调查材料，通过对比、分析，剔除某些虚假的、没有代表性的材料,挤出材料的水分。

二是对所有的材料进行分类,把典型的、新颖的材料提取出来,单独储存,以便写作时调用。

三是从材料中提炼观点,写下自己对材料的感受和认识,将自己的思想注入到材料中。做到既尊重材料,又发挥主观能动性,保证材料与观点的统一。

(三)阅读体悟

阅读体悟是间接地感受和理解生活、社会和人生、提高写作修养的有效手段。

在阅读过程中,主体可以借助于思考,可以通过细腻、深入的感知获得很多富有启发性的发现。如台湾作家张晓风在阅读张继的《枫桥夜泊》,并了解他创作这一名篇的背景和过程当中,惊喜地发现:正是落第后涌至心头的失意、怅然、苦痛的情绪,恣意地流淌在他的归程中,使自己面前的所有景物都浸染了诗人挥之不去的情感,自然而然地写下了那首传递人类某种特殊情怀的千古名篇,从这一角度来说,张继似乎更应该感谢当年的科举落第,读者也应该庆幸他没有金榜题名,因为他那次落第后的失眠实在是一次"不朽的失眠"。

善于在阅读过程中感知,还可以发现许多写作的技巧和方法,诸如一篇文章为什么采用那样的标题,为什么设计这样的开头,表现这个主旨为什么要使用这样的材料,文章基调和风格为什么是那样的,情节安排的巧妙,语言运用的特色等等,每个作者在阅读中的这些新奇的发现,都可能会令其精神为之一振,因为读者通过自己的感知,再加上理性的思考,已经触摸到了许多写作的技法和"窍门",有了属于自己的充满个性的发现。

第三节 灵动飞扬的思维力

思维是人脑对客观事物间接的和概括的反映,是人类精神生产过程中,能动地反映客观事物的本质属性及其相互关系、创构理想世界的意识活动。写作的过程也是思维的过程,写作主体的一项重要能力便是思维力,培养思维的广阔性、敏捷性、灵活性、深刻性、独创性、批判性、逻辑性等,对于提高主体的写作能力是至关重要的。

写作中常用的思维类型有:抽象思维、形象思维、灵感思维和创造思维四种。

一、形象思维

(一)形象思维的含义和特点

形象思维,又称艺术思维,是自始至终不舍其具体的感性形象的一种思维形式。它把有形的、可触可感的具体形象作为思维的材料,并驰骋着想象,饱含着作者的思想情感,是写作中经常运用的一种主要的思维形式。

形象思维除了具备一般思维的特点外,还具有形象性、概括性、跳跃性和情感性等特点。

1. 形象性

鲜明的具体、形象性是形象思维突出的特点。人们在进行形象思维的时候,头脑中总是不断地浮现出具体、形象的表象,作者就是通过对头脑中丰富的表象进行加工,创造出了许多生动感人的艺术形象。老舍在谈剧本《龙须沟》的艺术构思时说:"我心中看到一个小杂院,紧挨着臭沟沿儿。几位老幼男女住在这个杂院里……我的眼睛老看着他们与臭沟的关系。"这里,老舍在展开塑造艺术形象的思维活动过程中,始终离不开具体的形象。

2. 概括性

形象思维始终以感知对象的个别、具体、完整的感性形态去显示一种内在的、具有一般性特征的本质和规律,它是生活表象的感性特征的聚合,是对生活表象本质的提取和集中。形象思维往往反映相似中的不相似,借以显示事物的形状或特征,揭示事物的个性。如鲁迅通过对孔乙己"青白脸色","皱纹间时常夹些伤痕","一部乱蓬蓬的花白的胡子","长衫又脏又破,几乎十多年没有补,也没有洗"等感性描写,可以抽象出孔乙己是一个"生活困窘、死要面子、精神没落的知识分子"这样高度概括的理性认识。

形象思维的概括性既有浅层次的,也有深层次的。对于某一具体人或事物特征、本质属性的概括是浅层次的,文学创作中的艺术典型,却具有高度的概括性和普遍性。

3. 跳跃性

跳跃性是形象思维的又一个特点。形象思维没有一定程序,是跳跃性的、发散的,是对感知到的形象的重组和创新。如张继的《枫桥夜泊》中,月落、乌啼、霜天、渔火、钟声、客船等事物没有任何内在的联系,诗人却通过他的情感感受,把它们连在一起。

4. 创造性

形象思维的过程中常常要伴随着想象,而想象又是一个将现实形象对接、虚化、重构、转化为新形象的过程,是主体在自我感受、自我体验后对个性化了的表象的自由创造,不管是再造性想象还是创造性想象,都需要人在想象中进入对象,设身处地,突破人我界限,打破时空限制,勾通现实与幻想,重组新的表象,使自己所想之"象"历历在目。

5. 情感性

形象思维始终伴随着强烈的情感活动,是在情感的伴随和推动下,同时也是在情感的满足中进行的。因为形象思维的产生是由具体事物、具体境遇、具体情景触发了人的情感而引起的情绪冲动,有"感于物而后动情",才会有"情动于中而形于外"的诗文书画乐舞等艺术的产生。由此我们可以看到,形象思维的具体构成中,情感不仅是动力,而且是材料。

在由生活表象到新形象创造的思维过程中,情感影响着思维的方向和轨迹,也影响着思维成果的形式和内涵,因为情感可以补足在感知和发现过程中所抓住的一刹那的不连贯的形象,可以把这些混乱的形象概括起来,根据一些分散的特征创造一个浑然的整体,找到形象与形象之间的本质联系,把活生生的现实中的纷纭复杂甚至矛盾的方面融合起来,并且创造性地表现在整体的新形象之中。

(二)形象思维在写作中的作用

在写作过程中,若想做到思路开阔、情感丰富、具体形象、含蓄深刻、警世省人，就一定要运用形象思维。形象思维在写作中的主要作用体现在以下几个方面：

1. 有助于推动构思

陆机的《文赋》中，形象地阐述了形象思维在创作构思中的表现和作用："其始也，皆收视反听，耽思傍讯，精骛八极，心游万仞。"尤其是从事文学创作的人，一旦进入构思状态，形象思维便开始活跃起来，作者的想象展开翅膀，进入广阔的想象空间。构思过程中，形象不但不离开作者的头脑，而且"情瞳昽而弥鲜，物昭晰而互进"，随着思想感情的深化，作者头脑中的形象也愈来愈鲜明。最后，"笼天地于形内，挫万物于笔端"。用笔写出来的活生生的艺术形象，正是作者以形象进行思考的结果。可见，形象思维伴随并推动着构思整个进程。

刘勰在《文心雕龙·神思》中认为文学创作思维"形在江海之上，心存魏阙之下，神思之谓也。"就是说，作家在进行创作活动时，其头脑中的思想和形象是不可分割的，那些抽象的思想情感，正是其头脑中的活生生的形象的概括。刘勰对此这样阐释："文之思也，其神远矣。故寂然凝虑，思接千载；悄焉动容，视通万里；吟咏之间，吐纳珠玉之声；眉睫之前，卷舒风云之色；其思理之致乎！故思理为妙，神与物游。"这表明：作家创作中的思想可以冲破具体环境、事物的限制，可以"思接千载"、"视通万里"，想得很深很远。但作家的思想始终伴随着具体的物象，其思想活动是在活生生的形象中进行的。运用形象进行思维，可以推进写作构思，使作者进入"神与物游"的自由创造的理想境地。

2. 有助于情思具象化

运用形象思维写人时，人物形象就栩栩如生地活动于大脑中，作者能看到他的外貌和行动，听到他的声音，闻到他的气息，甚至能感受他的情绪以及展现在脸上的细微变化；运用形象思维写景时，作者能够看到景色的特征、色彩、层次，闻到季节、地域特征的气息；运用形象思维写物时，作者可以感受到描写对象的形态、气味、内蕴等，既可写出事物的风采，又可写出事物的神韵；运用形象思维，还有助于情感哲思的具象化。如李煜的"问君能有几多愁，恰似一江春水向东流"，便将无形的情感"愁"以有形的"江水"形象地写出，化抽象为具体，收到了形象生动的艺术效果。

运用形象思维,还可以帮助作者充分展开想象,使描述的形象和画面具体、生动、感人。

3. 有助于激发灵感

在创造活动中,有时人们花费了很多的时间和精力,往往还是百思不得其解,但运用形象思维,当某一个新形象突然在脑中出现时,曾百思不解的问题会豁然开朗,迎刃而解。郭沫若回忆自己创作《地球,我的母亲》一诗时说:那天上午去图书馆看书,突然在某些形象中获得了诗兴,于是便来到图书馆后僻静的石子路上,赤脚踱来踱去,脑海里浮现出自己真切地与地球母亲亲昵,触摸着她的皮肤,接受着她的拥抱……在那样的状态中十分畅快地完成了诗作。

(三)形象思维能力的培养

培养形象思维能力的途径很多,以下三点应该特别注意:

1. 调动联想和想象

运用联想和想象可以开阔视野,举一反三、触类旁通,汇聚和创造各种形象。如汉乐府民歌《陌上桑》,尽管作者没有直接描写罗敷的具体容貌,但通过联想和想象,一位美丽健康、聪明伶俐、活泼可爱的青年女子形象,依然会鲜明地浮现在读者的面前。

再比如,2002年,上海的高考作文以"面向大海"为题,作者无论是亲临海边,直接面对大海,还是面对荧屏或书本上的大海,只要以"大海"为中心,思维的触角向大海的形象、品质、精神、气势、作用、遭遇……各个方面延伸,将自己平时对大海的一些印象、认识等联想开来,再加上丰富的想象,自然地就会获得自己感受最深的形象,获得自己个性化的写作内容,写出情景交融、意蕴深刻的文章。

2. 与抽象思维协调

作为形象思维结果的形象,在其构成过程中离不开抽象的功能作用。进入到思维的形象,是客观事物的表象在人的头脑中的一种反映。而头脑中的这种形象,特别是创造性形象,并不是客体表象原封不动地再现,而是主体将客体表象加以提炼和集中,从而使之抽象化、主体化的产物,在形象之中总是渗透、凝聚着主体的理性认识。

写作主体在进入到写作情境当中时，往往只有某些特定的形象会通过感知通道进入思维领域，其余的形象虽然也客观存在着，却不被主体所接纳。那些被接纳到主体头脑中并构成形象的事物，往往是主体对其抽象化的认识层次较深的事物。所以，进行形象思维时，需要抽象思维的协同活动来展开、推进和完成。如茅盾的散文《白杨礼赞》借赞颂北方的白杨"它伟岸，正直，朴质，严肃，也不乏温和，更不用提它的坚强不屈与挺拔，它是树中的伟丈夫"，自然地联想到北方的农民和中华民族，发现了白杨树"象征了今天我们民族解放斗争中所不可缺的朴质、坚强、力求上进的精神"。这样，作家在抽象思维的辅助下，在塑造白杨这一形象的过程中，融入了对民族精神的讴歌，蕴含了深刻的主旨。

3. 进行审美感悟

作者在进行形象思维时，往往带着强烈的主观情感色彩，透过客体形象感悟到蕴含其中的诗性智慧，从而去表达"言外之旨，象外之意"。请看余秋雨的散文《废墟》中的一段：

废墟有一种形式美，把拔离大地的美转化为皈附大地的美。再过多少年，它还会化为泥土，完全融入大地。将融未融的阶段，便是废墟。母亲微笑着怂恿过儿子们的创造，又微笑着收纳了这种创造。母亲怕儿子们过于劳累，怕世界上过于拥塞。看到过秋天的飘飘黄叶吗？母亲怕它们冷，收入怀抱。没有黄叶就没有秋天，废墟就是建筑的黄叶。

人们说，黄叶的意义在于哺育春天。我说，黄叶本身也是美。

……

废墟的留存，是现代文明的象征。

废墟，辉映着现代人的自信。

废墟不会阻遏街市，妨碍前进。现代人目光深邃，知道自己站在历史的第几台阶。他不会妄想自己脚下是一个拔地而起的高台。因此，他乐于看看身前身后的所有台阶。

是现代的历史哲学点化了废墟，而历史哲学也需要寻找素材。只有在现代的喧嚣中，废墟的宁静才有力度；只有在现代人的沉思中，废墟才能上升为寓言。

因此，古代的废墟，实在是一种现代的建筑。

余秋雨飘逸的思绪穿透残垣断壁的废墟，发现了其蕴蓄的审美特质：昭示历史，孕育现代，开启未来。通过对"废墟"这一不起眼的形象的把握，作家对"废墟"的美学特征和美学价值有了新颖的、令人信服的发现和开掘，有了独到、深刻的哲理性的感悟和升华。

二、抽象思维

（一）抽象思维的含义及作用

抽象思维，也称逻辑思维，是舍弃了具体的感性形象，运用概念、判断、推理，以分析与综合、归纳与演绎等为基本方法的一种思维形式。其主要特点是对于事物本质属性的概括和抽象，反映事物不相似中的相似，借以揭示事物的共性（本质）。抽象思维能力是保证我们的认识活动得以正常、有效地进行的一种重要能力。它是议论文、学术论文、文学评论、杂文等评论性和实用性文体写作主要使用的思维形式。

抽象思维以其鲜明的逻辑性贯穿于写作感知、构思、行文的全过程，尤其是对主题的提炼、材料的归纳、结构的安排、写作路径的展开等有着极为重要的作用。

1. 运用抽象思维，有助于把握对象的本质。在作者由感性认识进入到理性认识的过程中，抽象思维会逐渐舍弃具体形象而沿着一定的逻辑轨道运行，最终以抽象的概念来揭示事物的本质。如托尔斯泰在创作《复活》过程中，他不断地否定原来的人物形象，一再探求新的形象，甚至完全推倒了起初的构思，借助人物形象的重新塑造，由对个人道德的谴责转向对社会政治黑暗的控诉，从人物的悲剧故事引申到对沙皇制度的揭露。正是抽象思维的指引和规范，促使《复活》中形象思维的丰富，创造出了玛丝洛娃这一典型的艺术形象。

2. 运用抽象思维，有助于主题的开掘，使形象思维具有真理性的逻辑力量。抽象思维通常包含分析、综合、比较、分类以及系统化与具体化等多种心理操作过程，一旦发现主题不明确或发现与主题不符合以及不能完全符合的文字表述等，它可以随时运用逻辑推理，对已有的构思进行修正，使主题提炼更加符合写作意图。如川端康成的哲理性散文《花未眠》的写作路径思维就体现出严谨的逻辑性，作者由"花未眠"这种自然现象概括出三个认识：一是自然的美是无限的，人感受到的美是有限的；二是美乃为邂逅和亲近所得，需要反复陶冶；三是我们仔细观赏画中花，却不怎么留心欣赏真的花。作者将这三个联系紧密的认识有机地组织在一起，阐述了艺术创作应重视表现自然美这一深刻的主题。

3.运用抽象思维，可以使文章结构合情合理，逻辑严谨，脉络清晰。如高晓声的小说《陈奂生上城》，当作者想让一个农民住进高级招待所前，就进行了一系列逻辑分析推导："陈奂生作为一名农民自己想住高级招待所应该是不可能的，就一定有一个很有力的介绍人，这个人为什么要介绍他呢，一定是出了不寻常的事情，什么不寻常的事情，一定是生病了，什么病，生大病那要住医院，不能生大病，生小病，就是感冒，为什么感冒，一定是没戴帽子受了凉。"正是经过了这样严密细致的抽象思维，故事才被作者叙写得合情合理。虽然不一定是生活实际，却十分符合生活的逻辑。可以说，从文章外部结构的安排到内在情思的组织，均体现着逻辑思维不可忽视的重要作用。

4.运用抽象思维，可以获得写作灵感。在写作中，偶然突发的灵感，其实包含着内在的必然性。表面上看，灵感似乎没有逻辑的推导，其实，当作者把注意力完全集中到创作对象的时候，会进入一种情感和思维紧张的状态，会对某一问题进行一系列艰苦的理性思考，以及由此产生的高度集中的注意。这时，抽象思维往往会通过一系列的假设，将作者的注意力聚集到写作目标上面，激励他们潜心研究。如果没有一种接一种的逻辑上的假设，没有一个又一个逻辑通道受阻，是不可能产生灵感的。只有作者使自己的思维集中指向某一特定目标，不断地运用抽象思维对手头的各类素材进行整理和组合，不断地寻找新的发现和突破，才能迎来灵感的迸发。显然，灵感是作者凝思至极的结果，是抽象思维创造的结果。

（二）抽象思维能力的培养

1.在观察中培养抽象思维能力

首先，通过观察，可以明确事物的概念、特征、功能和事物之间的异同等。仅以观察中逐渐掌握某些概念、丰富词汇为例，如通过仔细的观察、对比、分析，人们可以逐渐知道"红"这种颜色，可以分为"朱红"、"桃红"、"猩红"、"暗红"、"大红"、"浅红"、"绯红"等等,随着词汇的丰富,其运用概念进行判断、推理的能力自然也就逐渐提高起来了。

其次,通过观察生活,可以通过对客观事物的认识,逐渐发现和认识诸如矛盾律、排中律、同一律等许多逻辑规律,并由此获得某些写作的启示。

再次,通过观察,可以引发思考,可以透过事物的现象认识本质,将对问题的感性的认知推向逻辑严谨的理性把握。

2. 在阅读中培养抽象思维能力

通过对文本由整体到局部和由局部到整体的拆解,可以充分地运用综合、概括、归纳和演绎的思维方法,对文本内容和形式进行由一般到个别、由表及里、由事而理地感知和理解,如阅读鲁迅的小说《药》,首先概括地了解小说的故事情节,弄清楚了华、夏两个的家庭悲剧;然后根据小说设置的情节和场面,对"华老栓买药"、"华小栓吃药"、"茶客谈药"以及"华母、夏母上坟"各部分进行拆解分析透视,从而把握文本的深刻的主题和独特的艺术表达方式。

在阅读过程中,可以通过对文章主旨及写作特色的概括、提炼和评析,通过对结构的梳理和归纳,掌握和运用各种抽象思维方法,锻炼抽象思维能力。如阅读高尔基的《海燕》一文,通过对海燕和其它海鸟在暴风雨来临前的不同行为的对比,可以概括出"在那特定的历史时期,海燕是英勇无畏的革命先驱者的代表,表现了无产阶级革命者英勇无畏的战斗精神"这一主题。还可以通过对某些作品主题的辨析和评价,学会辩证地看待问题,学会从不同的角度认识事物。

另外,在阅读中通过对一些词汇、语句的辨析,还可以更准确地把握概念,欣赏文章的语言艺术。如朱自清的《荷塘月色》中的"月光如流水一般静静地泻在这一片叶子和花上"这一句里面的"泻"是不是可以换成"照"呢?通过辨析比较,我们发现"泻"和"照"表示的是两个完全不同的概念,前者是如流水一般自上而下的流,后者是指光射在物体上,无疑前者更符合这个比喻句的意境。这类细致入微的剖析,也十分有助于抽象思维能力的培养。

3. 在写作训练过程中培养抽象思维能力

写作过程是一个抽象思维无处不在的过程。从感知到构思，再到行文和修改，每一个环节都离不开抽象思维。因而，可以在审题、立意、选材、布局等写作训练中培养抽象思维能力。比如，在审题时，一定要逐字逐句地解读题目、材料和要求，既要弄清楚题目和材料中的显性要求，也要注意挖掘其隐含信息，要深切理解命题人的意图，由此才能知道应该写什么，怎么写。在这一过程中，就可以从概念入手，运用抽象思维进行分析、比较和概括。

再比如，在选材时，围绕写作主旨思考"是什么"、"为什么"、"怎么样"一类的问题，就会激活记忆存储，获取大量的素材。在此基础上，再进行深入的辨析、筛选、加工等，原素材中许多偶然的、表面的、片面的、枝节的成分就被省略掉了，而保留下了最有代表性、最能够反映事物本质和规律的成分。经过抽象思维选择出的材料，才可能是恰当、充分、典型和深刻的。

按照写作意图，把材料组织起来，形成一个具有内部联系的结构整体的布局谋篇过程，更能够训练写作者的抽象思维能力。正是借助因果思维、对比思维、辩证思维等抽象思维方法，作者设计出了恰当的结构形式，为行文打好了基础。

三、灵感思维

(一)灵感思维的特点

灵感思维，古人也称之"入兴"、"感兴"、"神来"等，通常是指人们在专注、紧张地思考中(有时它又是在人们潜意识中)不期而至的一种突然出现、瞬间即逝的顿悟、理解、豁然开朗，于是迅速获得一个理想的构思或一个美妙独特的艺术境界。

作为一种创造性活动的写作，灵感思维常常伴随其中，并在整个写作过程中处于特殊的地位，发挥着重要作用。灵感思维的主要特点是：

1. 突发性

灵感产生之前往往没有预感，它由外界因素偶然触发，突然浮现于脑际，具有很大的偶然性和突发性。正如费尔巴哈所说的那样："灵感是不为意志所左右的,是不由钟点来调节的,是不会依照预定的日子和钟点迸发出来的。"灵感思维是显意识与潜意识相沟通时,从潜意识领域突然冒出来、撞入显意识领域后,才被自我意识感觉到的瞬间思维的火花。

灵感的来临难以预测。在写作时,作者常常会碰到笔思俱滞、不能作一言的情形,但搁置一段时间后,却会偶然间被某事、物、景等所触发,眼前陡然一亮,思路突开,浮想联翩,下笔不可自休。一些以往苦思冥想也想不清楚的问题,忽然间一下子明白了,理解了,清通了。突然造访的灵感,会令作者于刹那间灵性闪耀、思如泉涌。歌德回忆自己创作成《少年维特的烦恼》时说,那段时间,他正陷入爱情的烦恼之中,甚至萌生了告别人世的念头。当他听到少年耶路萨冷失恋自杀的消息后,眼前仿佛突然闪过一道耀眼的亮光,一部作品完整的写作思路立刻清晰地浮现出来,他一气呵成地写完书稿。然后,他把稿子重新看了一遍,连自己都十分惊诧,自己竟然毫不费力地完成了一部传世佳作。可见,突然降临的写作灵感,具有非同寻常的爆发力和冲击力。

灵感来去匆匆,写作者一定要注意及时地发现和捕捉,要像茅盾提醒过的那样:"应该时时刻刻身边有一支铅笔和一本草薄,无论到那里,你要竖起耳朵,睁开眼睛,像哨兵似的警觉,把你所见所闻随时记下来。"

2. 清晰性

突然迸发的灵感,会迅速打通原来模糊的心理感觉、情感、潜意识等,让阻遏的情思瞬间贯通,将散乱的思维碎片有序地组合起来,形成新异的认识、新鲜的形象和新颖的架构等。

当写作者专注于某一思索对象时,灵感会像一道耀眼的电光,刹那间照亮许久未曾打开的思维暗房,会令其在瞬间看到许多原本幽暗不清的东西,会将散乱如麻的思绪自觉地梳理得格外明晰。由于灵感的出现,使思路畅通,想象活跃,感情激越,形象明朗,语言也十分得心应手。正像词人辛弃疾所描绘的那样:"众里寻他千百度,蓦然回首,那人却在,灯火阑珊处。"突如其来的灵感,会让作者在刹那间豁然开朗,达到一种"文章本天成,妙手偶得之"的最佳境界。

3. 创造性

灵感思维是创作主体经过长期学习、反复实践、不断积累和艰苦探求之后,在某种诱因的偶然触发下突然出现的思想特别集中,信息特别活跃,情绪特别亢奋,想象特别丰富,创造力特别高涨的一种心理状态。它摆脱了一般思维的束缚,不依照一般思维的循序渐进的认识程序,而是在跳跃性的突变中获得簇新的认识。灵感的到来,会使得思维中的种种生活现象有了聚合,会使一些记忆表象突然复活与沟通,一些事理在瞬间得到明晰与通透,一些新颖的创意油然而生。

灵感思维是一种突然闪现的最佳创造性思维,它总是以创造性为其追求的目标,总是在力图打破原有的模式,寻找到新的突破口,发现新的联系,产生别开生面的构想。灵感思维的结果是,突然找到长期思考而没有得到的解决问题的办法,发现一直在苦苦寻觅的答案,获得新思想、新形象、新思路等,它以新颖、独到的创造使思维者在瞬间完成信息的新组合、新沟通、新升华,实现理解的顿悟、认识的飞跃,帮助思维者站到新的高度,融入新的境界,对既有的一切认识予以突破和更新,实现新的创造。

4. 综合性

灵感思维作为一种高级的创新思维活动,是整合了多种思维方式而展开的高度综合的复杂思维活动,体现着多种思维高度灵活的互补综合。灵感思维的高度灵活的互补综合性表现在多方面:如潜意识与显意识的互补综合,想象力与直觉力等思维能力的互补综合,理性与非理性的互补综合,逻辑与非逻辑的互补综合,抽象与形象的互补综合等等。

活跃的灵感思维,可以跨越时空沟通和组合现实的、历史的、未来的各类信息,可以自由灵活地穿梭于各类事物之间,可以帮助思维者在瞬间得到某些本质或规律性的认识。

5. 意象性。

在灵感思维活动过程中,总伴有思维意象运动,并且这种思维意象运动是灵活自由的,它随意念而自由流动、自由跳跃,呈不稳定的瞬息性,若隐若现,难以把握和驾驭。在写作中,有时正是借助这种寓含了一定意义的形象存在的思维意象运动,主体获得了某种暗示和启迪,不由自主地走向豁然开朗的境地。

在灵感思维活动过程中,思维意象的存在具有特殊的重要意义,没有意象的暗示,就没有思维的顿悟,就不会产生灵感之光。陆机在《文赋》中说:"遵四时以叹逝,瞻万物而思纷;悲落叶于劲秋,喜柔条于芳春。"钟嵘的《诗品序》中也说:"气之动物,物之感人,故摇荡性情,形诸舞咏。"均在说明,作者接受某些具体的意象的暗示而有所感悟,并借此意象传递特殊的情思,是灵感思维活动的一个重要特征。

(二)写作灵感的诱发与捕捉

写作灵感会产生令人惊喜的创造性成果。尽管灵感的产生具有偶然性,但人们可以努力探索其生成规律,可以通过积极的训练,有意识地去诱发和捕捉灵感。

1. 创设写作灵感产生的情境

首先,要对写作的对象或内容有一定程度的思考,即有一定的目的指向性和注意力的集中性,要明确自己思考的方向,有强烈的突破的愿望和渴求。这些灵感迸发前的准备活动,对于启动主体的下意识活动有着巨大的作用。作者在感知积累或者构思过程中,若能够进入"神动天随,寝食咸废,精凝思集"情境之中,灵感自然会在某一时刻突然造访的。

列夫·托尔斯泰认为,创造者进入写作情境之后所表现出来的那种潜思维与显思维随意交融、任意驰骋的"忘我"境地,正是灵感闪现的最佳境界。他写作《安娜·卡列尼娜》时,足足酝酿了四年,小说的主要内容和情节都已设计好了,但因一直找不到一个好的开头而苦恼得无法动笔。一天,他只是顺手翻开了普希金的一部小说集,很快他的目光便停留在《宾客齐集在别墅中》的开头上:"节日的前夕客人们开始到了",刹那间,他的脑海中灵光一闪,他连连点头,充满赞佩地慨叹:"普希金总是这样直截了当地接触问题,换了另一个人,一定会先描写客人、房间,可他却一下子就进入了情节,要作文就应该这样写。"随即,他犹如神助般地找到了《安娜·卡列尼娜》精致的开头:"奥布朗斯基家里一切都混乱了。"可见,灵感的闪现是在苦思冥想的基础上,在特定的情境中,偶然受到某种启发,沟通了新、旧知识信息,通融了潜意识、显意识,接通了形象思维与抽象思维,才突然出现的。

其次,对已有的写作条件进行全面、深入的研究和思考,不断地否定已有的材料、主题和结构等要素,不断地拓展思考的广度、密度和深度,使思考进入某种"饱和状态",在若明若暗、似近非近、似远非远的纠缠之中,将思路的打开置于某种僵局之中,而内心积聚的各种思考的能量还在不断地汇聚着、碰撞着,在寻找着一触即发的突破口。诗人马卡连柯为了创作一部有创新价值的作品,花费了十三年的时间,搜集、积累了大量的素材,并对其进行了分析和整理,但一直没有找到让自己满意的写作思路,迟迟没有动笔。一天,他与著名作家高尔基进行了一番敞开心扉的交谈,他灵感骤至,茅塞顿开,立刻开始写作后来广受赞誉的《教育诗》。

艺术心理学家们认为,灵感是一种特殊形态的注意。表面上看,它的产生是不经意的,完全出乎意料,实质上它是作者平日里长时间不辞辛苦地思索、专注于某个内容,某些思维成果已沉淀于记忆之中,其潜意识中的"思维回路"随时都在等待着外界事物的激活和接通。将灵感视为天赐,而不去勤奋思索、坐等灵感上门,注定是要失望的。车尔尼雪夫斯基曾谈到普希金为了获得灵感,准备大量的材料,并不断地思考、寻找最佳的方案,有时要等上好几年的时间,才能遇到灵感,将那些材料转化为"明朗有力的作品"。这说明,艰苦的思索,是迎迓灵感的必要准备。

再次,要保持良好的精神状态,进入召唤灵感的境地。由于作者已进行了大量的思考,不断否定已有的思维成果,以及写作目标追求的暂时搁浅,往往容易造成作者的急躁和烦恼,这种精神状态既不利于注意力的高度集中,也不利于对新刺激敏锐的警觉和兴奋。这时,作者的非智力因素便要起到控制和调适的重要作用了,只有仍抱着解决问题的信心和决心,仍坚定、沉着、执著不懈地思考,才可能在久久的期盼和苦苦的寻觅之后,碰上灵感迸发的机遇,获得神奇的灵感。

2. 要不断地去寻找机遇,寻找灵感诞生的触发点

灵感总是受某种机遇的触发而迸发出来的,大自然中的花草树木、

日常生活里的人物事件、所阅读的作品中的某些情节细节等等,都可能成为灵感降临的契机。因此,寻找触发灵感的机遇,可以通过对生活的细致观察,通过与他人的交流,通过广泛的阅读,及时发现和捕捉到那些细微的能够撞击心灵的"亮点",那些"亮点"可能是某一问题、某一件事、某一人物、某一景物、某一话语等,它们作为灵感的触媒和诱因,可能在一瞬间便接通暂时中断的思考,促成信息的沟通、情感的喷发和认识的升华,令灵感不期而至。一些作家非常重视对那种转瞬即逝的"亮点"的捕捉。一天,马雅科夫斯基正睡得朦朦胧胧时,忽然脑海里闪过一句好诗,他马上便把它记在烟盒上,第二天醒来,他认真地咀嚼烟盒上的诗句,灵感喷涌而至,一首好诗很快便诞生了。列夫·托尔斯泰、契诃夫、艾米莉·勃朗特等很多作家,都喜欢在没有灵感的时候,带着铅笔和笔记本,到生活中走走、看看、听听、问问,除了记录一些生动的人物、情节、景物、语言外,也随时捕捉那些照彻心灵的"亮点",某些"亮点"一旦与平时的思考发生碰撞,就可能迅速地接通作家一度中断的思路,为他们带来一个或一连串的灵感。

在艺术创作中存在着"意象旁通"的现象,即许多艺术家往往不在自己本行而在别的艺术范围中寻求意象,经过潜意识的酝酿,从而激发本行艺术的灵感,然后用自己擅长的艺术形式表现出来。由此,作者可以通过欣赏其他门类的艺术作品获得灵感,如通过欣赏音乐、美术作品、建筑作品等"他山之石",达到"攻玉"的目的。如杜甫的著名诗篇《观公孙大娘弟子舞剑器行》一诗的灵感,就是由观临颖李十二娘剑器舞而激发出来的。

高质量的阅读和刻苦的学习,也常常会给作者提供灵感触发的机遇。很多作家都有过阅读和借鉴别人的创作经验而获取灵感的经历,康·巴乌斯托夫斯基在《金蔷薇》中说:几乎每一个作家都有自己的鼓舞者,自己的守护人,一般说这些人也是作家。"的确如是,当思路枯竭、无从下笔之时,静下心来,细细地品读他人的作品,往往会在不经意间获得某种启示,让自己思路大开、情感喷涌,情不自禁地拿起笔来。郭沫若介绍自己的读书经验时曾谈到这样的经历:我自己在写作上每每有这样的一种准备步骤。譬如我要写剧本,我便先把莎士比亚或者莫里哀的剧本读它一两种；要写小说，我便先把托尔斯泰或福楼拜的小说读它一两篇，读时也不必全部读完，有时候仅仅读得几页或几行，便可以得到一些暗示，而不可遏止地促进写作的兴趣。

是的，当写作者有所感悟和积累之后，再进入一种"精凝神聚"的境界时，往往外界的一个偶然刺激，就会让其思想和情感在骤然爆发中获得惊喜而新鲜的收获。

3. 不断丰富积累，发挥个人优长

写作灵感的产生是建立在长期的经验积累和艰苦的思考的基础上的，丰厚的生活积累，是灵感产生的温床。灵感不喜欢拜访懒惰的人，要获得更多的灵感，就必须不断地丰富自己各种积累，包括丰富自己的生活积累、知识积累、思想积累、情感积累、写作技法积累等等，唯有夯实自己的多方面的积累，才能开阔眼界，获取广博的生活素材，养成良好的思维习惯，才能发现和捕捉到灵感。若是没有丰富的积累，是很难遇到灵感的，即使灵感的触发点就摆在面前，也可能因为积累的不足而熟视无睹，很容易与灵感擦肩而过。作家王汶石曾强调生活积累对于灵感产生的重要性，他认为灵感产生就像"石油贮存在仓库里一样，触发就像一支擦亮了的火柴投到油库里"。这个比喻形象而准确，再亮的火柴也点不燃水，如果没有丰厚的积累，再好的机遇恐怕也难以构成灵感迸发的触点，也不会闪耀出绚丽的灵感火花。

另外，由于主体的主客观条件不同，寻找灵感的方式也各不相同。如有人喜欢在散步中寻找灵感，有人喜欢在与别人聊天时捕捉灵感，有人喜欢通过听音乐寻觅灵感，有人喜欢在默默地阅读当中探寻灵感，有人则喜欢躺在床上在半睡半醒中获得灵感，有人喜欢借助生活中的新鲜事件来撞击灵感，有人喜欢让自然美景唤起写作的灵感……所以，应根据每个人的学识、爱好、思维习惯等，发挥各自的专长，找到适合自己捕捉灵感的路径。

个体差异性也会导致灵感的产生方式、延续时间及其成果的差别。有些灵感转瞬即逝，有些则可能持续较长一段时间。曹雪芹在《红楼梦》中描写香菱学诗这一情节时，先讲到香菱几经周折，终不能写出一首好诗，而睡下之后，竟于梦中吟出一首咏月诗，诗写得竟奇丽无比。梦里为文并非奇怪之事,而是灵感君临使然;有时作者可以孕意触发,借助灵感获取某个艺术形象的雏形,或某些情节,或某种结构线索,或是作品的主题的突然明朗深化等。例如,果戈理在旅途中的一个酒馆里,突然获得灵感,一口气写出了《死魂灵》中的一章;还有,王愿坚在工地上劳动,无意间发现一位佩带中校军衔的战友而突然深化了"普通劳动者"这一主题。

四、创造思维

(一)创造思维的含义和特征

创造思维又叫创新思维,是突破已有的思维定势和方法,在揭示事物本质的基础上,向人们提供异于他人、优于他人的新的思路、方法、认识成果的思维。它是对逻辑思维、形象思维与灵感思维的突破与创新,因而也是最活跃、最奇特、最富于生命力的思维活动。创造思维的特点有:

1. 新颖性

创造思维是一种具有主动性、独创性的思维方式,贵在创新。它是一种充满创造性的心智活动,能够充分发挥个性,突破了习惯性思维的束缚,比如在写作中可以表现为选材、立意、结构、语言等方面,能够打破常规,具有不同于他人的独到之处,即有新的见解、新的发现、新的突破,有新颖、独特的创见。

2. 发散性

创造思维的流程不是单向性的、单线性的,而是多向性的、多线性的,思维的扩展往往没有固定的方向和范围,不拘泥于传统的认识,也不受某些范式的约束,强调思维主体主动从多角度、多侧面、多层次进行知识迁移,寻找与众不同的答案。

3. 灵活性

创造思维是一种灵活多变的思维活动,并伴随着"想象"、"直觉"、"灵感"等活动,它的方式、方法、程序、途径等等,都具有很大的灵活性(亦称变通性)。所以,进行创造思维的人可以在知识的原野上纵横,可以在想象的天空中自由翱翔,可以迅速地从一个思路跳到另一个思路,从一种意境进入另一种意境,多方位地试探解决问题的办法。它们有时因人而异,有时因时而异,有时因地而异,有时因问题和对象而异,具有相当显著的灵活性。

4. 深刻性

创造思维能够透过事物的表象看到事物的本质,不仅看到事物的共性和一般性,还能够看到事物的差异性和特殊性。创造性思维能够全面地、辩证地看待问题,能够举一反三、触类旁通,揭示出隐藏事物和问题深层的规律,得到的认识往往具有某种普遍指导意义。

(二)创造思维能力的培养

创造思维产生,需要写作主体养成良好的思维品质,要具备丰富的知识储备,还要有训练有素的洞察能力,善于观察的独特视角,勤于思考的科学精神,勇于怀疑与批判的探索精神,敏于发现问题,勇于提出问题,大胆设想,小心求证。

1. 养成良好的思维品质

创造思维活跃的人,无一不是具有良好思维品质的人。一个思维迟钝、粗疏、肤浅的人,是不可能有新颖、独到的发现和见解的,只有善于培养思维的广阔性、批判性、灵活性、敏捷性、缜密性、深刻性等优秀的思维品质,才能在写作的感知、构思、行文的各个阶段,充分施展出创造能力。因此,打破思维定势,克服思维惰性,突破人们在观察、体悟、思考及写作的整个认识过程中所形成的某种相对固定的思维模式,挣脱某些既定的格式、套路、观点和习惯性思维方式的束缚,是进行创造性思维的重要条件。

2. 激发兴趣,点燃热情

兴趣是指人们力求接触、认识、探索与研究某种事物(对象)的一种带有强烈的积极主动倾向的心理特征。兴趣是人们进行创造或创造思维的动力,它具有强烈的吸引性与鲜明的情感性。人总是被所感兴趣的事物紧紧地吸引着,并予以高度的注意,进而去探索其奥秘。所以,激发写作兴趣,使作者对写作对象充满了探究、表现的浓厚兴趣,产生了创新的热情,就会满怀好奇心地去寻找最佳的构思,去寻找新颖的创意,从而自觉地展开创造性思维。很多作家的创作经验告诉我们:当作者的兴趣被激发起来,写作的热情燃烧起来以后,就会让思维活跃起来,就会拓宽写作空间,就会有新奇、大胆的想象和创造。

3. 勤于思考,勇于探索

创造思维常常是对现成的规范提出疑问而引起的,经过深入的思考,往往能打破思维贯势,选择与众不同的角度,取得常规思维所达不到的效果。例如奥斯特洛夫斯基的《大雷雨》刚一问世,人们普遍认为小说描写的是一个为爱情而死的女人的故事,是一个纯粹的家庭悲剧。但批评家杜勃罗留波夫透过人物遭遇有了独特发现:这是一个对未来历史含有乐观意义的社会悲剧,主人公卡杰琳娜的思想、行动中,体现了当时俄罗斯这个"黑暗王国的一线光明"。卡杰琳娜的命运预示了受惨重压迫的俄罗斯妇女反抗的开始,同时也预示了她们辉煌的明天。杜勃罗留波夫以独特的审美眼光凸显了人物形象的深刻意蕴,使卡杰琳娜的形象如韫玉之石,闪烁着丰厚的审美价值的光辉。可以说,杜勃罗留波夫和作家一道运用创造思维,共同创造了一个光彩照人的女性形象。

勤于思考是创新思维的助推器,只有不断动脑,勇于探索,才能调动自己的积极思维。

4. 强化多种写作思维训练

苏轼诗云:"横看成岭侧成峰,远近高低各不同。"对于同一事物、同一事件、同一问题,可以尝试使用具有鲜明的流畅性、变通性、创造性特质的发散思维,进行多角度、多层面的思考,最大限度地发掘其丰富的内涵。利用看待事物和问题的角度和着眼点的不同,而找到新奇的发现,获得创造性的认识。

还要重视求异思维的训练。在分析解决问题时,不拘泥于一般的原理和方法,不满足于已知的结论,而运用与众不同的思维方式,标新立异地提出自己新见解。

第四节　神奇曼妙的想象力

一、想象的含义和类别

想象是在人们对自己头脑中已有的记忆的表象进行加工改造从而创造新形象的心理过程。想象是作者生活、思想、情感的一种升华，能深入对象，还能自我深化，能充分发挥写作者的思维潜力。

想象，分为再现想象、再造性想象和创造性想象三种。

再现想象，也称消极想象，就是简单地保存对事物的印象或者依据已有的记忆表象和认识，在头脑中浮现出某种形象的过程。如人们在日常生活中，凭记忆回忆往事，描述耳闻目睹的情形等，都属于再现想象。再比如当一提到蜡烛时，人们头脑中很快就会想到各种形状、颜色、大小的蜡烛物体，就可能想到它的制作原料、寿命、用途、象征意义，甚至能够想到具有与它一样精神和品质的人物等等。这种没有主观情感意识的想象，属于非艺术化的再现想象。

再造性想象，是根据语言或文字的描述、或是根据实物的描绘（如图、形状等）在人们头脑中产生或再造出来的某种形象过程。再造想象常用的方式有接近想象、相似想象、原型联想、推测想象等，如郭沫若的历史剧《屈原》、《蔡文姬》等，便是作家在吸收历史材料的基础上运用再造想象的结晶。诗人李白运用再造性想象，在《梦游天姥吟留别》一诗中，把梦境中的天姥山写得迷离神奇：

> 我欲因之梦吴越，一夜飞度镜湖月。湖月照我影，送我至剡溪。谢公宿处今尚在，渌水荡漾清猿啼。脚著谢公屐，身登青云梯，半壁见海日，空中闻天鸡。千岩万转路不定，迷花倚石忽已暝。熊咆龙吟殷岩泉，栗深林兮惊层巅。云青青兮欲雨，水澹澹兮生烟。列缺霹雳，丘峦崩摧。洞天石扉，訇然中开。青冥浩荡不见底，日月照耀金银台。霓为衣兮风为马，云之君兮纷纷而来下。虎鼓瑟兮鸾回车，仙之人兮列如麻……

这段梦境描写以诗人的愿望和主观感受为基础,任想象肆意驰骋,加上诗人描摹功底深厚,使本诗成为千古绝唱。

范仲淹写《岳阳楼记》时并没有登上岳阳楼,更没有亲临洞庭,一览胜景,而只是从滕子京处,得到一幅《洞庭秋色图》。范仲淹便能从图中的启示和平时头脑中储存的太湖及鄱阳湖的表象,通过想象获得了洞庭湖的景象。所谓巴陵胜状,也是通过太湖和鄱阳湖所获得的印象而想象出来的。正是通过对想象的画面有声有色、富于魅力的描摹,让读者仿佛与作者一道置身于那令人心驰神往的洞庭湖的美丽景色之中:

予观夫巴陵胜状,在洞庭一湖。衔远山,吞长江,浩浩汤汤,横无际涯;朝晖夕阴,气象万千。此则岳阳楼之大观也……

若夫霪雨霏霏,连月不开,阴风怒号,浊浪排空;日星隐耀,山岳潜形;商旅不行,樯倾楫摧;薄暮冥冥,虎啸猿啼……

至若春和景明,波澜不惊,上下天光,一碧万顷;沙鸥翔集,锦鳞游泳;岸芷汀兰,郁郁青青……

在实用文体写作中,作者必须在充分尊重真实的人物、事件、时间、地点、数量等制约条件的前提下,进行适度的再造想象,作者的想象空间相对狭小一些。如制定远景规划时,对未来的奋斗目标、发展思路等进行预测和展望,需要作者结合具体的条件进行合情合理的想象,但想象不允许超越了现实基础,更不可脱离实际地空想或胡思乱想,不能用创造性想象代替再造性想象。

虽然再造性想象的功能主要在于再现、复现,但又具有主观能动性,其想象的内容也具有某种不确定性,也包含着一定的创造性想象的成分。

创造性想象是不依据现成的文字描述和图片的显示为依据,而是根据头脑中原有的记忆表象,进行加工、分解、综合,从而独立地创造出新形象的过程。创造性想象常用的方式有具象想象、情化想象、层进想象、合成想象等。

创造性想象也必须以表象材料为基础,但又不是过去的记忆的表象的简单重现,而一定通过加工、改造,才能创造出新的形象。契诃夫的

小说《装在套子里的人》的主人公别里科夫,就是作者反复观察生活、研究人物后创造出来的具有高度概括力的典型形象:

  这人总想把自己包在壳子里,仿佛要为自己制造一个套子,好隔绝人世,不受外界影响。现实生活刺激他,老是闹得他六神不安。也许为了替自己的胆怯、自己对现实的憎恶辩护吧,他老是歌颂过去,歌颂那些从没有存在过的东西……

  别里科夫这一形象已进入了世界文学画廊,像别里科夫这种顽固保守、思想僵化、害怕并敌视一切社会变革的典型人物不仅当时的俄国有,今日的中国也有。可见,作家创造性想象可以超越时空,散发出神奇无比的魅力。

  创造艺术形象的过程中,作家首先对头脑中储存的个别感知表象进行分解,然后根据表情达意的需要,选取被分解了的表象当中的有用部分,再经过创造想象,把已有的记忆表象与想象的内容"化合"成一个新形象。正如鲁迅在《我怎么做起小说来》一文中总结自己的小说创作经验所说的:"所写的事迹,大抵有一点见过或听到过的缘由,但决不全用这事实,只是采取一端,加以改造,或生发开去,到足以几乎完全发表我的意思为止。人物的模特儿也一样,没有专用过一个人,往往嘴在浙江,脸在北京,衣服在山西,是一个拼凑起来的脚色。"鲁迅在这里讲的"改造"、"生发"、"拼凑"是文学创作的经验之谈,其中创造想象起着主导作用。

二、想象在写作中的作用

  想象是人所特有的高级认识过程,是一种创造性的心理过程。在写作活动中运用想象,可以伸展形象思维的空间和时间,可以丰富形象思维的层次和角度。黑格尔曾说过"最杰出的艺术本领就是想象",高尔基也曾指出:"艺术是靠想象而存在的。"

(一)想象可以拓展表现时空

  当作者在写作正在发生的事件或者生活中的真人真事时,也往往需要在想象的帮助下,对已有的材料进行重新组合、补充加工;当作者在反映过去时代的历史人物事件或者描写现实生活中没有发生过的事件，或不存在却有可能存在甚至根本不能存在的人物时，就更需要作者大胆、丰富、奇特的想象，来拓展表现时空。《红楼梦》中的情感世界、《三国演义》中的战争画卷、《聊斋志异》中的鬼魅天地、安徒生笔下的童话王国等等，无不是作家丰富的想象创造出的空前辽阔、丰富的艺术世界。

通过想象，作者可以超越生活经验和原型表象的局限，可以打破既往的思维定势，抓住事物特征，把前人没有想过、没有联系到一起的事物、人物、场景、画面、语言等有机地组合到一起，从而使作者的思想获得飞翔的翅膀，扩大写作的空间。如普鲁斯特的小说《追忆逝水年华》便通过神奇的想象，打破时空顺序，大跨度地往返于过去、现在和未来，极大地丰富了作品的容量。

（二）想象可以突破生活局限

作者要表现纷繁复杂、光怪陆离的生活事件和丰富多彩、个性鲜明的各种人物形象，必须具有极其丰富的生活积累。而作者的时间、精力、财力等毕竟是十分有限的，其生活积累也是有限的，很多生活并不能亲自观察体验，甚至间接地体验也难以做到。如作家要写人物的死亡，本人并没有也不可能亲自品尝死亡的滋味；作家要写探险者或者艾滋病患者，本人也不可能有探险的经历或者尝试做一回艾滋病患者；作家根据历史资料等二、三手材料进行创作时，已无法进入"时间隧道"去耳闻目睹人物昔日的风采、再去经历过往的事件等等。这时，作家要实现写作目的，要突破生活阅历的局限，就必须要借助想象，依赖想象，发挥想象，合情合理地复原、扩展人物的生活，巧妙地编织事件的进程，自然地完善各种细节，从而创作出源于生活而又超越生活的艺术世界。

借助于想象，作者可以对大脑中储存的一幅幅生活画面进行再调度、分解、组合与再创造，可以把分散的零星的生活素材集中、凝聚起来，可以使作者原有经验和个性体验移位、扩张、变形、融通，创造出比现实生活更集中、更强烈、更具审美意义的艺术形象。如作者可以根据已知事物想象出未知事物，可以从事物的历史和现状中想象出事物的未来状态，可以依据矛盾冲突的发生、发展想象出矛盾冲突的最终结局,可以依据对一个人的性格和行为方式的了解想象出这个人人生命运等等。正是合乎情理的推测想象,补充了事实链条中不足的和还没有发现的环节,补充了作者某些生活经验的不足。

(三)想象有助于塑造典型形象

现实生活中的事件和人物,以及社会的自然场景,要进入作品之中,成为典型的表现对象,常常会有一些不足之处,必须经过作者的创造想象,对头脑中储存的散乱、无序的事物进行筛选和增删,重新组构,使混沌无序变为清晰有序的有机整体;有时甚至要把十几个甚至几十个原型(或表象)材料集中在一起,才能创造出典型形象。

借助想象,作者可以在对感知对象的体验、思索的基础上把握本质,并创造出比现实个别事物的形象更能集中、深刻地反映事物本质的形象,其思维进程表现为抓住个别、突破个别、重建个别三个阶段,即先从一个个具体的活生生的生活场景、生活事件和人物形象出发,经过比较和鉴别,发现个别事物之间的差异性和共同性,提炼能够反映事物本质的东西;然后,主体通过打碎个别、突破个别,为塑造艺术形象选择合适的"零件"、"原料";接着,将各种打碎的事物的本质特征集中起来,用艺术概括的加工方法,在新的基础上组合个别,重建个别。鲁迅创作《孔乙己》,正是在打碎人物原型的基础上,把众多的具有类似性格和命运的人物形象组合在一起,重建成了"孔乙己"这个新质的典型人物,揭示出封建社会某些知识分子悲剧命运。

(四)想象有助于生动地表达思想情感

借助想象,作者可以将抽象的概念或无形的情感化为具有相同特性或特征的具体形象。在这一过程中,作者激活储存在大脑中的表象,赋予抽象以具体的形体或外貌,并在其中融入作者意志或情感,使之成为具体可感的对象,使之具有作者的"生命意味"。

写作中各种表达手法的运用,都是充分发挥想象的具体体现。通过想象,可以变有限为无限,化简单为丰富,化平凡为神奇,使有形与无形转化,使虚实相生相济,使物、情、理融为一体。李白的诗《黄鹤楼送孟浩然之广陵》:"故人西辞黄鹤楼,烟花三月下扬州。孤帆远影碧空尽,唯见长江天际流。"别情之抽象难以状写,诗人借助于想象,将无形的别情离思转化为悠悠远去的长江流水,情以景出。这里,诗人所要表达的思想感情,本来是抽象的,但丰富的想象将其物化在具体的、可感的画面之中,"状难写之景如在目前,含不尽之意于言外"。

三、想象力的培养

(一)以丰富的生活为基础

想象的源头是头脑中的记忆表象,因而想象力的培养,首先要以丰富表象储存为基础,力求在记忆仓库里储存更多的信息,以供想象选择、组合,从而创造出新的形象。头脑中积累的生活表象越丰富、越深刻,其想象力就越丰富、越深刻。

想象是主体重新组合记忆表象,是对已有的材料进行创造性的组合和扩展。主体想象力的强弱,与其头脑中所贮存的记忆表象的数量和质量密切相关。要提高想象能力,写作主体就应该到广阔的社会生活中拓展视野,不断地丰富自己的生活阅历,摄入更加色彩缤纷的生活图景,积聚更多的感知表象。此外,还需要培养扎实、牢固的记忆力,加大记忆仓库的信息储存,为想象提供筛选、组合、创造的充足资源,从而建立起更大的想象空间,收获更多的想象成果。

具体来说,可以开放感官,通过敏锐的听觉、视觉和记忆力,积累丰富的生活表象。可以深入生活当中,认真观察体验,记录下大自然中风、雨、雾、树、花、草等各种景物,记录下各种人物的喜怒哀乐、悲欢离合,记录下社会历史变迁中的大事小情,记录下个人成长过程中的种种遭遇……

当然,还可以通过阅读活动,广泛地博览群书,间接地积累生活知识和经验,补充阅历,增长见识,丰富表象宝库。

(二)以高度的理性为指导

想象作为一种思维活动,它本身便包含着理性的成分,而这理性成分在想象中又起着支配和指导作用。因为想象首先要对表象进行分解,然后进行选择、取舍,这就离不开正确的辨析、判断,至于表象的重新组合、创造新的形象等,更需要高度的理性引导。想象中的理性思考,主要体现在两个方面:

一是在概括大量生活形象的基础上创造新形象。可以从生活中找一类人，提取每个人的特点，通过创造想象塑造成一个典型的人物形象，如海明威小说《老人与海》中的主人公桑提亚哥这一形象便集中了诸多人物特点于一身而又不同于其中任何一个人物。高尔基曾说过，一个作家要从几十个商人、官吏、工人身上抽取最有代表性的阶级特点、习惯、嗜好、姿势、信仰，分离出最自然的特征，再把它们综合、概括在一个商人、官吏与工人身上。

二是以生活中某个具有典型意义的人物原型为主干，运用创造想象整合其他生活素材创造出来新形象。如魏巍的《我的老师》中的蔡芸芝先生，就是以他的小学老师为原型的；巴金的《家》中的觉新这一人物形象是以作家的大哥为原型的。

总之，想象要遵循形象思维的规律，需要在理性的指导下，达到思想与形象、感性与理性的高度统一。

(三) 以强烈的激情为动力

现实生活给作者提供了丰富的表象，但如果没有激情的碰撞，这些表象就可能只是一些毫无生命的东西，会从作者的头脑里渐渐淡化、消失，而一旦作者深厚的生活积累被激情点燃，就能驰骋想象，使那些储存在记忆中的表象骤然飞腾起来。强烈的激情，是作者放飞想象的动力，它犹如酵母，可以让现实的和记忆的生活表象发生"化学反应"，让想象中的事物变成"情化物"。在激情的驱使下，作者常常会忘却自身的存在，或将虚幻的想象境界当作真实的存在，或将自己幻化成想象境界中的某一人、某一物，即进入刘勰所言的"神与物游"的境地，主客体交融。想象展开的过程中既有物象相伴，又有情感相随，情感既是想象的动力，又融进想象之中。李白《秋浦歌》中的"白发三千丈，缘愁似个长"。他不把白发想象夸大为三千丈，不足以表达愁情之深。正是诗人洋溢的情感使其随意赋形时，才逾越经验事实的界限，展开大胆的想象，以骋其情。

心理学研究表明：人在情绪低落时的想象力只有平常时候的二分之一。作者只有在心潮汹涌，情感激荡时，创作的欲望才能被激发起来，才能对事物表象进行冲击、放大，兴致盎然地展开想象，创造出色彩斑斓的作品来。如刘勰在《文心雕龙·神思篇》中所言:"神用象通,情变所孕",澎湃的激情在想象活动中具有不可或缺的催生作用。作者充满激情的想象可以使作家头脑中的表象活跃起来,自觉地进入组合程序。

(四)以自由的联想为手段

想象的触发与展开,都离不开联想的积极参与。正是自由无拘的联想,将各种记忆表象、各种纷繁的事物有机地联系到一起,请看巴金的人物特写《我们会见彭德怀司令员》中一段描述:

晚会结束后,我们走出洞来。雪落得更大了。汽车把我们送回到宿舍的山脚下。我们冒着雪上山,好不容易走到宿舍洞口。雪花满天,冷气扑面,我埋头看山下,只有一片白雪。没有一个人家露出灯光。夜并不迟,北京时间不过九点光景。在祖国的城市里该是万家灯火的时候吧。孩子平静地睡在床上,母亲安静地在灯下工作,劳动了一天的人也得到了休息。是谁在这遥远的寒冷的兄弟邻邦国土上保卫着他们的和平生活呢?祖国的孩子们是知道的,祖国的母亲们是知道的,全中国的人民都是知道的。孩子们梦中的微笑,母亲们脸上满足的表情,全中国人民幸福的笑容,就是对人民志愿军和他们的指挥员彭德怀将军的感激的表示。

这一段,作者通过由近及远、由此及彼的联想,张开想象的翅膀,生动、形象地书写了祖国和人民对志愿军和彭德怀将军的深厚感情。

联想与想象相互配合,能够使描写对象更突出、更形象、更富有感染力。请看王勃的《滕王阁序》中的一段描写:

……层峦耸翠,上出重霄;飞阁流丹,下临无地。……虹销雨霁,彩彻区明。落霞与孤鹜齐飞,秋水共长天一色。渔舟唱晚,响穷彭蠡之滨;雁阵惊寒,声断衡阳之浦。……

这幅形象缤纷、意境深邃的优美图画,令人心旷神怡,但其中有许多景物并非是在同一时间、同一个地点所能看到的,而是经过王勃的丰富想象聚合而成的。在滕王阁的西边有西山,可隔得相当远,望去只能是山形绰约,而他把西山移近,创造成"层峦耸翠"了。滕王阁是靠江的,在阁上是看不到"飞阁流丹"这种景象的,于是,他换了角度,与阁保持一定的距离,才看到了"飞阁流丹"。另外,王勃写序这一天,不一定能够看到"虹销雨霁"的景象。黄昏落霞,孤雁飞天,渔舟唱晚,秋水长天……恐怕也不是诗人在阁中所能看到、听到的,可能是在路上、船中看到、听到的。正因如此,游滕王阁旧址的人,会常常发出这样的疑问:王勃写的许多景物,为什么后人根本看不到?

殊不知,正是王勃充分地调动了联想和想象,将滕王阁塑造成为一个具有审美特征的艺术典型。

第五节 扎实持久的记忆力

记忆,是指人对所经历的事物、思考过的问题、体验过的情感能够识记、保持、再现的能力。识记是把某种事物的形象或表述词语留印在大脑里;保持是把经过识记而获得的事物的形象或表述词语保留在大脑里,是识记的延续;再现是使识记和保持下来的事物的形象或表述词语在需要的时候又从头脑中重现出来。再现是识记和保持的结果和证明,而识记和保持是再现的必要条件。

写作者从现实生活和阅读当中获得了各种信息,经过"识记——保持——再现"便构成了写作材料的储存和调用的过程。从这个意义上讲,记忆是大脑对外界所输入的信息进行编码、储存和提取的过程。记忆力是写作主体必须具备的一项重要能力。

一、记忆的作用

(一)记忆是信息存储的仓库

作者通过各种途径获取的各类信息,不可能都直接转化为文章,必须作为写作素材存放在记忆仓库中,当写作需要时再从记忆库里提取出来。不少作家在生活中发现一些有意味的事物,总会及时地用卡片、日记等方式记录下来,这就是在有意识地用记忆的方式存储信息,以便将来随时调用。地理学家徐霞客长时间在大自然间游历和考察,他每天都坚持写日记,或在驿馆,或在民宅,或在荒郊野外,从未间断。后来写作时，他便调取出来，通过梳理、归纳和加工，写出一部具有很高学术价值和文学价值的著作《徐霞客游记》。日常写作，也往往需要从记忆中提取素材进行加工，因为在写作时，很多的事情已经发生过了，很多的信息已经存放于记忆当中了。记忆可以存储各类信息，具体表现为：

1. 记忆可以存储形象信息

有时，童年的一段趣事，能够会被记忆保持一生，每次回想起来都是那样的清晰，仿佛刚刚发生过一样；有时，生活中遇见的一个人，与自己的关系并不密切，但也会深深地印入脑海中，隔了若干年后，不经意地想起，那个人的音容笑貌还是那样地历历在目；有时，看到一部小说，里面的一个人物形象会悄悄地进入自己的记忆当中，当自己再进行写作的时候，那个栩栩如生的形象会不邀而至。很多文学作品的创作，都来自于作者在平时积累的大量的感性的人物、景物、事件，它们以表象的形式存放在大脑中，当有了写作冲动和写作意图时，它们就会在脑海里像重新打开的画面一样，再次清晰地浮现出来，生动而形象，成为创作的素材和原型。列夫·托尔斯泰曾经见过普希金的女儿普希金娜一面，他在15年后创作《安娜·卡列尼娜》时，记忆犹新，并参照记忆中的普希金娜的外貌去描写了安娜·卡列尼娜。在作家去世后，人们惊讶地发现普希金娜的画像，与安娜·卡列尼娜的肖像简直是一模一样，可见作家超人的形象记忆力。即使是在应用文写作中，作者也会调取存放在记忆中的一些形象信息，如写作调查报告、工作计划时，很多作者曾经历过的事件，感受较深的一些人物、景象等，都会从记忆中重新被唤醒，深化作者对相关材料的认识。

2. 记忆可以存储抽象性信息

人们可以把一些概念、公式、原理、数据、观点、知识等抽象的信息，靠逻辑记忆存放起来。如我们每个人都会记住一些基本的写作知识和理论，记住一些有关哲学、美学、心理学、地理、历史等方面的知识，它们都是抽象的，都是以逻辑记忆的形态储存在我们的头脑中，构成写作的丰富材料。譬如，要写一篇有关读书的议论文，其中某些认识早已存在大脑之中，写作时，这些认识被重新调取出来，再次进行分析、综合，从中提取出新的观点，而要论证这些观点时，会想起某些名人有关读书的论述，会想到某些有关读书的数据等抽象的论据。所有这些记忆中的抽象性信息，与现实生活中或记忆中的形象性信息结合，为写作提供了丰富的材料，保证了写作活动的顺利进行。

作者在生活中激起的情绪和情感也会聚集到记忆当中，形成情绪记忆或情感记忆。这些抽象的情感记忆，有时是依附于某些具体的事件、景物、人物而存在的，有时也会以难以描摹的无形状态存在着，一旦受到外界的某种刺激，这些情绪或情感就会被激发，产生了倾诉或宣泄的欲望，生成了表达情感的意图。

3.记忆可以存储语言信息

写作离不开语言这一媒介和载体，需要借助语言工具来实现写作目的。作者的大脑其实就是一座内容丰富的语言宝库。作者可以把日常生活、工作、阅读当中无意识和有意识搜集的各类语言信息存放到记忆当中，当作者有了写作的欲望时，就可以随时地从中调取各类语言积累。

写作需要生活积累、思想积累、情感积累，也需要大量的语言积累，包括积累词汇、句式、句型、修辞等多方面的语言知识和理论，而所有这些积累都离不开记忆。

（二）记忆可以激活思维

写作是一种思维活动。丰富的各类信息进入到记忆当中，会触发作者的联想和想象，激活思维。无论是形象思维、抽象思维，还是灵感思维、创造思维，都离不开记忆中的那些材料，是记忆将既往与现实联系在一起，将曾经的感受与现实的感受联系在一起，将已有的认识与将产生的认识联系在一起。记忆沟通了信息、情感，也让思维活跃起来，其具体表现为：

1.联想离不开记忆

人们观察事物，产生认识，萌发情感，往往伴随着丰富的联想，会产生由此及彼、由近及远、由正到反、由外到里、由少到多等多种形式的联想，这些联想会把眼前所见所闻，与记忆中的所见所闻联系到一起，会把此时的所思所感与彼时的（记忆中的）所思所感联系到一起，从而获得更为全面、深入的感受和认识。常有人说自己的联想能力不强，根本原因在于其记忆存储内容少,可供联想的资源稀缺,自然会造成联想中的"巧妇难为之炊"了。

2. 想象的展开需要记忆

想象是对记忆表象的加工、改造从而创造新形象的心理过程,记忆表象是展开想象的基础,无论是再造性想象还是创造性想象,都需要调动记忆存储。比如,有时作者会通过对各种零碎的、散乱的记忆表象进行筛选、加工而组合成新的形象。请看诗人李琦的诗《朋友》的第一节:

是久烘着岁月的炭火
是凝思时的怦然一动
是瀚海中写满叮咛的素帆
是不知不觉中眼角的一滴灼热
是肩头很疼的猛击一掌
是走了火的雷霆般的呵斥
是音信杳无后的咸涩拥抱
是一纸讣告前的欲哭无泪

上面这些诗句是诗人在对日常生活积累的挖掘基础上,展开了丰富想象,高度概括地表现了诗人对"朋友"的理解:原来,"朋友"是给自己带来温暖的、带来温馨的、赠与祝福的、给予直言不讳的批评的、难以忘怀的……可见,想象是离不开记忆的。

作者要创作一部内容丰富的小说,需要广泛地搜集素材,就不免要开发自己的记忆存储,从而展开丰富的想象。甚至一些应用文写作时,作者也会因记忆中的某些材料而引发想象。比如,一位文秘人员在为领导起草一份关注下岗职工的文件时,他会不知不觉地联想到某一个下岗职工的生活景象,进而想象到更多下岗职工的生活景象。这会帮助他对所起草的文件内容有更深切的感受。

3. 认识的深化需要记忆

写作必然要表达作者的认识,而作者对客观事物的认识往往要经历一个由浅入深的渐进过程,需要作者对各类现象、问题的分析、综合、归纳、演绎,需要大量感性的和理性的材料,而这些材料的搜集和调取,都需要记忆的帮助。比如,一份劳动合同的写作,作者在考虑其中某些条款的表述时,就可能会联想到记忆中一些合同中与之相关的内容,进而进行对比分析,从而认识到该怎样拟定才会准确,才会更合理。而在判断、推理的过程中,既需要依据现实材料,也需要参考以往的一些材料。

很多作家极其重视个人记忆库的充实。他们广泛的观察体验,深入的调查采访,积累了诸多的材料,从而使自己的认识得到了逐步深化,站在一定的思想高度上,才写出了具有深刻见解的调查报告,写出了具有一定思想深度的报告文学,写出了震撼心灵的文学作品等等。

4. 灵感的迸发需要记忆

灵感是在潜意识状态下,依靠某些触发的媒介,在联想和想象的帮助下,沟通、整合相关信息材料而产生的。如果没有长期的生活积累和情感积累,没有大量的可供联想、想象的记忆材料,信息资料不够丰富,便很难在头脑中迸发出灵感的火花。

二、如何培养良好的记忆力

记忆可以为写作提供丰富的资源和动力,直接影响到写作的数量和质量。那么,该从哪些方面入手,来培养作者良好的记忆力呢?

(一)记忆应广博

黑格尔曾经指出,从事写作活动的人"应该看得多,听得多,而且记得多。一般地说,卓越的人物总是有超乎寻常的广博的记忆"。(黑格尔:《美学》第1卷,商务印书馆,1979年版,第358页)作者记忆的信息数量越多、质量越好,供写作选择的余地就越大,写作起来就越得心应手。以博学闻世的学者钱钟书精通多国语言,遍览群书,博闻强记,有的典籍他能背诵得滚瓜烂熟。在时局艰难、生活困窘、图书难觅的情况下,他仅凭记忆和随身书箧来写作,竟完成了旷世奇书《谈艺录》,征引的古今中外书籍竟达1100多种,晚年又补订了700余种。我们不得不佩服作者阅读之广、记忆内容之博。翻开《谈艺录》,不仅无数的文学例证令人目不暇接,哲学、美学、宗教、艺术、文化学、心理学、语言学等例证,作者也同样是信手拈来,再加上英、法、德、意等国语言随意驱遣,真是"牢笼万物于掌下,思接千载于胸中。"人们在敬佩钱钟书的学识时,不能不惊叹他非凡的记忆力。

增加记忆的容量,就要广泛地涉猎,一方面大量地搜集、积攒来自生活中的各类信息,一方面目光开阔,尽可能多地阅读各类书籍,理解并尝试记住更多的各类知识和理论,使自己的记忆库内容种类繁多、琳琅满目。如果只是单一地记忆某几方面的信息,即使记得相对较多,记得也比较扎实,写作时仍会感觉到视野狭窄,只能在某些圈子里游走,不能像真正的写作大家那样自由地出入多个领域,灵活地调遣各类记忆储备。

虽然当今时代,人们获取信息的方式空前快捷和方便,但记忆力的培养对于写作者来说仍然是十分重要的。记忆的过程,也是对事物再感受、再思考的过程,作者对经历过的事情、体验过的情感、认识过的问题、观察和阅读所筛选出来的信息进行识记、保持和再现,更有助于写作的顺利进行。

(二)记忆要持久

所谓记忆要持久,就是要记得牢固,记得扎实,不易遗忘。这样在写作需要时,便可以迅速地唤起。这就需要作者多增加一些有意识的记忆,可以结合工作、学习和人生规划,积极主动地去识记生活中的事物和阅读的材料,有意识地进行系统而全面的积累。这样,才能记得更多,而且能够记得更完整、更准确。尤其是年轻的时候,正值人生的记忆黄金时期,尽量有意识地记忆一些重要信息,会为将来的写作提供很多的便利。

若想让记忆维系持久,可以增加自己的阅历,丰富自己的经历,因为自己亲历的事情会留下较为深刻印象,自己耳闻目睹的事物,在脑海中留下的印痕较为清晰,容易铭记下来;还可以针对自己感兴趣的或重要的材料,进行反复阅读,以加深理解,形成深刻的记忆。另外,某些刺激强烈的事物,也会给人留下深刻的记忆,因而应多深入生活,多参加各种实践活动,主动接受强烈的信息刺激,加深"记忆痕迹"。

另外,在记忆的过程中,要调动全部的感官,视觉、听觉、嗅觉、味觉、触觉等多种感觉综合运用,去观察事物的特征、去倾听事物的声音、去感觉事物的味道、去感受事物的本质等,对一些阅读材料可以采取朗读、背诵、抄写等多种方式,以加强记忆。

(三)要善于回忆

记忆的目的是为了将来写作时能够回忆出来,对事物进行再现或再认。因此,要经常有意识地打开记忆的大门,重返"记忆的河流",去选取那些经过情感过滤的、感悟遴选的记忆"碎片"或完整"画面",来组合、形成新的事物、景象和认知,也就是通过回忆来激活记忆,利用记忆资源。利用回忆开发记忆的主要方式有:

1. 多进行联想训练

要回忆起来存储的信息,往往借助联想来克服追忆的困难,即根据某些事物的特征或相关事物进行联想。常用三种方式进行联想:一是接近联想,就是由事物在时间、空间上的接近,而由一个事物联想到另一个事物,譬如由晚上遇到的一个情况,而联想到白天发生的一连串的事情;二是类似联想,就是由对一事物的感知引起对与之类似的事物的回忆,比如对一朵凋落的小花生命匆匆的感慨,而引起对某一个英年早逝的人物的回忆;三是对比联想,也就是由对某一事物的感知而引起对与之相反的事物的回忆,比如对报刊上的一个为富不仁的事件产生了一种感受,自然地回忆起记忆中的一个乐善好施的穷人的故事。

为了便于日后勾起联想,唤醒记忆。在平时记忆某些有价值的材料时,可以有意识地进行一下分类,可以列一些图表,做一些符号,最好是经常写日记,经常地翻阅记忆积累,为眼前的所见所闻所思所想与曾经的所见所闻所思所想搭建联想的桥梁。

2. 寻找"动情点"进行回忆

这里所说的"动情点"是指记忆当中的那些触及心灵的带有浓郁情感色彩的事件、人物、场景或者某些细节,它们一直蛰伏在记忆当中,需要在写作动机的引导下去触发它、恢复它、调动它。比如,一些童年琐事,随着时间的流逝而沉淀下来,当作者在一种特定的情境中,怀着一种特殊的情怀追忆时,那些童年琐事便有可能变成一些被净化、美化乃至诗意化的童年趣事,这是很多作家的笔下都能见到的一种情形,因为那些往事拨动了作家心弦,让其回忆时融入了浓烈的主观情感,产生了一种特别的情结。

寻找"动情点",可以精致地还原"动情点"的细节部分,通过细节的渲染来推动感情的升温,于细微之处见真情。或者通过反复出现的某一情感"焦点",形成情感的起伏回旋和画面的移动变化,来表现魂牵梦萦、挥之不去的心灵震撼。如郭文斌的散文《点灯时分》的写作,缘于作者欲逃离城市的喧嚣与骚动,便满怀深情回忆起在老家过元宵节时点灯的情景,记忆里的灯盏照亮的,正是生命中的那些宁静、朴真、善美的东西,那些美好是如此牵动心灵,以致让作者感到一种纯粹的爱,感到了一种久违的无言的喜悦,正在回忆时向自己簇拥而来。作者沿着"动情点"让思绪飘回到了从前,飘进了记忆深处,并随着情感起伏的漩涡,向读者推出了一个个精美的充满诗意的生活画面,并引领读者向更广阔的想象和思考的天地走去。

3. 学会打捞沉潜的记忆

人们每天都要面对大量的信息,每天都可能增加一些记忆的内容,时间一久,某些无意识的记忆,某些浅层的记忆便被遗忘了,这正是记忆的有意无意的筛选,是很正常的。对于那些庸常的记忆内容的遗忘,不必惋惜和担忧,但对那些费尽心思从生活和阅读中获取的珍贵资料,要想尽一切办法存留到记忆当中,这就要同遗忘斗争,一方面降低遗忘率,一方面学会打捞那些沉潜在记忆深层的、被埋在心灵深处的暂时被"遗忘"的材料,将它们从"遗忘"中抢救出来。

要减少重要记忆资源的遗忘,唤醒那些沉睡在心灵深处的记忆材料,一方面要多进行各类情感体验,多进行广泛深入的思考,以便让情感的触角伸得更远,能够触及的范围更广,从而收到刺激记忆、沟通记忆的效果;一方面,可以通过经常性的练笔,不断地打探记忆库,不断地挖掘记忆,让记忆因经常性的写作活动而变得活跃起来。记忆是为了使用的,越是使用,记忆的内容越丰富,记忆的时间越长久。如果很少进行写作,记忆很少被调动,那么,回忆也会变得迟钝、迟缓。就像大脑越用越灵活一样,对记忆的开发和利用越是经常化,越能打捞出记忆深处的东西。另外,在阅读过程中,经常地展开联想和想象,激活记忆存储,也可以有效地对抗遗忘。

总之,记忆和回忆是获取写作资源的重要途径。既要学会储存记忆,更要学会回忆,懂得调动记忆服务于写作。

[思考与训练]

1. 如何进行定向观察?
2. 在写作中,运用逆向思维应注意哪些问题?
3. 联想与想象的关系是什么?
4. 如何克服遗忘?
5. 口述自己最难忘的一件童年往事。
6. 写作主体为什么要善于体验生活?
7. 如何激发写作兴趣?
8. 如何提高写作主体的观察力?
9. 怎样在平时的写作训练中锻炼灵感思维?
10. 培养创造想象的主要途径有哪些?
11. 通过哪些途径可以提高感受力?
12. 如何调动情感因素,增强记忆力?
13. 为什么在寻求机遇以获得写作灵感之前一定要先进行"苦思"?
14. 以《十年后的我》为题写一篇文章,要充分发挥想象力,把某些情景写得具体、形象。
15. 举例谈谈什么是"孕意触发"。
16. 仿照徐志摩的《再别康桥》写一首诗歌,注意观察事物的特征,并充分发挥想象。
17. 选取某些成语、俗语、格言等,进行求异思维,提出自己新的观点,并能够自圆其说。每位同学提出五个令人耳目一新的观点,然后互相交流。
18. 选择三个具体的事例,运用分析和综合,论证"大树底下不好乘凉"这一观点。要求推理严密,层次清楚。
19. 为什么说没有一定的阅读力,就没有一定的写作创造力?
20. 阅读下文《让想象飞翔》,思考文后的问题:

一位诗人跟随两位科学家走进了的撒哈拉大沙漠。

在大漠腹地,骤然而至的一场巨大风暴,在他们毫无防备时,卷走了他们随身携带的所有东西,包括行囊里最珍贵的水。

面对茫茫无涯的沙海,两位科学家绞尽了脑汁,也没有想出解决可怕的缺水难题。他们不由得悲切地叹息,如果再过一天找不到水,他们就只能束手待毙了。

夜幕降临,焦渴难耐的诗人,仰望星空,想象的翅膀悄悄地张开了——迎着晨曦,穿过鸟语花香的林间小径,诗人悠然地来到一个很大的果园,放眼望去,枝头悬挂着无数红硕的苹果,散发着沁人心脾的芳香,那苹果上面正滚动着晶莹的露珠……

"哦,露珠!"他猛然惊喜地坐起,大声喊道。

第二天没等太阳升起,诗人便带着两位科学家在沙漠里找到几株荆棘,那叶片上果真凝结了许多细小的露珠,他们贪婪地吮吸了起来。

此后,每天凌晨,他们都赶在太阳出来之前,吮吸那些夜间潮气凝在叶片上的露珠。一周后,他们走出了大漠。科学家感激地说多亏了露珠,诗人则自豪地说——应该感谢想象。

诗人说的没错,是神奇的想象,让他们摆脱了死神的纠缠。

思考题:

(1)文中哪些地方用到了联想?

(2)结合文章内容,谈谈想象和观察之间的关系。

(3)写一篇不少于800字的读后感。

21.阅读朱成玉的《上帝阅读着尘世的每一个人》,回答文章后面的问题。

上帝阅读着尘世的每一个人,他把每一个人都当成了一本书。厚的、薄的?通俗的、经典的,还是无聊的?书是自己写的。对人生的理解、对家庭的理解、对爱的理解,都有着自己的思考。每个看上去普普通通的面孔后面,都会是一段段的传奇经历,一段段的曲折故事,一段段的心路历程。每个人都在用生命撰写着自己的那本书,无论高贵或卑贱、富有或贫穷、幸福或痛苦,就算只有自己一个读者,也值得每天抽出些时间来书写,总有一天你会发现这本书的价值。

网络作家南航在《每个人都是一本书》中写道:每个人都是一本

书,父母是我们的出版社,生日是我们的出版时间,身份证是我们的书号。男人是汉书,老人是史书,军人是兵书,僧人是经书,多胞胎是丛书,离退休了是闲书,良朋诤友是参考书,那些以刺青、文身、彩绘为时髦的年青男女是图书。如果你身高体胖,那是大开本;如果你小巧玲珑,那是袖珍本……每个人都是一本书,让坏人成为禁书,让好人成为畅销书,让我们用心血为墨写好自己,因为我们的印数都只一册,因此每个人都是绝无仅有的孤本珍籍!

每个人都是一本书,有些人的故事跌宕起伏,充满传奇色彩,上帝不忍眨眼地读,爱不释手;有些人的故事平淡无奇,但他懂得用优美的句子来装饰,上帝倒也愿意瞧上两眼;有些人把自己的书,记成了一本流水账,记成了一本枯燥的万年历,上帝翻着翻着,没了兴致,随手就将它们扔到了一边。

这个世界,有贵族也有平民,有宫殿也有贫民窟,有美人也有残障者,有些人不停地怪怨上帝不公,感叹自己生不逢时,命途多舛,龙游浅滩,虎落平阳,良马难觅伯乐……其实这些抱怨上帝充耳不闻,上帝只是个愿意看书的老头儿,他阅读着尘世的每一个人,你只有把自己的书写得精彩了,才能得到他老人家的眷顾。

思考题:

(1)运用抽象思维,概括这篇文章的主旨。

(2)这篇文章的题目有什么特点?

(3)依据阅读这篇文章的感受,发挥想象,写一篇题为《人生是一本书》的文章。

22.阅读著名作家迟子建的散文《泥泞》,回答下面的问题。

北方的初春是肮脏的,这肮脏当然缘自于我们曾经热烈赞美过的纯洁无瑕的雪。在北方漫长的冬季里,寒冷催生了一场又一场的雪,它们自天庭伸开美丽的触角,纤柔地飘落到大地上,使整个北方沉沦于一个冰清玉洁的世界中。如果你在飞雪中行进在街头,看着枝条濡着雪绒的树,看着教堂屋顶的白雪,看着银色的无限延伸着的道路,你的内心便会洋溢着一股激情:为着那无与伦比的壮丽或者是苍凉。

然而春风来了。春风使积雪融化,它们在消融的过程中容颜苍老、憔悴，仿佛一个即将撒手人寰的老妇人；雪在这时候将它的两重性毫无保留地暴露出来：它的美丽依附于寒冷，因而它是一种静止的美、脆弱的美；当寒冷已经成为西天的落霞，和风丽日映照它们时，它的丑陋才无奈地呈现。纯美之极的事物是没有的，因而我还是热爱雪，爱它的美丽、单纯，也爱它的脆弱和被迫的消失，当然，更热爱它们消融时给这大地制造的空前的泥泞。小巷里泥水遍布；排水沟因为融雪后污水的加入而增大流量，哗哗地响；燕子在潮湿的空气里衔着湿泥在檐下筑巢；鸡、鸭、鹅、狗将它们游荡小巷的爪印带回主人家的小院，使院子里印满无数爪形的泥印章，宛如月下松树庞大的投影；老人在走路时不小心失了手杖，那手杖被拾起时就成了泥手杖；孩子在小巷奔跑嬉闹时不慎将嘴里含着的糖掉到泥水中了，他便失神地望着那泥水呜呜地哭，而窥视到这一幕的孩子的母亲却快意地笑起来……

  这是我童年时常常经历的情景，它的背景是北方的一个小山村，时间当然是泥泞不堪的早春时光了。

  我热爱这种浑然天成的泥泞。泥泞常常使我联想到俄罗斯这个伟大的民族，罗蒙诺索夫、柴可夫斯基、陀思妥耶夫斯基、托尔斯泰、蒲宁、普希金就是踏着泥泞一步步朝我们走来的。俄罗斯的艺术洋溢着一股高贵、博大、阴郁、不屈不挠的精神气息，不能不说与这种春日的泥泞有关。泥泞诞生了跋涉者，它给忍辱负重者以光明和力量，给苦难者以和平和勇气。一个伟大的民族需要泥泞的磨砺和锻炼，它会使人的脊梁永远不弯，使人在艰难的跋涉中懂得土地的可爱、博大和不可丧失，懂得祖国之于人的真正含义：当我们爱脚下的泥泞时，说明我们已经拥抱了一种精神。

  如今在北方的城市所感受到的泥泞已经不像童年时那么深重了：但是在融雪的时节，我走在农贸市场的土路上，仍然能遭遇那种久违的泥泞。泥泞中的废纸、草屑、烂菜叶、鱼的内脏等等杂物若隐若现着，一股腐烂的气味扑入鼻息。这感觉当然比不得在永远有绿地环绕的西子湖畔撑一把伞在烟雨淳淳中耽于幻想来得惬意，但它仍然能使我陷入另一种怀想，想起木轮车沉重地辗过它时所溅起的泥珠，想起北方的人民跋涉其中的艰难的背影，想起我们曾有过的苦难和屈辱，我为双脚仍然能触摸到它而感到欣慰。

我们不会永远回头重温历史,我们也不会刻意制造一种泥泞让它出现在未来的道路上,但是,当我们在被细雨洗刷过的青石板路上走倦了,当我们面对着无边的落叶茫然不知所措时,当我们的笔面对白纸不再有激情而苍白无力时,我们是否渴望着在泥泞中跋涉一回呢?为此,我们真应该感谢雪,它诞生了寂静、单纯、一览无余的美,也诞生了肮脏、使人警醒给人力量的泥泞。因此它是举世无双的。

思考题:

(1)结合文章,谈谈如何抓住特点进行观察。
(2)作家是如何调动记忆存储进行写作的?
(3)文中哪些地方体现出了作家独特而深刻的感受?

23.下面是英国著名作家 J·K 罗琳在 2008 年哈佛大学毕业典礼上的题为《想象的力量》的演讲稿,阅读并思考后面的问题。

这个庆祝你们毕业的欢乐日子里,我想谈谈失败所能带来的益处;同时鉴于你们正站在"真实人生"的入口,我想赞美一下想象力的重要性。

我在前半生一直徘徊在自己的追求和别人对我的期望间,难以平衡。我确信自己唯一想做的事是写小说。但我的父母都来自贫穷的家庭,没有上过大学,他们认为我异常活跃的想象力只是怪癖,不能用来付抵押贷款或是赚取退休金。他们希望我取得专业文凭,我则想研究英国文学。最后达成了一个双方都不甚满意的妥协:我改学现代语言。但父母刚刚离开,我就报名学习古典文学了。

但我并不因此而责备他们。总有一天你不能再抱怨父母让你走错了方向。当你成为大人,就需要自己做决定,承担责任。我也不能批评父母希望我摆脱贫穷,我赞同贫穷并不是令人自豪的事的观点。贫穷会带来恐惧,压力,有时还有沮丧,这意味着很多的卑微和艰苦,通过自己的努力摆脱贫穷值得自豪,只有傻瓜才将贫穷浪漫化。

为什么我还要说失败的益处呢?因为失败剥离无关紧要的东西。失败后我不再伪装,只做自己,将所有精力都投入到唯一对我重要的工作上。若我在其他事情上成功过,我可能就不会将全部决心投入到我自信会取得成功的领域。我自由了，因为我最恐惧的事情已经发生，而我还活着，还有一个我深爱的女儿，一台陈旧的打字机和大想法。因此，生命中的低谷成为我重铸生活的坚实基础。

你们可能不会经历像我那么大的失败，但永远不失败是不可能的。只有遇到逆境，你才会真正了解自己和身边的人。这是用痛苦换来的真正财富，它比任何证书都有用。

如果有时间机器，我会告诉21岁的自己，个人幸福不是成就清单。生活复杂而艰辛，任何人都不可能完全控制它，谦逊地认识到这些才能在生命沉浮中幸存下来。

你们也许认为我选择想象力做主题是因为它在重铸我的人生中的作用，但这不是全部原因。虽然我会不遗余力地捍卫床边故事的价值，但我已学会从更广泛的意义来评价想象力的价值。想象力不仅是人类幻想不存在事物的特殊能力，我们也能通过它体会一些并没有亲身经历过的事情。

我最伟大的生活经历之一发生在写《哈利·波特》之前，后来我在书中写的很多东西与此有关。我最早是在国际特赦组织总部研究部门工作。被援助者的痛苦经历曾让我在无数个深夜清晰地在梦魇中听到撕心裂肺的尖叫，体会到被囚禁的绝望。但这段经历也让我体会到人类的善良。我们不曾也不想亲历那些痛苦，但我们可以借用想象力的翅膀来感受他们的生活。人类的同情心能引导集体行动，这种能量足以拯救生命，使囚犯获得自由。我在这个过程中贡献的微薄力量是我生命中最谦卑，最令人振奋的经历之一。

人类不同于这个星球上的其他生物，我们能在没有亲身经历的情况下了解并理解，设身处地地感受他人的境遇。许多人拒绝运用他们的想象力，宁愿在自己的经验范围内维持舒适的状态，对任何与自身无关的苦难关上思想与心灵的大门。选择不去体会和同情他人的人更可能激活真正的恶魔，虽然没有亲手犯下罪恶，但可能以冷漠与邪恶串谋。

在座的各位有多少人会去感知他人的生活？你们的一切给了你们独特的优势，也给了你们独特的责任。如果你们为被忽略的人们说话，在认同强势群体的同时也认同弱势群体，运用想象力进入条件不如你们的人的生活,那么庆祝你们存在的将不仅是你们的亲人,还有千万因为你们的帮助而获得更好生活的人们。不需要魔法来改变世界,我们自身就拥有这种能力:想象更好世界的能力。

思考题:

(1)这篇文章提到了写作应具备的哪些能力?

(2)作者为什么特别看重"失败的益处"?它对写作能力的提高会起什么作用?

(3)根据作者的提示,谈谈可以通过哪些途径丰富自己想象力。

24. 以"窗口"为话题,运用发散思维和收敛思维,选择一个合适的角度,提炼出一个新颖、深刻的主题,写一篇文章,体裁和字数不限。

25. 阅读陈忠实的散文《生命里的书缘》中的片段,思考后面的问题。

我之所以对昆德拉的小说尤为感兴趣,首先在于其简洁明快里的深刻,篇幅大多不超过十万字,在中国约定俗成的习惯里只能算中篇。情节不太复杂却跌宕起伏,人物命运的不可捉摸的过程中,是令人感到灼痛的荒唐里的深刻,且不赘述。更让我喜欢昆德拉作品的一个因由,是与马尔克斯《百年孤独》决然不同的艺术气象。

我正在领略欣赏魔幻现实主义的兴致里,昆德拉却在我眼前展示出另一番景致。我便由这两位大家决然各异的艺术景观里,感知到不同历史和文化背景里的作家对各自民族生活的独特体验,以及各自独特的表述形式,让我对小说这种艺术形式发生了新的理解。

用海明威的话说,就是要"寻找属于自己的句子"。这个"句子"不是指通常意义上的文字,而是作家对生活——历史和现实——独特的发现和体验,而且要有独立个性的艺术表述形式。仅就马尔克斯、昆德拉和海明威而言,每一个人显现给读者的作品景观都迥然各异,连他们在读者我的心中的印象也都个性分明。

可是,无论他们的作品还是他们个人的分量,却很难据出轻重的差别。在马尔克斯和昆德拉的艺术景观里,我的关于小说的某些既有的意念所形成的戒律,顿然打破了;一种新的意识几乎同时发生,用海明威概括他写作的话说就是,"寻找属于自己的句子"。只有寻找到不类似任何人而只属自己独有的"句子",才能称得上真实意义上的创作,才可能在拥挤的文坛上有一块立足之地。

在昆德拉小说的阅读过程中,还有一个在我来说甚为重大的启发,这就是关于生活体验与生命体验的切实理解。似乎是无意也似乎是有意,《玩笑》和《生命中不能承受之轻》这两部小说一直萦绕于心中。这两部小说的题旨有类似之处,都指向某些近乎荒唐的专制事项给人造成的心灵伤害。然而《玩笑》是生活体验层面上的作品,尽管写得生动耐读,也颇为深刻,却不像《生命中不能承受之轻》那样让人读来有某种不堪承受的心灵之痛,或者如作者所说的"轻"。

我切实地感知到昆德拉在《生命中不能承受之轻》里进入了生命体验的层面,而与《玩笑》就拉开了新的距离,造成一种一般作家很难抵达的体验层次。这种阅读启发,远非文学理论所能代替。我后来在多种作品的阅读中,往往很自然地能感知到所读作品属于生活体验或是生命体验,发现前者是大量的,而能进入生命体验层面的作品是一个不成比例的少数。我为这种差别找到一种喻体,生活体验如同蚕,而生命体验是破茧而出的蛾。蛾已经羽化,获得了飞翔的自由。然而,这喻体也容易发生错觉,蚕一般都会结茧成蛹再破茧而出成蛾,而由生活体验能进入生命体验的作品却少之又少。即使写出过生命体验作品的作家,也未必能保证此后的每一部小说,都能再进入生命体验的层次。

思考题:
(1)作家喜欢昆德拉的作品的主要原因有哪些?
(2)结合阅读上述文字的感受,谈谈如何获得丰富而深刻的生命体验。
(3)联想其它作品的阅读,谈谈作家敏锐的感受力是怎样培养起来的。

第五章 写作过程的审视

[本章导引]

写作是一个渐进生成的过程。每一次写作行为,都是写作主体手脑并用的一个完整的操作过程,是写作主体的智力、素养、能力的综合运用。写作过程还延伸到写作前的个人学识素养、生活积累、思想品位等"前写作",延伸到写作成果诞生后的传播与流通的"后写作",从而形成"前写作"、"写作"、"后写作"三个阶段互动的写作过程。本章主要考察处于中间阶段的写作过程,即由感知、构思、行文、修改四个阶段构成的动态写作过程。

写作过程体现着"物——感——思——文"的相互转化和生成的规律,可以看到写作过程纵向推进的轨迹:首先,通过观察、体验、阅读等,写作主体获得感知,产生写作的冲动和欲望;接着,进入构思阶段,通过提炼主题,对材料进行筛选和加工,设计文本的蓝图,形成"内化文本";然后,按照构思的成果,调动语言文字符号,运用各种表达方式和写作技法,将"内化文本"进行物化,使之成为内容与形式统一的具体的写作成果;随后,写作主体通过自我调节和写作受体的信息反馈,不断地修改润色,使写作成果臻于完善。以上几个写作阶段既紧密相连又交叉反复,既相互作用又相互渗透,从而形成了错综复杂的完整写作过程。

第一节　引发契机的感知

一、写作感知的特性

写作感知,亦称写作感思,它是以实践为前提、以积累为条件而产生的一种生理的与心理的认知和接纳信息、触发情感、引发构思的活动。写作感知不同于一般感知,它不是单纯的生理反应,而是一系列复杂的积极心理活动,是一种特殊的感思形式。写作感知具有以下特性:

(一)个体差异性

写作主体对客体对象的感知因不同的写作意图和主观因素渗入所带来的明显的个性差异,即写作感知的个体差异性。

感知的引发,有时来自写作者眼前面对的某一对象,有时来自记忆,有时来自阅读,有时来自潜意识的幻觉等,不同的触发媒介作用于主体,以不同的方式沟通主体和客体,自然会产生形态万千、迥然不同的感知。

感知的个体差异性与一个人的社会环境、思想文化素养、情感爱好等密切相关,这些因素渗透到感知领域,直接或间接地影响着素材的获取、构思的向度和行文方式等。譬如,不同的诗人面对同一事物——蝉所产生的感知各不相同,所咏的诗句意蕴也迥然不同。虞世南吟"居高声自远,非是藉秋风。"骆宾王吟"露重飞难进,风多响易沉。"李商隐吟"本以高难饱,徒劳恨费声。"不同的人生经历和审美倾向,使诗人们产生了不同的感知。

在感知过程中,主体往往以独有的心理和知识建构,以及特殊的生活阅历等,完成对客观对象的洞幽烛微,这也充分展示出各自不同的感知方式和感知成果,表现出显著的感知个体差异性。

(二)对象选择性

受写作心态、情境、意图等影响,当主体与感知对象发生对应和碰撞关系时,主体对感知对象会自觉或不自觉地进行接纳或排拒,即写作感知具有一定的对象选择性。"感时花溅泪,恨别鸟惊心"是感知的接纳;"视而不见,听而不闻"、"熟视无睹"是感知的排拒;"仁者见仁,智者见智"、"一千个读者有一千个哈姆雷特"则是感知的选择。

主体在感知过程中,常常以头脑中原有的信息储备和心理积淀为基础,有意识选择自己全神贯注的事物,接纳那些拨动感知者心灵的东西。对于那些激发写作兴趣、点燃写作热情、引发写作欲望的信息,会有敏锐的感知和捕捉,如一道美丽的风景,一曲美妙的音乐,一个曲折神奇的故事,一段蕴含深刻哲理的话语等,都可能在刹那间引起主体心灵的波动,都可能由此产生种种丰富、奇妙的感知,进而被摄取、被加工,催动写作进程;反之,即使有很多信息摆在面前,主体也可能根本就没有什么感觉或者感觉麻木,自然也就谈不上对信息的选择和接纳了。

选择常常受主体的兴趣、需要、心境等影响,善于形象思维者钟爱具体的形象,喜欢选择富有画面感的景物、连贯的情节、生动的细节等;偏好抽象思维者喜欢理性判断和推理,他们倾向于通过条分缕析、严谨的逻辑论证,以获得对感知对象的理性把握。

(三)灵通敏锐性

主体感知客体、发现和捕捉写作信息的灵敏和锐利,即写作感知的灵通敏锐性。当主体写作意识强烈、兴趣浓厚或者进入了特定的写作情境时,这种特性便显得十分突出,反之则呈现弱态。如新闻工作者因为有强烈的报道意识,常常会对一些新闻事实敏感;文秘工作者经常从事实用文体写作,其对调查报告、计划、总结等文体所涉及的一些事实材料会产生敏感;诗人、小说家喜欢用生动的意象、形象来抒情达意,他们会敏感于日常生活中某些常人不以为然的琐屑却耐人寻味的小事或平常景象,会感知客观对象的某些细微的差别或变化。一般来说,审美感知往往会机敏地关注个别的、奇特的事物和偶然的现象;非审美感知常常在总体关注的基础上敏感于具体的事物和事实。

一般的感知对强烈的刺激敏感,写作感知对刺激较弱的客体也能产生敏感,关键在于主体是否能够有意识地观察、谛听、触摸、调查、体验和接纳。作家丁玲在《创作与生活》中曾经说过:"即使在极平凡的生活中,作家一定要看见旁人能见到的东西,还要看见旁人看不到的东西。"某些一般人眼中可能是微不足道的、很难引起兴奋和注意的事物，对于写作主体而言，由于强烈的写作意识甚至定向的写作准备，却可能引起心灵的震颤，会感慨万千。因此，"要看见旁人看不到的东西"这种灵通敏锐的感知能力，是主体在写作中应特别加以培养的。朱自清的散文《春》体现出作家独特的感知力，他充分运用感官对"春"进行感知，用视觉写花的颜色："红的象火，粉的象霞，白的象雪；"用嗅觉加味觉写花香："花里带着甜味儿"；用听觉写声音："花下成千成百的蜜蜂嗡嗡地闹着"；用触觉写整体的感受："吹面不寒杨柳风，不错的，象母亲的手抚摸着你。"很显然，灵通敏锐的感知，让作家对"春"有了全面把握和传神的描绘。反之，如果作家没有一定的感知能力，或者感知能力不高，又怎能写出这样脍炙人口的文章呢？

（四）审美倾向性

写作感知中往往会渗透着作者的思想情感。作者在感知某一客观对象时，会不自觉地加入一些审美情感，会流露出一定的审美倾向性，尤其是在文学创作中，更是离不开审美感知的融入。邓康延曾在文中这样写道："能看出一座山很高峻很苍翠很风光的是孩子都会有的眼睛；能看出一座山很历史很情感很象征的是智者才具有的眼睛。"这里，作家与常人眼睛的区别在于：常人眼睛所缺乏的正是审美经验在生理视线中的渗透，因而失去了审美发现。作家对于很多一般人感觉司空见惯、平淡无奇的生活景象，却能够以审美的眼光去感受、去发现，自然会有新奇的美的发现。

以审美的眼光去感知，就会穿透事物的表层，从斑驳陆离的现实生活中，惊喜地感受和捕捉到那些隐匿在事物背后的美。有时，甚至微不足道的一株草、一片云、一粒沙、一个眼神、一个手势等，都可能与作者审美的眼光相遇，并由此产生美的印象和美的情思。请阅读叶文福的诗《火柴》：

可怜一家子/百十口，挤一间没有窗门斗室/个个都渺小，渺小得全家一个名字//但是，个个都正直——/站着是擎天柱的缩影/躺下，是一行待燃的诗//每人都有一颗自己的头颅/每人，一生/只发言一次//光的发言，火的发言/燃烧的生命/高举鲜艳的旗帜//明知言罢即死，却前

仆后继/谁都懂得,一次发言/是医生的宗旨,是神圣的天职//呵,火柴/伟大的家族,英雄一家子/莫说渺小,个个都是战士

像火柴这样的日常生活用品,一般人只会在需要的时候想到它,而叶文福却敏锐地感知到了它所蕴藏的美,并用意味深长的诗句进行了优美的书写。

二、写作感知的作用

写作表达的是人们对客观世界的感受和认识。写作行为的发生,是从感知开始的。思,因感而起;情,因感而生;言,因感而发;文,因感而成。正是在感知阶段,写作者油然而生写作的意愿,找到了寄寓情思的客体,寻到了实现写作意图的载体,获得了主体心灵与客观外物沟通的渠道。作者对写作对象独特的感知体验、独特的发现和认识,引导和制约着写作行为的发生和运行轨迹,并在此轨迹中凸显写作感知的特殊意义。可见,写作感知是写作行为中非常重要的思维和精神活动,对写作行为的成败会产生重大的影响作用。

(一)感知是引发写作动机的契机

写作动机是指促使作者生发和驱动写作行为展开的愿望和心灵力量,也是保持写作进行下去的内在动力。作者之所以拿起笔来写作,首先是因为获得了某些强烈的感知,产生了要通过写作来记录、传播信息和情思的意愿。与此相反,当人们没有感知或感知不强烈时,写作欲望也不强烈,写作的展开自然也就很困难。当客观景、物、人、事、境等,被主体敏锐地感知到了,并由此触发了主体已有的各种积累,在各类信息的交互沟通与碰撞中,主体的情感和思想异常地活跃,写作的灵感不期而至,自然而然地就会催生出写作欲望、冲动和激情,从而带动主体进入一种积极的写作状态当中。

引发写作动机的对象往往是一个或多个信息点,一处风景、一件小事、一篇文章、一句话甚至一个词语,若是拨动了作者的心弦,便会引起一连串的情感、思想的波澜,进而迸发出写作的愿望。作家刘心武说:"最初的创作冲动好比一个胚芽,这胚芽可能是一个人物,或者一个场面,或者一个细节,或者一件引起丰富联想的物品。"这些引发感知的

信息点，有的来自生活体验，有的来自回忆触动，有的来自阅读感受，有的可能来自某种幻觉或压力。这些信息或以单一形式或以综合形式通过作者的感知，引发写作的冲动和热情。诗人舒婷结束了自己的知青生活，从乡下返回城市，待业在家，有一种无可名状的感受在心中涌动。一天，她在海边徘徊，忽然看到一条搁浅的船。刹那间，那条船与她心头挥之不去的那种感觉遇合了，灵感的火花一闪，她找到了情感宣泄的通道，写出了《船》一诗，抒发了"理想的船在现实的海洋里也会有搁浅的时候，但它终究要启航"这样的感受。

（二）感知是获取写作素材的主要途径

写作感知是在作者写作观念的支配下，直接为写作行为感受、摄取、提供渗透着主体情感和思考的客体对象。能够成为写作素材，进入作者视野和心灵的，正是那些为作者提供了感觉、感受、感情和认识的对象。因而，感知是获取和积累写作素材的主要途径。

列夫·托尔斯泰在日记中记述了自己创作《哈泽·穆拉特》是这样通过感知获取写作素材的：

> 昨天，我穿过一片刚刚犁过的黑土田地。一眼望去，除了黑土以外，什么也没有，连一根绿草也看不到。可是尘土飞扬的灰秃秃的路旁，却长着一棵鞑靼花（牛蒡），这棵花有三条幼枝，一条已经断了，断枝上挂着一朵沾了泥的小白花；另一条也断了，上面沾满了污泥，黑色的绿枝显得垂头丧气，十分肮脏；第三条幼枝向旁边直伸出去，虽然也因为蒙上灰尘也变黑了，但还活着，中间部分还是红的。这一片原野上，只有它把生命坚持到最后，不管怎样总算坚持下来了。这使我想起了哈泽·穆拉特。我真想把一切都写出来。
>
> （米·赫拉普钦科：《作家的创作个性和文学的发现》，上海译文出版社，1977年版，第24页）

通过对牛蒡花的细致观察，作家敏锐地感受到了牛蒡花坚韧不屈的生命力中所蕴含的审美价值和社会意义，进而展开联想，发现了高加索英雄哈泽·穆拉特与牛蒡花相通的精神特质：顽强不屈，坚持到底。于是，作家对这位民间英雄的感受越来越深刻，这一形象也变得越来越鲜明，从而获得了很好的写作素材。

真正的作家能够通过独特的感知，源源不断地获取写作的素材。即使许多平淡无奇的生活琐事，也会因为作家某些独特的感觉，以及细腻情感的融入，成为俯拾皆是且充满情趣、美感的素材。杨绛写《我们仨》，正是缘于对一家三口半个世纪以来相濡以沫的感受，所叙述的虽然不过是饮食起居、生老病痛等日常生活中的平凡事件和场景，但就在那些不动声色的诉说中，流露出了对家庭温馨的怀念和对家人离逝的悲痛。

（三）感知是开启写作思维、触发情感的钥匙

写作过程也是思维的过程。写作的结果是写作思维活动的结果，写作的广度、深度和厚度，其实正是写作思维的广度、深度和厚度的体现。写作思维的开启，必须靠感知这把钥匙。没有主体的感知，写作思维活动就无法进行，写作也就无从谈起。

鲁迅先生曾深有体会地说过这样一段精彩的话："静观默察，烂熟于心，凝思结想，一挥而就。"鲁迅准确地概括出了写作活动的三个环节：感知——构思——行文，"静观默察、烂熟于心"是感知环节，指通过观察获得感知，强化感受，这是产生写作的动机、获得写作材料、启动写作思维的主要途径；"凝思结想"是构思环节，这是作者升华认识、加工材料、谋篇布局、设计文章蓝图的必由之路，是一种定向性的创造思维活动，此环节集中地体现出了写作思维的特征。

感知还可以触发主体的情感。任何主体都不能超越社会、时代、环境和各种实际存在的客体而凭空产生情感，任何主体也都不能离开自身的感知功能而产生七情六欲，情感首先是在外物的作用下通过感知的心理活动实现的。刘勰《文心雕龙》中所说的："情以物迁，辞以情发"，"物色之动，心亦摇焉！"等，都是在谈感知对情感的引发。

（四）感知是提高写作素养的重要环节

写作者的思想素养、理论素养、文化素养、审美素养等写作素养的提高，都与感知能力的培养密切相关。正是借助于敏锐、通透的个性化的感知，人们才得以不断地汲取各种知识，培养各种能力，提高自身的综合素养。

只有经过主体深刻体验过、而非简单经历过的带有生命体温的感

知,才使主体与客体达到了完美、和谐的统一,既重视了客体的原生状态,又进行了知、情、意的多元璧合。陀思妥耶夫斯基曾被高尔基赞誉为"以自己的天才的力量震撼了全世界,使整个欧洲惊愕地注视着俄罗斯。"他的写作素养也曾令文学巨匠鲁迅赞叹不已。陀思妥耶夫斯基认为自己的文学素养来自于对社会生活的深切感知,他在谈及自己创作小说《穷人》时说过:"那时,另一件事情,历历浮现在眼前,在某个黑洞洞的角落里,跳动着一颗九等文官的心,一颗正直而纯洁、有道义而忠于上级的心;跟他一起的是一个受尽屈辱、抑郁寡欢的小姑娘。他们的事迹深深地扣动了我的心弦,使我感到心碎。"(陀思妥耶夫斯基:《用诗和散文描述的彼得堡梦景》,见《陀思妥耶夫斯基中短篇小说选》(下),人民文学出版社,1982年版,第669页)正是这类对小人物生活感知体验,使作家的审美、发现、认识等能力得以全面提高,写作素养出类拔萃,拥有了"天才的力量"。

三、写作感知的过程

写作感知的过程是一个包含着三种趋向、三层递进的复杂的过程。

(一)三种趋向

1. 由模糊趋向清晰

感知对象的存在形态不是单纯划一的,而是相互交错、复杂多变的模糊集合,而且作为感觉的表象也没有客观现实中的形象那样明朗清晰,常常存在着边缘不清甚至混杂的模糊,所以,写作主体对客体对象的感知过程,一般要经历一个由模糊到清晰、由不确定到确定的过程。王蒙谈到自己创作小说《夜的眼》时,说自己是受了某种感觉和感受的引导,但"这个感受是什么?讲不大清楚,有点朦胧"。正是这种讲不清、有些朦胧和模糊的感觉,引导着主体感知的深化并向写作构思推进,凭借着那种飘逸、灵动的感觉的刺激和辅助,使主体进入到一种妙不可言的写作情境当中,并随着写作意图的逐渐明确,感知也逐渐走出初期的若有若无的迷雾,摆脱了主体一时无法确定的某些状态,感知之物了然于心并开始孕育成形,进入到一个思路清晰、感受明朗的天地。

2. 由无序趋向有序

在感知阶段,主体对各自独立、杂乱无序的刺激会产生种种感知,并随着感知的进展,开始有意识地对处于流动易变状态的、模糊可塑的、混杂并陈的毫无条理的感知表象进行有序化的梳理与整合,试图借助对感知对象的某些并列、承续、因果、递进等关系辨析和把握,对已有的感受和记忆表象等做出合理性的解释。同时,自身的兴趣、动机、意志、精神状态等多种因素无序混合的内驱力,也在写作意识的调控下凝结为强烈而明确的表达欲,推动着感知逐步向序列化、条理化、系统化发展,为进一步加工材料、设计布局、行文表达提供相应的条件。

3. 由残缺趋向完形

写作感知过程中,受情感和理性双重制约的主体,为着实现一定的写作目的,总是从有机的整体的心理结构去感知事物,然而,感知物却经常难以满足写作的需要,经常会以一种不连贯的、残缺的甚至是支离破碎的形式出现,而且感知成果也经常呈现一些断裂的碎片状态。这时,主体便会产生一种追求完整、完形甚至完好、完美的感知兴奋,会借助于记忆、联想和想象,通过反复、深入的感知,努力去整合破碎,补充残缺,弥合裂痕,试图修补感知物为一个"好形",整合残缺零乱的感受为"完形"。

(二)三层递进

感知的过程,是主体对客体表层、浅层和深层现象、结构及相互关系不断感受、探究和认识的过程。当写作意识渗透到各个层面时,又呈现出逐层深入、交叉变化的递进之势。

1. 对外表层面的感知

对事物外表层面的感知是写作感知的初级阶段,由生理上的反应引发对客观事物表象的感性认识。一些文章中的简单描写和叙述,所展示的图像、画面和场景,往往都是作者对表象的感知,所传递的美感信息或理性意蕴,多是初级的、表层的印象。例如,美国记者埃德加·斯诺在其纪实文学《西行漫记》中,这样描述作者第一次见到毛泽东的情景:

> 他是个面容瘦削,看上去很像林肯的人物,个子高出一般的中国人,背有些驼,一头浓密的黑发留得很长,双眼炯炯有神,鼻梁很高,颧

骨突出。我在一霎那间所得的印象,是一个非常精明的知识分子的面孔……

这是斯诺对现实生活中真实的毛泽东外表层面的感知,是客观对象激起了作者视觉和心理反应,作者将其描绘出来,简洁而生动。

2. 对肤浅层面的感知

对事物肤浅层面的写作感知是向知性认识推进的阶段,是生理与心理反应相交叉的感知。在写作感知中,作者试图将自己的感知判断推向肤浅层,以剖解感知对象,获得某种知性认识。如埃德加·斯诺是这样描述毛泽东在保安的居室:

毛泽东和他的夫人(贺子珍)住在两间窑洞里,四壁简陋,空无所有,只挂了一张地图……毛氏夫妇的主要奢侈品是一顶蚊帐。除此之外,毛泽东的生活和红军一般战士没有什么两样。做了十年红军领袖,千百次的没收地主、官僚和税吏的财产,他所有的财物却是一卷铺盖,几件随身衣物——包括两套布制服。他虽然除了主席以外还是红军的一个指挥员,他所佩的领章,也不过是普通红军战士所佩的两条红领章。

作者在描述毛泽东所住窑洞的陈设时,已不止于表层印象,不只是感性认识,而是包含着对感知对象的理性解剖,并渗透着一定审美意义上的判断。作者从毛泽东的铺盖、蚊帐等细节中发现了他艰苦朴素的品德,从他所佩的领章中发现了红军官兵一致,平等的思想普遍存在于红军队伍里。虽然斯诺对红军领袖的素质及意义的理解是有一定限度的,理解的、不理解的、完全不理解的以及对事物最初的印象混杂并存,但这种浅层次的理性的审美判断,必然会引导其向事物深层感知推进。

浅层感知是加入了理性思考的感知,是对感知对象在审美意义上的初步剖解和评判。当感知朝着审美方向运动,作者在孕育形象、传递审美发现时,已包括了一些理性的成分。比如,作者看到高山之上的皑皑白雪,会有一种肃穆、壮阔的美感;看到浩瀚的星空,会有一种胸襟大开的感受;聆听清脆的鸟鸣,会感知大自然蓬勃的生机,行走在夕阳西下的大漠之中,会感知世事沧桑等等。作者这时虽然能够产生一些审美认知,但对美的内涵、力量、意义等并不能一下子完全地理解,那些审美的和非审美的内容,将在交叉混合的心理感知和描述中向着更深的区域拓展。

3. 对内在层面的感知

对事物内在层面的感知是由外界信息的接纳而引起内在信息的碰撞、融会和嬗变后,作者获得的理性认识。这种感知不是孤立地使用感觉器官纯客观地自然接纳外界信息,而是在表层感知、浅层感知的基础上,调动作者已有的内存信息,进行联想、想象、分析、综合等思维活动,力求对客观对象进行理性的认识和把握,并借助语言进行理性概括,或者用形象化的方法把认识对象提升为审美对象。

当写作感知深入到事物内在层面,作者不仅对感知对象的个体存在发生兴趣,而且对相关整体进行理性认识,并致力于把它转化为思想或概念。在付诸文字表达时,或者还原为特色鲜明的个体对象,或者进行抽象的概括。在这一感知层面上,作者将生理的、心理的、情感的、审美的、理性的活动,都推向了一定的广度、高度和深度。在《西行漫记》中有这样一段文字:

毛泽东在我的印象中是一个有相当深邃感情的人。我记得有一二次当他讲到已死的同志或回忆到少年时代湖南由于饥荒引起的大米暴动中发生死人事件的时候,他的眼睛是湿润的。在那次暴动中他的省里有几个饥饿的农民因到衙门要粮而被砍了头。有一个战士告诉我,他曾亲眼看到毛泽东把自己的上衣脱下来给一位在前线受伤的兄弟穿。他们又说当红军战士没有鞋穿的时候,他也不愿意穿鞋的。

这里,斯诺对毛泽东的感知已深入到内在层面,已关注感知对象美的特征和本质,毛泽东爱憎分明,感情深邃,他同情家乡的贫苦农民,和以贫苦农民为主要成分的红军战士情同手足,在他的身上,不仅有领袖人物的睿智,还有农民的质朴。作者以理性的眼光,去理解和概括毛泽东的思想、行为及其意义,大大地加强了感知的深刻性,洞察并揭示出了感知对象深蕴的本质。

高明的作者不同于常人的写作感知,在于他们善于捕捉物象种种微渺的、隐约的、难以觉察的细微特征,善于从司空见惯的事物中发现独特与异常,他们的感知具有超越常人的深度和密度,即美学家宗白华所说的"更精密些"。李清照有一首词:"昨夜雨疏风骤,浓睡不消残酒。试问卷帘人,却道海棠依旧。知否,知否,应是绿肥红瘦。"词人有着敏锐通透的审美感知经验,即使在"浓睡"中,也感知到了"雨疏风骤",并依此判断出骤风吹落海棠无数,"应是绿肥红瘦"。这里,词人对物象的感知,不只停留在一般的表层现象上,而是对引起她审美注意的表象做了精深的体察,获得了独特的发现。

正是经过表层感知的初始期、浅层的过渡发展到深层的探掘,不断地推进着感知,为写作构思的展开提供了充足的条件。

第二节　预制蓝图的构思

构思是写作主体依据感知、体验和思考,在头脑中对未来的文章内容与形式所进行的全面"预构"过程。构思是写作主体孕育作品的一种定向的创造性思维活动,是写作过程不可缺少的一个重要环节和关键所在。

写作构思包括写作主体对客体的感知和体验的升华、主旨的酝酿和确定、思路的梳理、材料的选取和提炼,还包括了对文章结构形式的思索,以至表达方式、表现技巧、表现手法的预想,它以感知为基础,为行文创造条件,并与感知、行文相互渗透,交错进行,贯穿于写作始终。

一、构思的特性

(一)**目的指向性**

写作主体独立的写作意图和偶然获得的写作灵感、冲动、愿望等,对写作构思的走向、运行和成果也有着一定的制约性,即作者的理性思考、态度、观念制约着构思,作者将按自己的认识、理解、情感和需要进行构思控制和设计,可以避免构思的盲目和随意。

写作目的的客观需要和写作材料的客观规定性,对构思的方向有着一定的引导和规范,如一些实用性的文章,在构思前已有一个"实用的需要",已先有了文体和主题方向的要求。比如,欲回顾工作情况,就可能要写工作"总结",欲宣传某一人的先进事迹,则可能要写人物通讯。而且,特定的文体又有着一定的格式规范,譬如总结的主要内容一般包括"情况概述"、"成绩收获"、"经验体会"、"存在问题"和"今后打算"等,甚至一些法定公文的写作规范更加具体,更加细致,每一部分写什么、怎样写、写在什么位置上等,都有着明确的规定,必须严格遵守。文体的客观性和写作意图的规定性,使写作构思有了一定的目的指向性,使构思要沿着一定的轨道运行。

只有通过智慧的构思,才能将文章的写作意图、主题、材料、结构、基调等编织到一个经过思考、整理的较为明晰的系统之中,为后面的行文打好基础。别林斯基认为:在作家落笔之前,构思已经完成,作家在用笔尖赋予其形式时,就已经整个地看见了构思出来的形象。那种不假思索的提笔便写,写一句想一句,是没有构思的写作,是鲁迅所批评的"十步九回头的作文法"。

不可否认,有些作家创作中的构思的确也存在着一定的模糊性,即文章的结构并非具体、清晰,尚在混沌之中,需要行文的推动,才能使之豁然开朗,这其中存在着许多的变数。正如列夫·托尔斯泰所言:"在落笔的时候,作者还不知道人物在五分钟之后会怎么样。"他有时会随着写作进程而使写作目的逐渐显豁起来。还有一些诗人的创作,在突然迸发的灵感和强烈激情的推动下,会挣脱冷静的整体构思的束缚,借助敏锐的感受和丰富的想象力,追随着强烈的创作感觉直接进入行文状态。这时,看似没有明确的构思,但仍有模糊的情思、意趣的指引,只是作者已直接将感知、构思与行文浑然一体,已很难清楚地辨别出写作过程中各阶段性的具体情形。

(二)**自我调控性**

在构思过程中,主体将对感知内容进行系统化、清晰化,并伴随着感知的深化。这种在内心中对未来的文章内容和形式进行整体化、模式化的过程,体现着鲜明的主观性,即主体可以在一个相对独立的时间段内对作品进行整体的、静态的设计,可以调控作品的主旨、材料、结构、风格、基调等各项要素,著名作家李准曾向人们这样描述自己构思《大河奔流》时的情形:"到了海岗大队住下来,自己激动得几个晚上睡不着觉,思路忽然洞开,多年来所积累的素材,一下子找到了一条线,找到了一个'灵魂'。所有的素材都像生了腿似地活起来,它们自觉地排好了队。"

正是构思中的广泛、深入的联想、想象、分析、综合,对主题、内容、布局等不断地进行假想与预构,在打破陈规的探思、寻思、结思的创造过程中,激发了作者探索的热情和兴趣,调动了作者思想、知识、情感、文化等多方面的积累,活跃了思维,使作者未曾动笔便已经在大脑中进行了种种写作思维模式的操练,为后面更加细密的语言加工夯实了基础。

构思可以将写作的灵感和激情进行必要的、理性化的梳理和调控,使灵感和激情能够创造出更鲜明的立意、更新颖的材料、更合理的结构,而不是肆意生长的杂乱无章的情感、意绪或者灵光一显的感知。那种一味地听凭灵感和激情指挥,不进行构思性的自我调控便仓促地行文,虽然有时很尽兴,但往往很快便会随着激情和灵感的消失而使行文难以为继。

构思中的自我调控,可以将写作行为的自由、开放与写作的规律性、秩序性和模型性有机的协调、统一,使写作者自由的心灵与写作模式之间建立起某种可以操控的契合。

(三)动态多变性

写作的构思是写作主体多种思维方式协同思维的活动,是对文章的构想、设想、假想、猜测,是一个变幻无穷、充满着矛盾、困惑和欢悦的心理过程,是始终处于动态变化之中的,充满"未定性"、"历险性"和"未完成性"。

承认写作是一种技能,是一种主体的创造活动,就要承认写作是一个由获取材料、提炼主题和安排结构等众多环节所构成的复杂多变的动态过程 也正是由于动态多变的构思,造成了文章的主题、材料、结构、语言、风格等推陈出新与千变万化,才有了无限的创造魅力。

构思过程中,有理性的认识思考,有感性的联想、想象,更有令人欣喜若狂的灵感闪现。前苏联作家康·巴乌斯托夫斯基也曾把构思比拟为"闪电"，他认为：

> 构思和闪电一样，产生在一个人的洋溢着思想、感情和记忆的意识里。当这一切还没达到那种要求必然放电的紧张阶段以前，都是逐渐地、徐徐地积累起来的。那个时候，这个被压缩的、还稍稍有些混乱的内心世界就产生闪电——构思。

构思的动态多变性集中表现为构思的模糊，这种模糊是指主体在构思中对感性材料和理性材料认识的多角度性、多义性，构思方法与层次的差异性和交叉性，以及信息交换时相互作用、相互影响的渗透性。对于构思进程、构思状况等的把握，会因思维活动是形象的或抽象的、情感的或非情感的、理性的或非理性的、跨越的或层层推进的等等，而造成构思动态多变中的模糊。唯有多思、深思、熟思，才能逐步走出模糊，使思路清晰起来。

（四）个体创造性

构思是一种复杂的精神劳动，是作者创造力的呈现，其中包含着作者的感受、体验、发现和认识，即使是实用性文章，作者也不是对现存资料简单地拼凑或对现存事物照像式地再现，而是要在构思中创造出新的思维成果。构思的过程，自然也是个体创造力展示的过程。

写作是一种自由、灵活的创造性活动，任何拘泥于客观事物本身的构思，都无以体现写作的灵动与自由。由此，我们强调：每个写作者都应力求在实现自己的写作意图和写作理想的过程中有个性化的创造。

即使面对相同的材料，从同一个基点展开的构思，因为写作者的思想、情感、写作观念、观察视角、思维方式的差异，以及写作意图、写作理想的不同，作者放飞自由的心灵思维，也必然导致写作者构思选择的多样性，导致在文体选择和具体操作形态上呈现出千变万化的创造，而这也正是写作的巨大魅力之一。

当然，构思中的创造，必须尊重写作意图和写作理想，尊重客观现实和事物客观逻辑性，尊重创作原则和规律，遵循一定的思维模式进行操作，构思是在一定的"规矩"中的"随心所欲"，是在"不自由"中的"自由",不是违背了事物客观逻辑、违背美的原则等一味地进行所谓创新的离奇设想,更不是漫无目的的胡思乱想。

(五)思维活跃性

构思作为一种创造性的思维活动,充分体现出了这一阶段思维活动的广阔性、敏锐性和深刻性。

所谓广阔性,是就思维的对象而言。构思并不局限于当下正在思维着的特定对象,还能够由此生发联想和想象,打开记忆仓库,唤醒那些在意识甚至在潜意识中与当下思维对象有某种关联的事物,使之成为构思中丰富而广阔的内容。

所谓的敏捷性,是就思维的速度而言。一个思维敏捷的人,能够对客体对象进行快速反应和思考,能够从平常事物中捕捉到非同寻常的意义,能够从纷繁芜杂的材料中洞悉某些本质和规律,能够迅速地发现、分析、解决问题,因而能够很快进入构思状态,集中精力,敏感和专注于各种情况和事物,迅速搜集材料,快速谋篇布局,迅疾成文。

所谓的深刻性,是就思维的程度而言。要写出深刻有力的文章,构思时,就不应仅仅满足于对事物和现象的表层认知,而应深入思考,经过由表及里、去粗取精、去伪存真的分析和推理,揭开事物的本相,昭示问题的根源,反映事物的普遍规律,探究出事物的深层意义。韩愈曾说过:"行,成于思,毁于随。"如果作者不多加思索,就无法发现隐藏在事物现象之中的本质,就无法实现对深刻意义的探求和挖掘的构思功能。

二、构思的方式

构思的方式繁多,不同的写作主体有不同的思维习惯和思维特长,因而构思的方式也各有千秋,有人喜欢追求构思的灵感,有人偏爱冥思苦想,有人擅长利用形象思维展开构思,有人精于借助逻辑思维进行构思。构思的方式主要有以下几种:

(一)发散型构思

发散型构思,就是写作主体围绕选定的思考点或感受点,让思维向四面八方扩散,造成联想和想象,使写作所需的各类信息得到沟通和连接,从而进行形象的或理性的创造。发散性构思是一种多向展开的思维过程,是对同一问题探索多种或特异的思维方法,具有流畅性、变通性及创造性的特点。

流畅性,是指发散思维不局限于一条思路,不是直线前进,而是沿着多种思路行进,善于从多方面、从各个不同的角度思考问题,能够在较短的思维过程中做出多种答案或设想。这一特点使思维者不会沿着一条路走下去,不会死钻牛角尖,从而保证思路的畅通无阻。

变通性,是指发散思维灵活,善于随机应变,往往能够获得意外的成功。运用发散思维,可以在思考的某一方向受阻时,立刻转向另一个方向,也可以灵活地变换影响物的质和量的诸多因素中的某一个,从而产生新的思路。

创造性,是指发散思维不受原有的常识、规则和条条框框束缚,也不受现有的思想、理论和观念的限制,能突破一般常规和定势,获得新奇和独特的思维成果。

借助于"发散思维",可以将平常积累的信息与头脑里突然闪现的想法和信息联系起来,让诸多的发散点汇聚成一条条思维线,在每一条线上都集中了各类"头脑风暴"的成果,其中既有粗浅、陈杂的,也有新颖、别致的,这些信息会碰撞出灵感,会点燃构思的兴趣。发散思维最大的特点就是无拘无束,浮想联翩,时空千变万化,思绪频繁切换。例如,在构思以"路"为话题的作文时,作者可以借助联想和想象让思维以"路"为出发点,朝不同方向扩散,既可以联想到现实中的不同功能的路,如公路、铁路、水路、航路,也可以联想到具体的不同形态的路,如平坦的马路、泥泞的土路、陡峭的山路、若隐若现的沙漠之路,还可以想到各种抽象的路,如书上的路、理想的路、奋斗的路、人生的路等,既可以联想到遥远的路、短小的路、宽阔的路、狭窄的路;还可以从寻找自己的路,联想到给别人开辟道路,从具体的行路,到心灵之路的沟通等等,随着纷扬的思绪,作者可以获得很多写作思路。

发散的主要方式有三种:一是多向辐射,二是单向递进,三是反向溯源。不管哪一种方式,发散时,都要围绕着发散点,展开自由广泛的想象与联想,尽量弄清事物各要素之间的内在联系,探索矛盾本质规律,寻找解决问题的种种可能性。发散的引发可以是形象的直觉触发,如看到红叶满山,可能会不由自主地想到秋意、秋情、秋绪、秋思以及与秋天有关的人事等方面的内容;发散的引发也可以是非直觉的形象的想象,如一提到"故乡"时,主体就很容易立刻想象到远方的村落、老屋古树、袅袅炊烟、小桥流水、欢快的歌谣、童年的伙伴、陌生的新人等等;发散也可以是概念的理性式联想,如围绕着"幸福"展开联想,会想到幸福是一种感觉、幸福在于创造、幸福在追求的路上、幸福与金钱的多少无关、幸福在于心灵的富足、幸福需要经营、幸福在自己的手上、幸福需要慢慢品味……每一个认识都是通过联想对"幸福"这一概念进行了延伸性思考的结果。

发散思维的两翼是联想和想象。

联想,是在不破坏原有表象的前提下,把相关联的表象连接起来,构成系统有序的表象链的过程。取其事物间的相关、相似或相反,进行接近、类比或对比的联想,常见的方式有三种:链环式、辐射式、跨越式。

链环式联想,是由甲联想到乙,由乙想到丙,由丙想到丁等,像环环相扣的锁链,联结起诸多的人、事、景、物、理等。如由一枚落叶,联想到秋天,由秋天想到春天,由春天想到人生的四季……随着思路的推移,视野不断拓展,认识不断加深。

辐射式联想,是以某一事物为中心,思绪向四方扩散,勾连起相关的事物等,如秦牧的散文名篇《土地》,作者先由眼前"无边无际的像覆盖上一张绿色地毯的大地"联想到它的过去,神思飞至春秋时期晋国公子重耳在亡命途中对土地的膜拜,进而想到古代中国皇帝把疆土封给公侯时的"赐土仪式",想到了视土地为生命的劳动人民关于"乡林土"的故事,想到了历史上许多可歌可泣的保卫土地的故事,作者再联想到"今天,在世界范围内,许许多多被殖民者奴役着的地方,也正在进行着驱逐侵略者、保卫国土的斗争。"最后,联想到如今"土地一旦回到人民手里,变化是多么神速啊……"如此,作家"思接千载,视通万里",放得开、收得拢,有力地表现了要所有华夏儿女都来"珍爱土地——保卫土地——建设土地——创造未来"的深广主题。

跨越式联想,是指跨越事物间的相关度,省略了接近联想的步骤,实现了思维跳跃。如由"人"联想到"风雨",就省略了"人与气候"、"气候与风雨"之间的接近联想。跨越式联想有时可以越过"可观度"的限制，实现"虚"与"实"的自然联接，如"金黄的叶子（实的，可观的）飘满大地，绵绵的愁绪（虚的，不可观的）飘满心头。"在这里，借助一个动词"飘满"，将具体的"叶子"与抽象的"愁绪"自然地联系到了一起。

发散型构思离不开想象。想象，以观察为前提，以表象为基础，以知识和经验为条件，以情感为动力，从熟悉的事物出发，张开想象的翅膀，自由翱翔于现实与非现实领域，"精骛八极，心游万仞"，可以"观古今于须臾，抚四海于一瞬"，将不同的事物神奇地联结起来。活跃的想象，可以把作者与生活接触所获得的直接经验与读书等所得的间接经验结合起来，常用的想象方式有以下几种：

1. 象形想象。由抽象到具象的想象，通过某一特定的具体形象来表现与之相似或相近的概念、思想和感情，这是一种模拟事物原来形态的思维。它可以将抽象的概念转换成生动、形象的事物，可以将浓缩的词语转换成具体可感的画面，可以将概述的内容转化为逼真的情节或细节描写。如词人李煜将内心无形的巨大愁绪描写成"问君能有几多愁，恰似一江春水向东流"。

2. 象征想象。由具象到抽象的想象，以具体的事物（意象）为媒介，间接地表达某种抽象的概念、复杂的情感。这是一种托物寓意、借物抒情、寻求事物象征意义的思维，其展示的是具体的意象与抽象的象征意义之间的关系。如以明媚的阳光象征生活中的美好，以风霜雪雨来象征人生路途中的坎坷，以燃烧的火炬象征心头不息的信念等等。

3. 类比想象。由一个具象到另一个具象的想象，即打破时间、空间、类别的限制和已知、未知的界限，由此及彼，把两件或两件以上的事物某种相同或相异之处加以类比，从而获得某种深刻的印象，得出某种启示，表达某种比较深邃的哲思。如秦牧的《榕树的美髯》中有这样一段耐人寻味的描述：

松树使人想起志士，芭蕉使人想起美人，修竹使人想起隐者，槐树之类的大树使人想起将军。而这些老榕树呢，它们使人想起智能、慈祥、稳重而又饱经沧桑的老人。

这里,作家便运用了类比想象。

4. 推测想象。是一种由已知条件猜测到未知情境的主观推想方法,其基本思路表现为由熟悉到陌生的空间环境的转换,或由现在向过去、未来的时间过程的推移,或由旧到新、由好到坏、由正到反、由少到多、由简到繁等事物数量或性质的更改。推测想象是对已有的经验进行"重构",既出乎意料之外,又在情理之中,从而获得新的经验组合和创造,比如某些科幻作品中描述未来人们在海洋深处生活的情景,便是推测人类寻找新的生活家园的一种大胆的推测想象。

构思中的想象可以海阔天空,但绝非是脱离现实的胡思乱想,而应当以现实生活为依据进行的合理想象,恰如雨果所说:"诗人可以有翅膀飞上天空,可是他也有一双脚留在地上。"

(二)收敛型构思

收敛型构思就是集中、回拢已有的信息材料,经过分析、对比、综合等研究,筛选、摒弃、淘汰与构思目的无关的信息,对有关的或主要的信息进行归纳、概括、提升,促进构思的目的明确、条理清晰、材料充分等。其进程是:首先,从发散中收缩思维,寻找和确立一个中心点,然后围绕这个中心收敛思维。

确立一个中心点是从写作信息的广阔、多杂、中心物不确定到集中、凝炼和中心物确定的收缩,这也是收敛的第一阶段。这时,主体的思维已从发散转到了对最能体现写作意图、实现写作理想的中心物的选择上来了。在第一次收敛的基础上,主体围绕着中心点,从不同角度、不同方向对发散得来的信息逐条进行分析研究,进行比较鉴别,从中选取最佳的方案、探求相同原因、筛选和获取为其服务的信息材料,经过这第二次思维收缩,从而去伪存真,去粗取精,获得理想的思维成果。至此,构思渐趋成熟。

收敛型构思离不开分析和综合,分析和综合是它的两翼。寻找和确立中心点的收敛过程,主要依靠的就是分析和综合。无论哪一种文体的构思,都需要对客体对象的各部分进行分析,需要从不同的角度对人、事、景、物、情、意、理的各方面进行剖析,为收敛创造条件,然后才能在整体上进行把握。同时,依据分析,确立一个概念、做出一个判断,需综合；对分解的信息材料进行归类、拼接、组合，需要综合；对各类文体的构思对象的梳理、认识和加工，也需要综合。总之，对感性材料进行抽象化或抽象材料的系统化，都离不开综合。当然，没有分析，就没有综合；没有综合，就无法收缩。分析总是以综合为前导，综合总是以分析为基础，两者相互依存、相互促进，推动了构思的进程。

需要特别强调的是，发散型构思和收敛型构思往往是同时运用的，经常是在发散的基础上收敛，收敛后还可以继续发散，然后再收敛，两者交织在一起，促使思维活跃起来。著名美学家朱光潜先生在《作文与运思》中介绍了自己写作构思的方法：

在定了题目之后，我取一张纸条摆在面前，抱着那题目四方八面地想。想时全凭心理学家所谓'自由联想'，不拘大小，不问次序，想得一点意思，就用三五个字的小标题写在纸条上，如此一直想下去，一直记下去，到当时所想到的意思都记下来为止，这种寻思的工作做完了，我于是把杂乱无章的小标题看一眼，仔细加一番衡量，把无关重要的无须说的各点一齐丢开，把应该说的选择出来，再在其中理出一个线索和次序，另取一张纸条顺这个线索和次序用小标题写成一个纲要……

朱光潜所采用的方法，就是先用发散思维，自由想象和联系，用纸条记录发散获得的各类信息，然后再用聚敛思维，对杂乱无章的信息进行分析、选择，从而推动写作的构思进程。

（三）相似型构思

相似就是客观事物存在的同与异矛盾的统一，相似现象是客观事物和谐协调而又互相适应的组合形式。采用相似思维，可以帮助作者搜集、整理、储存丰富的生活经验、知识、信息，因为作者可以将那些具有相似关系的资料，进行系统化地归纳、分类，并由此进行分析、综合，提出较为新颖、深刻的认识，为写作行为的展开做好准备。如诗人李白的《秋浦歌》有"白发三千丈，缘愁似个长。不知明镜里，何处染秋霜"。通过对相似的白发现象进行大胆的变异，故意把一个物象任意夸大，以突出愁之深、之长，便是利用了相似思维创造出新颖的形象，收到了震撼人心的艺术效果。

相似型构思,是指人们利用相似思维,借助对相似现象和相似原理的分析和整合进行构思的一种方法。在构思过程中,表现为作者站在同与异矛盾、统一的视角,机智地处理写作活动中存在的同与异的矛盾,运用相似的构思、材料、结构、语言,进行相似而又有差异的表情达意。

利用相似思维构思,可以帮助作者从不同的现象和事物中获得相同或相似的认识,如在构思阶段,我们可以从成千上万的意义相近或相同的词中,很快地找到几个词语来描写同一场景。比如要表达某一动作的突然发生,我们会从蓦然、恍然、陡然、豁然、猝然、猛然、遽然、倏然等意思相似的词汇中筛选一个恰当的,用来描写特定的场景下发生的动作。

写作思维具有模型化的特点,也在提示着我们:利用文章结构上的相似现象,我们可以在构思时模仿、借鉴,尤其是初学写作时,这种相似性的构思训练,十分有助于快速打开写作思路、获取写作素材、掌握一些基本的写作规律。如通过研究某些议论文章提出问题、分析问题、解决问题的宏观结构模式的相似和某些微观结构相似,利用相似思维掌握一些结构范式,往往会收到很好的效果。

构思中模仿的例子之所以比比皆是,是因为在模仿对象与模仿本体之间不仅存在着现象的相似,还存在着实质的相似,正是这种相似关系促使模仿的成立,并在模仿中创造出新的认识对象——既与模仿对象有相同、相似的一面,又有变异、创新的一面。借助"相似"可以清晰、明了事象之间的关系,通过"变异"则可以透视事象之间复杂而又灵活多样的联系,可以获得许多独特、新颖的发现,即在模仿中有所创造。

相似型构思,还十分有利于创造性地生成和运用语言。如修辞中的比兴、拟人、烘托,乃至夸张、象征等艺术手法,都存在着利用相似性生成新鲜的语句,实现生动、形象地表情达意的写作目的。如比喻句中本体与喻体之间形似很远而互不相干,但二者间有极为密切的内在的相似;而象征中的象征体(一般为具体事物)和象征对象(一般为抽象事物)之间也是因为有某些内在的相似点,才构成象征的。了解了这一点,写作时所谓的巧妙地运用修辞手段增强文章的表达力,实际上是巧妙地运用了相似思维,丰富了语言对事物的描摹状写的手段。利用相似思维,有时可以打通写作主体的各种感官,造成感觉的互通与转换,如朱自清的《荷塘月色》里这样描写荷香:"微风过处,送来缕缕清香,仿佛远处高楼上渺茫的歌声似的。"荷香需凭借嗅觉去感知,但作者却用听觉去感受,这里作者便是利用相似思维,敏锐地捕捉到了远处高楼歌声的时断时续,与荷香的时有时无这二者之间的相似点,将两个形象自然而巧妙地联系在一起,令人感到有一种"陌生的新鲜",又绝不生硬。

(四)突现型构思

突现型构思是指经过沉思、遭逢机遇后豁然顿悟的一种构思方法,也叫做灵感型构思,是一种突发性的"茅塞顿开"构思。其一般进程是:苦思——搁置——断续思考——潜意识思考——机遇——顿悟。从苦思到潜意识思考是酝酿准备的沉思阶段;机遇是灵感迸发的中介和触发点,顿悟则是心中积聚的感知对象、情感和认识在瞬间得到突然贯通和飞跃,收获了创造性的思维成果。

沉思,是突现型构思的起点,在这一酝酿和准备阶段,作者虽然获取了一定的材料和认识,但没有形成写作的最佳预案,即已有的条件尚不能帮助作者如愿地实现写作目的。这时,作者经过对已感知的对象不断的思考,经过向各方面探寻突破的路径的苦苦寻觅以后,思路仍处于幽闭状态,作者便会暂时停下头脑中百思不得其解的思虑,即所谓的暂时"搁置",这时,作者停下了集中精力的构思,仍会自觉或不自觉地把思绪转到搁置的对象上面,还会不时地做一些思考,包括进行一些潜意识的思考。

寻找机遇,是实现灵感构思的关键。当显意识和潜意识交互作用,促使潜思维孕育的灵感达到"含情而能达,会景而生心,体物而得神,自有灵通之句,参化工之妙"的饱和程度,正是思维发生跨越推理程序、达成非连续性质变的机遇来临之际,随着触发灵感产生的机遇突然出现,豁然开朗,文思如涌,好似"万斛来泉,不择地而出"。正如清代诗人袁枚所言:"但肯寻诗便有诗,灵犀一点是吾师。夕阳芳草寻常物,解用都为绝妙词。"此处的机遇即开启灵感思维的"金钥匙",是"万事俱备"后期待已久的浩荡"东风"。

顿悟,是在机遇的促动下实现灵感构思。顿悟以先前自觉的思维活动为其产生的基础,又以随后的机遇刺激和接续的思维活动为动力,突破先前自觉思维活动成果量的积累,达到思维成果的质变和飞跃。

三、构思的过程

写作构思的过程是写作主体包括多种心理因素的复杂的思维过程,就进程而言,是客体主体化(生活心灵化)和主体客体化(心灵生活化)的方向相反且又内在统一的双向转化运动。

从纵向上看,构思分为寻思、探思、结思三个阶段:探思阶段,是写作冲动产生到写作目的的初步建立;探思阶段,是作者模糊意念的不断明朗,思维活动不断深化和具体化,从而形成明晰的写作意图;结思阶段,是作者按照自己的写作意图,通过联想、想象、分析、综合等手段,所进行的筛选材料、确立思路、创建文章构架等一系列复杂的思维活动。从横向上看,构思可以分为整体构思和局部构思。总之,写作构思沿着一定的思路向前跃动、推进,呈现一定的流变状态。

(一)由模糊向清晰推进

由于主体对感知材料的理解和认识的多角度、多层次、多元化和不确定性,初期的构思状态是动态多变的,是复杂模糊的,各种思绪、情感、想法纷纷拥入脑海,在未仔细、深入地思考之前,主体对写作意图、材料的筛选、结构的安排等构思进程,还一时难以把握,很多说不清、道不明的内容还缠绕在一起,等待着梳理和取舍,构思活动随时都可能发生改变、转向、中断或深入。

随着思考的深入,主体对思维的内容的掌控和梳理逐渐得到加强,写作思路就会按照一定的方向,朝着一定的目标行进,并受着一定目的的制约和前景的吸引。这目的和前景,或是可望通过判断推理得出的结论,或是预想能够展示着一定寓意的形象和画面,或者二者兼得,珠联璧合,相辅相成。这时,构思活动就会逐渐由模糊转向清晰,由动态多变转为定向专注,思维的方向不仅明确,而且思维的内容和结果也趋于明朗。

(二)由具象向抽象推进

从构思的发端来看,构思一般都是由写作主体的感知引起的,而感知往往是由具体的事物触发的。正是现实生活或在阅读学习过程中,主体被某些具体的景、物、人、事等所触动,有了心灵的颤动,有了情感活动,产生了写作的冲动。往往可能就因为某个人不经意的一句话,或者某一个特别故事,或者某一片令人耳目一新的景色,生动、形象的感性事物,引导着主体进入了写作构思阶段。接下来,随着感受的加深,加上联想、引申、分析、对比、排列、取舍等加工改造,写作意图和理想的文章表现图景在写作主体的头脑中变得越来越明确,随着对某些主旨性东西的全面深入的思考,一些深刻的认识也渐渐产生了,写作构思便由感性向理性、由具象向抽象、由肤浅向深刻逐步拓进。

写作构思过程中的由具象向抽象演进,符合人类思维的规律,即由具象过渡到抽象,由具象思维发展到抽象思维。

(三)由整体向局部推进

具体到每一篇文章的构思,都包含着一个由整体向局部推进的过程,即由确立主旨、选择材料和架构谋篇的整体思考,逐步推进到对段落层次、细枝末节和语句推敲的局部思考。

1. 整体构思

整体构思是主体对所要写作的文章在宏观上的思考和把握。它常常表现为构思的连续性、综合性、完整性和立体化,并受整一和均匀规律的制约。

(1)立意定体

立意,就是确立主题。这里的"意"可能是文章要表达的主要观点、内容和价值判断,也可能是一种情感、一种意愿、一种情致或情趣等,"意"的生发和确立在构思阶段经常处在一种发展的、变化的状态。它常常由最初飘忽不定、十分模糊的情感、理绪、意图和意念等,经过构思阶段的,"意"逐渐由浅层到深层、由模糊到清晰、由简单到深刻。

立意是构思阶段首先考虑的因素,因为"意"反映的是作者的写作意图和理想,反映着人们对客体的认识和情感态度,只有"意"确定了,材料的取舍、结构的措置乃至语言的使用才有了依据。所以,古人特别强调写文章应"意在笔先"、"意不立不落笔"。唐代诗人杜牧曾指出:"凡为文以意为主,以气为辅,以辞采章句为之兵卫……是以意全胜者,辞愈朴而文愈高;意不胜者,辞愈华而文愈鄙,是意能遣辞,辞不能成意,大抵为文之旨如此。"(杜牧:《答庄充书》,《樊川文集》(卷十三),上海古籍出版社,1978年版,第194~195页)清人刘熙载则在《艺概·文概》中形象地阐述"意在笔先,故能举止闲暇";"意在笔后,故至手忙脚乱"。"意"的提炼,与作者的认识、写作动机和目的密切相关,也与文体特点有关,比如,有着明确写作动机的诸如司法诉讼、各种书信类、契约类的文章,其"意"的生发是直接显露的,是明朗清晰的,往往事先已经有了明确的规定性,无需在构思阶段再反复寻找和深化。对于文学创作,"意"的生发则自由、灵活、变幻多端、神不可测,需要调动各种思维方式,需要反复斟酌、认真推敲,才能找到最佳的"立意"。

立意的方式主要有两种:

一是通过感悟立意。"意"来自于作者对感知对象的感受和体验,来自于写作客体给作者的启迪和暗示。感悟是作者受到客观事物的触发和撩拨而产生的一种"恍然大悟"、"豁然开朗"似的心理体验,是一种认识过程中的质的飞跃,是基于一定积累、一定感受之上的领悟,感悟的多少、深浅、快慢等,都因人因时因地因方法等而异,感悟带有鲜明的个性化色彩,能够活跃构思中的创造性思维,能够影响构思的方向和目标。

二是通过对材料分析、归纳来进行立意。一些实用文体的写作,往往在写作之初,就被领导或部门指定了明确的主题,但大多数的写作活动所要表达的情意,都是在作者对已经收集到的材料基础上,进行一系列的分析、比较、归纳、提升,经过多角度、多侧面的思考,通过去粗取精、优胜劣汰的鉴别筛选,最终提炼出符合写作意图和任务要求的主题,完成创造性的立意。

立意的要求有:

一是选好立意的角度。角度选择好了,就能够准确地反映事物的本质特征,就能有效地揭示和表现出对象的深层意蕴,能够巧妙地体现出作者的写作意图。

二是立意应追求一定的深度。对"意"的开掘要深,不能停留在对事物表层意义的揭示和表现上来,而应当有穷追不舍的开掘精神,努力地找到富有深刻意味的主题。

三是立意要勇于推陈出新。写作者应充分调动自己的才、胆、学、识,运用多种思维方法,在尊重客观材料的同时,尽可能地去追求新意,不老生常谈人人皆知之"意"。

一般来讲,"立意"的完成,大体要经过三个阶段:第一是寻"意"的发现阶段,通过感知和思考,寻找到需要表达的"意";第二是"意"的发展和深化阶段,通过分析、比较、综合,深入探求事物的本质和规律,明晰、深刻"意";第三是"寓意"阶段,即作者将作为观念形态的"情、识、理、趣",通过寄托、迁移、拓展和意化等方式,融入到具体的"人、事、物、景"等客体之中,并将"意"寄寓于某一可以承载的体制和模式当中,即为"意"定体。

定体,就是确定文章的"体制"和"体裁",为文章的思想内容选择恰当的表现形式。表现形式是为内容服务的,由内容决定,定体受制于引发和深化中的"意"的内容和性质,有"守格"定体和"创格"合体两种:所谓"守格"定体,就是作者在"意"的引导下,根据自己的写作目的、意图、动机等需要,从已有的、现成的文体模式中辨析、选择恰当、合适的体式,寻找到一个最佳的"表情达意"的文章体式的思维判断过程。"守格"定体是以文体意识为基础的。作者应该具有自觉的文体意识,即作者对文章体裁的敏感,对文体分类及文体特点的心理把握。所谓的"创格"合体,就是在现有的若干体式中寻找不到一种最满意、最合适的体式进行缘"意"赋形,作者根据达"意"的需要,创造出一种更准确、更得体、更适应作者表达"意"的新的格式(文章体式)。"文变染乎世情,兴废系乎时序"。随着时代的发展,新的文体也在不断地涌现,如影视小说、报告小说、视觉新闻、艺术广告、文艺性说明书、广告体杂文、相声剧等新的文体的诞生,都是在改造、革新已有的体式而创造出来的新的体式,其目的都是为了更好地进行缘意赋形。

(2)选择材料

与立意定体并行、交叉,选择材料包括对材料进行分析、综合、提取、加工、组合等一系列复杂的思维活动,往往通过思考材料之间的关系和联系,期望在对所有材料的排列、组合中形成一定的认识,并试图将其具体化、条理化、系列化,以获取材料的最优化筛选和整合。

选择材料的思维活动,是与"意"的提炼、深化交织在一起展开的。作者往往借助发散思维、聚敛思维、灵感思维、创造思维等多种思维方式,通过广泛的联想、想象、分析、综合等,打开作者思路,拓宽思维空间,使各种各样的材料尽可能多地进入作者的思考范围,先追求材料的丰富性和多样性,再追求材料的新颖性和典型性。

选择材料时应注意:

一要选择恰当的材料。

材料是为主题服务的,主题和材料是统帅和被统率的关系,所有的材料都受主题的支配,为主题服务。选择恰当的材料,就是以主题的表现为依据来决定材料的取舍,决定材料的主次和详略,选择那些能够有力说明、烘托、突出或暗示主题的材料,而任何与主题无关的材料,都要坚决舍弃。不管那样的材料多么生动、多么新颖,也不能选取,因为脱离了主题的材料无助于写作意图的实现。

选择恰当的材料,就要善于选择能够表现主题的材料。认真研究一些优秀的文章,我们很容易发现,那些作品成功的一个非常重要的原因,就是作者选取了最为恰当的材料。如龚自珍的《病梅馆记》一文,作者要表现对个性解放的追求这样的"言志"目的,本来可以选取的事物和事件是非常多的,但作者却慧眼独具地选择了当时人们对于"病梅"的态度和行为这一材料,因为借助"病梅"现象的展示及其产生根源的挖掘,可以形象地揭示出那一时代人才被束缚的处境,而借助"疗梅"则恰切地表达了作者一贯的"我劝天公重抖擞,不拘一格降人才"的张扬个性的思想和精神追求。

如果不从表现主旨的需要出发,孤立地看待材料的价值,或者以个人的偏爱作为选材的尺度,就很容易造成材料繁杂、枝蔓丛生、繁花害枝、膏腴害骨,造成材料与主旨严重脱节,甚至出现"下笔千言,离题万里"的现象。一些初学写作的人,常常因为没有意识到选择恰当材料的重要性,往往抓到一个自以为很新鲜的材料,便不假思索地塞到文章里面,导致了"选材不当、主题不明"的结果。而有一些已成名的作家,看似信手拈来的材料,其实在深层有着密切的联系,有机地组织在一起,恰好可以反映出作家丰富的思想情感，那正是选择恰当的材料得心应手的具体表现。

二要选择真实的材料。

真实的材料有两类：一类是实有其事、确凿无疑的材料；一类是材料本身能反映事物的本质，具有艺术真实性的材料。实用文章的写作，一定要选择符合客观实际、真实可靠的材料，不可以选用虚构的材料，以便帮助读者获得正确认识和理解。而文学创作当中，则可以充分发挥想象，有意地选取一些超越生活实际而更具有表现力的符合艺术真实的材料，如小说创作中的人物、情节材料等，都可以来源于生活但又高于生活，是对生活真实的艺术升华，属于艺术真实。文学创作如果拘泥于客观真实，不能有合情合理的"虚构"，就不会创造出更有概括力和表现力的文学典型，就成了对生活的复制和"照相"，是错误地理解了材料真实性的内涵。

真实是文章的生命，虚假是写作的大敌。只有保证材料真实，无论是客观真实还是艺术真实，文章的主旨才有坚实可靠的基础，才能赢得读者的信任，才能达到交流信息、沟通情感的目的。有些人为了追求材料的新颖性和典型性，人为地捏造一些不符合事实的材料，如随意地编造一些数据，或者张冠李戴、断章取义别人的一些言论等，使文章出现了一些不应有的"致命的硬伤"。

三要选择典型的材料。

典型的材料是指能够深刻揭示事物特征、具有广泛代表性和强大感染力、说服力的材料，具有以少胜多的效用。若要使文章在有限的篇幅中容纳更多的信息，实现表达的目的，必须在构思时便选择典型的材料，以增加文章内容的"密度"和"分量"。

选择典型的材料，可以收到刘勰所言的"以少总多，情貌无遗"的表达效果，可以像王安石的诗句"动人春色无须多"那样，无需堆砌繁杂的景象描摹，只需选取一两个典型的亮点，便尽可以描绘出美丽动人的春天景色。魏巍的名篇《谁是最可爱的人》，便是从其创作的通讯《自豪吧，祖国》中，经过反复地分析、比较，最终筛选出了三个有代表性的典型材料，充分地表现出志愿军战士的英雄主义、爱国主义和国际主义精神，从而生动而深刻地塑造出"时代最可爱的人"的形象。高明的作者，懂得如何以最少的材料，传递最多的内容，如何以最典型的材料，来揭示深刻的主题。因为典型的材料能以一当十，非典型的材料十不及一。

四要选择新颖的材料。

一个写作经验丰富的作者，深知新颖的材料对于保证写作成功的重要意义，懂得在构思阶段就对已有的各类材料进行认真的分析、比较和筛选，从中选取新颖的材料。

有的材料是新近发生的，本身便具有新奇、新颖性，很容易被发现和选用；更多的时候，作者往往面对的是大量司空见惯的平常性材料，这就需要作者通过变换角度去思考，如采用逆向思维、侧向思维、创造思维等，可以分析这些平常材料与其它材料的联系，还可以从不同的学科，不同的层次、不同的视角、不同思考层面去挖掘，从而引申、赋予平常材料新的意义，从而使旧材料呈现出新意，收到"平中见奇"、"俗中见新"的效果。比如季羡林在回忆性的散文《我的中学时代》中，回忆了自己"幼无大志"和高中六次考得甲等第一，写了自己脚踏实地和奋发向上的求学历程，写了自己老师的教诲、知识的积累、人格培养、趣味的养成等，作者娓娓道来的这些平淡无奇的小事，却展示出一位大家的品格：潜心向学，质朴无华。启示读者不要挥霍自己的才华，而应将才华凝聚到一点上，扎根下去，就能结出硕果。在叙述朴素的事件的过程中，挖掘出其中蕴藏的深刻思想。

善于选择材料，还要善于使用材料。材料使用时还应注意以下几个问题：

一是材料的顺序要贴切。在使用材料时，要注意从表现主题出发，根据主题需要和材料的情况，安排好材料的先后顺序，努力做到贴切自然，合理有序。

二是材料的详略要得当。在运用材料时，要注意安排好材料的详略疏密，根据主题和文体特征等情况，对材料进行适当的剪裁取舍。主要的、典型的材料一般要详写，次要的、非典型的材料一般要略写。如叙述性的文章，事件的记叙部分要详写，议论、抒情的部分要略写；议论性的文章，概括实例的部分要略写，分析论证的部分要详写。

三是材料符合文体要求。文章体式规定着其可以接纳的材料形态，不同的文体对构成内容的材料都有相对稳定的要求。如记叙文要求材料具有直观性，说明文要求材料具有解说性，议论文要求材料具有论证性。这些要求，是写作者在运用材料时要予以充分考虑的。否则，会出现材料不合体的失误，影响文章表达的效果。

（3）架构谋篇

架构谋篇，是写作构思中十分重要的一项内容，主要指对文章结构的思考，即在头脑中将思维和想象的成果粘合起来，绘制理想的"文章图式"的过程。清代戏剧家李渔把写文章比作建筑师造房子，先要考虑何处开门，何处设窗，"必待成局了然，方可挥斤运斧"。意思是说，先把文章结构安排好了，再考虑动笔写作。

文章的结构不仅表现为文章外部形态上的段落和段落的排放与衔接，还有作者心灵空间、思维空间在文章中的具体表现，以及作者经过充分的运思所要达到的关于文章内容的表达次序的物化形态。要把一篇作品的结构安排好，也是很不容易的。作者必须胸有全局，提纲挈领，立主体，布经纬，分层次，统首尾，充分考虑文章各个部分的组成以及它们之间的内在联系。具体表现为定基调、理线索、布次序、搭骨架。

定基调，就是对未来文章的风格、情调、色调、语气、情感倾向等基因的一种总体把握，俗称"定调子"。表层上体现为作者对内容材料的情绪、情调感受和意境氛围体味，深层则体现为作者对文章内容的一种立场、态度、情感倾向。对于作者来说，情绪不对头，构思难以进行下去；情调不一致，构思中多有矛盾冲突；态度不明朗，思路也会变得模糊不清。作家路遥在获茅盾文学奖的长篇小说《平凡的世界》创作手记中透露：他曾在构思阶段，对小说的整体基调进行了反复的试验和调适，最终确立了一种最适合自己写作风格和文本内容的朴实、平淡的行文基调。可见，文章基调的选择应该充分考虑文章内容和作者风格，三者之间往往是密切相联的。

理线索，就是寻觅文章的内在逻辑性。线索是连缀材料、贯通气势、使文章条理化的依据，线索有的是人、事、物、情、时、空间等分别单一贯通的，有的则是时空交错线、情理结合线、人与事交织线，还有以一点为中心向四处散射的辐射线,以及明暗穿插的复线等等。这些线索既是客观的,是客观事物存在和发展的形态,是事物与事物之间联系的状态,又体现出作者一定的主观性,即作者可以根据自己的认识和意愿,发现和认识这些形态,并理出一条能够贯穿文章的符合创作意图的线索。

布次序,就是布置内容的顺序。要求在对文章进行通盘考虑的基础上,对所有的材料进行梳理、分析,寻找到最佳的表达次序。具体操作时,应注意两点:一是要遵守文体规范。不同的文体的内容次序安排是有着明显的差异性的,比如,一般消息的写作,往往要将最主要的事实材料放在全篇最前面的导语部分,"立片言以居要";微型小说则往往把最精要的材料放在末尾,要"卒章显志";而工作总结的写作,由于要突出其告知性、陈述性、指导性,往往由"引言——概况——做法——成果——经验——结语"等几部分组成。二是要合理分解和组织各部分内容。首先要根据内容将全文分解成若干部分,然后对各部分之间的逻辑关系进行分析,理清各部分之间的关系,分清主次、详略、先后等,再根据各部分在文章中应处的位置和作用,进行科学的调配,使各部分的次序井井有条。

搭骨架,即在构思中理清思路,安排文章的结构。文章的结构安排既要符合客观事物的规律,符合人们的认识规律,还要符合文章结构的规律,美的规律,同时还要充分体现出作者的独特的创造能力。

搭骨架与作者的思路走向密切相关。构思时,作者要理清思路,使之流畅通达,具有逻辑性和条理性,应从以下几方面入手:

首先,讲求事物顺序。

任何事物或事理,总是依照一定的顺序排列或发展的,如时间上分为曾经、现在、将来,早晨、中午、晚上,春夏秋冬;空间上分为上下前后左右,内外表里;人生从小到大,从生到死;事件的进程由发生、发展到高潮、结局。因此,作者在整理思路时,要遵循事物或事件的发展规律和顺序,或由少到多,或由小到大,或由表及里,或由因到果,或由过去到现在,或由正面到反面……这样,思路清晰,有条不紊,文章的结构才能条理清楚,层次有序。

其次,梳理好材料。

在构思过程中,许多与主题相关的材料,常常会同时涌到作者的脑海中。这些材料有的是真实的,有的是虚假的;有的是新颖的,有的是陈旧的;有的是典型的,有的是平庸的;有的是与主题联系密切的,有的是联系较远的。这就要求作者要对所有的材料进行认真的梳理、分析和鉴别,根据材料的性质和特点进行分类和筛选,对虚假的、平庸的、陈旧的材料予以剔除或置换,选出那些真实的、新颖的、典型的材料,将选出的材料再进行适度的加工,使之更符合写作要求。

再次,注意逻辑关系。

在分析材料时,一定要注意材料自身、材料与材料之间、材料与主题之间的内在和外在的联系,要找到其中的逻辑关系,思路要严谨。比如所选择的论据一定能够支持论点,所选用的各个材料一定是协调一致地为主题服务的,材料之间不能互不相干,更不能互相冲突,而应当成为一个逻辑严密的有机整体。

另外,编制好写作提纲。

用文字形式把构思的内容简明扼要、纲目分明地记录下来,便是文章的写作提纲,即文章的蓝图。它既可以帮助作者思路清晰地组织材料,又可以使思考的问题更严密、更周到,避免一边想一边写的不良写作习惯。

写作提纲有粗细繁简之分,往往因人因文而异,没有统一的格式和要求。提纲挈领式的提纲,往往只是交代写作的内容要点、层次划分;细目式的提纲交代得较为细致,不仅要写出文章的内容要点,还要写明结构的具体内容,如怎样开头、结尾,如何过渡、照应,选择哪些技法等等。记叙性的文章不仅要列出事件的时间、地点及因果关系,还要列出人物的肖像、动作、性格特点和主要的情节、场面等;议论性的文章,不仅要列出中心论点和分论点,还要列出所用的论据材料及顺序,列出论点提出的方式、论证的方法、语言风格等。

构思中的结构安排应注意:

一是结构的整体性。

文章的结构是一个统一和谐的整体,整体比任何一部分都更为重要。如果某一部分的特点过于突出,与文章整体不协调,就应该立刻加以调整、修正,甚至不惜忍痛割爱。据说,法国雕塑家罗丹在塑造巴尔扎克像时,把一双手雕塑得惟妙惟肖,他的学生均啧啧赞叹,称之为"举世无匹的最完美的手"。罗丹再仔细端详那双美妙至极的手,觉得它果然有些喧宾夺主了,便毅然地将那双手砍掉了。罗丹向疑惑的学生解释说:"这双手太突出了!它们已有了自己的生命,它们已不属于雕像的整体了。所以,我不得不把它们砍掉。"这个故事说明,作品的部分必须服从整体,否则,就会破坏作品的完美统一。

二是结构的严谨性。

结构的严谨包括形式均匀、衔接紧密、节奏鲜明。形式均匀指文章各部分比例协调、均衡、合理,即要有开头、主体、结尾;开头、结尾一般要短小,主体要饱满一些;层段与篇幅也要均衡。衔接紧密主要是强调层次之间脉络贯通、转换自然、紧密联系,即古人所言的"意脉贯通"、"文气通畅"。要做到这一点,首先要理清思路,搭好框架;其次要弄清层次关系,理顺先后次序;第三要合理运用照应与过渡,使层段之间的关照、呼应、衔接、转换巧妙而自然。

三是结构的精巧性。

精巧的结构,往往要借助联想、想象和逻辑推理等思维,从众多的惯性的结构模式的对比、否定、突破过程中寻找和发掘出来,从多种结构方案的比较中优选出来。这时,主体必须动用多种思维,先尽可能地提供数量较多与质量较高的备选结构方案,然后,再不辞辛苦地反复推敲、完善,选出主体满意的最优结构设计方案。如欧·亨利的小说《项链》的结构设计得就十分精巧。小说以玛蒂尔德辛苦十年,最终偿还所丢失的项链竟然是假的,结尾出乎读者意料之外,却又在情理之中,因文中早已埋下伏笔,进行了多方的烘托、铺垫,且巧妙地运用了"误会"的技法,使小说结构严谨而精巧,使情节波澜起伏,塑造出栩栩如生的人物形象,寄寓了耐人寻味的主题。

四是结构的合体性。

文章的结构安排必须与所采用的体裁相称,必须与文章的体例相符,即要依据文体特征设计结构,如文学文体的结构自由、灵通,新闻文体的结构相对固定,某些应用文体的结构则多严格遵循某些固定的结构模式,如科技论文的程式一般包括标题、摘要、引言、本论、结论、说明、致谢、参考文献八部分,这已是约定俗成的固定范式,不可人为地改变其结构形式。即使是一些富于变化的文学文体,也有某些共通的结构框架,比如叙述文学的情节构成形态一般是:序幕——开端——发展——高潮——结局——尾声。

五是结构的读者适应性。

文章是为一定的读者而写的,安排结构时,要有自觉的读者意识,不仅在选材、立意和表达等方面考虑读者的需求,而且要充分考虑到读者在接受心理上对文章结构方式的适应性问题。不同的读者层,由于其思想修养、知识水平、社会环境、生活方式的不同,其审美习惯和阅读能力也大不相同。只有根据读者的层次和阅读习惯,设定的文章结构才能引起读者的阅读兴趣,才能更好地发挥文章的效用。反之,如果安排结构时,只凭作者的主观好恶,不考虑读者的特点,就会使文章"曲高和寡"。比如,给儿童写的文章,结构就要单纯一些,力求开头就激起他们的阅读兴趣;成人读物也可以根据读者层次的不同,选取不同的结构方式。比如,同样是一部小说,如果是给一般的市民读者阅读,结构安排就相应地简单一些;若读者主要是知识分子或专业人士,就可以将结构安排得复杂一些。再比如,面向大众的通俗作品,结构可以自由、活泼一些,面向大学生的教材,结构就要严肃、规范一些。

2. 局部构思

局部构思是在整体构思的基础上,对一些能够影响全局的部分进行深入思考,从而细化构思,使整体构思框架得到进一步的充实和完善。其主要内容包括:

(1)设计首尾

开头和结尾都是文章的重要组成部分,与文章内容密切相关,在整体构思阶段,一般会有所考虑,而在局部构思时,应该再投入一定的精力,再多一些细致的谋划,以便使头脑中构思出来的"文章图景"更为清晰。

开头,也叫开笔或起笔。开头的好坏,有时还会牵动整篇文章的构思。好的开头,能诱发构思,使主体部分顺利展开下去,主旨得到圆满的表达，同时，还能给读者留下一个好的第一印象，吸引读者的眼球，激发起读者阅读兴趣；开头不好，则会阻碍思路，使主体安排受困；草率、随便的开头，会因乏味、无新意而失去读者阅读兴致。

由于体裁、内容、风格等不同，文章开头的方式可以多种多样，可以百花齐放，灵活多变。总的说来，常见的开头可以分为两大类：一是开门见山式，一是曲径通幽式。

结尾，是一篇文章的总收束，并非闲笔，应当引起作者的高度重视。俗语云："编筐编篓，重在收口。"古人以"豹尾"比喻文章的结尾，意在强调结尾要精炼有力。

(2)思考层段

层、段是文章结构中相对独立的部分，层、段的准确设立，不仅可以使文章的结构更加严谨、精当，而且可以使读者在视觉上形成更加明晰、醒目的印象。在构思中，"层"侧重的是思想内容划分，是较大的思考单元，"段"侧重的是文字表达需要，是基本的思考单元，层与层之间、段与段之间的转折、过渡、照应、推进等地方，是思考的重点。关于层段的思考具有层次性、阶段性、连贯性的特点，它要完成的任务有"意"的提炼、材料的加工、布局的设置等。

思考层次，就要对纷繁复杂的材料进行归类、组合，要依据已初步设计好的文章整体框架，选择好层次安排。常见的层次安排有三种类型：纵式安排，横式安排，纵横交错式安排。

思考段落，就是要依据表达中的转折、间歇、强调等需要，划分和组织好段落安排。要充分考虑到段落安排的三个基本要求：一要集中。一段文字要集中表达一个意思，段落的内容要单一，不可将互不相涉的内容放在一个段落里。二要完整。一个段落要完整地表达一个意思(或曰"段旨")，不要在一个段落里包含多个意思。

(3)推敲枝节

对文章细枝末节的推敲，是建立在整体构思的基础上，对至关重要的细节的思考，包括对文章题目、开头、结尾、段落间的过渡、个别情节的设置、某些材料的使用等等许多文章细节的认真思考和推敲，可以推进构思的具体化、细致化，使构思超越一般的框架搭设，进入到丰满血肉的阶段。好的枝节推敲,可以夯实内容、明晰表达意图、饱满形象、蕴蓄情感等,有时甚至会起到画龙点睛的作用。

当然,对于不同的文体,枝节推敲的侧重点有所不同,如对于诗歌写作中,需要推敲的细节往往是意象的选择、诗句的组合;对于记叙性文体,常常要仔细推敲某些重要的人物动作、语言、心理活动等细节,或者一些具有特别意义的生活场景的选择、一些铺垫性的描述、一些照应或情节转折点等等;对于实用文体,常常考虑分论点的表述、叙述性材料与论述性材料的结合等;对于新闻文体,常常要思考导语如何精要、背景材料如何穿插、结语如何自然等等。

另外,不同的作者对于不同的文章,需要推敲的枝节也往往是千差万别的,每个人都有自己的关注重点,每篇文章需要特别关注的"焦点"也各不相同。

(4)斟酌语句

语言是思维的物质外壳,构思活动的展开和完成,必然伴随着语句的生成和斟酌。在整体构思时,主要体现为随着思维的运动而自然生成语句,句子主要记载着作者的思路脉络;在局部构思时,作者则可以投入更多的时间和精力,对承载思维成果的具体语句进行仔细斟酌,炼字炼句,选择和确立最恰当、最富有表现力的句子。如毛泽东的《沁园春·长沙》中的"鹰击长空"一句,描绘鹰姿时选择了极其传神的"击"字,抛却了惯用的"翱翔"等词汇,表现出雄鹰飞翔时的矫健有力,就显得别开生面。而朱自清的《绿》中描写梅雨亭"仿佛一只苍鹰展着翼翅浮在天宇一般","浮"本指物体悬在水面上,而梅雨亭坐落在坚实的大地上,作家用"浮"字,表现了它的上下左右皆空空荡荡,从而突出其位置之高。

善于选择语句,可以充分地实现构思意图,如马致远的小令《天净沙》中,将"枯藤"、"老树"、"昏鸦"、"小桥"、"流水""人家"、"古道"、"西风"、"瘦马"等意象材料,直接粘联到一起,便为我们描绘出一幅荒凉、孤寂的画面,渲染了那种悲壮苍茫、孤立无援的生命寂寥,凸显出一种独特的人生况味。

第三节　心手合一的行文

写作行文，是将构思的成果进行物化的过程，即思维内容和思维成果的文体形式展示和符号化过程。它将思维的推进和拓展寓于语言文字的运用之中，是心手并用的操作过程。

一、行文的特性

（一）行文的方向性

行文的方向性是指主体在行文操作时，以构思的提纲、内容设计为主要依据并对其进行书面语言的"物化"，行文的方向与构思的方向保持着相应的一致性，行文是在构思的引导和一定的约束下进行文本生成，是在一定的构思设计的轨道上的创造，而不是完全游离于构思的不受任何约束的天马行空般的书写。

行文受构思成果的指导、规范和必要的约束，可以有效地保证行文目标的明晰、思路的畅通和速度的加快，让行文进入到某些既定的思维轨道之中，有效地减少行文的阻力，降低行文的难度，帮助作者能够在一定的时间内较为轻松地完成文本操作。

（二）行文的创造性

行文依据构思，但绝对不是对构思、提纲进行呆板描摹、复制，不是简单地用语言"物化"构思内容，不仅仅是用语言把构思的概念性内容进行具体的组合、拼接，而完全可以随着思维的灵动生长，突破构思过程产生某些主观局限性，在行文活动时可以对构思内容进行大幅度的修改、调整，甚至颠覆、取消，可以创造出许多在构思中没有想到的内容，这样的例子在具体的写作实践中会经常遇到。

在行文过程中，作者充分地汲取新的灵感、新的发现，对文章的骨架进行血肉丰满的创造。在一些文学创作中，作家遵循艺术创作规律，尊重作品情节、人物性格发展逻辑，在行文中不按最初的构思写作，而另辟蹊径，并非是对构思的否定，而是主体尊重但不拘泥于构思阶段形成的"框架或思路",围绕着"构思成果"进行自由创造的体现。

行文的创造性正如画家郑板桥对自己创作所描绘的那样:"江馆清秋,晨起看竹,烟光、日影、露气,皆浮动于疏植密叶之间,胸中勃勃,遂有画意。其实,胸中之竹,并不是眼中之竹也。因而磨墨、展纸、落笔,倏作变相,手中之竹,又不是胸中之竹也。总之,意在笔先,定则也,趣在法外,化机也。"(郑燮:《题画》,《郑板桥集》,上海古籍出版社,1979年版,第121页)这里的"眼中之竹"是画家感知的艺术直觉意象,是引发画家"勃勃"的创作冲动之竹,而"胸中之竹"已是在审美观照下艺术直觉把握与艺术构思的成果,"落笔"(艺术行文)正是在此基础之上的生长和变化,即有"倏作变相"、"趣在法外,化机也"的行文时不拘定格的灵活创造。

(三)行文的复杂性

写作环境的变化、写作主体心态的变化、写作受体的阅读期待等,都可能会影响甚至根本性地改变行文的进程,很有可能会推倒既有的"构思成果",会按照重新构思的结果展开新的行文过程。同时,被写作的内容有着自身内在的联系,会按照自身的逻辑发展,有时甚至会向着作者构思相反的方向运行,会向行文提出许多构思中不曾想到的问题。

行文的复杂性还在于,行文的过程不是一种线性的时间流程,而是既有时间性、又有空间性的多种思维错综复杂的运动。在行文阶段,还有感知的深化,还有对构思的完善,往往是感知、构思、行文三者相互渗透、相互交织、相互促进,彼此"携手并进"的。可以说,行文是所有写作活动最复杂的一个阶段。

(四)行文的生长性

行文不是简单地对构思中孕育的文章"雏形"进行符号化,不是对已有的思维内容机械的、僵化的组合、制造,而是充满着新奇、新颖发现和创造的生长性的"摹写"。屠格涅夫在谈到自己的创作体会时,说自己往往在心中"形成了一个完整的、特殊的小小世界……之后,突然出乎意料地产生了一种要把这个小小世界描写出来的要求,我就兴致勃然地满足了这个要求"。自己的作品是"像草儿那样生长出来的"(中国社会科学院外国文学研究所编写:《外国理论家作家论形象思维》,中国社会科学出版社,1979年版,第104—106页)。

因为构思只是"草创"、是提纲挈领的,是粗略的文章蓝图设计,而行文过程始终处于灵动的变化状态,并非完全依据"构思"形成的"设计图纸"操作,有些"构思"将在"行文"过程中得到修改甚至颠覆、取消,但不能以此断言"构思是不可靠的",而应当视为"行文"对"构思"的必要修正,是行文的生长性的体现。

二、行文的过程

写作行文是构思成果向语言文字转化的过程,行文是由句子到局部再到整体依次完成的。行文过程的具体展开是贯通文气、遣词造句、组织段落、建构篇章,简单地说,就是由"句→段→篇"有序地渐次展开。下面简略描述一下行文的进程。

(一)贯通文气

文气,包括两方面的内容:一是内在之"气",即写作思路所具有的内在逻辑性在整篇文章中的自然显现;二是外在之"气",即文气的外在表现形式,包括行文的节奏、气势和风格。

内在之"气",简单地说就是写作思路。其实,写作过程就是作者的写作思路由始至终的显现过程,构思是贯通思路,行文是展现思路,全部的语言文字运用都是对思路的一种物化。任何一种文体都强调思路顺畅、条理清晰、合乎逻辑,比如议论文强调纲举目张,开头、中间、结尾环环相扣,牵一发而动全身;记叙类的文章也特别强调思路的清晰、连贯、周密,富于逻辑性;即使是一首跳跃性很强的小诗,也依然要求文气贯通。一句话,只要有一贯到底的思路,一脉贯通的逻辑,就必然要有一缕贯穿的文气。

文气是文章的内结构,正是文气将文章的内容和形式凝聚、组织成了一个严密的整体,而我们平时经常讲到的开头、结尾、层次、段落、过渡、照应等都是文章的外结构,外结构是由内结构决定的,是内结构的外在表现形式。是内在逻辑形成的思路转化为贯通的文气,使文章获得了充盈的生命力,焕发出了勃勃生机,显示出无穷的魅力。

"气不可不贯",要获得并贯通文气,就应从以下几个方面入手:

第五章 写作过程的审视

1. 要追求理直。这是获得充沛的文气的关键。所谓"事昭而理辨,气盛而辞断"(见刘勰《文心雕龙·檄移》),"理辨则气直"(见李翱《答朱载言书》),"道者,气之君;气者,文之师也。道明则气昌,气昌则辞达"(见方孝孺《与舒君》)等,都在强调"理"作为"气"的内核的重要作用。对于写作而言,理直气壮,理丧气衰,的确是一个很值得重视的规律。

所以,在行文之前,就要在明理上多下功夫,即如孟子所言,要"善养吾浩然之气"。

2. 要讲究顺序。这是思路自身的逻辑性力量的要求。讲究顺序,就是要分出先后次序,要有条不紊地表情达意,如按照时间的顺序叙述一件事情的经过,按照"总说——分说——总说"的顺序说明一个事物,按照先正面论证,再反面论证的顺序阐述一个观点等等。

顺序的安排,首先要依据表达内容和写作意图来决定,不能单凭主体的个人好恶来选择。比如要写一则重要的动态消息,就应采取"倒金字塔结构",把最重要的新闻事实放在导语部分,让读者一目了然,而不宜采用"正金字塔结构",把非重要的内容放在前面。有时候,一些内容受到其它内容的制约,必须把它放在前面来表达,这样才能保证后面内容的表达的连贯性。譬如,一篇驳论文,需要将批驳的对象摆在前面,接下来才能有针对性地进行批驳。其次,合理的顺序安排,要依据文章的体式,有些文体对文章的各部分内容的顺序要求不是很严,顺序安排可以由作者自由、灵活地掌控,如小说和一些随笔,其开头、结尾和主体部分的内容前后顺序可以变换多种方式;而有些文体对文章各部分内容顺序有着较严格的规定性,如应用文体中的通报,一般必须按照通报缘由、通报事项、处理意见这样的逻辑顺序来安排文章的内容。另外,顺序的安排,有时还要考虑到表达的效果和读者的阅读,如有些文章采取倒叙的方式,先从事件的结局写起再回溯到开端,或者先交代结果再引出原因,还有一些文章故意打乱时空顺序,让人耳目一新,引发读者的阅读兴趣等。

3. 要保持连贯。这是思路自身的连贯性要求。连贯,就是保持思维内容之间的相互联系,就是一个材料和另一个材料之间要有密切的联系,一个话题与另一个话题之间要有密切的联系,一个观点和支撑的论据有密切的联系,各种联系或者是并列关系、或者是因果关系、或者是层递关系、或者是转折关系、或者是引申关系等等,各部分内容之间必须保持内在的、密切的联系,这样思路才不会中断。思路中断,则会前言不搭后语,上气不接下气,文气立即梗阻。这一点,在构思阶段,写作者其实已经充分考虑了,在行文时还需进一步斟酌。许多写作者都强调行文要一气呵成,就是要保证思路不被打断,尽可能地保持思路的连贯性。

4. 要善于区分。区分与连贯是辩证统一的。之所以要强调连贯,就是因为有区分;若是没有区分,就没有连贯的必要了。这里所说的区分,"就是说不同的意思一定要界划开来,区别清楚。相同的意思要加以集中,勿使其分离;相近的意思要加以辨析,勿使其纠缠;相反的意思要加以断开,勿使混同;相接的意思要加以排列,勿使错置"(刘锡庆:《基础写作学》人民教育出版社,2007年版,第206页)。只有做好了区分,才能安排好文章的层次,才能形成文章的节奏和气势,才能造就文章的结构美,才能更好地实现写作目的。

5. 要注重严谨。即思路要周密,不能有漏洞和缝隙,如行文中不要忘却了对某些问题进行必要的交代、必要的解释、必要的铺垫等;在强调正面观点时,要注意反面的观点;在肯定主流的时候,不要忽略了支流;在突出重点的时候,不要忘记了非重点的陪衬作用;在说明一个问题的时候,应考虑到与之相关问题的联系等等,力争不说明显的过头话,不意气用事地以偏概全,不顾此失彼,保证思路的周密严谨。

总之,注意从条理性、连贯性、节奏性、严谨性几个方面去保障思路畅通,加强思维的内在逻辑性,是保证文气流畅贯通的前提。

外在之"气",是文气的外在形式,它是由前面所讲的内在之"气"决定的,它与文章语言的音节、语气、节奏等关系密切,也与主体的写作素养和能力有着很强的联系。

文章要讲究节奏,不仅词语之间、句子之间、段落之间,其实都体现着一定的内在节奏和外在节奏,如诸子百家的一些论辩文章、骈体文、汉赋、唐诗、宋词、元曲等,特别注重言词的音乐性,追求骈散结合、参差错落所造成的音节美,追求句子间轻重缓急、抑扬顿挫的节奏美,追求语气、声调、气势与内容的自然、和谐。由此,强调炼词、炼句,强调多种修辞手段的运用,强调主体的综合素养的提升。

当然,不能以外在的文气强弱来衡量文章好坏,有些文章气势强大,表现为粗犷豪放、酣畅淋漓、浓墨重彩、词藻华丽,而有些文章气势纡曲,表现为阴柔婉约、娓娓道来、不事雕琢、平实朴素,只是风格上有所差异而已,不能厚此薄彼。另外,文气的强弱因文而异,因文章内容和表达的需要而定,当强则强,当弱则弱,不可过分地追求词藻的选择、修辞的运用和迷信语言技巧,而应当顺其自然地形成内外一致的文气。

总之,整个的写作行文都要注意文气贯通,在内要思路顺畅,在外要文从字顺,意到笔随。若能够真正地做到语言跟着思维走,随着思路调遣语言,那么,字里行间自然会充溢一股可感、可触、可会的灵通气韵。

(二)遣词造句

行文要完成的具体工作是组词、连句、缀篇,遣词造句是对文章进行文字定型,是写作过程中的一个核心环节。

1. 搭配词语

词语是生成句子的基本单位,选择词语和搭配词语是作者操作语言进行表情达意所必须具备的基本功。词语搭配既要符合词语搭配的习惯和规则,又要善于变化和创新。很多作家都十分注重对词语的锤炼和加工,现代作家孙犁曾说过:"应当经常把你的语言放在纸上,放在你的心里,用纸的砧,心的锤来锤炼它们。"(孙犁:《文艺学习》,作家出版社,1964年版,第53页)莫泊桑的文学启蒙老师福楼拜曾教诲他:每个人所要表达的事物,其实都只有一个最合适的词可以用来表达,只有一个最合适的动词来表示它的行动,只有一个最合适的形容词来形容它。因此应该执著地去寻找,直到发现这个词,这个动词和这个形容词,而决不应该满足于"差不多"。唯有如此,才能够真正地领悟到词语搭配的奥妙。

搭配词语的过程中,要注意这样几个问题:

一要斟酌词语是否准确、形象、鲜明。准确地传情达意是词语搭配的基本要求,在描写和叙述时,还要考虑词语表达的形象性和鲜明性。

请看鲁迅小说《药》中的一段话：

老栓还踌躇着，黑的人便抢过灯笼，一把扯下纸罩，裹了馒头，塞与老栓；一手抓住洋钱，捏一捏，转身去了。

这段话描写了人物的一连串的动作，用了"抢"、"扯"、"裹"、"塞"、"抓"、"捏"这些精心挑选的动词，与其它词语搭配起来，准确、形象地表现出人物蛮横、粗野、贪婪的心理和情态，给人留下鲜明而深刻的印象。

二要注意词语的色彩、轻重、音节。有些词语有语体色彩之分，如介绍信中惯用的句子是：兹有某某前往贵处办理某某事宜，敬请予以接洽。这里的"兹"一般用于公文当中，表示态度严肃、郑重，而文学文体中一般不用它。有些词语含有褒贬的感情色彩，如赞赏一个人办法很多时，可用"足智多谋"来形容，而要讽刺一个人坏办法很多时，则用"诡计多端"，两个词语的感情色彩截然相反，不能用错位置。即使意思相近的词语，其色彩和语义轻重也有差别，比如"结果"和"后果"两个词就不可随意地替换使用。在进行词语搭配时，除了要考虑词语的色彩、语义或语气的轻重，还要考虑音节的长短、节奏等，如双音节词语具有稳定、凝重、匀称的美感，三音节词语具有活泼、跳跃的流动感，四音节词舒展、有节奏感。词语搭配时，注意不同音节词语错落有致，会形成一定的节奏感和韵律感。

三要考虑词语传达的情感浓度。因为表达的内容和文体不同，词语所传递的感情有浓有淡，譬如一些新闻、说明文和应用文等，都是客观地叙述事件或说明情况，多选用一些中性的词语，没有明显的感情色彩，像"应用文的用语庄重严谨、简明通顺、平实得体"这句话中所选择的词语，其传达的情感就淡到了近乎为零。而有些文学文体在选择词语时，往往要在词语中渗透主体浓郁的情感。请看张丽钧的散文《牡丹花水》结尾一段：

"牡丹花水"，一个让人心疼的名字，一个让人心暖的名字。人间烟火味里铺展着无尽的梦幻织锦，美好的感恩，由衷的赞颂，既朴素又华丽，把所有对生活的祈愿都凝进这一声轻唤当中，让苦难凋零，让穷困走远——我的大西北，愿你守着一朵富丽的牡丹，吉祥平安，岁岁年年。

这段文字就选用了许多富有情感色彩的词语,传递出作者浓烈的感慨、赞美、祈愿之情。

四要考虑词语的形式、位置、语法逻辑关系等。很多词语搭配有一定的固定形式、位置,要符合一定的语法逻辑要求,比方可以说"一匹马",但不可以说"一匹猪";可以说"如坐春风",但一般不宜说"如坐寒风"。但有些时候,我们可以打破词语的词性限制,活用词性,进行灵活而新颖的词语搭配,从而创造出一些新鲜的语句,增加语言的表达能力。如下面这些灵活的词语搭配:一袭白衣,一瓣馨香,一缕清愁,一脉青山,一掬湖水,一抹微笑,一页往事……都打破了词语的习惯搭配,有了令人耳目一新的变化,既准确、形象,又新奇、别致。

2.组合句子

句子是构成文章的基本单位。是一个句子接一个句子构成了句段,再由一个个句段构成了段落层次,建构起了整个篇章。句子有长短,句子的组合有奥妙,多一个字少一个字,造句所用的词语不同,或词语的位置不同,或词语的搭配方式不同,都会造成不同的句子,传递出不同的句子意思。因此,组合句子,是一项十分重要的工作,也是一项较为艰难的工作。说组合句子重要,是因为没有句子的组合,便没有了行文的展开和推进,便无法建构起篇章;说组合句子艰难,是因为既要考虑到词语的选择和搭配,又要考虑句式和语法规范,既要考虑句意的传达,又要考虑句子的使用情况等,毫无疑问,组合句子是一件十分复杂而艰辛的工作,需要精心地选择、推敲、设计,需要不断地修改和完善。

要成功地组合句子,首先就要掌握基本的句子模式:

(1)叙述句模式

叙述句的特点是直接陈述事物或事理,不加渲染烘托,不事雕琢,语言洗练、简洁、明快。如鲁迅小说《故乡》的开头:

我冒了严寒,回到相隔两千余里,别了二十余年的故乡去。

这是叙述"我"回故乡一事,语言简洁,行文利落。体现出了叙述句的优点。

(2)描写句模式

描写句的特点是通过修饰和形容，对事物进行具体、生动的描绘，文字色彩感强，注重以形传神。请看朱自清的《春》中描写小草的一段：

小草偷偷地从土里钻出来，嫩嫩的，绿绿的。园子里，田野里，瞧去，一大片一大片满是的。坐着，躺着，打两个滚儿，踢几脚球，赛几趟跑，捉几回迷藏。风轻悄悄的，草软绵绵的。

这段文字精选了一些叠音词和富有生活情趣的动词，生动、形象地描绘出了春草的色泽、质地和勃勃生机，流露出由衷的喜爱之情。这样的描写，是极富感染力的。

(3) 议论句模式

议论句的一般特点是常用表明看法的判断句，能给人一种坚定的、不容置疑的感觉，语气庄重。请看梁启超的《敬业与乐业》中的一段议论：

一个人对于自己的职业不敬，从学理方面说，便亵渎职业之神圣；从事实方面说，一定把事情做糟了，结果自己害自己。所以敬业主义，于人生最为必要，又于人生最为有利。

这段话以辨析、明理为主，用判断语旗帜鲜明地表明自己的观点，语言准确、周密，语气肯定，令读者信服。

(4) 说明句模式

说明句的特点是用明白如话的语言解说事物或事理的真相，句势平稳，行文和缓，不枝不蔓。请看下面这段话：

咖啡是由茜草科的一种常绿灌木所结的果实加工而成，这种果实中含有咖啡碱，对人体能起到消除疲劳、振奋精神、促进血液循环、提高劳动效率和思维活力等作用。

第一句话交代咖啡的来源，第二句交代咖啡中的成分，第三句说明咖啡的功用，解说清楚，语气平缓，体现出了说明句模式的基本特点。

抒情句模式是上述四种句子模式的转换，是融合了主观情感的综合运用。

要组合好句子，还要特别注意以下几个问题：

首先，注意句子的正确性。有语病的句子，不能承担传递信息的任务，还会破坏文章的整体效果。因此，组合句子最基本的要求是造句正确，即要符合客观事实，符合一定的语法规范，符合语言的逻辑要求，符合词语的搭配要求，应避免句子成分残缺、成分杂糅、逻辑混乱、出现歧义、否定不当、用词不当等语病。

其次，要注意句子的准确性。要准确到位地表达出主体心中之意，就要选取最恰当的那些词语，用最恰当的组合方式，组成最恰当的句子，精确地传递出所要承载的信息。不能仅仅满足于句子的正确，还要精益求精，追求句子表达的准确度。有些人不大重视句子的精确性，表现为用词的随意性较大，句式缺乏变化，不大注意句子的语气和气势，对句子的情感浓淡、声音的高低、节奏的快慢等，思考得较少或思考得不够深入，虽然造句正确，但语句平淡、陈旧、老套，或者千篇一律，难以表达出意思微妙的变化。

再次，要注意句子的新颖性。应从句子所应用的文体、所表达的内容和个人的语言风格等方面，考虑变换句式，使之更适宜主体的表达和读者的接受。句式结构的表层是词语排列组合而形成的外在形式，其深层却是通过词语的聚合所显出来的内在意蕴。尤其是若干句子构成的句段，句子与句子之间既紧密联系着，彼此之间又存在着一定的张力，它们合逻辑地有机组合，相互贯通，其气势、情调、语气、营造的氛围等都是千姿百态的，因此，句式要有所变化，有所创造，像马致远的小令《秋思》中的"枯藤老树昏鸦，小桥流水人家。古道西风瘦马。"三个句子，分别用了三个名词并列组合在一起，每个词都展示一个具体图景，合起来又构成了一幅深秋凄凉萧瑟的完整画面。新奇的句式，使之以最少的字数，传递出无限丰富的内容。

（三）组织段落

段落是在句子的基础上形成的，是具有表意的完整性和相对独立性的行文单元，它浓缩了文体的性质、特点，体现着不同文体的层段模式。

要组织好段落，首先要掌握不同文体的段落模式的特点，依据段落模式的特征和要求安排段落。不同文体的典型段落也不同：

1. 记叙类文体的典型段落是场面。场面,是在一定的时间和空间中,由人物的行为和心理活动、事物的状貌和情态构成。场面的四个要素是物象(人或物)、时间、空间、行为细节。场面的构建,主要从时空的推移、人物行为和物象变化着眼。请看孙犁的小说《荷花淀》的开头:

月亮升起来,院子里凉爽得很,干净得很。白天破好的苇眉子湿润润的,正好编席。女人坐在小院当中,手指上缠绞着柔滑修长的苇眉子。苇眉子又薄又细,在她怀里跳跃着。

这个场面描写交代了特定的时间——月亮升起的晚上。点出了空间——院子里,描写了物象——苇眉子,推出了人物——女人。物象的生动描写与特定的时空的交代,为人物的活动提供了背景。简洁的叙述,动静结合的描写,典型的细节描写,勾画出一幅清新、淡雅的图画。

由于表述的对象不同,场面有的以人物活动为主,有的以事件的进程为主,有的以事物状貌或景物的变化为主;由于事物的存在方式不同,场面有动态的,也有静态的;由于文体的不同,场面有再现型的和表现型的,有写实型的和虚拟型的,等等。随着时间的推移,空间的转换,物象变化或事物情态的变化,场面也会随之更替和转换。如鲁迅的《故乡》从"回故乡"到"会见故乡的人"再到"离开故乡",在"回来"与"离开"之间,展示了一个又个场面,这些场面环环相扣,紧密衔接,组成了丰富的情节链,使文章内容波澜起伏,跌宕有致。

2. 议论类文体的典型段落是论层。论层是一个相对完整、独立的论述单元,它具有最基本的论证功能,有的论层具备了议论的基本要素(论点、论据和论证),有基本的结构形式(总——分——总;总——分;分——总),这样的论层与一篇议论文大致相同,可以被看作是缩小了的议论文。例如罗素对"我为什么而活着"这个话题的一段论述:

我寻求爱情,首先因为爱情给我带来狂喜,它如此强烈以致我经常愿意为了几个小时的欢愉而牺牲生命中的其他一切。我寻求爱情,其次是因为爱情可以解除孤寂——那是一颗震颤的心,在世界的边缘,俯瞰那冰冷死寂、深不可测的深渊。我寻求爱情,最后是因为在爱情的结合中,我看到圣徒和诗人们所想象的天堂景象的神秘缩影。这就是我所寻求的,虽然它对人生似乎过于美好,然而最终我还是得到了它。

这一论层包括了论点、论据和论证三要素,论点:我寻求爱情;论据:爱情可以带来狂喜,爱情可以解除孤寂,在爱情中"看到圣徒和诗人们所想象的天堂景象的神秘缩影",论证的结构方式是"总——分",先亮出观点,然后从三个方面分别论证论点,最后得出结论:我寻求到了美好的爱情。

论层的转换,表明论述重点的转移或论述的深化。只有一个论层的议论是较为简单、容易把握的;由若干论层组成的文章内容较为复杂,论层之间的转换和衔接要恰到好处。

3.说明类文体的典型段落是释项。释项是说明类文体的基本构成元件,是行文中的一个相对独立的单元,着眼于对解说对象的阐释和说明,若干释项有序地联结起来,就可以构成一篇说明类的文章。释项包括对象、特征、阐释三要素,一般是对解说对象的成因、成分、特征、作用、发展变化情况等进行专项说明。请看贾祖璋的文章《白丝翎羽丹砂顶》:

鹤的长嘴、长颈和长胫,都是生活环境和取食习性所造成的。《淮南八公相鹤经》说:鹤"食于水,故其喙长……栖于陆,故足高而尾雕。"庄子说:凫胫虽短,续之则忧;鹤胫虽长,断之则悲。"都说明它的适应意义。当然,这里也讲得不够准确,鹤一般栖息在沼泽地带,胫长与涉水有关,而不是栖息于干燥的陆地所造成的。它的食物是鱼、虾、小虫等,也吃嫩草和谷物,一般又认为它喜欢吃蛇,饲养时可以为人除去蛇害。

这段话说明的对象是鹤的嘴、颈、胫,其特征是长,阐释的内容是鹤的长嘴、长颈和长胫是生活环境和取食习性所造成的。为阐释理由,作者引经据典,同时还订正了"经典"中的谬误,力求准确。

释项可以单独使用,也可以与议论结合,还可以与描述结合,既可以用之于说明类的文体,还可以用之于议论类、记叙类等多种文体。一篇简单的说明文只有一个释项,若干释项的衔接和转换,就构成了比较复杂的说明文章。

（四）建构篇章

文章大体都由开头、主体、结尾三个部分构成。这三个部分在形式上不一定都明显突出，但从全文内容的展开和行文的过程看，总是按照起始、延展、终止的顺序，上下衔接，前后贯通，浑然一体的。同时，同类的文章，不管如何变化，其结构布局都有着相似之处。所以在建构篇章时，首先要了解基本的篇章建构模式：

1. 记叙类文章

记叙类文章主要以记人写事、表意传情为目的，它展示人物的行为、情感或事态的流动、变化过程，其篇章建构模式一般是：开端→发展→结局。

开端（开头），一般是选取与某种行为、事态或情感的发生相关内容，有的交代内容发端状态各存在要素，如时间、地点、人物、事情的起因或结果等，有的进行相关背景和氛围的渲染或营造，有的还概述文章的主要内容或意义等，只要有助于推动文章内容的展开、能够引起读者阅读兴趣就可以，开头的方式非常灵活，可以开门见山，也可以曲径通幽，写作者尽可以依据内容、写作目的等自由地设计。

发展（主体），承接开端，推动行为、事态、情感向前发展或延伸。发展的线索可以是人、事、物、情，也可以是时间、空间或时空交错。行文时一般体现为若干场面的衔接或转换，层段之间往往要安排一些必要的过渡和照应。具体说来，或者描述一系列具有内在延续性的人物活动，或者展示事态阶段性的变化过程，或者表现情感内容的演变等。

结局（结尾），接续发展，行为、事态、情感在这个阶段自然收束，它表明行文至此内容截止时的状态，或强化突出，或自然结束，或戛然而止，或余味绵绵，其方式也是灵活多样的。

2. 议论类文章

议论类文章以阐明或反驳（或两者兼有）某种观点为目的，它体现一个合乎情理、合乎逻辑的推导过程。其篇章建构模式一般为：引论→本论→结论

引论（开头），可以直接提出令人关注的问题，点明观点；可以介绍背景，分析材料，引出问题；也可以说明对某一问题探讨的目的、意义与

价值;也可以直截了当地亮出观点。

本论(主体),承接引论,对材料或问题进行横向并列式、纵向递进式剖析、论证,或采取纵横交错式、散论式的推理论证,以深入、透彻地阐明观点。常用分析与综合、归纳与演绎的方法推动论证的进程。

结论(结尾),接续本论,归纳、概括或适当引申。可进一步阐明观点,照应引论;可引出新的问题;可指出结论的理论或实践价值。

3.说明类文章

以给人以知、教人以用为目的,介绍、解说事物或事理。由于说明的对象、写作目的和行文方法的不同,可分为介绍型、记述型、描述型、文艺型、阐释型、应用型等类型。其篇章建构模式一般为:概说→分说→总说。

概说(开头),针对说明的对象,概述事物、事理的突出点;或介绍相关材料,引发读者的兴趣;或者略述主要内容。

分说(主体),具体介绍、解说对象,可按时间顺序、空间顺序、逻辑顺序等行文,可以运用叙述、描写、议论等表达方式,可以列图表、插入图片作为必要的说明手段。

总说(结尾),承接主体,加以总括性概说;或是行文逻辑顺序的自然终结;或强调解说对象的重要性;或指出当前对解说对象的认识水平;或展望解说对象的未来等。

篇章的建构模式,只是大致地对同类文章相似点的一种概括,只是为行文提供一种整体性的参照。篇章建构模式并非适用于所有的文章。所以,不能迷信于篇章建构模式,更不能机械地照搬,而应当依据具体的内容、写作意图、读者情况等,对篇章模式进行灵活运用,要勇于和善于改造它,在"变"与"不变"之中掌握篇章的建构模式。

三、如何提高行文质量

(一)养成良好的行文习惯

良好的行文习惯,将直接影响行文的进程和行文的质量。一般说来,良好的行文习惯包括以下几方面内容:

1.重视写作构思。大凡是行文顺畅者,无不高度重视写作构思,重视文章雏形的孕育,即使某些所谓的写作天才下笔千言、洋洋洒洒,也都源于他们动笔之前已做到了"胸有成竹",已经对文章的未来蓝图进行了充分的酝酿,有的列好了详细的写作纲要,有的打好了"腹稿"。有些人不大重视构思,只是简单地构思一下甚至根本没有构思,尚未形成明晰的写作思路,尚未对文章进行整体的思考,便凭着一时的写作冲动和热情,或者凭着一点点的灵感,就草率地进入行文阶段。结果或者跟着感觉走,或者边想边写,缺乏统筹兼顾的全盘考虑,常常顾此失彼,以至于行文梗塞、时断时续,更是常有的情况。

2. 抓住行文机遇。当有了写作灵感和欲望,并进行了充分的构思,也调整好了心态,写作条件已经完全成熟了,就要立刻着手行文操作,不能再犹疑不决,更不要一推再推,一拖再拖,迟迟不肯落笔。因为有时灵感稍纵即逝,有时写作主体的情绪变化了,或者写作的环境发生了变化,都会直接地影响到行文的顺畅与否。有人喜欢多想,但不大愿意动笔,有时脑子里想得很多,但很少形诸笔端,即所谓的"心到笔不到";还有的人不能主动行文,特别是一些受命写作者,往往要拖沓到必须要完成文章写作任务了,才被动地进入到行文状态中,甚至是勉强地应付。所有这些,归根到底都是不善于抓住行文机遇,其行文的质量自然可想而知了。

3. 注意一气呵成。前面讲到了文气贯通,行文最好是做到一气呵成,即使是操作一部长篇大作,也要集中精力,保持一段相对连续的写作状态,而不要断了思路和文脉,写写停停。只有行文一气呵成,才能更好地保证文章结构完整、逻辑严谨、表达顺畅。有些人经常中断行文,造成思路的断断续续,不可避免地要影响文章的气脉贯通。

4. 要勤于训练。写作是一门技能,需要大量的训练,没有勤奋刻苦的训练,是难以提高行文水平的。所以,不要怕行文中遇到困难,更不能被行文中的一些失败和挫折吓倒,应消除畏难情绪,知难而进。相信经过一番磨砺之后,行文的能力一定会有所提高的。

5. 要重视文面。文面就是文章在人们视觉印象上所呈现的总体面貌,包括行款格式、标点符号、标题、署名等内容,文面所涉及的虽是行文中的一些小问题,但它也是文章的有机组成部分,是不可掉以轻心的。比方标点符号是否准确,文字誊写是否工整,引文标注是否规范等等,不仅会影响到信息的有效传播,还会影响到读者的阅读。如果文面零乱、错误明显,文章在读者第一印象中就会"失分"。无论是使用传统写作工具,如纸张笔墨,还是运用现代写作工具,如电脑网络,作者都要高度重视文面的设计和安排,要严格按照文章的格式或排版要求,一丝不苟地誊写、打字、排版,切不可以忽视文面操作中的各个环节。

(二)提高表现能力

这里所说的表现能力主要是指写作主体选择最佳的表现方式实现写作目的的能力。提高表现能力的基本途径有:

1.揣摩名篇,掌握写作范式

每个写作者在行文之前,一定都阅读过不少文章,也掌握了一些写作理论,懂得了一些写作方法和技巧,知道什么样的文章是好的,什么样的文章是不好的。也就是说,主体的头脑中已经有了一些文章的范式,这些范式是行文过程中非常必要的参考对象,具有直接的或间接的示范、引导作用。任何一个写作者,都应该广泛地阅读名篇,认真地揣摩其优点所在,以便在头脑中形成更多的写作范式。朱光潜先生有一条创作经验很有推广意义,他认为提高写作水平,"最简捷的办法是精选范文百篇左右,细心研究每一篇的命意、布局、分段、造句和用字,务求弄懂,不放过一字一句,然后把它熟读成诵,玩味其中声音节奏与神理气韵,使它不但沉到心里去,而须沉到筋肉里去"(朱光潜:《艺文杂谈》,安徽人民出版社,1981年版,第45页)。朱光潜这里所讲的阅读范文、揣摩范文、最后形成一定的写作模式的做法,对于写作行文是大有益处的。尤其是初学写作者,更应该注重写作范式的建构。

当然,要特别注意:写作范式并非僵死的写作模式,它是在一定背景下产生的,是变化的,是因人而异的。因此,在学习文章范式时,贵在领会其"神",切忌从形式上机械模仿。

2.善于借鉴,从模仿走向创造

古今中外浩瀚的文本,为我们的写作提供了大量值得借鉴的成功经验。很多人都知道阅读对写作的重要作用,尤其是对名篇佳作的阅读,在给我们带来思想的启迪、情感的熏染的同时,还会给我们提供许多写作方面的启示。真正的善读者,懂得通过揣摩那些名篇佳作,汲取其中有益的营养;接下来,由阅读别人的文章转向自己写作时,首先进行必要的模仿,也就是从材料的选择到主题的提炼,从结构的安排到文章的表达,各个环节都先借鉴别人的成功经验,学习别人的操作方式。先进行一定的模仿训练,掌握了一些文章范式,积累了一些写作经验之后,写出了一些符合规范的文章。然后,再有意识地突破写作范式,写出有创造性的文章。很多大作家的创造性的文本,都是建立在对他人作品的认真揣摩、借鉴的基础上,经过大量的模仿训练后,才"站在别人的肩上"完成的。一味地强求创新,没有模仿和借鉴,是不现实的,也是不可能的。

3. 博学多采,提高综合素养

写作是一门综合艺术,不仅需要主体具备多方面的能力,还需要具备较高的综合素养。表现能力不只是作者的书面表达能力,还是作者多方面素养的体现。因此,作者应广泛地学习,掌握多学科知识和理论,开阔自己的视野,丰富自己的知识库存。同时,要培养广泛的兴趣爱好,多接触一些影视、美术、音乐、舞蹈、建筑等艺术,不仅可以陶冶情操,锻炼自己的艺术感官,培养自己的观察力、鉴赏力、发现力等,还可以增加"艺术细胞"。要知道,各类艺术都是相通的,是可以触类旁通的,有人通过听音乐获得了灵感,有人通过看影视作品获得了写作的素材,有人从绘画中学会了某些表达方法,还有人从经典建筑那里悟到了文章结构方式等等,这些大量存在的事实都在说明:不能孤立地学习写作艺术,而应当广泛地接触多种艺术形式,学会博采众家之长,从多方面提高自己的综合素养。

(三)提高语言驾驭能力

作者必须锻炼和培养自己高超的语言驾驭能力,才能使行文顺畅自如。语言能力的提高,需要长时期甚至是一生都要付出艰辛努力,绝对没有捷径可走,必须要下苦功夫,一点一滴地积累,踏踏实实地训练,不能轻易地应付了事,更不能有偷懒、讨巧的心理。

关于提高语言能力的方法和途径,前面章节中已经谈到,此处不再重复。

(四)灵活运用表达方式

文章的主要表达方式有叙述、描写、抒情、议论和说明,各有其本,各有其用。总体来讲,叙述,要求条理分明,详略得当;描写,要求具体生动,形象逼真;抒情,要求健康向上,真挚自然;议论,要求鲜明深刻,严谨有力;说明,要求准确无误,清楚明白。

灵活运用各种表达方式,就是依据不同的文体特点,根据不同的表达内容和表达目的,并考虑到读者的情况,去选择适当的表达方式,发挥每一种表达方式的优势,特别是要自由、灵活地综合运用各种表达方式,使其相互配合,相得益彰,发挥出最佳的表达效果。

关于表达方式的具体运用,本书第六章有专述,在此略。

第四节 精益求精的修改

修改是写作过程中的一个必不可少的重要环节。从人们津津乐道的一些文坛上的"苦吟"、"推敲"的掌故中,就不难发现写作者历来都是对修改高度重视的。的确,写作目标的实现,文章质量的提高,写作能力的提升等,都离不开修改。可以说,不断地对文章进行认真、细致的修改,也是真正提高写作水平的必经之路。

一、修改的意义和要求

(一)修改的意义

1. 修改可以提高文章的质量

经过感知、构思、行文这一系列写作过程,形成的文章是否达到了"意称物、文逮意",还不一定。因为在写作过程的每一个阶段,都可能由于思考的深度、广度、力度等原因,给操作完成的文章留下一些需要重新打量和解决的问题。譬如,在感知阶段涌现的一些令作者欣然动笔的情思,待成文后可能会发现并无多少新意;在构思时想得很好的内容,落到笔下有时可能会失色许多;在行文时感觉非常满意的地方,待停下笔来可能就会发现其中有着某些破绽或遗憾。另外,由于文章是作者对写作客体的感受的反映,而写作客体往往是复杂多变的,作者对其认识不可能一步到位,也必然需要作者对文章进行修改。

实际上,修改是贯穿于整个写作过程中的。人们对事物的感知阶段,不断地深入观察体验,从不同角度对客体进行认知,便是在修正自己的感知结果;而在构思阶段,反复地对文章主旨的提炼、材料的筛选、结构的安排等,虽然表面上看是在修改文章的"雏形",其实也是对文章进行着修改;至于行文过程中,感知、构思成果的推敲和改动,更是明显的修改过程。但仅仅如此还不够,行文结束后,作者仍要进入一个专门的修改阶段,对文章进行细致的打磨。古今中外的许多名著都经过了反复修改,才日臻完善起来的。曹雪芹的《红楼梦》曾"披阅十载,增删五次";法捷耶夫的《毁灭》曾前后修改五次;列夫·托尔斯泰的《战争与和平》修改了七次;海明威的《老人与海》也经过多次的打磨,有些章节甚至修改了二十多次。鲁迅在《答北斗杂志社问》一文中谈到自己的写作经验时曾经说过:"写完后至少看两遍,竭力将可有可无的字、句、段删去,毫不可惜。"(鲁迅:《鲁迅全集》第四卷,人民文学出版社,1981年版,第364页)文章总会存在一些不完美的地方,唯有正视其不完美之处,不辞辛苦地去改正它,才是正确的写作态度。没有认认真真、精益求精的修改,就不可能有更趋于完善、完美的佳篇力作。

有些写作者对自己写出来的文字,或者出于敝帚自珍的心理,不肯再下功夫去改动,尤其是不舍得去删掉那些辛辛苦苦写出来的东西;或者过于自负,看不到自己文章中的缺陷和不足,自以为所写的文章已经很完美了,不需要再进行修改了;或者是怕麻烦,不愿意再花费时间投入到修改当中。但不管是什么原因,都不能成为拒绝修改或草率对待修改的理由和借口。因为文章的修改不仅是十分必要的,也是必须要做的。

修改的过程不仅是一个改正文章毛病的过程,也是一个认识不断深化的过程。人们对客观事物的认识是一个渐进的过程,不可能一步到位。在写作过程中,由于时间、环境的变化,主体感知和行文的情绪、能力等方面的原因,常常会导致人们对一些问题认识的变化,有时是由浅入深的,有时则可能是把简单的问题复杂化了,有时可能是以偏概全了,有时则可能得到的完全是一种错误的认识。而且,在把认识转化为文章的过程中,还会出现"意到笔不到"的情况等,所有这些,都需要在行文结束后,再冷静地审视文章,再进行深入、细致的思考和推敲,使所思所想的内容与所运用的表达形式更好地统一起来。

2. 修改可以提高写作水平

有写作经验的人都知道:作十篇,不如改一篇。要提高写作能力,不但要多写多练,还要多改精改。写完一篇文章的初稿以后,若能够反复地推敲,改去瑕疵,多加润饰,精益求精,不仅可以提高文章的质量,还可以从中悟出很多作文之道,获得许多写作经验。法国作家福楼拜说过"涂改和难产是天才的标志",从某种意义上说,修改能力是高一级的写作能力,能把文章改到什么水平,就可以说其写作达到了什么样的水平。

修改文章需要大处着眼,小处落笔,一点一滴,都要仔细琢磨,反复加工。既要善于发现问题,又要善于解决问题。所以,修改可以锻炼作者的鉴别力和判断力,对于文章中该写什么,不该写什么,应该怎样写,不应该怎样写,许多问题都可以在修改过程中再度进行有别于此前的思考,可以慢慢地品味和领悟。掌握了改的方法,其实也就掌握了写的方法。删掉了那些写得不好的地方,其实也就是在给文章添彩。古人有"文字频改、功夫自出"的论断,说的就是这个道理。清代唐彪在《读书作文谱》中对文章的修改也曾有过精辟的论述:"盖作文如攻玉然,今日攻去石一层,而玉微见;明日又攻去石一层,而玉更见,再次不已,石尽而玉全出矣。作文亦然,改窜旧文,重作旧题,始能深造。"可见,正是修改中的思、悟、改,使得作者多方面的能力得到了充分的锻炼,写作水平在修改中潜移默化地提高起来。

3. 修改是对读者负责的表现

文章是写给读者看的。如果文章中有观点错误或材料不实的地方,就会误导读者,以讹传讹,贻害无穷;如果文章缺乏一定的文采,语言干瘪,或者表现的方法陈旧、老套,或者结构单调、形式呆板等,都必然会影响到读者的阅读。所以,不仅动笔前要深思熟虑,在行文时要小心谨慎,严肃认真地对读者负责;就是在文章写完,在呈现给读者之前,还要一丝不苟地进行反复地斟酌,查缺补漏,认真完善。老舍曾说过:"写完了,狠心地改,不厌其烦地改。字要改,句要改,连标点符号都要改,毫不留情。对自己的宽大就是对读者不负责。"(老舍:《老舍论创作》,上海文艺出版社,1982年版,第221页)俄国19世纪著名作家果戈理对自己的每一部作品的修改都极为用心,他对作品的每一个章节、每一句话,甚至每一个词语都经过多次地推敲,一改再改,直到自己完全满意为止。对于那些他不满意的作品,他甚至毫不痛惜地付之一炬。他年轻时烧过自己的小说《第三战役的乌拉及密尔》,烧过《死魂灵》第二部的初稿。果戈理的多次焚稿,正是对读者负责的表现,他不愿意让不成熟的东西流入社会,贻误读者。

当然,也有些作者对读者考虑不多,只考虑到作品是否能够发表,是否能够为自己赢得名利,不肯花费更多的时间投入到修改当中,自然地,其文章即使是发表了也难以引起人们的注意,更不要说产生什么样的影响了,它们很快便淹没在文章的海洋中,有的一发表便死亡了,成了没有多大意义的文字垃圾。从这一角度上说,作者也应有一定的社会责任感,本着对读者高度负责的态度,积极地投身于文章的修改当中,尽可能地让文章完美一些、再完美一些,少给自己和读者留下缺憾。

(二)修改的要求

1. 修改的基本要求是求准

求准,就是通过修改力求表达的准确,包括观点表述的准确,词语、句子组合的准确,段落层次划分的准确,材料剪裁详略的准确,一些数据、引语、标注等使用的准确,等等。这是对文章修改的最基本的要求,也是修改过程中的重要的基础环节。

陆机曾在《文赋》中道出了写作的甘苦:"恒患意不称物,文不逮意。"文章修改的基本任务是使意能称物,文能逮意,使文章准确地反映客观事物及其规律,准确地表达作者的感受和认识。

2. 修改的进一步要求是润色

润色,是在准确的基础上的进一步提高,是增加表达的艺术性,主要体现在对艺术表现手段和语言运用的加工、完善方面。由于写作经验不足和语言积累不够,或者写作仓促未来得及推敲等原因,文章中难免会出现表达不准确、不到位的情况,甚至还有语言使用不当、令人啼笑皆非的现象,不要说初学写作的人不可能毕其功于一役,需要反复润色,即使是著名的作家,也需要对文章进行反复的深加工。

二、修改的范围和方法

(一) 修改的范围

文章修改没有固定的模式,往往是因人而异,因文而异。每个写作者都可以根据具体的情况,选择修改的重点和方式。但无论修改什么样的文章,采用什么样的方法,都要从文章的内容和形式两个方面入手,都要对立意、材料、结构、语言进行斟酌。

1. 完善主旨

主旨,是写作构思时已经确立的要在文章中表达的核心内容,是文章的灵魂和统帅。在写作过程中,材料的筛选和加工、结构的设置、语言的运用,都要根据表现主旨的需要加以确定。所以,修改文章首先就应该推敲、锤炼主旨,看主旨是否正确、是否新颖、是否深刻、是否集中,有些写作者在某一灵感或某种冲动下进入了写作状态,自以为已经"胸有成竹"了,但实际上这一"成竹"尚不十分真切,尚有许多细腻的地方需要填补,而且在将构思中酝酿的思维成果付诸文字的过程中,难免会使写作主旨产生某些偏移甚至是背离。所以,修改时,首先要对文章表现的主旨进行细致地审核,看看构想的与实际生成的有怎样的差距和偏失。若主旨需要修改,那么必然要涉及到文章的各个方面,如材料的剪裁和组织、语言表述等,都需要相应地改动。所以,主旨变动时伤筋动骨的大调整,需要全面考虑,慎重对待。列夫·托尔斯泰创作《复活》前后历经10年,数次改动作品的主旨,最后将原来设想的道德批判主旨改为社会批判主旨,由主旨的变化引发了故事情节和人物性格的变化,使作品具有更加深广的社会意义,成为一部批判现实主义的不朽杰作。

2. 增删材料

增删材料,是解决"言有据"的问题。材料是文章的血肉,它不仅是主旨形成的基础,也是表现和深化主旨的支柱。在各种不同文体的文章中,都应当做到观点统率材料,材料服务于观点,观点和材料有机地统一起来,浑然一体。如果出现材料单薄的现象,不足以表达主旨,就应当再去寻觅,再补充鲜活的材料;如果材料过多,出现了材料重复叠加的情况,就要毫不吝惜地删掉那些对表现主旨作用不大的材料;如果对某些材料的剪裁不够妥帖,该详细的地方过于简略,而应该简略的地方却罗嗦了,也要根据表现主旨的要求,适当地加以增删,使之更加有效地支撑和表现主旨。魏巍写《谁是最可爱的人》初稿用了20多个事例,简直要成流水账了,要表达的主旨反而不突出了。几经修改,作家大刀阔斧地砍、删材料,最后只留下三个典型的材料,却深刻地表现出中国人民志愿军战士是最可爱的人这一主题,使这一文章成为影响深远的佳作。

3. 调整结构

结构调整,是要解决"言有序"的问题。结构是文章存在的形式,是文章内容赖以表达的基本手段,也是内容的一种存在方式。在进行文章修改时,必然要涉及结构调整的问题,这需要作者认真检查文章的整体框架是否合适,是否文气贯通,严谨紧凑,首尾圆合;要看看各段落层次之间的转换衔接是否自然、顺畅,是否有必要的过渡照应,是否前后呼应等等,发现层次混乱,结构松散、前后矛盾、头重脚轻、尾大肚小等方面的毛病,就要及时地进行相应的调整,使结构更好地与表达的内容相适应。例如,徐迟在撰写报告文学《在湍流的涡漩中》初稿时,采用了纵断面的结构,写周培源的一生重要的经历和成就,从20世纪30年代写到70年代,内容冗长,但人物性格并不鲜明。后来,诗人臧克家建议他借鉴方苞的《左忠毅公逸事》的结构方式,改用横断面结构,截取1976年10月初的一个晚上,周培源在家中思想活动这一段,因为这一段是周培源一生经历中最激动人心、最有意义、处于最高潮的一部分,是"一个时代结束,一个时代开了端"的社会重大转折关头,因此也最宜于鲜明地表现周培源的思想性格。然后,通过周培源的回忆,把他所经历的重要历史画面穿插进来,使之浓缩在这个晚上的横断面上,从而实现了写作意图。由于作家这一结构调整,使文章的主线清晰,布局缜密,人物性格也更加鲜明、突出。

4. 锤炼语言

语言是表情达意的重要工具,也是使文章焕发出生命光彩,吸引读者、感染读者的重要条件。古往今来的写作者们总是千方百计地对语言进行加工润色,使之精炼而富有文采。诗人杜甫曾言"为人性僻耽佳句,语不惊人死不休",许多作家在选词造句、锤炼语言方面,给我们做出了表率,留下了许多耐人寻味的佳话。如贾岛"推敲"的故事,王安石的名句"春风又绿江南岸"中对"绿"字的筛选,宋祁在"红杏枝头春意闹"一句中对"闹"字的反复斟酌等,都是人们熟知的锤炼语言的轶事。

有时候,一字、一词、一句的细微改动,也可以给文章增添不少的亮色。如《鲁迅全集》第一卷中影印了一页《阿Q正传》第六章的一段手稿,其中两处文字的修改,便是颇见功力的妙改。原稿中有这样一句话:"在未庄再见到阿Q出现的时候,是刚过了中秋。"修改稿则改成:"在未庄再见到阿Q出现的时候,是刚过了这年的中秋。"加上"这年的"三个字,就把时间限定得十分准确,给读者的印象也就更具体、清楚了。下面紧接着写阿Q在酒店出现,原稿是:"他走近柜台,从腰间伸出手来,满把是钱,在柜上一扔说",修改成:"他走近柜台,从腰间伸出手来,满把是银的和铜的,在柜上一扔说",虽然只是改动几个字,但比原稿显得生动、形象,掷地有声,表现出了阿Q中兴后,故意显示自己"阔气"的心理,对展示人物性格产生了明显的效果。

(二)修改的方法

1. 趁热打铁法

有些作者喜欢趁着写作的激情犹在,作者仍沉浸在最佳的写作状态之中,便立刻动手对原稿进行通篇阅读,及时发现文章中存在的不足,及时加以完善。这种方法的好处是,能够延续写作时的热情,会更多地汲取写作中灵感迸发所带来的成果。

同时,有一些文章,如一些新闻写作和一些急用的应用文写作,往往要抢在第一时间发表或者与读者见面,留给写作者的修改时间很短,容不得慢慢地来改动,必须要趁热打铁,一气呵成地完成行文与修改过程。

2. 适当冷却法

就是在文章写完后,先不急于马上进行修改,而是先把文章搁置一段时间,待冷静下来以后,再来审视和修改文章。这样冷处理的好处是比较容易发现当初写作冲动中难以发现的问题。将行文与修改拉开一定的时间距离，便于以不同的心境看待同一文本，从而找到某些因写作心态和写作情绪等因素影响而造成的不足和缺憾。

当然，冷却的时间不宜过长，应当适度。长篇文章如小说、戏剧，一般搁置两周或更长一些时间，一些短小的文章，一般搁置三五天，即可动手修改。当然，搁置的时间长短，也是因人而异的，没有固定的标准。但不管怎样，搁置的目的，是调整情绪，转换心态，以便更加客观、冷静地对待文章，少一些特殊情绪对文章修改的影响。

3.反馈汲纳法

就是把文章的初稿或修改稿拿给别人看，广泛地听取他人的意见，然后再进行反复修改。写文章难，修改文章更难。所以作者要随时随地注意搜集别人的反馈意见，集思广益，对写作成果进行重新的梳理和修正。如唐代诗人白居易为了使自己的诗歌写得通俗易懂，晓畅明白，据说他每写一首诗都要给老妪阅读，老妪若能理解就抄录，老妪不明白就改写。赵树理立志为农民写作，每当小说写完总是读给那些识字不多的农民听，农民听不懂的地方他就修改，直到能听懂为止。

虚心听取别人的意见时，也要注意保持自己独立的见解和立场，不能毫无原则地人云亦云，特别是对于读者指正的问题，要以严谨的态度进行调查核实，要考证读者意见的正误，不要轻易地听信某些看法。朱自清的《荷塘月色》发表后，有读者来信说蝉在夜晚是不叫的，朱自清并没有马上对文章进行修改，而是请教昆虫学家并进行实地考察，最后得出蝉在月夜是鸣叫的结论。可见，审慎地对待读者的反馈意见，也是十分必要的。

[思考与训练]

1.为什么说感知是写作前提和基础？

2.为什么说写作感知过程中存在着模糊与清晰、无序与有序的矛盾统一现象？

3.为什么说想象和联想是发散型构思的两翼？

4.如何更多地获得灵感进行构思？

5. 文章常用的线索有哪些？

6. 如何确立文章的基调？

7. 怎样深化感知？

8. 想象在感知、构思、行文中的作用分别是什么？

9. 常见的文章结构有哪些？

10. 如何安排段落层次间的过渡和照应？

11. 常用的行文方法有哪些？

12. 根据自己感受最深的一件事，展开构思，并进行相似式建构，写成一篇 1000 字左右的文章。

13. 人们常说，"材料决定主题"；人们还常说"主题决定材料"。这两种情况各在什么情况下才是合理的？它们表现了主题和材料之间什么样的关系？

14. 层次和段落的区别及联系是什么？层次组合的方式有哪几种基本的类型？

15. 阅读下面的材料，回答问题。

严羽在《沧浪诗话》中说："学诗先除五俗：一曰俗体，二曰俗意，三曰俗句，四曰俗字，五曰俗韵。"元代陈绎《文说》中指出："凡作文发意，第一番来者，陈言也，扫之不用；第二番来者，正语也，停之不可用；第三番来者，精意也，方可用之。"清代黄宗羲在《论文管见》中说："每一题必有庸人思路共集之处缠绕笔端，必剥去一层，方有至理可言。"

请问严羽、陈绎和黄宗羲都主张在进行构思时，应该注意什么问题？

16. 阅读下面材料，回答问题。

福楼拜在构思《包法利夫人》时，几乎绝望地说："艺术！艺术！你究竟是什么恶魔，要咀嚼我的心呢，为了什么呢！"托尔斯泰在谈到《安娜·卡列妮娜》的构思，也发出过同样的感慨："我感到悲哀，什么也没有写，痛苦地工作着。您简直想象不到，我在这不得不播种的田野上进行深耕的准备工作，这对于我是多么困难，考虑，反复地考虑我目前这部篇幅巨大的作品的未来人物可能遭遇到的一切，为了选择其中的万分之一，要考虑几百万个可能的际遇，真是极端困难。"

上述两位著名作家对构思感慨,说明了什么问题?

17.阅读下面的材料,回答问题。

1933年夏,沈从文偕同夫人张兆和去崂山游玩,在一条名叫"九水"的溪水边,他们看到对岸有一位十五、六岁的少女,穿一身孝服,先是在岸上焚烧了一堆纸钱,然后又从溪里拎起一桶水向来时的方向走去。看着这位少女孤单怜弱的身影,沈从文忽然情不自禁地对妻子说:"我准备依照她写一个故事给你看!"产生了《边城》的写作冲动。

一同出游,张兆和同样具有作家的修养,同时看到了这位少女,沈从文产生了写作冲动,张兆和却没有,这是为什么呢?应该从哪些方面找原因?

18.为"关于本科生考研"这一调查选题,设计一份调查提纲。要求:
(1)要有明确的调查目的、调查方式、调查对象。
(2)要有一个达到调查目的的纲目。
(3)可仅就其中的一种调查方式,写出具有可操作性的调查提纲。

19.王国维《人间词话》中说:"大家之作,其言情也必沁人心脾,其写景也必豁人耳目。其辞脱口而出,无娇柔装束之态。以其所见者真,所知者深也。"结合自身的写作经历,谈谈对这段话的理解。

20.阅读下面的材料,回答问题。

节骨眼上的细致加工,是十分重要的事。一篇作品能不能感动人,这常常是关键所在。如果"万事俱备,只欠东风",节骨眼上的加工不够,就像登上一个高原之后,不能再攀上一个山峰似的,视野也就难以更加辽阔了。一篇作品里面,总得有它的特别强烈细致的尖端部分。正像一出戏剧有它的高潮,一阕音乐有它的旋律紧张处一样。如果从头到尾,都像缓慢的泥河似的,流水不快不慢,毫无突出之处,就不会动人。古代有些画家,画人像眼睛时,要留待精神最好的时候才下笔;有些刺绣艺人,把绣眼睛的技艺当做"家传之秘",绣线粗细和颜色深浅都有特别的考究。这些,也说明文章的画龙点睛之处,必须特别强烈和细腻。

思考题:
(1)这段话的主要论点是什么?
(2)这段话贯串的论证方法是什么?

(3) 这段话的第一句与最后一句有什么联系？

20. 下面是名著《钢铁是怎样炼成的》中那段"人最宝贵的是生命……"名言，作家奥斯特洛夫斯基三次修改的情况。该书第一版时，这段名言是这样的：

人生最宝贵的——是生命。生命赋予每个人只有一次。应该这样度过它：不因虚度年华而悔恨，也不因只为了"我"，只为了自己的肚皮和琐碎的生命而羞愧。在临终之前能这样说，整个生命和所有的力量都献给了世界上最壮丽的事业——为共产主义理想而斗争。

第二次出版，作家将这段名言改为：

人生最宝贵的——是生命。生命赋予每个人只有一次。应该这样度过它：不因虚度年华而悔恨，也不因卑贱碌碌无为的过去，仅仅为了自己而羞愧。在临终之前能这样说，整个生命和所有的力量都献给了世界上最壮丽的事业——为争取共同的事业而斗争。

到1935年小说第三版时，这段名言才改为：

人生最宝贵的是生命。生命属于我们只有一次。人的一生应当这样度过：回首往事，他不因虚度年华而悔恨，也不因碌碌无为而羞愧；临终的时候，他能够说：我的整个生命和全部精力，都献给了世界上最壮丽的事业——为人类的解放而斗争。

比较上述三段文字，看看作家在语言的锤炼上做了哪些工作，思考两次修改的意义。

21. 阅读澜涛的短文《水到绝境是飞瀑》，回答后面的问题。

瀑布的壮观是在没有退路的时候形成的，繁星的璀璨是在黑夜到来后弥漫的。

曾有一位作家，在股票交易中损失惨重，一下跌进贫穷的深渊。从锦衣盛食到潦倒寒酸，他并没有泄气，他开始节衣缩食，勤奋写作，期望能依靠赚取的稿费偿还债务。他的朋友们为了帮助他渡过难关，组织募捐，许多人纷纷解囊，一些大公司、大财团更是不惜出巨资想雇用他终身写广告词……他一一拒绝着这些难得的机会，把自己关在书房里，一个月、两个月，一年、两年，日复一日，年复一年，他紧咬着一个信念，随着他一本接一本轰动一时的新书问世，他很快就偿还了所有债务，建设起自己的新生活。

这位作家的名字,享誉世界:马克·吐温。

曾经采访过这样的一个人,一场突然而至的灾难夺走了他的父母,百万家财也随着灾难化烟而散,昔日将家门喧闹的亲朋们都远远地避开了,他这个平日里依靠父母养尊处优的公子哥似乎只有潦倒落魄。然而,5年后,他的名字叱咤当地商界,资产超过千万。我采访他的时候,他凝重异常地说过一句话:同一扇窗口向外看,有的人看到满地泥泞,有的人看到繁星璀璨。

从山巅到崖底是什么?从繁花到冷雪是什么?从平川到绝壁是什么?变幻人生将一些绝境横亘面前,也将品性推上验证的崖头。从古到今,由外到中,一个个传奇故事向我们揭示着一种情境:在沉浮荣辱的大关口,坚韧的人性之美最能折射出希望所在。

绝境处可以粉身碎骨,绝境处可以飞珠溅玉。

思考题:

(1)文中材料是如何组合起来的?

(2)文章的结构有什么特点?

(3)你是怎样理解"水到绝境是飞瀑"的内涵的?请写一篇读后感。

第六章　写作表达方式的选择

[**本章导引**]

表达是运用语言文字和特定的方式将写作内容呈现出来的一个重要环节,表达的过程也是将思维结果外化的过程。表达方式是指文章写作中经常使用的具体方法和手段,是运用写作技法的前提和基础。许多写作技法都包含于表达方式之中。依据作者运用语言表达的思想内容的不同,通常将表达的方式分为叙述、描述、抒情、议论、说明五种,它们分别主要表达事实、形象、情感、观念、知识。其中,抒情这种表达方式常常是依附于其它四种表达方式存在的。

不同的文体有着各自常用的表达方式,一篇文章往往以一种表达方式为主,同时又综合运用多种表达方式。只有掌握了不同表达方式的特点和方法,灵活地运用各种表达方式,才能充分实现写作意图。

第一节　条理清晰的叙述

一、叙述的界定与作用

叙述是将人物的经历、事件的经过以及物品的产生过程等变动的事实按一定的顺序陈述出来的一种表达方式。叙述的基本特点在于它的过程性,其基本功能是"以事告人"。叙述的六个要素是:时间、地点、对象、事件、原因、结果。

有些论著和教材将"对象"这一要素定为"人物",是不恰当的,因为有些文章叙述的对象是"物"而非"人",有些文章中所叙述的对象是单位、组织或群体,所以,应概括为"对象"或"叙述的对象"较为合适。

从写作学角度上讲,交代清楚这六个要素,文章就会眉目清晰,脉络分明,顺序妥当,对一个特定的事实的表述就会让读者有一个轮廓性的了解。请看《光明日报》2009年1月19日的一则消息:

北京16所高校共建网络学堂

本报北京1月18日电(记者李玉兰)由16家高校组成的"北京学院路地区高校教学共同体"门户网站课程学习中心系统今天在北京科技大学举行开通仪式。此举意味着这16家高校的学生有了一个共同的网络学堂。

北京市学院路地区高校密集,"教学共同体"于1999年正式成立,此前该共同体的门户网站只有选课功能,不能在线学习。开通网络学堂使学生可以不出校门就选修到其他学校的校际选修课程。

网络学堂还有效地保障了该教学共同体开设的辅修专业学习。为培养北京经济建设和社会发展急需的紧缺专业人才,学院路教学共同体16家高校共同开设了金融、计算机等6个辅修专业,课程分别由成员学校承担,不同学校的学生修完规定课程都可以获得共同体辅修专业的结业证书。学院路高校教学共同体经过10年发展,现在已经成为全国规模最大,参加学校层次最高,开设课程最多,收益学生最多的高校"教学共同体"。共同体院校包括北京航空航天大学、北京科技大学、中国地质大学(北京)、北京师范大学、北京大学医学部、北京邮电大学、中国农业大学、北京林业大学、首都体育学院、北京语言大学、北京体育大学、北京信息科技大学、中国矿业大学(北京)、北京联合大学应用文理学院、北京城市学院、北京电影学院。目前共同体共开设了174门校际公共选修课和6个辅修专业,每年选课学生上万人。

在这则消息中,时间(2009年1月18日)、地点(北京科技大学)、事件(北京学院路地区16所高校共建网络学堂开通)、叙述的对象(16

所高校的"教学共同体")、网络学堂开通的原因("教学共同体"已成立10年,为北京经济建设和社会发展培养急需的专业人才)、网络学堂开通的结果(16所学校的学生可以不出校门选修到其他学校的校际选修课程),六个叙述要素交代清楚,事件的来龙去脉一目了然。

当然,由于叙述的对象、目的或重点不同,需要回答的问题也不同,叙述的要素之间存在着轻与重、显与隐、详与略的差别。有些要素因为读者已知,或者与内容关系不大,可以省略或简要交代。与上一则消息同版的另一则短讯是这样的:

央视动画有限公司日前宣布中国首部原创3D音乐动画电影《动物狂欢节》将于1月28日起在全国上映。届时,这部第12届华表奖上荣获"优秀动画片奖"的影片将为全国的小朋友带来一道寒假"音乐动画大餐"。《动物狂欢节》投资高达3000万元人民币,由央视动画与中科院自动化研究所科学艺术研究中心联合制作。

这则短讯中,交代了3D音乐动画电影《动物狂欢节》上映的时间、地点和制作单位等,上映的原因是丰富小朋友的寒假生活,因结果尚不知晓,故没有交代。

另外,在叙述一个较为复杂的事实时,时间、地点因素不断地变换,其它要素也会随之发生改变,作者也要随时作出相应的变动。越是复杂的事实,越要注意各个要素的准确,注意彼此的位置和交代的方式,否则就会造成条理不清、次序颠倒等叙述问题。

叙述的主要作用是表达事实。具体表现为:

1.通过叙述对象的时空变化,反映人、事、物在不同时空下的状态,可以使人们对客观世界的时空更替顺序有清楚的认识,帮助人们了解客观世界的变化运动。请看下面这段摘自2008年第40—41期《瞭望东方周刊》上的叙述文字:

在传统的西方喝咖啡习惯中,咖啡内需添加热的全脂牛奶。上世纪60年代,雀巢公司开发了固体"牛奶",被命名为"咖啡伴侣"。人们戏称为"奶精"。后来,人们发现半固体的油类生产出的咖啡伴侣,稳定性更高,口感也好,而某些植物油经部分氢化后,产生了氢化油,人们发现氢化油含有高浓度的反式不饱和脂肪酸。后者对人体没有益处，还会增加心血管疾病的发生危险，奶精的生产面临窘境。美国 FDA 审查研究后认为，冲饮一杯咖啡所需的奶精里，含有的氢化油不多，也无潜在的健康之虞。

阅读上述叙述文字，我们对奶精的变化情况可以有一定的了解。再看下面的叙述：

物质丰盛的城市生活让很多人向往，但也让一部分心生厌倦。利用春节长假到户外"撒点野，吃点苦"，成为不少都市人的心愿。

在建筑设计公司工作的张建中去年除夕去了云蒙峡，今年打算再去一次。不为别的，就为了在全国人民都大吃大喝的时候，过点苦日子，吃了苦才明白什么是甜。他和四个朋友每人三包方便面，一把防身的小刀，两个打火机，一小瓶食用盐外加一件御寒衣，这是他全部的装备。半夜里在山上，确实感到很害怕，饥寒交迫的滋味不好受。但有了这次体验，回到城市里后，真正体会到了平时体会不到的那种幸福。

在江南水乡一家电脑公司工作的王伟计划在春节期间去黑龙江亚布力滑雪，他说尽管那时交通不便，路途遥远，其间肯定有不少的辛苦，但苦中有乐，值得一行。

阅读这段文字，我们能够感觉到：当代一些都市人过春节的习惯已经发生了改变，他们不再满足于停留在家中享乐，而是主动地走出去，到外面去"找苦吃"，去体验新的过春节的方式。

2. 叙述可以展示人物的成长变化过程，也可以表现人物特定时间的经历，使读者能够从旁观的角度了解文章中人物。请看人民网上的一篇人物通讯《张泉灵：因新闻而美丽》的一段叙述：

5月13日，张泉灵挤上了震后拉萨飞往成都的第一班飞机。帮助外面的人搞清灾区的情况是此时记者的第一责任。太多太多灾区的情况，抢险救灾的人要知道，受灾的群众要知道，党中央要知道。到达四川的当天下午，报道组3点半左右从成都出发，一路往北，经历3个多小时，抵达重灾区之一的北川县。

交通断了，通讯断了，余震不断。尽管做了心理准备，灾难的惨烈还是超出了张泉灵的想象。要快,要让外面尽快了解灾区的情况!在北川县入口前的山脊公路拐弯处,张泉灵强迫自己冷静下来,在雨中发回了第一条4分钟左右的现场报道。

5月14日,张泉灵奔向汶川通往213国道,踏进了打通道路的现场。

这段文字准确而清晰地记录了张泉灵在汶川大地震发生后的第一时间内,克服重重困难,进入灾区第一线进行现场报道的经历。张泉灵冒着生命危险采集新闻,在灾难中绽放美丽的行为,令读者心生敬意。

3. 叙述可以展示事件的发生发展结束等过程,加深人们对于影响事件本身及其影响因素的认识,让读者知其然并知其所以然。请看2008年11月6日《金陵晚报》上刊载的丁立梅的一篇题为《相守》的小文:

有那么一对老人,他们一生无儿无女,也曾抱养过一个小女孩,疼爱到十岁,女孩的亲生父母却反悔了,要回了女儿。

两人谈不上有多恩爱,但生活却极有规律。早晨,老妇人给家里的花花草草们浇水,老先生清扫院落,而后一起出门去买菜。老先生常在几米外的地方停下来,朝后埋怨,你快点儿啊,这么磨蹭!老妇人笑笑,紧走几步。

午后,他们一起外出。小区门口,植物繁多,有一种叫羽叶茑萝的,藤纤细,叶纤细,花也开得纤细,艳艳的一点红。老妇人每次经过,都要弯下腰去,对着那些小花们笑一笑。老先生去找他的一帮老头子们下棋。老妇人则往另一个方向去,找她的一帮老姐妹们聊天。

黄昏,他们回到小区门口,前后相差不了几分钟,有时甚至是同时到达。他们一起散会儿步,然后回家。

一天,老妇人突然得了病,不几日,撒手走了。

大家都以为老先生肯定受不了,他却平静得很,生活照常。早晨,他扫完院落,给花花草草们浇完水,就去菜场买菜。午后出门,他在小区门口停下,羽叶茑萝还在开着,艳艳的一点红。他的眉头跳一跳,牵牵嘴角,转身去找他的那帮老头子们下棋。黄昏时分,他回到小区门口,独自散一会儿步,回家。

有人看出端倪来,说老先生走路时,走不多远,就要停一停,往后瞧,嘴里说着什么。与人下棋,下得再酣,到了黄昏时分,他铁定是要走的。

再看到老先生,大家的眼睛都有些湿,不觉得他是一个人在走路。老妇人还慈眉善目地跟在他的身后,从不曾离开过。他用这种方式,让她活着。

这段文字层次分明地叙述了一对老人晚年相依相伴的生活情景,叙述了老夫人去世后,老先生依然保持着曾经的生活方式。娓娓道来的叙述,告诉读者:无论日子多么平常,无论生活中出现了怎样的变故,心中有温馨的爱意,就一定会有美好的情景诞生。

4. 叙述可以表现物体或物品的生产、变化过程,让人们懂得物体的生长发育过程或物品的生产流程,促进人们对事物的认识。请看罗纳德·贾格尔的《我的苹果树》中的叙述:

那时我大约十岁。六月的一天晚上,在门廊前,我发现了一棵不足5英寸高的与众不同的小树苗,虽然当时它只是一棵小小的秧苗,但爸爸却认定它是棵小苹果树。一下子我就喜欢上它了,并决定移栽它,将它当宝贝似的爱护起来,让它茁壮成长。我坚信等我长大成人并经营这片土地时,它定会为我结出累累硕果。

爸爸提议把它种在车道和花园间的一块空地上,当晚就为我把它掘了出来,于是我就把它种在那里了。由于对果树知之甚少,我不知道由种子发育来的苹果树常常只结些很孬的果子,甚至根本不结果,反倒以为家中那些嫁接来的果树才会那样。即使爸爸当时知道这事,也不会来打击我的积极性。

当时我纯粹是凭着一股孩子气来照料我的苹果树,时而不管它,时而又精心地护理它。它与杂草共生,而且是那么合我家玻尔(干活的马)的口味,馋得玻尔一有机会就打它的主意,常把它啃得缺枝少叶。尽管如此,我还是兴奋地看到它一天天长得枝繁叶茂起来。

过了好些年,我的苹果树一直只开花不结果。后来,我在一本高中教科书上看到,由种子长成的苹果树往往结的苹果又干又瘪,又苦又涩。这无疑是给我泼冷水,要是我早知如此该多好啊!不管怎样,它仍是一棵很好的树,我依然喜欢它,所以照书上讲的方法给它修了枝,这样至少看起来舒服些,后来我离家去上大学,把它就忘了。

转眼间,我的苹果树结果了。起初慢慢地结,然后越结越多,越长越大,最后满树都是香甜诱人的大苹果。这些苹果既美味可口,适合做上等的果酱和最好的苹果干,而且比家里别的树上结的果更不易遭病虫害。

一晃三十五年过去了。我这棵苹果树,每年至少要结400公斤上等的苹果。每到秋天,树上的苹果散发出诱人的芳香,亲戚邻居就会来把成熟的果子从树上摇下来分享⋯⋯

这段文字叙述了一棵苹果树在"我"的精心照料下开花结果的经历,让人们懂得了:在"痴情"的呵护下,一棵由种子发育来的苹果树,有时也会打破教科书上的某种说法,奇迹般地结出香甜诱人的苹果。进而领悟到——有些成功,来自于我们内心深处的一种坚定不移的信念,哪怕这种信念看起来很幼稚,不被人理解。但靠着执著,人生的树上也会结出累累硕果。

二、叙述的类型

从不同的角度,可以将叙述划分为不同的类型。

(一)详叙与略叙

依据叙述的详略,可以将叙述的类型分为详叙和略叙。

详叙是对人、事、物的发展变化或某个片断进行细致入微的叙述。详叙不只是展现人、事、物的变化过程,还展示细节,既能勾勒出完整的外形轮廓,还能具体地展示叙述对象的细微变化,有助于读者全方位地了解叙述的事实。详叙常用于小说、散文、人物传记、报告文学等文体中,主要是对有举足轻重作用的人物经历、事件经过等进行具体的再现。请看乔迁的小小说《校长的右手》中的一段叙述:

村是小村,旮旯在山坳里。地是薄地,一年打下的粮食刚够嘴。但山坳里有野菜,有水灵灵土生土长的墨绿墨绿的野菜。村人不吃,不喜欢吃,总吃就不喜欢吃了。可城里人喜欢吃,城里人喜欢吃是因为野菜是真正野生的,不是那种在大棚里种出来的野菜。城里人说这里的野菜是真正的绿色食品,绿色食品对人体健康有益,城里人都喜欢健康。村人挖野菜,家家户户都挖,漫山遍野地挖,然后翻过山送进城里,把野菜卖给城里人,也把健康卖给城里人。村人捏着城里人给的票子,粗糙的脸舒展地笑,望着满山的绿色,发家致富的希望在村人的心里就火似的升起。村人开始一窝蜂地挖野菜。老人挖,老人蹒跚着腿脚挖;年轻人挖,年轻人弯腰挖;孩子也挖,孩子被大人们拽着去挖。

这里,叙述不只是表现了情节,还展现了细节,而且对细节的叙述使内容得以深化。如果用一句话来概括上述内容,就是"村人家家户户都挖野菜卖给城里人",但这样简洁的叙述,省略掉了过程中的许多细节,挤掉了情感成分,远不如详细叙述带给读者的印象深刻。

略叙是叙述者用精炼、简洁的语言,对人物经历、事件经过或物品产生的过程等作简明扼要的叙述。它往往只叙述大致情况,删除细节或者只保留个别关键细节,但保留叙述的基本要素,保证叙述的完整性。

因为叙述者或读者没有太多时间或没有必要了解一个事实的详细过程,他们只需知道主要事实就行了,所以,叙述者便采用粗线条的略叙,交代出人、事、物的基本情况,以便让读者尽快了解。略叙在各类文体中普遍运用。请看摘自《中国教育报》2009年1月19日头版的一则消息的片段:

为了保护青少年的精神净土,教育部近年来大力加强校园网络管理。高校早在2005年就加强了对BBS论坛的建设和规范管理,有效遏制了校园网上有害信息的传播,学生网上行为的社会责任感和网络道德约束逐步建立,校园网在高校思想政治教育中的地位和作用更加显著。

同时,教育部还积极推进校园网络文化建设,发动全国110多所高校合作共建的"中国大学生在线"网站,成为吸引全国大学生共建共享的网络平台。各地高校大力推进主旋律、服务、娱乐、交流四类网站建

第六章 写作表达方式的选择

设,初步构建起校园网站体系,并涌现了一大批校园品牌网站。

教育部负责人指出,各地高校积极利用新技术发展新闻聚合、BBS、博客、播客、E-CLASS、即时通讯、手机网络等校园网络文化新产品,切实增强了校园网络文化的吸引力。

可以看出,上面的文字较少使用修饰性的语句,只对事实概要地叙述,省略了事实的细节部分,使读者能够在短时间内对一些基本事实有所了解。

详叙和略叙经常配合使用,既注意整体概括,又照顾到细致的介绍,二者相得益彰。如果只有具体叙述,而无概括叙述,叙述势必显得冗长、不够精练;如果只有略叙而没有详叙,叙述就容易流于空泛,显得抽象、不具体、不感人。以裘山山的散文《风雪高原》开头几段的叙述为例:

若没有风,仅仅雪,高原不会那么冷的。一旦有了风,风搅动雪,雪渗进风里,顿时天寒地冻,肃杀一片。有多少人就在这样的风雪中献出了生命。

帕里有个叫堆那的村庄,有一年,六个年轻的军人在从堆那前往边境的路上遭遇了雪灾。

当时他们探亲返回连队,车到堆那时,忽然下起了大雪,大得不得了,完全看不清公路的了。当时也就10月,在内地还是金秋。可那场大雪,却像是腊月里的。他们坐的车不能再走了,就下车步行。他们不想超假,而且他们还觉得,不就二十多里路吗?花个半天时间就能走到。他们低估了高原的风雪,当然若没有风雪,肯定是没问题的。

或者他们也估计到了风雪,但想以青春和热血与之抗衡。他们就开始走,或者叫跋涉,越走越艰难,深一脚浅一脚,每一步都需要付出全身的力气。在茫茫的雪原上,他们变得越来越渺小,越来越脆弱,体内的热量渐渐耗尽,寒冷更猖獗地向他们进攻,更猖獗地包围他们,吞噬他们。最后,他们终于倒下了……两位牺牲,另外四个严重冻伤,后来分别做了截肢手术,有的是脚趾头,有的是脚后跟,最厉害的一个是截了小腿。

冻伤的,毕竟还留下了生命。还有多少人,就在一瞬间被风雪高原所吞没。

我们比较一下上面的五段文字,其中第一、第二、第五自然段,是略叙,概括地叙述了风雪高原曾残酷地夺去人的生命;第三、第四自然段则较为详细地介绍了一次高原风雪吞噬生命的事件经过,事情的起因、发展、结果,都清楚地交代了,而且还有关键细节的叙述和描绘,给人以具体、生动的感觉。这样,详叙与略叙结合,既写出了风雪高原自然环境的恶劣,又写出高原军人跋涉于风雪中与死神搏斗的生命悲歌。

(二)顺叙、倒叙、插叙、补叙和分叙

按照叙述的先后次序,可以划分为顺叙、倒叙、插叙、补叙和分叙。

1. 顺叙

顺叙就是按照时间顺序对人物经历、事件经过、物品产生过程进行叙述的方式。这是一种最常见、最基本的叙述方式,其他叙述方式都是在顺叙的基础上发展变化而来的。顺叙按照正常的时间流程进行叙述,交代事件由头到尾,次序井然,文气自然贯通,文章显得条理清楚。

顺叙以时间的进程为序,它符合事物发展变化的规律,符合人们的认识习惯和阅读习惯,能够将事实表达得条理清楚,自然流畅。例如,张丽钧的文章《安妥那片蔚蓝》便以时间为序,写海伦在年轻时便萌生了横渡大西洋的梦想,但父亲和丈夫都没有帮助她实现夙愿,一直等到她89岁那年才独自完成了那理想的壮举。

在使用顺叙的方式时,还要注意区别主次轻重,要讲究张驰详略,特别要注意时间的先后次序不能颠倒,否则就可能违背生活的客观规律或者事物发展的逻辑。《安妥那片蔚蓝》一文就在顺叙的过程中,特别注意了详略得当,将概括叙述与详细叙述有机地结合起来,生动地再现了事情的经过,写出了海伦不凡的经历,以及由此自然生发的人生感悟。

在采用顺叙方式时,会用一些表示时间的关联词连接,这时要特别注意用词的准确性。请看《只是断了一根琴弦》一文开头两段:

在巴黎举办的一场大型音乐会上,人们正如痴如醉地倾听著名的小提琴家欧尔·布里美妙绝伦的演奏。突然,正全神贯注的布里心一颤——他发现小提琴的一根弦断了。但迟疑没有超过两秒,他便像什么事情都没有发生似的,继续面带微笑一曲接一曲地演奏。观众们和布里

一起沉浸在那些优美的旋律当中,整场音乐会非常成功。

终场时,欧尔·布里兴奋地高高举起小提琴谢幕,那根断掉的琴弦在半空中很醒目地飘荡着。全场观众们惊讶而钦佩地报以更为热烈的掌声,向这位处变不惊、技艺高超的音乐家致以深深的敬意。

这两段文字按照时间的顺序简明扼要地叙述了小提琴家欧尔·布里在一场演出中,镇静自若地处理了一个突发事件的经过。时间、地点、人物、事件、原因、结果这些叙述的要素都交代了,特别是借助"突然"、"继续"、"终场时"等表示时间的关联词语巧妙的连接和过渡,将事件的核心内容叙述得清清楚楚,让读者对欧尔·布里临危不乱的心理素质和超群的演技都有了较为深刻的认识。

2. 倒叙

倒叙就是先把叙述的事实的结局或者后面的某个突出的片段放在开头来写,然后再按照事件发展的顺序叙述其经过。采用倒叙的方法,能增强文章的生动性,使文章产生悬念,更能引人入胜,同时也可以避免叙述的平板和结构的单调。鲁迅的小说《祝福》便先写了祥林嫂的死,然后用顺叙的方式,叙述了祥林嫂一生悲惨的遭遇。这种从事件发展高潮开始叙述,容易给读者造成奇峰突兀、峭壁千仞之感,容易设置悬念,激发读者的阅读兴趣,增强文章的可读性。乔叶的《母亲的底线》就采用倒叙的方式:

衣柜最上层的一格放的是一些久远的衣物,把它们安置在那里已经不是为了备用,更多的成分似乎是为了怀念。其中有一个小木匣子,匣子里有一方的确良质地的白色绣花手帕,距现在已经有18年了。

帕子上绣的是一朵黄灿灿的野菊。

12岁那年,为了迎接自己的第一个本命年,我决定自己献给自己一份特别的生日礼物:为自己绣一方手帕。……

作者先讲述自己珍藏了18年的一方绣了野菊的手帕,接着叙述这方手帕的来历。读者在阅读时就会好奇叠生:作者为什么收藏这方手帕?它曾记录了怎样的一段生活?它与母亲有什么关系?母亲的底线又是什么?这样一连串的疑问,使文章开头有了悬念,令读者产生了一种不读完全文不罢休的释悬心理,有了更多的阅读期待。

采用倒叙的目的主要有三种:一是为了表现文章主题的需要,把最能表现主题的部分提到前面,加以突出;二是为了使文章结构富于变化,避免平铺直叙;三是为了表现效果的需要,使文章曲折有致,造成悬念,引人入胜。

倒叙时要交代清楚起点。倒叙与顺叙的转换处,要有明显的界限,还应有必要的文字过渡和呼应,做到自然衔接,不能无目的地颠来倒去,眉目不清。

3. 插叙

插叙就是在叙述主要情节或中心事件发展过程中,由于某种需要暂时中断正在叙述的内容,而插入另外相关的叙述,对主要情节或中心事件作必要的铺垫、照应、补充说明,待插入的叙述结束后,又接上原来线索继续叙述的一种叙述方式。插叙使叙述内容从当前的时空扩展到更为辽远的时空,使文章枝繁叶茂,极大地丰富了叙述的内容。如鲁迅的《故乡》中,母亲和"我"提起闰土,正进行的顺叙便暂时中断了,自然地插入一段"我"与闰土童年往事的回忆,待回忆结束后,再接着原来的线索继续叙述。这里,对"我"与闰土的童年往事的追忆,就采用了插叙的方式,它可以帮助读者了解闰土的过去,从而使今日的闰土与昔日的闰土形成对比,反映出艰辛的生活已经彻底地改变了闰土的性格和精神面貌。

插叙一定要服从表达中心思想的需要,不能节外生枝,不能喧宾夺主。插叙的内容可以是一些事件或事物,也可以是对叙述涉及的某些事实的诠释说明。在插叙时,应特别注意插叙的起止要得当,要插得自然,保证文章整体的连续性和顺畅性,还要注意层段间的过渡、照应和衔接,不能有断裂的痕迹,保证各段落之间的脉络清晰。

4. 补叙

补叙是在前面的叙述中有意藏起事件发展过程中的某些重要的环节,待叙述完事情的结果后,再把前面藏起的内容补充交代出来的一种叙述方式。如《三国演义》中有关"杨修之死"的叙述就采用了补叙的方式,先写曹操以"惑乱军心之罪"将杨修处死,然后,用"原来……"的补叙语气暂时按下正在进行的事态，马上补写了杨修数犯曹操之忌：识破门内添"活"字，分食一盒酥，戳穿梦中杀人真相，密告曹丕失败，教曹植出城门，为曹植作答教。让读者恍然大悟：杨修之死，是他与曹操矛盾长期积累、激化的必然结果，也是他恃才放旷，不顾礼法，无视尊卑贵贱的性格悲剧。这些重要的补叙，解开了前文曹操为何"小题大做"怒杀杨修的疑团。

补叙能够对叙述所留的空白进行必要的补充和弥合，使得全文严密充实，不留破绽。如施耐庵的《水浒传》中"智取生辰纲"一回中，关于蒙汗药是如何放到酒里的情节，就是在生辰纲被劫之后补充交代的，它是对前面的伏笔的揭晓。

补叙的内容一般是片断性的、简要的，不具备完整的事件。补叙常用在文章的结尾，也叫追叙。如王安石《游褒禅山记》最后一段交代一同出游的人及写作时间，就是一种补叙。如果这一段放到记游中去写，则使文章枝蔓横生；如不作交代，则读者不知与其同游者是些什么人；放在文尾补叙则一石双鸟，收到良好的表达效果。又如方苞的《五人墓碑记》最后一段，补叙四位贤士大夫的姓名，照应开头。

采用补叙手法，主要取决于故事情节的发展逻辑。如侦探小说在描写侦破过程时，对罪犯的作案情节或细节，不作十分清楚的介绍，到罪犯落网之后，再回过头来补叙，以使读者知其原委。有时为了增强表达效果，作者在前面的叙述中有意省略某些情节，待到最后再露底，补充交待，这样可以制造悬念。

运用补叙方法，要注意几个问题：首先，应紧扣前文的叙述，只补充其有待补充者，切不可节外生枝；其次，要注意文字简洁，叙事精炼，不能拖泥带水；第三，补叙应顺从文势，合乎情节发展的逻辑，补得自然紧凑。

5. 分叙

分叙，也叫平叙，就是对同一时间不同地点发生的互有关联的若干事件进行分别叙述的一种叙述方式。中国古典小说中常用的"花开两朵，各表一枝"或"这头按下不表，先说那头"就是典型的分叙形式。分叙可以将同一时间内不同地点的互有关联的事情紧密地联系起来，可以使一个繁复的事件变得条理分明,层次清晰。例如,通讯《为了六十一个阶级弟兄》叙述二月二日夜晚同时发生的两件事和二月三日下午五点同时发生的三件事,就采用分叙的方法,既突出了紧张气氛,又使文章层次井然。

分叙有两种类型:一是按照"纵"的顺序来分叙,也就是按事情从头至尾的发展顺序,将它分成若干阶段,然后依据阶段先后,逐个阶段地进行叙述,如一篇介绍中国地铁建设的文章,就对不同时期中国主要城市地铁的建设情况分别进行了叙述,让人们既了解了地铁发展的历史,又知道了地铁在哪些城市建设取得了显著成就;二是按照"横"的顺序来分叙,也就是按照组成这件事情的各个方面来进行分叙,比如2009年1月18日《生活报》上一篇关于哈尔滨市迎接24届大冬会的报道《大冬会赛场外好戏连台》,便从"冰上杂技秀冰雪艺术神韵"、"民族歌舞展传统文化精髓""京剧现国粹艺术魅力"、"舞台剧、曲艺送去欢笑"四个方面,分别叙述了东道主城市将大冬会的文艺舞台装扮得溢光流彩,内容丰富,叙述条理清晰。

运用分叙要注意两点:一是根据文章内容确立叙述的线索,交代清楚每一事件发生和发展的时间;二是分叙的几个阶段或几个方面,要分清主次、轻重,不能平分秋色。

三、叙述的要求

(一)要确立好叙述的人称

人称,就是作者叙述时的立足点或者视角。叙述人称有第一人称和第三人称两种。

第一人称叙述,是以"我"或"我们"的视角来观察和感受事物,并以"我"或"我们"的口吻来叙述所见所闻所思所感。其中的"我"可以是作者,也可以是文中人物。第一人称带有鲜明的主体特征和主观抒情意味,容易形成真实、亲切的格调。它既适合于内心独白式地呈现人物的内心世界,又适合于讲故事式的叙述。请看尤天晨的《父爱昼夜无眠》一文结尾的叙述:

我心情沉重地回到浴池。

第六章 写作表达方式的选择

父亲撤下老李头,不放心地追了进来。父亲问:"孩子,想啥呢?"
我说:"我想,让我为您擦一次背……"话未说完,就已鼻酸眼热,湿湿的液体借着水蒸气的掩护蒙上眼睛。
"好吧,咱爷俩互相擦擦。你小时候经常帮我擦背呢。"
父亲以享受的表情躺了下来。我的双手朝圣般拂过父亲条条隆起的胸骨,犹如走过一道道爱的山冈。

叙述者以亲历者的身份叙述事件经过,所叙的事实极具真实感,容易获得读者的信任。

第三人称叙述,是以局外人的视角进行叙述,作者站在第三者的旁观立场,把"他"或"他们"的经历或客观事物全面地展示在读者面前。第三人称既不受特定时空的限制,也不受心理和生理的限制,它反映的生活面极为广阔。第三人称是最自由灵活的叙述角度,可以根据写作需要,随意转换时间、空间,可以对人物、场景作外部观察,也可以进入人物内心直接展示众多人物的心理。请看叶倾城的《黑雪·绿爱情》一文结尾部分:

又是冬天,他出差回来,一下火车便赶上了这座城市百年不遇的一场雪。
凌晨两点,站在大雪纷飞的站台上,风刀子一般的冷,世界仿佛变成了白色的荒漠,他的身体和心一起冻得疼起来。
此时,他忽然听见有人喊他的名字,是他的妻子。他不相信自己的眼睛。因为雪,火车误点了七个小时,难道他的妻子,那个一直不曾被他爱过的瘦弱女子,会为了他,在这严寒天气里,等了七个小时?那跟跄向自己跑来的,的确是他的妻子吗?妻子脚下一软,滑倒在雪地里,他不由自主地冲上去,抱住了她。
妻子浑身都是雪,脸和手冰一样冷,她的眼里却闪着光芒。而那雪啊,他滚烫的面颊贴近妻子发上厚厚的雪,真的,是白色的。他的泪水一滴滴落下来,妻子发上的雪一滴一滴化了。

作者采用第三人称,以全知全能的视角向读者叙述,作者不仅了解叙述对象的外在情况,而且可以透视叙述对象的内在机理。

有人将出现"你"或"你们"的叙述，称为第二人称叙述，其实是不确切的，因为人称是指叙述的立足点或视角，如果作者既叙述了自己，也叙述了他人，即使文章中出现了"你"或"你们"这样的对话口吻，也依然属于采用了第一人称的叙述方式。譬如魏巍的《谁是最可爱的人》一文中，作者直接出面与读者交谈，称祖国人民为"你"或"你们"，好像是作者与读者在亲切地交流，但立足点并没有转移，虽然有第二人称代词出现，但仍然是第一人称的叙述。

作者如果是较为客观地向读者讲"你"或"你们"的事情，作者本身并没有出现在文章中，就应视为是站在第三人称视角的叙述，应视为采用了第三人称。譬如陈丹燕的《每天的太阳都是新的》一文就采用了叙述者不在场的方式，讲述被叙述者"你"的发展变化过程。请看其中的两段：

你一直是一个职业妇女，一直过着朝九晚五的生活，那时你总觉得；留给自己在家里的时间太少，你有时在办公室窗前看到对面楼上的一个老妇人，常常在阳光明亮的午后，坐在她家的室内阳台上闲闲地看着外面，好像她手上擦了润肤油，只看见她慢慢地揉搓自己的双手。那时你想，要是自己老了，不用再天天上班，也会有这样的机会，独自收拾干净的家，闲闲地在阳台上晒太阳，保养自己的一双手。你心里常常向往这个时刻。

当你真的退休回到家里，开始的放松和兴奋过去以后，你感到没有人再需要你了，当有一份工作等着你操心，一个孩子等着你照顾的时候，你感到了压力，你不喜欢那种压力，可当没有人再给你"需要"的压力，你又觉得自己像被换下来的旧螺丝钉，因为不再有用，而不再有人问津。这种感觉太差了，从你的心里，你知道这是被自怜夸张了的感觉，不那么真实，可你不能控制自己不这样想。

文中虽然出现了第二人称代词"你"，叙述变得好像在与被叙述者面对面地交谈，增加了真实感和亲切感，但这里叙述的其实还是别人的经历和心理变化，还是采用了全知的视角，因而还应当视为是运用了第三人称叙述的方式。

（二）要条理清晰

客观事物是纷纭复杂的，事件之间往往有着重重的矛盾纠葛。有时，为了叙述清楚一件事情的来龙去脉，必须做认真的梳理，理清头绪，找到事情发展的脉络，眉目清晰地叙述出事物发展的过程或事件的经过。有些时候，需要安排好叙述的线索，才能做到井然有序，不至于混乱杂糅。莫泊桑的名篇《项链》就以"项链"作为行文线索，全文贯穿着"借项链→丢项链→赔项链→揭秘项链之假"这些情节，有条不紊地叙述了一波三折的故事，展示了人物难以预料的人生遭遇。

（三）要交代清楚

在叙述过程中，要注意叙述要素的交代，注意叙述的各个要素应直接或间接地回答"什么时间"、"什么地点"、"什么人"、"什么事"、"什么原因"、和"什么结果"这类问题。如迟子建的散文《露天电影》开头一段的叙述：

在七十年代，山村的孩子大约没有没看过露天电影的。我们那个小镇，可看露天电影的地方有三处，一个是种子站，它就在我们小镇的西头，离它最远的东头的人家走过去，也不过是一刻钟的时间，所以那里一放电影，只有种子站是有灯火的，小镇的房屋都陷在黑暗中，男女老少都被吸引到银幕下了。另两处看露天电影的地方是部队，一个是十三连，一个是十七连。

这段叙述文字对时间、地点、事件要素交代得就十分清楚，而且注意了详略得当。

叙述的六个要素并非都要在文章开头交代，有的要在文中或者结尾交代，有的在不影响表达的前提下，可以省略。交代时，也并不需要由作者一一开列出来，也可以采用间接的方式，如通过环境铺陈、人物对话等均可以起到间接交代的作用。

（四）要巧设线索

线索，是贯穿文章、作品材料的脉络，线索对文章的材料起着贯穿、组织的作用，是安排作品结构的重要手段。同时，线索还是作者思路和文章内容的最好体现。线索可以是人或物，也可以是时间或空间。一篇文章有一条线索，叫单线，有两条线索，叫复线。线索的确立应该遵循这样的原则：首先，线索应该在文章中多次出现，与文章的材料和内容有内在的紧密联系；其次，线索应该有利于作品主题的表现。

第二节　穷形尽相的描写

一、描写的界定与作用

描写是对人、景、物等实态具体、形象地描画和摹写的一种表达方式。描写是展示写作对象的本来面貌的一种方式，常常借用比喻、拟人、衬托、象征、夸张等修辞手段。描写的基本特点是造型性和可视性，基本功能是"以形示人"。

叙述和描写经常结合在一起运用。很多时候，叙述和描写并不能够截然分开，特别是文学创作中，两者经常是水乳交融在一起的，往往叙述中有描写，描写时也涉及叙述，叙述和描写难分难解地合二为一，被称为"描述"。

描写和叙述是有着明显的区别的：叙述着眼于交代、介绍，其语言是线条式的，有明显的连贯性，特别突出其过程性，其主要作用是让读者了解客观事实；描写重在刻画、描摹，重在表现细微之处或侧面局部，其主要作用是以生动、形象的画面使读者获得真切的感受，唤起想象和情感体验。分辨是描写还是叙述，主要看其艺术表达效果，如果是对写作对象生动形象的再现，能够给人以鲜明的印象和真切的感受，那就是描写；如果是对写作对象的经历、经过或者产生过程进行记写和叙说，而不是重在形象的描绘摹写，则是叙述。当然，除了从表达的艺术效果来区别外，有时还要考虑文章的总体笔调及体裁特点，这样才能分辨清楚。试比较一下：

秋天到了。

这是叙述，交代了秋天的进程。

第六章 写作表达方式的选择

姹紫嫣红的秋天怀着喜悦走到了北方广袤的原野上。

这是描写,描摹了秋天到来时的景象。

她站在那里,又望了一眼那些白杨树,转过身来,朝山下走去。

这是叙述,叙说了她"做了什么",即主要交代过程,告知读者是怎么一回事。

她呆呆地站在那里,恋恋不舍地望着那些挺拔的白杨树,眼泪不禁滚落下来。她慌忙擦了一下,赶紧转过身来,低着头,迈着沉重的脚步朝山下走去。

这是描写,是摹写她"怎么做的",即描绘了她在事件进程中的神态、动作、表情和心理,有生动的画面感,其作用在于"显现",能够激发读者的想象和体验。

描写的对象不一定始终处于静止状态,也有的是处于运动状态的。对不同时空的对象进行生动的描写,如对山川景物的描写,对人物形象的描写,对各种环境的描写等等,都可以创造出具体、形象的画面,增强文章的表现力和感染力,能够给读者以身临其境的印象和感受,让读者产生如见其人、如闻其声的真切感觉;借助于细致入微的描写,作者可以突出地显现对象特征,可以给读者提供密集的信息,使读者多角度、多方位地了解和认识描写的对象。同时,成功的描写,能够唤起读者的丰富的联想和想象,能够激发读者的情感体验。请看梁凤莲的《闻香》(载《随笔》2004年第6期)的开头两段描写:

一注沸腾的开水冲进了紫砂茶壶里,一缕热气溜出了壶外,一晃就遁形了,冲、洗、泡、盖,一丝不苟的程式像是一种检阅,又像是给拉长的、给人延缓了的期待,我等着,看其貌不扬的茶叶与沸水的奇遇中,碰撞出何等的奇迹。千里马与伯乐之类的,圣手与妙药之类的,还有山水知音琴瑟和鸣等等,一些有关联的想象都给填充了进来。

请闻香吧。我从久久的愣怔中回过神来,点了点头,伸手摸着香杯,爽洁的杯壁有点烫手,我郑重其事地把杯子举到眼前,霎时,恍似被一股茶香缠绕,转瞬又模糊散佚了。我在回味中抓住了那刻的感觉,我含了一口正茶,那感觉在口腔中被放大定格了,齿颊留香中,那气息像是慢慢地向五官、向神经细胞渗溢开去。

这里,作者调动了视觉、味觉、触觉等感觉器官,细致地观察体验,描摹出了闻茶香时的具体情态,令读者仿佛看到了作者就站在自己的面前,正一点点地体味着那缕缕飘逸的茶香,禁不住对那一情境向往了。可见,绘声绘色的描写,会产生魅力无限的吸引力。

二、描写的类型

描写的方式多种多样,从不同的角度,依据不同的标准可以划分出不同的描写类型。

(一)视觉描写、听觉描写、味觉描写、嗅觉描写、触觉描写

描写从本质上讲,表现的是写作者不同的感觉器官对外界事物、环境的印象、感觉和反应。从感觉的角度,描写可分为视觉描写、听觉描写、味觉描写、嗅觉描写和触觉描写几种类型。

1. 视觉描写

视觉是指人们通过自己的眼睛所看到的人或物的外貌、外观、动作、形状、颜色、体积、所处的环境等。视觉描写具有可视性,能够使读者产生如对其人、如对其物的感觉,是最常见的描写类型。请看李存葆的散文《绿色天书》中有关热带雨林景象的描写:

上午十时许,太阳的万条金线才穿透了雾幕。我急不可待地闯进谷下的林中,奇异的现象出现了:在我目力所能及的范围内,但见各种树木的叶轴、叶柄、叶脉、叶鞘上,都凝着一层晶亮的水珠正嘀嘀嗒嗒地下落,如同脉脉春雨,瞬间便打湿了我的衣衫。

陪同的文友告诉我,"热带雨林"一词,是根据"雾能化雨"的意思,从英文翻译过来的。"雾雨"是热带雨林的显著特征。

时近中午,浓雾才全部散尽。在湛蓝如洗的天空下,我站在雨林谷对面一傣寨竹楼上,引颈仰望,终于窥到这"绿色天书"的封面。它阔茫茫,气滔滔,是那样的辽远、恢宏、幽邃、渊深。凝目细观,我惊异这"天书"的封面不仅构架宏伟,且跌宕崛奇。它大抵由四层植物群落组成。最

上层是五十到六十米高的巨树,那碧森森的树冠直搏蓝天;巨树之下为蓊蓊郁郁的大树,它们荫翳交叠,像是给雨林搭起了密难透风的天棚;"天棚"之下的植物群落,由棕榈和其它高约二十米上下的乔木组成,它们身壮叶肥,昂扬苗拔;最下层是由中小乔木和灌木结成的绿色方阵,它们堆青叠翠,在微风中,闪动着绿色涟漪……由四层植物群落构成的雨林谷,无不绿意盎然。墨绿、黛绿、深绿、碧绿、石绿、翠绿、葱绿、油绿、豆绿、水绿、嫩绿,人世间的绿有多少种,都能在这里觅到它们的色彩,即使世界顶尖级的油画大师凡·高再世,也决不可能调配出这太多太多的绿色!

作家调动多种修辞手段,对热带雨林这部"绿色天书"的"封面"进行了细致地描摹,将读者的视线引向辽阔无边的绿色方阵,感受那层层叠叠的无法数清的绿色带给人的视觉冲击和心灵震撼。比喻和拟人手法的灵活运用,将雨林景物人格化、情态化,令读者如临其境,感同身受。

2. 听觉描写

听觉是人用耳朵接受声音的感觉。听觉描写可以对自然形态的声音进行艺术加工,再由此塑造出使读者"如闻其声"的听觉形象,创造出特定的环境、氛围,以可感的形象表现人物无形的内心生活,给读者的想象以可依托的凭借,并由此联想到相关的人物形象、环境、场景、处境等。另外,听觉描写还可以把情感不露痕迹地渗透、融化在听觉形象中,表面看来无一字写心理,实际上字字皆关心理。汪曾祺就十分擅长借助听觉形象对人物进行心理描写,探幽发微,起到了传统心理描写手段起不到的作用。请看汪曾祺在小说《珠子灯》中的听觉描写:

> 她躺着,听着天上的风筝响,斑鸠在远远的树上叫着双声,"鹁鸪鸪—咕,鹁鸪鸪—咕",听着麻雀在檐前打闹,听着一个大蜻蜓振动着透明的翅膀,听着老鼠咬啮着木器,还不时听到一串滴滴答答的声音,那是珠子灯的某一处流苏散了线,珠子落在地上了。

这篇小说中的女主人公孙小姐原是一位有着诗人气质的才女,同时又受到资产阶级思想启蒙教育,但寡居十年,常常卧床不动,内心充满忧愁和凄凉,只有麻雀的打闹声、老鼠的咬啮声等无意义的声音,伴随着她这个无聊赖的人走到生命的尽头,那散落的珠子正暗示了她生命的凋零。作者以听觉形象进行心理描写,象征人物命运、暗示作品主题,技法娴熟自然。

3. 味觉描写

味觉是味觉器官接触物品而产生的感觉。味觉描写可以通过对某些事物的形态、颜色、生产的过程、存在的背景等描写,来创造出某种味觉形象,使读者产生"如尝其味"的味觉感受,进而联想到相关的物品或人物形象。如徐光耀的散文《杂合面》中的一段描写:

我们老家不吃纯棒子面,而是吃"杂合面",棒子粒上磨时,兑入一定量的黄豆或黑豆,收下来便是"杂合面"了,这种面,通常用来蒸窝头,贴饼子,由于混有豆面的缘故,吃起来喧腾、香泛,而且甘甜。这甘甜,不仅得于口感,好像好茶似的,饱后留有回甜。

作者写"杂合面"的成分和做成的食品,自然地写出了它的口感,它味道的香、甜。读之,令人不禁要口齿生津,浮想联翩了。

4. 嗅觉描写

嗅觉是人用鼻子感知到对象所散发出来的气味而产生的感觉。味觉描写能够把人或事物在特定的情境中发出的气味生动地再现出来,带领读者进入某种环境当中或者近距离地观照事物,产生"如闻其味"的感受。阅读过肖洛霍夫的小说《静静的顿河》的读者,一定会对肖洛霍夫笔下顿河岸边弥漫的潮腐气息和大草原上散发出的青草、野花和泥土的浓烈气味留下深刻的印象;读过福克纳的小说《喧哗与骚动》的读者,也一定会惊讶小说主人公班吉那不可思议的嗅觉,对其能闻到凯蒂身上那股"树的香味"、能闻到"衣服在空中飘动的气味"乃至"死的气味"等敏锐的嗅觉而倍感惊奇。

5. 触觉描写

触觉是人身体的某些部位如手、脚等与物体或环境接触而产生的感觉,触觉描写可以表达出作者对事物或环境真切的感受,能够更为逼真地再现某种情形,会创造出某种特殊的情境,从而唤起读者相类似的感受,并由此联想到相关的事物或环境。请看舒婷在《夜游》一文中的触

觉描写:

> 浪头高耸时,看不见两岸的灯光,茫然不知身在何处。深渊倾斜得更深,似乎有一股力吸住脚尖往下拉,海面上黑黝黝的云影伸缩不定,像捕获食物的浮游水藻,手臂滑过,似立刻巴上黏糊糊的墨汁,酥一阵麻一阵。……
> 如果敢于闭上眼睛哪怕只有片刻,把自己交给大海,就仿佛闻到母亲怀里的气味。海水出奇的温暖,皮肤因爱抚而爽滑而淡香而微甜,四肢倦慵如偶鳍款款律动。海浪深处溅溅汨汨的声音亲切迷人,总是让我神秘惶乱,似乎一种呼唤远了又近近了又远。

作者写出了手、脚、皮肤等与海水亲密接触后的真实感觉,传达出了海上夜游的独特的感受。这样的触觉描写,也容易令读者产生如临其境的阅读体验。

很多的时候,作者会把多种感觉描写融合在一起,以传递出更为真实而丰富的感受,就像鲁迅在《从百草园到三味书屋》中的一段描写:

> 不必说碧绿的菜畦,光滑的石井栏,高大的皂荚树,紫红的桑椹;也不必说鸣蝉在树叶里长吟,肥胖的黄蜂伏在菜花上,轻捷的叫天子(云雀)忽然从草间直窜向云霄里去了。单是周围的短短的泥墙根一带,就有无限趣味,油蛉在这里低唱,蟋蟀们在这里弹琴。……如果不怕刺,还可以摘到覆盆子,像小珊瑚珠攒成的小球,又酸又甜。

这里,作家从视觉、听觉、味觉、触觉多种感觉描绘了百草园的神奇、迷人。

(二)人物描写、环境描写、场面描写和细节描写

从描写的对象着眼,可以分为人物描写、环境描写、场面描写和细节描写。

1. 人物描写

人物描写,是指对人物的肖像、行动、语言、心理等进行的描写,即肖像描写、行动描写、语言描写、心理描写。

(1)肖像描写

肖像描写是对人物的外貌特征进行描写,包括对人物的容貌、身材、表情、衣着、姿态等进行的描写。肖像描写展示的是人物外在的形貌,却是人物心灵和性格的表现形式,对于揭示人物的内心世界有着十分重要的作用。如小说《儒林外史》第三回对范进出场时的肖像描写:

落后点进一个童生来,面黄肌瘦,花白胡须,头上戴一顶破毡帽。……穿着麻布直裰,冻得乞乞缩缩。

作者通过周进的眼睛,以限知视角极俭省地勾勒出考秀才时的范进的形象,不仅描出其外形,还点出了一个科场乞丐的典型特征——物质上的困顿与精神的猥琐。与下文中举后的荣耀情景形成鲜明对照,对范进这个可怜又可卑的人物的肖像描绘,不仅具有质感,而且含有意蕴。

由于人物总是生活在一定的社会环境中,其身份、地位、经历等对其外在形象都不可避免地造成一定的影响,人物的脸色、衣着、神态等,都会打上一定时代的、生活的烙印,呈现出个人化的肖像特征。因而,肖像描写可以揭示人物身份、表现人物境遇、刻画人物性格、反映人物精神面貌等。请看雨果在《悲惨世界》中对沙威这一人物的嘴脸的描绘:

沙威的脸有一个塌鼻子,两个深鼻孔,两大片络腮胡子一直生到鼻孔边。初次看见两片森林和那两个深窟的人,都会感到不愉快。沙威不常笑,但在笑的时候,形状是狰狞可怕的,两片薄嘴唇张开,不但露出他的牙,还露出他的牙床肉,在他鼻子四周也会隆起一种像野兽的嘴一样的扁圆粗野的皱纹。郑重时的沙威是猎犬,笑时的沙威是老虎……一副凶恶的凌人气概。

这堪称经典的肖像描写,展示给读者的是一个令人不寒而栗的人物形象。可见,成功的肖像描写对于人物形象的塑造是多么地重要。

(2)语言描写

语言描写是对人物的独白、对话、会谈、语气声态等进行描写。言为心声,语言常常是人物所思所想的直接或间接流露。因此,人物描写要抓住人物个性化的语言,要与人物的身份、地位、文化水平、性格、习惯爱好、当时说话时的语境等相符合,还要符合生活的逻辑,切忌异口同声。谌容的小说《人到中年》中,名气不大但医术精湛的陆文婷准备为焦副部长做手术剥除白内障时,部长夫人秦波却礼貌地进行阻拦说:"陆大夫,你先坐,坐嘛,不要急。"她又接连问:"陆大夫,你在医院工作几年了?""你身体好像不大好? 陆大夫!""陆大夫,对白内障手术,你有把握吗?"这些客客气气的问话,均表露出她对陆文婷这样没有名望的医生的不完全信任的心理,非常符合人物的身份。

语言描写要符合人物个性,就应"撮其要,删其繁,再加润色"(曹雪芹语),让读者闻其言即知其人,听其声便明其性。《史记》中项羽和刘邦两人都对声威显赫的秦始皇流露出艳羡倾慕之意,都有企图攫取皇位之心,但从两人的语言描写中,我们分明可以看到他们迥然不同的性格。项羽说:"彼可取而代之!"言语坦率直露,毫无顾忌,表现了他勇而少谋的性格特征;刘邦则说:"嗟乎! 大丈夫当如此也!"说得委婉曲折,含而不露,表现出他谨慎而多忌的性格特征。两句话,揭示出两种性格,不能互易,这就是语言个性化的魅力所在。

(3)行动描写

行动描写是对特定场合中最能表现出人物精神品格的行为、举止的描写。行动描写是展示人物性格,揭示人物内心世界的最有力的手段。行动描写要精选那些最能表现人物思想、性格的有特征的动作,还要注意在尖锐的矛盾冲突中展现人物的精神风貌。请看鲁迅的小说《故乡》中对"豆腐西施"杨二嫂的行动描写:

圆规一面愤愤的回转身,一面絮絮的说,慢慢向外走,顺便将我母亲的一副手套塞到裤腰里,出去了。

作家用简练的笔墨,抓住了人物富有特征的动作,反映出了人物的精神面貌。

(4)心理描写

心理描写是对作者或人物的思想活动和内心感受的描写。它包括人在特定的环境中产生的感触、心态、看法、幻觉、联想、意识流等,心理描写可以直达人的精神领域,透视人物的感情和思想,是深入细致地刻画人物的重要手段。

高尔基指出:"一个人真实的性格并不经常表现在他的言语里,而是表现在他隐秘的内心活动中。"心理描写可以由作者直接进行心理剖析或由人物直接倾吐；可以通过人物内心的独白；可以用传神的动作和富有表现力的对话；也可以通过梦境、幻觉、意识流动等方式来实现。心理描写一定要以人物表现和情节发展的需要为依据，有利于反映人物或作者的思想感情。请看《红楼梦》第三十二回，写史湘云跟宝玉谈到"仕途经济"之类的话，引起了宝玉对黛玉的评论："林妹妹不说这样的混帐话，若说这话，我也和他生分了。"不料，无意之间这话让黛玉听到了，于是引出下面这一段心理描写：

林黛玉听了这话，不觉又喜又惊，又悲又叹。所喜者，果然自己眼力不错，素日认他是个知己，果然是个知己。所惊者，他在前一片私心称扬于我，其亲热厚密，竟不避嫌疑。所叹者，你既为我之知己，自然我亦可为你之知己，既你我为知己，则又何必有金玉之论哉；既有金玉之论，亦该你我有之，则又何必来一宝钗哉！所悲者，父母早逝，虽有铭心刻骨之言，无人为我主张。况近日每觉神思恍惚，病已渐成，医者更云气弱血亏，恐致劳怯之症。我虽为你知己，但恐自不能久待，你纵为我知己，奈我薄命何！想到此间，不禁滚下泪来。

这一段心理独白，不仅将林黛玉的内心的思想活动和盘托出，刻画了人物性格，还暗示了林黛玉与贾宝玉的情感矛盾，推动了小说情节的发展。

2. 环境描写

环境描写是对自然景物、自然环境和社会环境的描写。环境描写主要是为表现主题、刻画人物、增强艺术表现力和感染力服务的，环境描写对于交代事件背景、展开故事情节、渲染气氛、烘托心情、刻画人物性格和抒发作者感情等，都具有不可替代的作用。

（1）自然景物描写

自然景物描写是对自然界的天地日月、山川草木、花鸟鱼虫等自然景物的描写。自然景物描写，既可以作为一般文章中的有机组成部分，穿插文章当中，也可以成为文章的主要内容，通过景物描写抒情达意。如朱自清的《春》便以自然景物为主要内容，通过对春山、春水、春花、春草、春雨等自然景物的形象、生动的描绘，抒发了作家对生机盎然的春天的赞美之情。

自然景物作为文章的主要内容时，往往会融入作者的审美感受，会寄托某种寓意。如碧野的《天山景物记》，作者用抒情笔调，浓墨艳彩描绘了天山景物：蓝天、雪峰、云影、飞瀑、清流、密林、日影、鸟鸣以及五彩缤纷的野花、千里牧场，无不充满诗情画意，徜徉于天山秀美奇异的自然风光中，作者被陶醉了，也给读者带来了美的享受。

作者在对自然景物进行描写时，有时还会将生命贴近自然中的景或物，借自然景物的描写来形象地抒情、说理。这时，自然景物已越来越被视作生命本质的外在显现。作家周涛便将自己对西部自然的注视转化为对那里的生命万物的理解和亲和，这也使得他笔下的许多景物打上了作家深深的情感烙印。比如，他在向西部的自然万物敞开心灵，并与之沟通的时候，自然景物也向他呈现出了别样的辉煌和绚丽的本质：

这里就正是秋天。它辉煌的仪式正在山野间、河谷里轰轰烈烈地展开。在这辉煌的告别仪式中，它开始奢侈，它有了一种本能的发自生命本体的挥霍欲。一夜之间，就把全部流动着嫩绿汁液的叶子铸成金币。挥撒，或者挂满树枝，叮当作响，掷地有声。

这段很有艺术个性的描写，呈现于读者面前的已不是纯客观的自然景色，而是作家对自然深刻理解之后的想象，从中我们不难看出作者对自然的亲和与对秋天内在诗意的把握。这是主观倾向极为鲜明的景物描写，体现出作者独特的审美眼光和审美情趣。

（2）自然环境描写

自然环境描写，是对人物活动的季节、气候和周围景物等的描写。自然环境描写是营造和渲染作品的艺术氛围的重要方式之一。请看肖洛霍夫的长篇小说《静静的顿河》开篇的自然环境描写：

麦列霍夫家的院子在村子的尽头。牲口圈的两扇小门朝着北面的顿河。在长满青苔的灰绿色白垩巨石之间有一条八沙绳长的坡道，下去就是河岸，遍地是珠母贝壳，河边被水冲击的鹅卵石形成了一条灰色的曲岸。再过去，就是微风吹皱的青光粼粼的顿河急流。东面，在用红柳树编成的场院篱笆外面,是黑特曼大道,一丛丛的白艾,马蹄践踏过的、生命力顽强的褐色车前草;岔道口上有一座小教堂;教堂后面,是飘忽的蜃气笼罩着的草原。南面,是白垩的山脊。西面,是一条穿过广场、直通到河边草地去的街道。

作家用油画式的笔触从东南西北四个方位来精细而逼真地描写人物生活的环境,让顿河迷人的风光一下子就吸引住了读者,让读者迅速地进入到了一种独特的艺术氛围之中。

作为一种辅助手段,自然环境描写还可以为人物活动提供场所,交代时间、地点,暗示人物的心境,刻画人物性格,推动情节发展,深化文章的主题。请看王愿坚的小说《七根火柴》的开头的自然环境描写:

草地的气候就是奇怪,明明是月朗星稀的好天气,一阵冷风吹来,浓云就像从平地上冒出来似的,刹时把天遮得严严的,接着,暴雨夹杂着栗子般大的冰雹、不分点地倾泻下来。

……整个草地都浸沉在一片迷蒙的雨雾里,看不见人影,听不到人声。被暴雨冲洗过的荒草,像用梳子梳理过似的,躺倒在烂泥里,连路也给遮没了。

草地的环境可谓恶劣,简直是寸步难行的死亡地带。但红军战士卢进勇为了追赶大部队,必须从这里通过,他"小腿伤口发炎",依然艰难地"日夜赶路"。红军战士大无畏的英雄气概,在严酷的自然环境中得以充分的展示。显然,小说中的自然环境描写,不仅交代了故事发生的背景,人物活动的处境,更为反映人物的遭遇、揭示人物精神做了必要的铺垫和烘托。

(3)社会环境描写

社会环境描写是对人物活动和事件展开的时代特征、社会背景、人物关系、习俗风尚和地域风貌的描写。社会环境是人物生存的特定空间,是人物活动的大舞台。社会环境对人物有着巨大的影响力,可以孕育人物、培养人物乃至改变人物。如造成《红楼梦》中那些美丽女子悲剧命运的原因很多,但她们所生活的社会环境无疑是一个特别重要的原因。

社会环境描写可以为人物提供社会活动的背景和舞台,也可以借助具体环境的格局陈设,来表现人物的性格和精神。如沈从文的小说《边城》中有这样一段有关边城的描写:

> 两省接壤处,十余年来主持地方军事的,知道注重在安辑保守,处置还得法,并无特别变故发生。水陆商务既不至于受战争停顿,也不至于为土匪影响,一切莫不极有秩序,人民也莫不安分乐生。这些人,除了家中死了牛,翻了船,或发生别的死亡大变,为一种不幸所绊倒,觉得十分伤心外,中国其他地方正在如何不幸挣扎中的情形,似乎就还不曾为这边城人民所感到。

作者展示的这一"世外桃源"式的乡村社会环境,为小说中那些富有人性美的人物活动,提供了一个特别的舞台,这里既有整个大时代背景的交代,也有具体的地域风情、风貌的展示,从而使小说中关于翠翠等边城善良、纯朴人物的悲剧命运的叙述,有了更深一层的意味。

典型的社会环境描写,可以帮助读者了解故事发生的时代背景。请看契诃夫的小说《变色龙》中开头的环境描写:

> 警官奥楚美洛夫穿着新的军大衣,手里拿着个小包,穿过市集的广场。四下里一片寂静。……广场上连人影也没有。小铺和酒店敞开大门,无精打采地面对着上帝创造的这个世界,像是一张张饥饿的嘴巴。店门附近连一个乞丐都没有。

这一开篇压抑的社会环境正是军警宪兵当道的沙皇统治下的俄罗斯社会的真实写照,它巧妙地交代了狗咬人案子发生的社会背景,对于人们理解小说的主题也起到了一定的引导作用。

3. 场面描写

场面是人物与人物在一定的时间、环境中互相发生关系而构成的生活画面。场面描写是对特定的时间和地点内人物活动的总面貌的描写,既包括对人物活动的概貌(面)的描写,也包括对个别人物细部(点)的刻画。

场面描写是一种以人物活动为中心的综合性的艺术描写,往往采用多种描写手段,对人物活动进行动静结合的描写,以展现出一个完整的生活画面。如丁玲在《太阳照在桑干河上》对"果园采果"的场面描写时，就主要通过对周围环境、人物语言的描写来表现翻身农民的喜悦，用心理描写来揭露地主李子俊的女人对翻身农民的仇视。魏巍在《谁是最可爱的人》中对"松骨峰战斗"场面描写，既有整个战斗场景的鸟瞰，又有战士们英勇搏斗的特写，点面结合，精彩地勾勒出动人心魄的激战情景。

　　场面描写的是活动的形象，形象性和流动性是场面描写的基本要求。只有把空间形象的展示与时间过程的流动交织在一起，才能构成一个场面。尽管在写作时会侧重表现某一方面，但二者都要兼顾。

　　如果场面宏大，人物众多，那么，描写时既可以渲染气氛，又可以刻画人物，既要勾勒出整个场景，也要描绘局部细节，做到点面结合，突出中心。如林嗣环在《口技》中对"口技艺人精彩表演"场面的描写，薛福成在《观巴黎油画记》中对"普法交战"的场面描写，吴伯箫在《歌声》中对"歌唱比赛"的场面描写等，都是十分成功的场面描写，其共同之处在于：不管场面内容怎样变化，都坚持以描写人物活动为中心，对特定的时间内发生的事情的环境及事态的发展变化过程，进行多角度、有层次的、详略结合的艺术描写。

　　4. 细节描写

　　细节描写是对生活中具有典型意义的细枝末节的描写。它可以把事物最细微、最本质的情状特点，鲜明而逼真地呈现出来。细节描写能够起到以小见大、以少胜多、见微知著、窥一斑而知全豹的表达效果，对于表现事物、刻画人物形象等有着不可替代的作用。孙犁的小说《荷花淀》中，当水生悄声告诉女人明天自己就到大部队上去时，作者这样写道：

　　女人的手指震动了一下，想是叫苇眉子划破了手。她把一个手指放在嘴里吮了一下……

　　这一"震动"一"吮"两个细微的动作，极准确地刻画出了女人当时内心世界的狂波巨澜。

　　对于很多作品来说，若没有精湛的细节描写，便很难有真切生动的艺术形象,更谈不到作品的艺术魅力了。有时,一个精妙的细节,会给一篇文章或一部作品增添光辉。巴尔扎克笔下的葛朗台老头,在弥留之际,当本区的教士来给他做临终法事时,见教士胸前有个金十字架,突然回光返照,做了一个骇人的姿势,想把教士的十字架抓在手里,以至于送了性命。这一精彩的细节,写出了葛朗台浸入骨子的难以更改的贪婪,使之成为世界文学宝库中一个典型形象。其它的诸如《三国演义》中刘备的闻雷失箸,《水浒传》中的鲁智深倒拔垂杨柳,《红楼梦》中的刘姥姥将鸡蛋杵到地上,《阿Q正传》中的阿Q临死之前努力想把那个圈画圆最终却未能画圆等细节,均是读者过目不忘、津津乐道的精彩细节。倘若作品中缺少了具体、生动、富有个性和典型意义的细节描写,势必会影响到人物形象的生命力和感染力。

(三)白描与细描

依据描写的风格和花费笔墨的多少,可以将描写分为白描和细描。

1. 白描

白描原是中国画的传统技法之一,它的特点是用简练的线条来勾勒画面,赋形呈意,不加渲染烘托,不施色彩。这种方法运用到文学描写上,就是抓住描写对象的特征,用准确有力的笔触、朴素平易的文字,凝炼地勾勒出事物的形态,表现出作者的感受。鲁迅在《作文秘诀》一文中将白描概括为:"有真意,去粉饰,少做作,勿卖弄。"

白描是一种线条式的勾勒,它要对最富有个性化特征进行扫描,既重形肖更重神似。请看唐弢在散文《琐忆》中对鲁迅肖像的白描:

他留着浓黑的胡须,目光明亮,满头是倔强得一簇簇直竖起来的头发,仿佛处处是告白他对现实社会的不调和。

虽然只是简单的几笔,却形神毕肖地向人们展示了鲁迅的形象:浓黑的胡须是他思想成熟的象征,明亮的目光是他头脑深邃的标志,直竖起来的头发是他性格倔强的告白。鲁迅先生的个性化外貌与其独特的精神品性相互呼应。

再看《三国演义》中对赵云的一段描写:

忽见草坡左侧转出一个少年将军,飞马挺枪,直取文丑,公孙瓒扒上坡去,看那少年:生得身长八尺,浓眉大眼,阔面重颐,威风凛凛,与文丑大战五六十合……

这里只用了"身长八尺,浓眉大眼,阔面重颐"十二个字,就简洁明了地展现出赵云威风凛凛的少年英雄风采。

运用白描的手法,既可突出形象,又可使行文清新、洗炼、明快。如李白的"床前明月光,疑是地上霜。举头望明月,低头思故乡。"杜甫的"千山鸟飞绝,万径人踪灭。孤舟蓑笠翁,独钓寒江雪。"王维的"空山不见人,但闻人语响。返景入深林,复照青苔上。"等,皆以极为简练的笔墨写出了景物的特征,给人以形象鲜明的感觉。

白描手法用于写人绘景,能触发读者联想,增强艺术感染力。请看辛弃疾的《清平乐·村居》:

茅檐低小,溪上青青草。醉里吴音相媚好,白发谁家翁媪?大儿锄豆溪东,中儿正织鸡笼。最喜小儿无赖,溪头卧剥莲蓬。

这首词摄取特具诗情画意的人物活动镜头,几笔白描,便勾摹出清清溪水旁一农家不同人物的姿态和神情,速写出一幅江南乡村的风景画。词人不加陪衬和烘托,用墨俭省,造成了大片的"艺术空白",供读者去联想和想象。

白描虽是一种朴素的轮廓勾勒,却也是有力度、有一定的层次感的表现手法,有时尽管只是寥寥数笔,却具有很强的艺术概括力和穿透力。请看朱自清在《背影》中描写父亲过铁道买橘子的背影:

我看见他戴着黑布小帽,穿着黑布大马褂,深青布棉袍,蹒跚地走到铁道边,慢慢探身下去,尚不大难。……他用两手攀着上面,两脚再往上缩;他肥胖的身子向左微倾,显出努力的样子,这时我看见他的背影,我的眼泪很快地流下来了。

这处描写,用朴实无华的语言,略施渲染,传神地描画出了父亲的背影,其间融入了深深的父子情。简单的勾勒胜过了精心细致的刻画,可谓是言简意赅。

白描,不求面面俱到,但也不只拘泥于一点,而是摄取事物的细部,

选择最富特征之处进行粗线简笔的勾勒。文字简洁、自然,不尚修饰,但注重传神。请看汪曾祺的小说《受戒》中的一段人物描写:

> 两个女儿,长得跟她娘像一个模子里托出来的。眼睛长得尤其像,白眼珠鸭蛋青,黑眼睛棋子黑,定神时如清水,扇动时像星星。浑身上下,头是头,脚是脚。头发滑溜溜的,衣服格挣挣的。

"头是头,脚是脚。"这一句白描历来为人称道,因其简到极处,而又多到极处。堪比东邻之子"增之一分则太长,减之一分则太短,著粉则太白,施朱则太赤。"人物的神貌并未触及却又历历在目,真可称得上是"逸笔草草,不求形似","不着一字,尽得风流"。

2. 细描

细描,也叫工笔描写,就是用极细腻的笔法,对人、事、景、物进行精细的描摹,像工笔画那样,要求一笔不苟地着意细致刻画,通过层层铺染来表现描写对象的各个侧面,使描写对象纤毫毕现,犹如用放大镜或慢镜头来显示一般,能使读者看得清清楚楚,留下深刻而强烈的印象。

运用细描手法刻画的人物,能使人物形象丰满、富有立体感,给人栩栩如生的感觉。《红楼梦》中的许多人物描写,都运用了细描手法,极为细腻。如对贾宝玉的外貌描写:

> 头上戴着束发嵌宝紫金冠,齐眉勒着二龙抢珠金抹额,穿一件二色金百蝶穿花大红箭袖,束着五彩丝攒花结长穗宫绦,外罩石青起花八团倭缎排穗褂,登着青缎粉底小朝靴;面若中秋之月,色如春晓之花,鬓若刀裁,眉如墨画,面如桃瓣,目若秋波,虽怒时而若笑,即瞋时而有情;项上金螭璎珞,又有一根五色丝绦,系着一块美玉。

这段文字,不仅极为周详地描绘了贾宝玉华丽的服饰,还细致地刻画了他的外貌、神态,既显示出他作为封建官僚子弟的高贵身份,也写出了他俊美的容貌、多情的性格。细描的笔法细腻,色彩鲜明,能够把纷繁多姿的状态表现出来,能够准确地传情达意。

用细描的手法描写景物,能够增强景物的逼真感。请看峻青的《瑞雪图》中的一段描写:

看近处，那些落光了叶子的树木上，挂满了毛茸茸的亮晶晶的银条儿，而那些冬夏常青的松树和柏树上，则挂满了蓬松松沉甸甸的雪球儿。一阵风吹来，树木轻轻地摇晃着，那美丽的银条儿和雪球儿就簌簌落落地抖落下来，玉屑也似的雪末儿，随风飘扬，在清晨的阳光下，幻映出一道道五光十色的彩虹。

作者在这里没有对银装素裹的雪景作泛泛的描写，而是选取"毛茸茸亮晶晶的银条儿"和"蓬松松沉甸甸的雪球儿"两处极富特征的细节作为雪景的主体，对其进行精雕细琢。这样，眼前的雪景便显得有形、有色、有光泽，并极有质感，令人有一种随手即可触摸到的感觉，且静中有动、动中有静，富有诗的意境和韵味。

细描运用丰繁的语言对事物的形态特征进行精雕细刻、渲染烘托，细描的对象可以是一个整体，也可以是人、事、景、物的某一侧面、某一片断、某一局部，作者往往要极尽描写之能事，综合运用比喻、拟人等多种修辞手段，以丰富多彩的语言绘声绘色地展示描写对象的特征，显示出描写对象的多层次性、多侧面性和完整性，从而达到服务于整体的目的。它们像影视中特写镜头那样，具有生活的真实感和现实感，能给欣赏者带来强烈的视觉冲击。如果说白描能使对象含有丰富的言外之意的话，那么，细描则能使画面本身产生一种错落有致、色彩缤纷的立体美。再看李健吾的《雨中登泰山》中对"吸翠霞而夭矫"的松树的描写：

不怕山高，把根扎在悬崖绝壁的隙缝，身子扭得像盘龙柱子，在半空展开树叶，像是和狂风乌云争夺天日，又像是和清风白云游戏，有的松树望穿秋水，不见你来，独自上到高处，斜着身子张望，有的松树像一顶墨绿大伞，支开了等你。有的松树自得其乐，显出一副潇洒的模样。

作家运用了比喻和拟人的修辞手法，形象地描绘出了松树的形态和神韵。细描做到了细腻而不琐碎，丰满而不臃肿。

尽管白描与细描是两种不同的表现手法，各有千秋，但它又可以结合运用。或于粗线条的勾勒中插入工笔，或于精雕细刻中用些简笔，则更能使描写对象形神皆备，蕴藉深刻。

（四）正面描写与侧面描写

依据描写的角度，可以分为正面描写和侧面描写。

1. 正面描写

所谓正面描写，就是不用其他对象和内容的描写作侧面烘托，而从正面对某种对象展开描写。正面描写是一种最基本、最主要的描写方式。它要求根据言志、抒情和人物、情节的需要，捕捉描写对象的主要形象状态特征，用生动形象的语言加以再现。请看韩少功的散文《山居记》中的正面描写：

> 我枕着水波久久地注目天空。
>
> 天并不是"空"，从来也不"空"。在最近的地方，我看到了密密的蜻蜓飞绕——这是我以前很少留意的。在稍远的高处，我看到了很多燕子在盘旋——这也是我以前很少留意的。在更远的层面，我看到了一只老鹰抹动着傲慢的巨影，只因为离我太远，就成了一个飘忽的黑点，在我的视野里稍纵即逝。当然，在更远更远的那里，我还看到云，那种由浅云和浓云、低云和高云、流云和定云、线云和块云组成的无限纵深：一缕金辉，悄悄爬上了连绵雪山的峰顶；一片白絮，正在飘入乌黑的深深峡谷。
>
> 我得稳住自己，防止自己一不小心掉到那个峡谷里去。

作家由近及远，直接描写了自己注目天空时所看到的各种景象，细腻而生动，且层次分明，脉络清晰。

2. 侧面描写

侧面描写是指作者不直接地正面描写某种对象，而是用和该对象相关的其他对象的描写进行侧面烘托而达到表现特定描写目的的一种描写手法。

侧面描写，可以"化无形为有形"，状难写之物如在眼前。下面是叶君健在《看戏》中对梅兰芳高超的京剧表演艺术的描写：

> 她圆润的歌喉在夜空中颤动，听起来似乎辽远而又逼近，似乎柔和而又铿锵，歌词像珠子似的从她的一笑一颦中，从她优雅的"水袖"中，从她婀娜的身段中，一粒一粒地滚下来，滴在地上，溅到空中，落进每一个人的心里，引起一片深远的回音。

作者用"珠子"来比喻那"似乎辽远而又逼近,似乎柔和而又铿锵"的演唱,将无形的唱腔化为有形的珍珠,梅兰芳那珠圆玉润、美妙动人的唱腔视觉化了,读者根据清晰的视觉形象,可以张开想象的翅膀,随着音乐沉浸到令人回味无穷的美妙天地。

再来欣赏一下白居易的《琵琶行》中描写琵琶女高超的弹奏技艺的一段:

大弦嘈嘈如急雨,小弦切切如私语。嘈嘈切切错杂弹,大珠小珠落玉盘。间关莺语花底滑,幽咽泉流冰下难。冰泉冷涩弦凝绝,凝绝不通声暂歇。别有幽愁暗恨生,此时无声胜有声。银瓶乍破水浆迸,铁骑突出刀枪鸣。曲终收拨当心画,四弦一声如裂帛。东船西舫悄无言,唯见江心秋月白。

这里,白居易的一系列比喻,化无形为有形,把琵琶女弹奏的美妙乐曲描绘得清晰可见、节奏分明、韵味十足,读者虽然面对的只是文字,却如同到了现场亲耳聆听一样,享受到了那妙不可言的琵琶曲。

有时,借助于侧面描写,可以将某些抽象的事物或概念形象地展现出来。如老舍的《在烈日和暴雨下》文中对难以正面描摹的"热",便采用了侧面描写:

处处干燥,处处烫手,处处憋闷,整个老城像烧透了的砖窑。

作者不着一个"热"字,而为读者描绘出天气极热的强烈感受。类似的例子还有许多,如"愁"是一个抽象的概念,正面表现较难,李煜用"恰似一江春水向东流"写出了愁之多、愁之长;李清照则用"只恐双溪舴艋舟,载不动许多愁"写出了愁之沉重。正如刘熙载在《艺概·诗概》中所言:"山之精神写不出,烟霞写之;春之精神写不出,草木写之。"说的就是侧面描写的独特功能。

虽然正面描写可以直接描写景物和人物的语言、行动及心理活动,但有时明言直语往往难以尽述其意,而侧面描写则可以自由、灵活地补充正面描写之不足。如张洁在散文《盯梢》中对二姐姐的美貌这样写道:

人人都这么说,二姐姐是村子里顶漂亮的美人。……比方,我很爱看戏。引动我的,并不是那公子落难、小姐赠金、山盟海誓、悲欢离合的戏文。……我更多的兴趣倒是去欣赏戏里的佳人。她们一个个拂着长袖,摇着莲步,双目流盼,长眉入鬓,实在够美的了。可是回到家里,一看二姐姐,便觉得她们全不是那么回事儿。

作者在这里先说二姐姐是"顶漂亮的美人",接着与戏剧里佳人的美对比得出二姐姐更美的感受,从而突显出二姐姐的美貌。这种表达既含蓄简洁,又朴素清新。如果直接描写二姐姐的美貌,也可写得色彩斑斓,勾魂摄魄,但那样容易流于俗套,显不出表达的新颖别致。

世上有些事物很难把它直接写好,若是间接着笔,侧面烘托,就可能收到奇妙的表达效果。如柳宗元的《小石潭记》写小石潭的水时,用"水尤清冽"来进行正面描写,但水清冽到什么程度,难以状写,作者便采取了侧面描写:"潭中鱼可百许头,皆若空游无所依,日光下澈,影布石上,怡然不动;俶尔远逝,往来翕忽。"作者不直接写水,而是集中笔墨只写鱼。写鱼的空无所依;写日光下澈,鱼游时影布石上的清晰;写鱼时动、时静,动若脱兔的疾速,静若处子的安闲,历历如在观者眼前,清晰可见。如此间接描写,读者可以想见"水至清"到了怎样的程度。

侧面描写是一种极富艺术魅力的描写方式,但孤立地使用侧面描写,有时会使描写对象空疏、浮泛而难以把握。因此,写作中,要充分注意正面描写和侧面描写的综合运用,扬两种描写之所长,以顺畅地实现描写的目的。

三、描写的要求

(一)描写要目的明确

成功的描写,总是体现了作者明确的写作目的,或是为了渲染气氛,或是为了推动情节发展,或者为了塑造性格,或是为了寄托情感,或是为了揭示主题,或是多种意图兼而有之。文章中所有的描写,都不是可有可无的闲笔。比如杜牧对阿房宫富丽、奢华的描写,是为了阐述自己对于秦国灭亡的观点;曹雪芹对潇湘馆的清幽、雅致、恬淡的环境描写,是为了更好地刻画林黛玉的性格和揭示小说主题服务的;鲁迅对祥林嫂眼睛的描写,是为了表现人物坎坷的人生遭遇;黄河浪对故乡的榕树的描写,是要借其抒发浓浓的乡情……这些描写都是精心安排的,有着明确的写作目的。

有人以为描写可以增加文章的生动性,可以增添文采,便不顾内容的需要,随意地加入一些游离于文章内容的描写,不但不会给文章增色,反而会破坏文章的内容,影响文章的质量。因此,进行描写时,一定要竭力避免多余的描写剔除不当的描写,切忌为描写而描写。

(二)描写要特征突出

无论是描写人物还是描写景物,都应当抓住人物或景物的特征,而不能不分详略地随意写去,那样会失去描写的目的,会令人感到描写的冗杂。好的描写总是能够抓住特点,如茅盾在《白杨礼赞》一文中就抓住了白杨树不同于其他树木的特点进行了描写:

那是力争上游的一种树,笔直的干,笔直的枝。它的干通常是丈把高,像加过人工似的,一丈以外绝无旁枝。它所有的丫枝一律向上,而且紧紧靠拢,也像加过人工似的,成为一束,绝不旁逸斜出。它的宽大的叶子也是片片向上,几乎没有斜生的,更不用说倒垂了……

作家集中笔墨描写了白杨树的干直、枝直、丫枝一律向上、叶子也是片片向上的特性,从而突出了白杨树的质朴、坚强向上的形象和高贵的品质,而这些特点也在象征着中华民族的精神和品格。正因为突出了描写对象的特征,才给读者留下了特别鲜明、深刻的印象。

(三)描写要形象逼真

描写的目的在于生动、形象地再现社会生活的风貌、展示人物的形象和逼真地描绘出景物的状态等。因此,在进行描写时,就必须要把描写的对象写得活灵活现,写得栩栩如生,给人以历历在目的感觉。描写景物,就要形神兼备,不仅写出景物的形态,还要透出景物的神韵;描写人物,就要致力于达到惟妙惟肖、"呼之欲出"的效果;描写环境,就要力争精确地再现当时的情境,给读者以"身临其境"的感觉。

(四)描写要条理清晰

描写时要注意观察点的选择和变化,要按照一定顺序和层次展开。

譬如,柳宗元的《小石潭记》,以发现水潭,观赏潭中及潭上的景物为线索,由远及近,由整体到部分,步步写来,仿佛领着读者在观赏一幅精致优美的山水画。由于作者交代了观察点,所以游踪清楚,给读者的印象十分清晰。再看小说《儒林外史》第一回中的一段描写:

> 那日,正是黄梅时候,天气烦燥。……须臾,浓云密布,一阵大雨过了。那黑云边上镶着白云,渐渐散去,透出一派日光来,照耀得满湖通红。湖边上山,青一块,紫一块,绿一块。树枝上都象水洗过一番的,尤其绿得可爱。湖里有十来枝荷花,苞子上清水滴滴,荷叶上水珠滚来滚去。

这一段景物描写,展现在读者面前的是雨后荷塘画面,作品中人物王冕站在荷塘岸边看到的景色,作者写得层次明晰,极有条理。

第三节 或隐或显的抒情

一、抒情的方式

抒情是指作者和作品中人物主观情感的表现和抒发。抒情的方式有直接抒情和间接抒情两种。

(一)直接抒情

直接抒情,也叫直抒胸臆,就是作者或作品中的人物直截了当地抒发自己内心的情感。作者采取直抒胸臆的方式,往往是由于情满于怀,无可遏止,需要及时地宣泄出来,它不依附或极少依附写景状物叙事,即使依附也是比较简略的。直接抒情,可让情感不加掩饰地倾泻出来。如李白赠别的诗句"桃花潭水深千尺,不及汪伦送我情。"便直接抒发了诗人对汪伦的一份特别的真挚情意。

直接抒情可以是直白平和地表达。如叶倾城的散文《老来多健忘》,先简略地叙述了祖父少年的往事、表妹去世时令家人误解的举止以及祖父看似不经意留下的一句"老来多健忘",然后,写祖父去世后,"他"

在偶然的阅读中发觉了祖父心中的秘密,是藏在"老来多健忘"后面的那一句"惟不忘相思"。于是,作者借"他"之口直接抒发心中难以掩饰的情感,文章这样情意绵绵地写道:

　　……竟然会是如此。原来祖父一直记得,六十年的烟尘岁月抵不过初恋女子的一抹笑容,让祖父在余生的每一寸光阴里深深铭记。而爱情究竟是什么,竟让八十岁的老人仍在刹那间动容,忘了时光的远走,只以为是红颜弹指老?

　　应该是身为人父和家长的尊严让祖父不能明白地表达自己的心意吧?当祖父写下那句诗的时候,他会是多么地希望他的儿孙能够读懂,今日,他终于懂得,可是一切都已经太晚了。

　　在这里,作者通过感叹和反问,直接地表达了自己对祖父那份深藏在心底的纯美而持久的真爱的赞叹之情,以及其家人迟到地读懂那份刻骨铭心的爱情的遗憾之情。这些情感的宣泄都是建立在前文叙述描写基础上的,是自然的情感流淌,并非作者生硬的情感告白。

　　直接抒情可以是激情如火般地倾吐。如汉乐府民歌《上邪》:

　　上邪!我欲与君相知,长命无绝衰!山无陵,江水为竭,冬雷震震,夏雨雪,天地合,乃敢与君绝!

　　这是一个痴情女子对自己所爱的人发出的肺腑誓言,火辣辣的真情汹涌,爱得大胆,爱得真诚,爱得坚贞,爱得激情火烈。

　　直接抒情可以是直接呼号或将抒情对象拟人化,古代许多诗人墨客往往喜欢在诗文的结尾处,直接表达内心不可抑制的情感。譬如,李煜的"剪不断,理还乱,是离愁,别是一般滋味在心头。"苏轼的"但愿人长久,千里共婵娟。"文天祥的"人生自古谁无死,留取丹心照汗青。"等等,都是典型的直抒胸臆。

　　直接抒情可以让人物运用内心独白来坦陈胸怀。如著名学者谢冕在《悲喜人生》一文中,叙述自己从工作岗位上退下来后,写文章、参加社会活动之外,坚持锻炼身体,慢跑,洗冷水浴,古稀之年开始成为"网球迷",写自己近两年冒着大风雨登上黄山的莲花峰绝顶,还冒着暴风雨步行7996级石阶直逼梵净山金顶,在活动中走在年轻的和不年轻的同伴前面，在被人称赞自己有"四十五岁的体力"后，作者的自豪之情油然而生，胸臆直抒：

> 我当然有点得意。尽管仍然有很多让人烦扰的事，但我的生活充满了情趣，做一个健康的人，不仅自己快乐，而且也会使周围的人快乐。

这段质朴的情感独白，与前面的叙述紧密衔接，了无痕迹。

直接抒情是在真正需要和水到渠成时的真情流露，而不是矫情地空洞叫喊，也不能无所节制。如张晓风的《不朽的失眠》一文满怀深情地叙述了唐代诗人张继科举落第后悲苦、惆怅之中创作千古名篇《枫桥夜泊》的经历后，心中蓄积的浓浓赞赏、庆幸、感激等丰富的情感再也遏制不住了，澎湃的激情喷薄而出：

> 感谢上苍，如果没有落第的张继，诗的历史上便少了一首好诗，我们的某种心情，就没有人来为我们一语道破。
>
> 一千二百年过去了，那张长长的榜单上（就是张继挤不进去的金榜）曾经出现过的状元是谁？哈，谁管他是谁？真正被记得的名字是"落第者张继"。有人会记得那一届状元披红游街的盛景吗？我们只记得秋夜的客船上那个失意的人，以及他那夜不朽的失眠。

这段情感的渲染，与前面声情并茂的描述相互呼应，让读者在获取一种美妙的情感享受的同时，与作者一道情不自禁地再陷入唏嘘不已的感慨当中。毫无疑问，这样有所依托的直接抒情，抒得自然，抒得巧妙。

（二）间接抒情

间接抒情，是指作者在写人、叙事、摹景、状物、说理过程中，将情感自然地渗透到景、物、事、理当中，情景交融，情寄寓物，情浸于事，情理相通，从而间接地传递出作者的情思。间接抒情包括以下几种方式：

1. 即事抒情

即事抒情是借助叙事抒发主观情感。由于所要叙述的事件是作者感受至深的，作者是受着一定情感影响和驱使进入写作状态的，在叙述时必然要渗透着一定的感情，这种感情的表达往往曲折委婉，含蓄蕴藉，耐人寻味。譬如任田的《我的喜剧生涯》写自己小时候生病吃了大剂量的药,医生曾断言她长大后可能会因那些药物而变傻,但在父母的关爱下,她健康地成长起来,上了大学,成了作家,当她心里有了不愉快时,父母依然是她最好的朋友。请看文中一段叙述:

那个晚上,他一直没有提我那个倒霉的单位的事,也没有说任何励志打气儿行千里母担忧的话,只是絮絮地讲我小时候的事:讲我挺漂亮挺神气就是有时表情呆滞;讲我上树掏鸟下河捉虾夏天光着膀子和院里的小子赛弹弓,讲我妈一会儿设计我当宾馆服务员,一会儿幻想我站柜台卖吃货,反正都是有把子力气都能干不用脑子又实惠的岗位……那时候,我父母的关系本来有点磕磕碰碰不依不饶的,但因为有了这个舍不得遗弃的傻闺女,为了能一直看着傻闺女认字、读书、生活自理乃至安全嫁掉,两人倒互相体谅,逐渐恩爱起来。听着听着,我的眼泪突然就滚落在手心上,润泽了一大片深深浅浅的掌纹。

以上叙述的虽然都是父母对"我"的关爱的点点滴滴,但却是饱蘸着深情的叙述,字里行间流露的是父母对"我"的殷殷的亲情和我的感动之情。情感的抒发是通过具体的叙述来含蓄地传达的。

2.寓情于景

寓情于景,也叫借景抒情。就是通过对景物的描写来抒发主观的感情。试看李白的《送孟浩然之广陵》:

故人西辞黄鹤楼,烟花三月下扬州。
孤帆远影碧空尽,唯见长江天际流。

这首诗描绘了送友人时所见的自然景物,给人的直觉似乎就是字字写景——黄鹤楼、烟花、帆船、长江等,但仔细品味,却又字字含情:望断碧空、目送孤帆、长江自流、行人已去,而别情难遣,作者在再现自然景物的过程中,已经自然地融入了浓郁的情感,可谓是"一切景语皆情语"。

情融于景,情景辉映,运用这种抒情方式时,要注意情感的抒发不宜太多太泛,而且注意不违背情与景自然相生的写作原则。如黄河浪在其名作《榕树》中,先是用一种颇有创意的绵延拓展性展示方式,一组一组地呈现那些美景美物。文本中,那从后山流下来的清澈小溪就是一个中心物象,围绕这个中心物象依次展开:小溪中彩色的鹅卵石晶莹闪亮,水面嘎嘎嘎的鸭子在追逐,溪畔洗衣、汲水少女欢笑声声……小溪潺潺流过村边的大榕树旁,大榕树下的小石桥及小石桥周围的物象,用这样的物象组合方式,将美好的情意一一融入其中。接着,作者又写活了一群呼之欲出的人物,描绘出一种让人如临其境的生活场景,加上动听的声响,亮丽的色彩,使读者感受到了一种实实在在的情韵。特有的民情乡情,特有的情致情趣,就像作者笔下的一幅幅乡村风景画一样,真朴、温馨而纯美。而对苍苍榕树那风采独特的描绘,更是景语情语合一,营造出浓浓的情感氛围,且寄意深远。

3. 即物抒情

即物抒情,也称借物抒情。就是借助对具体事物的描写,来寄寓作者的思想感情。如韩愈面对人才不被赏识的社会境遇,借"千里马"不遇"伯乐",这样激愤地抒发内心的不平之音:"呜呼!其真无马邪?其真不知马也。"再比如,杜甫由自己居住的茅屋被秋风吹破,而想到天下忍饥受冻的百姓,不禁心生焦虑和担忧,借求取"广厦千万间"来抒发自己的忧国忧民的情怀:

安得广厦千万间,大庇天下寒士俱欢颜!风雨不动安如山。呜呼!何时眼前突兀见此屋,吾庐独破受冻死亦足!

4. 寄情于理

寄情于理是借助议论来抒发感情。这种富有感情色彩的说理,不像一般的议论文章中的说理,要用充足的论据进行论证,而是一种带有很强的主观感情色彩的判断和结论,它往往是有所叙述和描写的人、事、景、物所引发的议论。请看郭文斌的《点灯时分》文中一段:

……现在,我站在这个城市的阳台上,穿过喧哗和骚动,面对老家,面对老家的清油灯,终于明白,我们的失守,正是因为将自己交给了自我的风,正是因为离开生命的朴真太远了,离开那盏泊在宁静中的大善大美的生命之灯太远了,离开那个最真实的"在"太远了。

灯,又何尝是风能吹得灭的。

作者在前文叙述了老家正月十五点灯有关的一些难以忘怀的人、

事,并体悟了包蕴其中的种种文化意味,至此,借助对生命中某些珍贵东西——比如宁静,比如朴真——的失落的沉思,抒发了作者对生命本真的追寻与坚守之情。这种情理交融的写法,从情来说,因为有理的伴随,使情获得了一种智慧的深度和厚度,扩大了情的内涵;从理来说,因为情的浸润,使理闪烁出一种个性色彩和灵性光辉,增强了理的感召力。

寄情于理常用的一种方式是,选用具有一定象征性的事物,通过形象来蕴含一个深奥的哲理,或者寄寓一种深切的人生感悟。如林希的《石缝间的生命》一文就是通过对野草、蒲公英、松柏这些生活在石头缝中的生命的描绘,从不同的侧面揭示出生命的意义:野草证明生命本能多么可贵,生命有权自认为辉煌壮丽,生机不可遏止。蒲公英的生命证明生命虽被环境所规定、制约,甚至改变,适者生存,但适应不是被动,而是主动和战胜,生命的价值在于拼搏。松柏的生命则在更高层次上暗示人们:拼搏的生命不仅完备了自己驾驭环境的能力,而且使自己在一代代的繁衍中变得愈加坚强。作者通过对生长在石缝间的野草树木的描述,让这些顽强的生命形象感动读者,又以这种生命所显示出来的理性力量来震撼读者,启迪读者,收到了含蓄说理的艺术效果。

二、抒情的要求

(一)情感要健康

人的感情是丰富多姿的、错综复杂的,不是所有的情感都可以在文章中书写的,有些低级、消极、颓废的不健康的情趣,是不宜在文章中抒发的。也就是说,写作主体所抒发的感情,必须是健康的,是富有健康情趣的。

同时,作者抒发的感情,一方面应该是个人的感情,另一方面也要注意与整个社会协调,即所抒发的感情应该对社会、民族、国家进步有利,应当在文章的字里行间闪现出更多的人性光辉,应歌颂高尚的情操,应激发健康之情,从而达到陶冶自我、感染和感化读者的写作目的。

世间的美文,皆为情感和情趣健康之作。当然,也存在着一些情感低俗、平庸甚至堕落的文章,但那些不过是文字垃圾而已,很快便会被人们抛舍掉、遗弃掉。

(二)情感要真挚

情感要发自内心,唯有来自内心真切感受的抒情,才是真挚、诚恳的,才可能是感人的。感情要自然地流露出来,不能矫情造作,因为作伪、虚假的、矫揉造作的抒情,不仅不能感染读者,反而会令读者产生厌恶的情绪。正如庄子所云:"不精不诚,不能感人,故强哭者虽悲不哀,强怒者虽严不威。"因而,抒情要真挚、自然,只有作者先笑了,才能赢得读者的笑;只有作者先流泪了,才能换来读者的眼泪。正是因为有了作者的一腔真情自然的流露,才有了那些感动人们心灵的美文,譬如诸葛亮在《出师表》中倾诉的耿耿忠心,李密在《陈情表》中的拳拳絮语,袁枚《祭妹文》中情不自禁的哀人话语,无不是情动于衷而后发乎于文的。如此,自然会引起读者的共鸣,令后世的读者每每读之,仍会为之动容,感叹唏嘘。

(三)情感要具体

抒情要有所依托,不要空洞。抒情的关键在于把感情融于具体的景、物、事的叙述和描写当中,融于具体可感的形象当中。可以寓情于景,譬如,"水光潋滟晴方好,山色空蒙雨亦奇。欲把西湖比西子,浓妆淡抹总相宜。"不言欢喜而欢喜之情自现;再如"风疾天高猿啸哀,渚清沙白鸟飞回,无边落木萧萧下,不尽长江滚滚来。"未道忧愁而忧愁弥漫而来。也可以寓情于物,如"露重飞难进,风多响易沉。无人信高洁,谁为表予心?"骆宾王无从诉说的磊落情怀自有秋蝉会解;再如"折花逢驿使,寄与陇头人。江南无所有,聊赠一枝春。"朋友的一片深情厚意,陆凯让一枝梅花传递。也可以借事抒情,如"群山万壑赴荆门,生长明妃尚有村。一去紫台连朔漠,独留青冢向黄昏。画图省识春风面,环珮空归月夜魂。千载琵琶作胡语,分明怨恨曲中论。"这里是叙述、是歌咏、是感慨,出塞的王昭君有着怎样的哀痛谁又能真正地读懂?再如"当年万里觅封侯,匹马戍梁州。关河梦断何处?尘暗旧貂裘。胡未灭,鬓先秋,泪空流!此生谁料?心在天山,身老沧州。"陆游壮志未酬的满腔遗恨,在对往事的追忆中愈发强烈起来⋯⋯

许多优秀的诗文,都在告诉我们:聪明的抒情者,懂得将情感融入到客观的事物当中,紧扣外物的特征,用事物或景物来充当媒介,让情有所依,或通过生动的景物描写,或通过细致的事物状写,或通过具体的叙事,或通过精辟的议论。

刘勰《文心雕龙·情采》"情者,文之经。""情"是构成文章的根本因素之一,写作的目的在于表情达意,只有先从感情上打动读者,文章的思想内容才容易被读者理解和接受。

第四节 精辟透彻的议论

一、议论的要素

议论,是依据事实或理论,运用概念、判断、推理等手段,对某些事物或事件表明自己的见解和主张的一种表达方式。议论是对客观世界所做的理性认识和概括反映,它要揭示事物的某些本质、某些规律及某些联系,其本质是它的抽象概括性。议论的基本要素包括:论题、论点、论据、论证。

(一)论题

论题是议论的对象,它规定和限制着论述的范围和重点,影响着论述展开的方向和途径。论题是客观存在的,并不表明作者对它的认识、态度和主张,如《人的正确思想是从哪里来的?》、《简笔与繁笔》等文章的题目即论题,都表明了论述的对象和范围。离开了论题,概念的界定、判断的运用、推理的程式、分析的方法等,就会失去必要的范畴和依据。

论题与论点是两个完全不同的概念,二者在同一篇文章中有着难以割断的关系,这种关系从意义范围方面看,是涵盖与被涵盖的关系,即无论文章确定什么样的论点,其论点都必须在论题所规定的范围之内,论题涵盖着论点,也就是说论题对于论点具有与生俱来的约束作用,但这种约束又不定于一,总会给论点的确立留有充分的选择余地,如写一篇《论勤奋》的文章,论点就可以从论题"勤奋"的范围内自由选择。

（二）论点

论点是作者要阐明或论证的观点、见解、主张。论点是一篇议论性文章的核心要素，是议论的归结，鲜明地表达作者赞成什么或反对什么。在较为复杂的议论性文章中，论点往往不止一个。其中统摄全文、起决定作用的是中心论点，从属于中心论点、对中心论点起支撑作用的是分论点。

论点首先必须要明确、严密，在此基础上，还应当追求论点的新颖与深刻。

（三）论据

论据是阐述或论证论点的根据，是作者确立观点的理由。在论点生成之前，论据是形成论点的土壤；在阐释论点的过程中，论据是论点建立的基石和支柱。

论据分为事实论据和理论论据两大类。事实论据是指用来阐释观点、论证问题的现实和历史材料，包括重大事件、典型现象和事例、统计数据等。选择事实论据，首先要辨析材料的真实性，其次要考虑其与论点的联系以及典型性等。理论论据是指从实践中产生又经过历史和实践检验的思想材料，它包括一些公理、常识、成语、经典著作的引文、权威性的言论、科学的定义、自然的法则和规律等。在运用理论论据时，应充分考虑论据产生的背景和论据使用的范畴，应注意在新的条件下，以往的理论仍需得到实践的检验。

（四）论证

论证也叫证明，就是运用论据阐释、证明论点的过程和方法。论证要通过剖析事理，显示出论据与论点之间内在的逻辑关系，使论点得到确立，成为确定无疑的结论。如果说论点解决的是证明什么的问题，论据解决的是用什么证明的问题，那么论证解决的就是怎么证明的问题。因此，论证是沟通论点和论据逻辑关系的桥梁。只有桥梁牢固，论证才会顺理成章，自然流畅。

二、议论的方法

议论的方法大体上可以分为立论和驳论两大类。立论是从正面阐述作者的主张和见解,证明其正确性;驳论是驳斥他人的观点,以证明其观点是错误的,从而证明自己观点的正确性。立论和驳论可以分别单独运用,也可以二者结合运用。

(一)常见的立论方法

1. 例证法

例证法是用古今中外的事实作为论据来证明或阐述论点的方法。它所用的逻辑方法是归纳推理。这是一种最常见的论证方法。如果事例选择精当,会有很强的说服力。请看毛泽东在《中国革命和中国共产党》中的一段论证:

中国是世界文明发达最早的国家之一。因为在中华民族的开化史上,有素称发达的农业和手工业,有许多伟大的思想家、科学家、发明家、政治家、军事家、文学家和艺术家,有丰富的文化典籍。在很早的时候,中国就有了指南针的发明。还在一千八百年前,已经发明了造纸法。在一千三百年前,已经发明了刻版印刷。在八百年前,便发明了活字印刷。火药的应用,也在欧洲人之前。所以,中国是世界文明发达最早的国家之一,中国已有了将近四千年的有文字可考的历史。

作者选用了确凿、充足、具有说服力的论据,进行了严密的论证,证明了"中国是世界文明发达最早的国家之一"这一论点。

运用例证法要特别注意对论据的阐发分析,切忌罗列例证,谨防以偏概全。请看陶铸的《松树的风格》一文的第三自然段:

你看它不管是在悬崖的缝隙间也好,不管是在贫瘠的土地上也好,只要有一粒种子——这粒种子也不管是你有意种植的,还是随意丢落的;也不管是风吹来的,还是从飞鸟的嘴里跌落的,总之,只要有一粒种子,它就不择地势,不畏严寒酷热,随时随处茁壮地生存起来了。它既不需要谁来施肥,也不需要谁来灌溉。狂风吹不倒它,洪水淹不没它,严寒冻不死它,干旱旱不坏它。它只是一味地无忧无虑地生长。松树的生命力可谓强矣,松树要求于人的可谓少矣,这是我每看到松树油然而生敬意的原因之一。

作者列举了松树"要求于人的甚少"的各种表现并加以分析:它不

择地势,不畏严寒酷热;它不要谁来施肥,也不要谁来灌溉,狂风、洪水、严寒、干旱都不能影响它的生长,从而令人信服地阐明了"松树具有要求于人的甚少的风格"这一观点。

运用例证法时,还必须要选择真实、典型的论据,注意论据的性质和表达的顺序。

2. 比喻论证法

比喻论证法,即通过打比方,用具体事实证明抽象道理的一种论证方法。比喻论证法从一篇文章的整体上或者从一个文章片断的整体上,可以显现出一种成内在系统的语言色彩,并非论证中的个别句子用了比喻的修辞手段。请看毛泽东的《反对党八股》中的一段:

拿洗脸作比方,我们每天都要洗脸,许多人并且不止洗一次,洗完之后还要拿镜子照一照,要调查研究一番,生怕有什么不妥当的地方。你们看,这是何等地有责任心呀!我们写文章,做演说,只要象洗脸这样负责,就差不多了。

这一段文字用人们对洗脸负责来形象地论证"写文章也应该有责任心"这一观点,就是采用了比喻论证法。

需要注意的是,比喻论证是用形象的比喻加强证明论点力度的论证方式。它不是推理形式,只是比喻修辞手法在议论语言表达上的运用,因而不能推出新判断。比喻论证可以对一个已知判断进行形象的解释,将抽象的概念或思想形象化、具体化,以加深读者对文章论点的理解。如鲁迅在《拿来主义》一文中论述如何对待文化遗产时就用了比喻论证。以"大宅子"比喻文化遗产,以"鱼翅"比喻文化遗产中的精华部分,以"鸦片"比喻文化遗产中精华与糟粕互见,需要批判吸收的那些部分,以"烟灯和烟枪"比喻文化遗产中的旧形式,以"一群姨太太"比喻文化遗产中的糟粕部分。借助这些形象的喻体,虽然文中并未出现"文化遗产"、"精华"、"糟粕"等本体,读者却可以通过比喻的喻义领悟出来的,从而将如何对待文化遗产的观点,阐述得清楚而透彻。

3. 类比论证

类比论证就是运用类比推理得出论点的一种论证方法。它根据两个或两类事物某些属性上的相同或相似,进而推出它们另外的属性也可能相同或相似的结论。例如《邹忌讽齐王纳谏》一文中,作者写邹忌讽谏齐王广开言路、防止受蔽时,就采用了类比论证法。邹忌从"妻私我"、"妾畏我"、"客求我"几方面总结了自己在貌美问题上受蔽的经验,经过考察对比,断定齐威王在"宫妇私之"、"朝臣畏之"、"庶民求之"这几方面和自己相同,进而推出一个未知,即齐威王也可能同样受蔽的结论,达到了讽谏的目的。

运用类比论证时,必须同时出现两类或两类以上不同事物,即类比体和本体。类比体和本体必须有若干相同或相似的属性,这些共同属性构成相互对应的类比点,类比点之间联系紧密,环环相扣,形成了相互比较求同的关系。请看符震策在《课堂教学的艺术》一文中的类比论证:

> 画家画花,独画一枝,总要留点天地,让欣赏者去遐想;演员演戏,"三五步走遍天下,七八人百万雄兵",并不要什么都搬上舞台;诗人作诗,讲究含蓄,"言有尽而意无穷"。一堂好课,应兼采画画、演戏、作诗的诀窍:言简意赅,给学生留点思考的余地。

作者先谈画面、演戏、作诗均留有艺术空白,给读者或观众以遐想的天地和回味的余韵,以之与上课的言简意赅相类比,论证课堂教学应给学生留点思考的余地的观点,做到"言有尽而意无穷"。这里,用作本体的教师授课与用作类比体的画家画画、演员演戏、诗人作诗,在本质上是相同的,借助相同点形成类比关系进行类推,从而合乎逻辑地推出令人信服的结论。

4. 因果论证法

因果论证法是通过分析问题、剖析事理,揭示论点和论据之间的因果联系,从而阐明论点的正确性。因果论证可以由因及果,或由果及因,还可以因果互证。运用因果论证,要保持论点和论据之间有必然的而非虚假的因果关系。如闻一多在《最后一次讲演》中先提出了李公朴的被害是"在昆明出现了历史上最卑劣最无耻的事情"这一观点,接着用不容置辩的三个事实来印证:民主主义战士李公朴无罪而遭国民党特务杀害；他们不是"光明正大的来打来杀，而偷偷摸摸来暗杀"；"杀了人又不敢承认，还要诬蔑人"。上述三个事实构成了演讲者前面所提出判断的原因，讲演者紧紧围绕"原因"与"结果"进行剖析、论证，从而让读者清楚而深刻地理解了演讲者的观点。

5. 对比论证法

对比论证通常是把两种对立的事物用正反对照的方法来加以比较，肯定正确的，否定错误的。如《过秦论》这篇政论性文章，通篇贯穿了对比论证的方法，通过秦本身先强后弱、先盛后衰、先兴旺后灭亡的对比，秦与九国之师的对比，陈涉与九国之师的对比，秦与陈涉的对比，几种对比交织在一起，层层深入，揭示出了秦亡的原因在于"仁政不施"。全文对比精彩，结构宏伟，气势磅礴，令读者非常清楚地看到了问题产生的原因和结果，强化了论证的效果。

（二）驳论常用的方法

驳论是与立论相对应的论证，它以破为主，破中有立。常见的驳论方法有：

1. 当头棒喝法

当头棒喝法是直截了当地指出对方论点的荒谬。运用当头棒喝法，一定要抓住对方论点中最本质、最主要的错误，确定主攻方向，深入剖析，使错误观点暴露无遗。如1995年7月25日人民日报评论员、新华社评论员联合署名的文章《推动"台独"的政治迷药》，针对李登辉在康奈尔大学演讲时提出的"主权在民"进行驳斥，首先指出"主权在民"这四个字，过去也被李登辉当作口号讲过，但他在过去阐明这个口号内涵时，总是前后颠倒，含混不清。这次他避开过去声称的"主权是个危险的单词"一类话，把"主权在民"落实到岛内"走向民主体制的政治改革"上，并且还要"帮助"海峡这边"实现政治民主化"，使"中国统一在民主自由和均富制度下"。接着针对李登辉的观点，用大量事实直接驳斥他的所谓"主权在民"的荒谬性："与李登辉在美国为自己涂抹的'民主'色彩截然相反，他在岛内的个人色彩却是精于谋权、反复无常和独裁。""李登辉在'民主'的名义下，大肆纵容、扶植'台独'势力，放任海外的一些'台独'骨干分子回到台湾，让'台独''土洋'结合"，还在于他故意混淆主权概念,曲解政治学中的"人民主权"学说等等。评论直接指出:"在国际法上,国家的主权不能分割,不能转让,一个国家只能有一个政府对外行使主权。台湾作为中国的一部分,并无主权可言;台湾同胞作为有十二亿人民的中华民族大家庭的重要成员,不能单独分割出去谈主权。"从而证明李登辉所谓的"主权在民",所谓"中华民国在台湾是一个主权国家",实质上是把他自己搞"台独"的愿望推给台湾民意,把台湾同胞绑在他的"台独"战车上,所以说这是推行"台独"的政治迷药。

这一直接批驳论敌的观点谬误的方式,就是当头棒喝法在驳论中的具体应用。

2. 归谬法

归谬法,又称欲擒故纵法,就是先将对方的错误观点、论调进行合乎逻辑的引申和解剖,进而显示其虚假和荒谬的驳论方法。归谬法是根据引申出来的结果作为驳斥对方观点的依据。引申出来的结论越荒谬,越能证明对方观点的错误。所以,引申必须合理、严密,以显示引申出的荒谬结论与错误论点之间必然的逻辑联系。例如魏巍在《个人与集体》中,为批驳"人人为自己,也就是人人为大家"的错误观点,故意从这个观点推导出一个公式:"个人主义+个人主义+个人主义=集体主义"。而这个荒谬的公式是完全不能成立的,因此"人人为自己,也就是人人为大家"的荒谬可笑也就马上暴露出来了。

采用归谬法,可以诱其深入,以子之矛,攻子之盾,抓住他人的逻辑矛盾,乘虚而入,击中要害,达到出其不意的制胜效果。如《齐桓晋文之事》一文,以孟子和齐宣王对话的形式,采取层层剥离、因势利导、欲擒故纵的方法,加之严密的逻辑推理,抓住齐宣王的心理活动,引其渐入彀中,从而驳斥了齐宣王的称霸欲望,使齐宣王最终接受了孟子的劝解,甘愿受教于孟子。

运用归谬法能使文章犀利、泼辣,富于幽默感或讽刺意味。

3. 釜底抽薪法

釜底抽薪法是指通过证明对方论据的虚假,使其论点无法立足。这是一种直接针对论据的反驳方法。反驳虚假的论据,可以只选取对方论据中有代表性的或重要的材料进行驳斥。只要拆除了对方论点赖以存在的主要支柱,其观点也就不攻自破。还可以将对方的论据逐一驳倒,论敌即无可乘之机。如1987年针对某些报刊上出现的"使用铝制品是否会引起中毒"的论争,《科技日报》的一篇批评"恐铝症"的文章,便采取釜底抽薪的驳论方法,该文针对其他争论者仅能举出一例"铝中毒",便断言"使用铝制品会使人中毒",强调人类在四百多年的铝制品使用过程中,除了那一例尚待综合考察的"中毒特例",并没有发现使用铝制品会导致中毒情况的发生,从而证明认为"使用铝制品可以导致人中毒"的观点是站不住脚的,因为其论据不足,是夸大其词的想当然。

4. 逻辑错误指正法

逻辑错误指正法是揭露对方在论证过程中的逻辑错误,从而推翻对方论点的驳论方法。逻辑错误指正,可以指出对方论据与论点之间没有必然的逻辑联系,即存在着"推不出"的错误。如陈鸽的文章《荒唐的科学——驳"电脑算命"》一文在驳斥所谓用电脑算命是"科学算命"的说法时,就指出:电脑毕竟是由人类所编辑的程序控制的。用电脑算命的前提是输入一个人的出生年月日。据报道,世界上每分钟出生235人,一天出生约33.84万人。难道这235人乃至约33.84万人的命运完全一样?显然,对方的论点是荒谬的。

有的文章由于作者的诡辩和运用一些似是而非的推理,把错误的论点说得似乎很对,很有道理。逻辑错误指正法,可以揭露对方论证中偷换论题或偷换概念的伎俩;也可以指出对方在论证中言论的自相矛盾之处;还可以批评对方循环论证的毛病等。不论采用什么方法,都要紧紧抓住对方在逻辑上的要害,给其致命一击,不宜四面出击,分散力量。

第五节 客观清晰的说明

说明,是运用简明准确的语言对事物的形状、性质、特征、成因、关系、功用等所作的客观明晰的解说和阐释。说明的基本特点是:内容具有科学性和知识性;语言具有准确性和平实性;逻辑讲究顺序性。

一、说明的类别

说明的类别,从不同的角度可以划分出不同的类别。

依据说明的内容,可分为简单说明和复杂说明。如一件日常生活用品包装上的说明文字,往往只是简短的几行字,说明用品的成分、功用和产地等,就属于简单说明;而一台数码相机的说明书,往往有几十页,将产品的型号、规格、结构、性能、使用和维修方法等多方面的情况详细地加以交代,就属于复杂说明。

依据说明的表现手法,大体可以将说明分为阐释性说明、述说性说明和文艺性说明三类。

1. 阐释性说明是从几个不同侧面来解说事物、阐释事理的说明,有关历史、地理、物理、化学、动物、植物、科学卫生、语言文字等方面的知识性文字或教材、科学实验报告、器物使用说明等,大多采用阐释性说明。

2. 述说性说明是指通过简述概况或情节来介绍事物的说明。电影、电视剧、戏曲的剧情简介,小说和其它文学作品中的内容提要、绘画或某些摄影照片的解说词等,大多采用述说性说明。

3. 文艺性说明是指运用文艺手法来形象地介绍事物、阐述事理的说明。这类的说明文字具有较多的文学色彩。知识小品、科普小品、名胜古迹、文物的说明简介等,经常采用文艺性说明。

依据说明的对象,可以将说明分为对实体事物的说明、抽象事物的说明和对抽象事理的说明。

1. 对实体事物的说明

实体事物指人们可以通过感官直接感知的具体而实在的事物。如物品、物件、植物、动物、矿物以及建筑设施、自然和人文景观等。以实体事物为对象和内容的说明,常见的有:

(1)书籍说明

即对各种图书典籍的说明。用于对书籍的介绍和广告等。一般应说明作者、写作时间和背景、编排体例、大致内容、思想和艺术特色、装帧情况、篇幅、开本、字数等等,有的还可说明其重要学术价值或在历史上的地位,已经或正在产生的社会反响等。

(2)绘画说明

即对各种美术绘画作品的说明。此类说明,首先,要抓住画面的总体特征和布局,分层次地依据先重点后辅助成分或者先背景后主体的顺序,详略得当地对画面内容予以介绍;其次,注意画面景物与人物之间、人物与人物之间的联系或关系,说明画的表达意图。

(3)植物说明

对植物如花草树木、庄稼瓜果等的说明,要注意其外在特征,包括形状(高低长短大小粗细)、色泽、气味、生长或生态状况。还要注意其结构、生长或栽培历史、产地、生存条件、种植和管理方法、价值和用途。有的也可引用相关的故事、传闻、诗歌等。

(4)动物说明

对动物的说明首先要注意其外形特征、身体结构、性格、特点和生活习性;其次,要注意其生长过程、繁衍情况、饲养历史和饲养方法;再次,要注意其独特的功能、用途、本领,及与人类生活的关系。另外,有的还可说明其生存历史、环境、价值,以及有关它们的故事、轶闻、诗歌等。

(5)一般实物说明

一般实物主要指各种物品、物件。说明实物首先要说明其外形特征,包括形状、大小、色泽、声音、质料、结构等。其次,根据不同对象,有的需说明其历史、发展变化;有的需说明其形成;有的需说明其种类、用途、功能、价值。对于较复杂的事物,还需说明其内容构造、组成等。一些重要和常用物品,还可以作些历史考证,引用一些有关的传说、故事、诗词等。实物说明多用描述法和数字、分类、举例等说明方法,使说明具体、形象、生动。

对各种实体事物的说明有一些共同的基本要求,这就是:要注意说明的条理性;要善于抓住并说明事物的基本特征;要把握好重点、非重点,处理好详略的安排;依据不同的说明对象和说明意图,灵活、恰当地选用不同的说明方法;在准确、平实的基础上,适当注意语言的生动性,以增强说明效果。

2. 对抽象事物的说明

抽象事物指人类的各种精神或心理现象以及撇开各种具体形式的一般性事物或事物范畴。前者如思维、灵感、情绪、记忆,后者如辩证法、历史、文学、体育等。以这些现象或事物为对象和内容的说明,具有以下特点:

(1) 专业性

抽象事物分属于不同的学科,有的涉及多学科的交叉,其中包含着大量的学科知识和专业知识,因此要对其进行说明仅仅是一般的了解是不够的,必须掌握有关说明对象的相关的专业知识。写作者的专业性和所写内容的专业性,是对抽象事物的说明的显著的特点。

(2) 科学性

作为一种说明,即使说明的对象是抽象事物,一般也只要求对关于它的科学定论给予介绍或说明,有争议的,也要客观地加以介绍,一般不能突出个人的主观意见,而要严格根据可靠的资料,对说明对象做出客观、周密、准确的说明,不能有主观随意性。

(3) 针对性

有关抽象事物的知识可从各种专业书籍中查到,写说明文加以介绍,必然是出于某种现实需要:或配合活动,或澄清认识,或解决疑难。因而要目的明确,突出重点,避免无的放矢,乱放空炮。

(4) 具体性

之所以要对抽象事物加以说明,主要是它不易理解,因而对它的说明就是一种化难为易、化生为熟、化抽象为具体的化解过程,应举实例、用比喻、作比较,用平易通俗的语言,进行深入浅出的介绍,以达到使读者理解的目的。

3. 对抽象事理的说明

抽象事理主要指人们对于事物的各种规律性的认识。它反映人类认识和改造自然、社会和自身过程中获得的各种经验,反映人类对事物由感性认识向理性认识的提升。比如对事物的成因、相互关系、价值、作用、好处、程序、方法等等的认识就是抽象事理,对这些的说明即抽象事理说明。对抽象事理的说明主要有三类:

(1)道理说明

即对某些事物、现象、活动的规律或根据、理由、原因等的说明。比如"为什么会出现土地沙漠化"、"探索太空的意义"、"饮食与长寿的关系"、"饮酒驾车的危害"等就属于道理性说明。这类说明主要是能提高人们对某种事物或活动的价值(包括正价值和负价值)及意义(或危害)的认识,从而去积极从事、参与或努力避免、防止。它近似论说文,只是其对象是与人类实际生活关系密切的具体事物和活动,如工农业生产、环境保护、人体卫生保健等,而且一般在道理说明之后有具体的方法说明,有突出的知识性和实用性。

(2)程序说明

即对某种事情、工作或活动进行的先后次序或顺序的说明。

这种程序说明大致有三类:其一是制作某种物品的程序说明,比如"怎样淘金"、"怎样制作课件"、"怎样嫁接果树"等;其二是使用某种物品的程序说明,比如"怎样使用微波炉"、"如何进行网络检索"、"如何驾驶汽车"等;其三是从事某种活动的程序说明。比如选举程序、竞赛程序、商业谈判程序等。

(3)方法说明

方法就是解决思想、说话、行动等方面问题的具体办法和做法,所有关于这方面的说明即方法说明。

进行方法说明要注意以下几点:

首先,应讲清所要解决的问题或所从事活动的意义、价值或重要性,以及强调掌握方法的必要性,从而引起对方法的重视。

其次,讲清方法的具体步骤和细节,以体现方法的可操作性和对实践的具体指导意义。

再次,有时可对不同方法进行比较,以供不同条件下的不同使用者进行选择;也可对新旧方法进行对比,以推广某种新方法,提高效率。

还有,为保证实践的效果,有时需要指出使用某种方法的注意事项,可能出现的问题和克服、补救的措施。

二、说明的特点和要求

(一)说明的特点

1. 解说性

说明是以对事物或事理各个方面的情况作直接的介绍、解释,使人们对事物有直接的、理性的了解为写作目的,具有直接告知性的特点。有些事物需要详细解说,有些则只需要概略解说。无论怎样的解说,都需要解说者具备一定的专业知识,对解说的对象有较深入的研究和了解,尤其是一些新兴事物和创新理论,解说者必须具备扎实的专业知识以及相关领域的多方面的知识,方能胜任对其说明的任务。

2. 知识性

说明以介绍知识为宗旨,说明的内容可以是自然科学、社会科学方面的知识,也可以是人们日常工作、学习、生活中所需要的知识。说明提供给读者的知识,既可以是一些基本的实用知识和生活常识,也可以是一些较为复杂的理论知识。每一种知识的传达,都要做到准确无误,不能出现知识性的错误。同时,还要充分考虑到读者对所介绍知识的接受水平,因人而异地选择说明内容。

3. 客观性

说明是通过介绍、解说、阐述事物或事理,达到给人以知、教人以用的目的。无论是对实体性事物的说明,还是对抽象事物、事理的说明,都必须如实地反映事物和事理的本来面貌,作者必须采取完全冷静、理智、客观的态度,不能像叙述、描写、抒情、议论那样带上明显的主观感情色彩,不可以鲜明地表达感情倾向,说明要求作者"不动声色"地将事物或事理说清楚、讲明白,重在如实告知。

4. 平易性

说明的目的在于把事情或事理解说清楚,让读者以最省力的方式理解有关知识。因而,说明要求语言浅显、简明、平实,不像叙述、描写、抒情那样对写作对象进行生动、形象的描绘、渲染、烘托和感情细腻的抒发,也不像议论那样对事物或事理作深入的剖析和复杂的逻辑推理,而是越明白晓畅、通俗易懂、干净利落、质朴无华越好。当然,为了吸引读者的阅读兴趣,在语言应用上也应适当地注意生动形象性,注意表达上的趣味性,甚至也要讲一些"艺术技巧",但其语言要求与其它表达方式的要求仍有着明显的不同。

为了把事物或事理说明白,易于读者接受,说明也强调条理性,要求顺序清楚,但结构一般都较为简单明了,一般不像叙述、描写、抒情那样注重结构的复杂变化,也不像议论那样旁征博引、经常翻新论证手法,说明的方法虽然很多,但一般都较为简单。说明更重视按照事物固有的条理和读者便于接受的方式,眉目清晰地介绍清楚事物,结构越简单越好,手法越简化越好,尽量避免人为地复杂化。

(二)说明的要求

1. 说明要客观、准确、简洁

说明要客观,即要依据事物或事理的本来面目进行说明,一般不夹杂个人的感情色彩及倾向,客观事物或事理是怎样的,就对其进行怎样的解说。

说明要准确,首先是准确把握事物特征,把事物或事理的特征交待准确。其次,表述的语言要准确,要注意对概念的解释、数量的考证、引文的核实等方面都要认真对待,不能出现语法错误、含义模糊、修饰语不当等问题。

说明要简洁,则是要求语言简练、不啰唆,能一句话说明白的就不用两句话来说。

2. 应抓住事物和事理的特征

要客观、科学地介绍和解说事物和事理,就必须把握事物或事理的特征。所谓特征,就是这一事物区别于其他事物的标志,就是这一事理的本质属性。说明时要突出事物或事理的特征,首先要选择好"说明点",即明确要"说明什么"、要"回答什么问题"等,也就是写作的目的一定要清楚、明了;其次,根据写作对象和说明的目的,选择好角度,确定说明的重点;此外,还要注意对说明对象的整体把握,不以偏代全。

3. 顺序要清晰

说明的顺序要清晰,就是要依据说明对象的特征和说明的内容,设计清楚说明的思路和行文脉络,使文章层次清晰、结构明了。一般来说,对实体事物说明,可以按照它所处的空间位置或构成部分,按上下左右、前后内外、东南西北的次序由总到分、由分到总的关系安排结构;对事理说明,可以按照人们的认识规律由浅入深、由具体到抽象、由简单到复杂安排说明顺序。

三、常见的说明方法

(一)定义说明法

定义说明法是用下定义的方法来说明事物、事理,即用简明扼要的文字对事物的本质属性或概念的内涵和外延给出正确的说明。定义说明要指出说明对象区别于同类事物的独特之处,要完整、准确地概括事物的本质特征,避免定义过宽或过窄。定义说明不使用比喻的方式,也不使用否定的判断。

(二)诠释说明法

诠释说明法是对事物、事理的某些部分或某些特点作出概括解释的说明方法。

诠释说明法与定义说明法的目的和作用相近,都是要告诉读者所要说明的对象是"什么",要对事物作出简明概括的解释,所不同的是,诠释较为宽泛,定义必须严整。

诠释说明法虽然只是揭示说明对象的部分内涵或某一个侧面,却可以用多次诠释的办法,逐步将其性质、特征揭示出来,给读者一个完整的认识。它有利于由浅入深地说明事物或事理。

(三)分类说明法

分类说明法是根据事物的某一方面属性的差别分成若干门类逐一说明的方法。分类既可以使内容庞杂的事物条理化,又有利于加深对事物本质属性的认识。它是说明比较复杂的事物时常用的方法。

分类说明包括一次分类说明和多次分类说明。前者是在每一个级别上都用一个标准分一次类;后者从不同的角度,用不同的标准对同一事物作多次分类。无论哪种分类,都要注意分类标准的正确、一致,不能使平行的同类内容之间出现交叉的情况。如《看云识天气》一文中,说明云和天气之间的关系时,作者就先采用一次分类说明的方法,全文分为云的形态及其变化和天气的关系、云上的光彩现象和天气的关系两大类来说明。接下来,又把云的形态特征及其变化分为两类说明:第一类为卷云、卷积云、积云、高积云,它们的共同特征是轻、高、薄,一般不会带来雨雪天气;第二类为卷层云、高层云、雨层云、积雨云,它们的共同特征是低、厚、密,常常是雨雪天气的预兆。在说明云上的光彩现象同天气的关系时,也分为晕、华、虹、霞四类进行说明。这样多次分类说明,条理非常清晰,把云的形态特征、云上光彩现象的特征与天气变化的情况对应起来,便于读者了解云和天气的内在联系,从而学会看云来预测天气。

(四)举例说明法

举例说明法是指举出实际的事例,对事物或概念进行说明的方法。其作用是可将比较抽象、复杂的事物或事理变得具体可感和浅近易懂。举例说明的"举例"有三种情况:一是典型举例法,即只举一两个有代表性或普遍意义的例子;二是举出多个例子;三是包举法,即举出有关事物或概念所包括的全部实例。总的说来,举例要典型、真实、具体、生动,有的实例材料不怎么确凿肯定,可以用"据说"、"传说"之类的词语标明,以示慎重。

(五)比较说明法

比较说明法是通过对事物或事理进行比较进行说明的方法。事物的特征和本质往往只有通过比较才能显现出来,因而在说明的时候,常常用到比较的方法。

比较说明法常用的几种方式有:一种是同类事物间的比较;一种是异类事物间的比较;一种是同一事物本身前后情况或者这方面与那方面的比较。还有一种特殊的比较,即将同类事物中完全对立的事物,或将事物之间、事物本身各种对立的情况加以比较。

比较可以加强说明的鲜明性。运用时,应选用人们熟悉的事物与要说明的事物进行比较,以达到让读者易懂、明白的目的。另外,作比较的两事物之间或事物本身两种情况之间,一定存在可比性,不可随便乱比,令人莫名其妙。

(六)数字说明法

数字说明法是运用数字对事物或事理进行说明的一种方法。数字是事实的高度概括,有些事物或事理可以用某种数字来表明其特征或本质,用数字说明能突出说明的科学性和权威性,表述简便,可信度强。

用于说明的数字有两种:一种是数据,即可为科学研究或技术设计提供依据的各种固定性的数值;一种是表示事物数量的具体数目。

用数字说明,一是应有必要性,即用在关键处、着重处、需要处,不随意乱用;二是要有精确性,确数要核实无误,约数要切近实际并交代清楚。

(七)分解说明法

分解说明法是指将被说明事物由整体划分为它的各个部分或对组成要素逐一加以说明的方法。事物的整体是由它的局部要素构成的,事物的全程是由它的各个阶段组成的,通过认识局部、阶段而认识整体或全程是最一般的认识方法,也是常用的说明方法。因此,分解说明,不仅可以对一个静态事物的整体作分项目的说明,也可以将一个动态事物的全程进行分段说明。

(八)引用说明法

引用说明法是指将现成的书面或其他方面有关的材料引用过来作为说明依据对事物进行充分说明的方法。可以引用的材料是极为广泛的,包括有关文献、名言、格言、俗语、谚语、警句、诗词、故事、科研成果、报刊文章等。

引用说明可以使说明有根有据、生动充实,并可以开阔读者视野,增加阅读兴趣。尤其是对于某些抽象的事物或事理的说明,可以避免枯燥乏味。

运用引用说明法应注意:一要有针对性,要少而精,要恰到好处,不宜旁征博引,大量堆砌;二要有"亲和性",即与要说明的事物或事理水乳交融,不能"文不对题",或若即若离,成为多余的闲笔;三要有精确性,明引应一字不易,必要时要注明出处,暗引也要符合原意,不能走样。

（九）比喻说明法

比喻说明法是指使用人们较熟悉的具体事物或事理来打比方，对较为生疏的事物、抽象的事理加以说明的一种方法。这是一种用一个事物、事理说明另一个事物、事理的方法。它具有化深为浅、化难为易、化生为熟、化概念为具体、便抽象为具体、变枯燥为生动的特殊功能。

需要注意的是：比喻说明中运用的比喻，其目的是为了对事物或事理作清晰、形象的介绍，而不是对说明对象进行"艺术加工"，因而要注意准确性和科学性，不应有夸张的成分。同时，一般只用明喻，不用暗喻和借喻。

（十）描述说明法

描述说明法是指对说明对象进行具体、形象、生动的叙述和描写的说明方法。这种说明方法的特点是寓说明于描写叙述之中，描述是说明的手段，是为说明服务的，和文学作品或叙述类文章中运用描述渲染环境、刻画人物、制造情节，为表达作者的思想感情服务是不同的。

使用描述说明法一般有两种情况：一是说明对象本身具有某种生动形象的美感特点，不用描述无法准确加以说明；二是为了增加说明的生动性和趣味性而使用。但不管哪种情况下使用描述说明法，都不能夸张、虚构，而要真实、客观，恰如其分。

此外，常用的说明方法还有图表法、分析说明法等。每一种说明方法都有自己的特点、功能和使用要求，应根据实际需要选择适当的说明方法。同时，说明事物或事理，往往综合运用多种说明方法，很少单一地运用某一种说明方法。

[思考与训练]

1. 插叙与分叙的区别是什么？
2. 如何进行环境描写？
3. 烘托气氛的方式有哪些？
4. 什么是因果论证？
5. 运用归谬法要注意哪些问题？
6. 怎样才能做到"情景交融"？

7. 如何在叙事作品中抓住典型细节进行描写?

8. 结合具体实例,谈谈采用倒叙的方式会收到怎样的表达效果。

9. 文艺性说明的特点是什么?

10. 运用白描的手法应注意哪些问题?

11. 正反论证与对比论证的区别是什么?

12. 举例说明诠释和下定义两种说明方法的异同点有哪些?

13. 运用直接抒情的方式要注意哪些问题?

14. 描写中运用恰当的修辞手法有什么好处?

15. 第三人称都是"全知视角"吗?

16. 心理描写的作用有哪些?

17. 运用"托物言志"的表达方法应注意哪些问题?

18. 运用多种表达方式,写一篇描写秋天景象的文章,要求不少于800字。

19. 阅读下面文字,谈谈作者运用了哪些说明方法。

台风,是一种灾害性天气,是人类的一大祸害。但是,倘若没有台风,人类将更遭灾殃。

目前,全世界水荒严重,工农业生产和生活用水都感不足。而台风这一热带风暴却是重要的淡水资源,台风给日本海、印度、东南亚和美国中东南部带来了大量的雨水,占这些地区总降水量的四分之一。

赤道地区受日照最多,干热难耐,如果没有台风驱散这一地区的热量,热带会更热,寒带也会更冷,温带将会消失。没有台风,我们将没有昆明这样的春城,也没有四季常青的广州。

台风最大时速为200公里左右,其能量相当于400颗2000吨级氢弹爆炸时所释放出的能量。过去、现在和将来都凭借这个能量使地球保持热平衡。

20. 下面这段选自《儒林外史》的片段,主要运用了哪种表达方式?有怎样的艺术效果?

自此,严监生的病一日重似一日。——严监生喉咙里痰响得一进一出,一声不倒一声的,总不得断气,还把手从被单里拿出来,伸出两个手指头。大侄子走上前来问道:"二叔,你莫不是还有两个亲人不曾见面?"他就把头摇了两三摇。二侄子走上前来问道:"二叔,莫不是还有两笔银子在那里,不曾吩咐明白?"他把两眼睁得滴溜圆,把头又狠狠摇了几摇,越发指得紧了。奶妈抱着哥子插口道:"老爷想是因两位舅爷不在眼前,故此记念。"他听了这话,把眼闭着摇头,那手只是指着不动。赵氏慌忙揩揩眼泪,走近上前说:"爷,别人都说的不相干,只有我知道你的意思!……你是为那灯盏里点的是两茎灯草,不放心,恐费了油。我如今挑掉一茎就是了。"说罢,忙走去挑掉一茎。众人看严监生时,点一点头,把手一垂,登时就没了气。

21.阅读下面的文字,然后回答文后的问题

第三,深入的研究。趣味总是慢慢的来,越引越多,像那吃甘蔗,越往下才越得好处。假如你虽然每天定有一点钟做学问,但不过拿来消遣消遣,不带有研究精神,趣味便引不起来。或者今天研究这样明天研究那样,趣味还是引不起来。趣味总是藏在深处,你想得着,便要入去。这个门穿一穿,那个窗户张一张,再不会看见"宗庙之美、百官之富"。如何能有趣味!我方才说:"研究你所嗜好的学问。"嗜好两个字很要紧,一个人受过相当的教育之后,无论如何,总有一两门的学问和自己脾胃相合。而已经懂得大概可以作加工研究之预备的,请你就选定一门作为终身正业(指从事学者生活的人说),或作为本业劳作以外的副业(指从事其他职业的人说)。不怕范围窄,越窄越便于聚精神。不怕问题难,越难越便于鼓勇气。你只要肯一层一层的往里面追,我保你一定被他引到"欲罢不能"的地步。

思考题:

(1)这段文字的观点是什么?

(2)作者在这段文字中采用了什么说服方式?

(3)运用这种说服方式的好处是什么?

22.阅读荀子《劝学》中的两段文字,回答后面的问题。

吾尝终日而思矣,不如须臾之所学也;吾尝跂而望矣,不如登高之博见也。登高而招,臂非加长也,而见者远;顺风而呼,声非加疾也,而闻者彰。假舆马者,非利足也,而致千里;假舟楫者,非能水也,而绝江河。君子生非异也,善假于物也。

积土成山,风雨兴焉;积水成渊,蛟龙生焉;积善成德,而神明自得,圣心备焉。故不积跬步,无以至千里;不积小流,无以成江海。骐骥一跃,不能十步。驽马十驾,功在不舍。锲而舍之,朽木不折;锲而不舍,金石可镂。蚓无爪牙之利,筋骨之强,而上食埃土,下饮黄泉,用心一也。蟹六跪而二螯,非蛇鳝之穴无可寄托者,用心躁也。

思考题:

(1)上述两段文字运用了哪些修辞手段?

(2)有人认为上述两段文字运用了类比论证的方法,有人认为运用了比喻论证的方法。再结合其它实例,谈谈你的看法。

第七章 写作技法的运用

[本章导引]

写作技法是写作主体实现写作意图的手段和方法,反映着主体的写作智慧,体现着主体的写作技能。写作技法具有相对的稳定性、独立性和创造性,对写作技法的娴熟运用即为写作技巧。可以通过"师法他人"掌握基本的写作技法,并在写作实践中逐步灵活地运用写作技法,最终达到"法而无法"的自由境界。

在写作中,众多的传统写作技法仍有着旺盛的生命力,应当认真学习和使用;同时,随着时代的发展和写作活动的不断拓展,很多现代写作技法也在不断地涌现出来。在运用写作技法时,应着眼于写作目的的实现和艺术的表达,要因需而定,因文而异,灵活多变,正确处理好各种技法的辩证关系,既高度重视技法,又不拘泥于技法,不为技法所限制。

第一节 写作技法简说

一、写作技法的界定

写作技法是指在写作实践中逐渐形成并概括出来的带有规律性的方法和手段,对写作技法的熟练而巧妙的运用即为技巧。

写作技法与表达方式密切相关,二者都是实现写作目的的方法,但表达方式是语言表述必然使用的方法,有时可以不依靠技法而存在,具有绝对的普遍性和相对的独立性;写作技法是带有明显艺术性的方法,并且只有通过表达方式才能实现,具有相对的特殊性和绝对的依赖性。表达方式在一定条件下可以衍生出写作技法,写作技法成熟于表达方式之中。

写作技法与修辞手法也时有交叉,如象征、对比、映衬等,都一身兼有两个角色。

写作技法是写作活动展开的保证,是实现写作目的的重要条件。同时,写作技法的妙用也是构成作品艺术性的内在要素,是形成作品某种风格的必要手段。写作技法是写作主体才能和智慧的生动体现。

在许多情况下,写作技法不是孤立地使用的,一篇文章可以综合运用多种写作技法。请看韩静霆的《病榻观叶》一文片段:

把一片白杨叶子放在手里,感觉又光滑,又湿润,又柔软,又有弹性。叶面还有点毛茸茸的,是长了会呼吸的汗毛吧?还有纵纵横横的叶脉,可不就是血管吗?凡是青春肌肤所有的优点,它都有。……朱自清写过一篇"梅雨潭",只因一个"绿"字,惹得手中的笔骚动不已,也要长出绿叶了。什么时候读这篇东西都是绿意盈眼。我还看过印象派画家画的绿池塘,画布铺满了绿,醉醺醺的浓酽的绿,涉世未深的绿,嫩嫩的绿,天真明媚的浅绿,成熟性感的深绿,在光与影中颤抖着,张扬着,层层叠叠的绿色,又有着蓝的橙的黄的紫的暗部或反光。画家心中这说不尽的"绿",也都在白杨树上。白杨举着繁茂的绿叶,就是举起了丰富峥嵘的生命,举起了蓬勃的春天和夏天。绿叶们在风中的私语才好听呢,早晨和晚上都不一样。每天早起,在那起于山谷和大地,带着棱棱角角的晨风掠过的时候,白杨树叶哗啦啦哗啦啦地说着,叫着,唱着,犹如金属的风铃在摇,特别提神。到了晚上,随着湿漉漉的晚雾,倦意的风行到了白杨的枝条之间,这时候可以听到叶子们喁喁私语,沙沙,沙沙,沙沙沙,轻轻的,柔柔的,如琴弦上的颤指,说的都是卿卿我我的情爱。绿叶这样放肆地,坦诚地,没有掩饰、做作和忌讳地说着一切生命的童话与现实,说着生命的向往、欢愉、调侃、爱恋和闲适。那些飞来的鸟儿呀,那些藏在叶隙间的蝉呀,有了绿叶的荫凉,多了绿叶的感染,也有了神聊海啸的空间和抒情吟唱的兴致,它们巴结着白杨的叶子们,也感激着这些叶子。它们和绿叶一起组合成了春夏两季的交响诗。

上述这一大段文字描摹的是杨树的绿叶,作家运用了渲染的技法,借助视觉、听觉、触觉等多种感觉,用了比喻、拟人、叠词、拟声等修辞手段,酣畅淋漓地写出了杨树绿叶的形貌和神韵;还用了衬托的技法,借朱自清笔下的"绿"来衬托杨树叶有着画家也说不尽的"绿";还用了夸饰的技法,极尽描摹、夸张之能事,将杨树绿叶的特征状写出来;这里还用了象征的手法,那郁郁葱葱的杨树绿叶,正是一种绚丽的人生写照,正是一种昂扬生命的象征。作家托物言志,用多种技法,将心中澎湃的激情泼墨般地挥洒出来。

二、从"师法他人"到"法而无法"

任何一个写作者,要掌握一定的写作技法,都要先经历"师法他人"的过程,即先向他人学习和借鉴写作技法。

"师法他人",可以直接从作家们所阐述的创作经验中学习。通过认真地研读古今中外的作家们的创作体会,悉心倾听他们所介绍的各类写作方法和技巧,并结合其具体作品进行认真的揣摩和思考,做到心领神会,而不能简单地人云亦云,或者囫囵吞枣地接纳。

"师法他人",还可以通过对一些优秀文本的阅读、理解、欣赏,经过分析与综合、归纳与演绎,充分发挥主体的参与意识,借助主观直觉和经验,再加上一定的理论指导,对文本中所运用的各类技法进行揣摩和领悟,从而主动地概括、总结出他人所运用的一系列技法及其运用的得失,并能够在此基础上有所创造,拥有自己的一些写作技法。

学习、掌握写作技法时应注意以下几个问题:

首先,要着眼于对文本内容的理解。所有的技法都是为了更好地表达文章内容而存在的,是表达的手段和策略。技法与内容是一个有机的整体,技法的运用是不能游离于内容的。在学习技法时,要研究作者是如何利用写作技法为内容表达服务的。应看到:高明的作者会自然地将技法与内容融在一起,无需特别地策划、安排,因为作者在心中酝酿文章内容的同时,技法会随之自觉地到来,看似来无影踪,其实是渗透、灌注于内容之中的,它突破了审美规范和艺术样式的限制,成了余味无穷的"有意味的形式",即赋予了技法个性化的生命,使之与内容不可分离。

其次,要着眼于整体把握技法的运用,不要只盯着其中的一点。很多技法并不能单独存在,它总是要与其它的技法合用。例如,欧·亨利的短篇小说《最后一片叶子》,人们都赞叹其出乎人们的意料之外的欧·亨利式的结尾,但整体梳理一下小说的主要情节:年轻的女画家琼西患了肺炎,医生说她只有百分之一的恢复希望。琼西躺在床上,数窗外风吹雨打之中的长春藤叶子,她说等看到最后一片叶子掉下去的时候,她就要去了。可是,在北风呼啸中,最后那一片叶子始终挂在树上掉不下去了,琼西的病也奇迹般地好了。原来,最后一片叶子是老画家贝尔门画上去的,一生贫困潦倒的老画家40年来一直想画一幅杰作却穷得无法动笔,直到最后,患了肺炎的他以付出生命的代价,画出了挽救琼西生命的杰作——不凋落的一片长春藤叶子。由此,我们看到小说写了琼西和贝尔门两个人的生命故事,两个"出乎意料"的结果,在小说结尾处合二为一,深化了小说的主题。正是明暗两条线索的巧妙铺设,将设置悬念、呼应、衬托、巧合等多种技法自然地融合在一起,创造出了那样一个既在情理之中又在意料之外的令人惊讶的结尾。这篇小说成为杰作绝非欧·亨利式结尾技法的简单应用,而是多种技法综合运用形成了整体效应。

此外,学习写作技法必须要勤于练笔。通过大量有针对性的技法训练,作者的写作热情和创造性得以发挥,对一些技法的领悟和运用才能由生疏到熟练,进而熟能生巧,得心应手。很多作家都深有体会地谈到自己一旦养成了勤写苦练的习惯,在大脑中形成了"动力定型"。当某种写作欲望或动机降临时,大脑就能够迅速地将一系列的材料、构思、语言、形式等,像纳入了一定程式似的自动地一一排列出来。在这一过程中,作家无需过多地考虑技法,而能够把注意力最大限度地转移到对文章整体把握上。作者虽然并不刻意追求技法,但技法却运用自如,最适应文章的写作要求和读者的心理需要。这时,技法与写作内容已完全融为一体。

同时，写作中的林林总总的写作技法又不是绝对的、教条的、僵硬的，而是灵活多变的，所谓的"文无定法"，就是指不能拘泥于某一种固定的技法，没有百用百灵的所谓"秘诀"式的技法，而应当依据主体自身的情况，根据不同的写作目的、写作对象、写作内容和写作情境等，自由、灵活地选择和运用合适的写作技法，做到"写作有法"、"写无定法"、"贵在得法"，从而在求"法"、用"法"的同时，又不为"法"所困，不为"法"所牵制，而是自然地融通各种方法和技巧，使写作进入到"法而无法"的理想境地。

"法而无法"是指写作时表现出来的似无实有的最高技能，也是主体进入到了写作的最高境界。即看似没有技法，实际上却是处处有技法，是技法"无形无象，不受时空限制，全无挂碍，无时不有，无处不在"。清代学者袁枚说："不学古人，法无一可。竟似古人，何处著我？"（王夫之:《清诗话》，上海古籍出版社，1963年版，第1035页）意思是说，要掌握写作技法，就必须要向古人、他人学习，要善于摹仿和借鉴。当然，摹仿不等于生搬硬套，更不是机械地复制。技法的运用若是不著我之色，不显我之巧，便很难逾越他人已有的高度。只有写作主体对他人的技法心领神会，踩在他人的肩上对技法娴熟地掌握和运用，驾驭自然，出神入化，达到炉火纯青、返璞归真的境地，由"必然王国"进入到"自由王国"，不再感到技法的约束，而是顺手拈来，运用自如，浑然天成。这时，写作主体就获得了表现上的最大自由，创造能量得到最大限度的释放。这时，写作者已经做到了"法而无法"，其技法的运用已难以察觉，好像一切都是自自然然的，都是必须如此的。

第二节 常用传统写作技法举隅

传统写作技法是我国古人写作时使用的、至今仍具有生命力的手段和方法。如比兴、点染、夸饰、映衬、聚焦、立骨、巧合、误会、正反法、透视法、欲擒故纵法、横云断山法等，本节主要介绍6种常用的传统技法——聚焦、立骨、悬念、那辗、巧合和误会法。

一、聚焦与立骨

(一)聚焦

聚焦,是使文章或作品形成一个焦点、一个核心,从而树立主干的一种写作技法。它把文章中涉及的各种矛盾、各种事件、各种材料集中起来,使之围绕一个中心发挥作用。它是由陆机的"扶质立干"发展而来的。它和摄影的"聚焦"有相似之处——凸现"焦点",给人留下十分清晰的"影像"。不过,文章的"聚焦"作用于读者的心灵,把"文字"转换为"心理影像";后者则作用于观众的视觉,生成"视觉影像"。

聚焦的方式多种多样,从具体文章和作品看,常见的聚焦方式有:

1. 人物聚焦

人物聚焦是以主要人物作为刻画的焦点。人物聚焦不仅是刻画人的姿态风神,也可以写人物的行动。周立波的《暴风骤雨》中"分马"一节,便将焦点对准了人物郭全海,写出了他在分马过程中的的言行举止,形象地揭示了这一人物崇高的精神。

2. 细节聚焦

细节聚焦是以细节作为焦点,刻画人物,突出主题。比如,鲁迅在《祝福》里几次写到鲁四老爷"皱一皱眉",这种面部表情的细微变化,便深刻地暴露出封建绅士厌恶寡妇、维护旧礼教的阴暗心理。

魏巍的《谁是最可爱的人》有这样一段描写:"他今年才21岁,名叫马玉祥,是黑龙江省青冈县人。他长着一副黑里透红的脸膛,稍高的个儿,站在那里,像秋天田野里一株红高粱那样淳朴可爱。"这里作者将目光定格在英雄的肖像上,尤其是"像秋天田野里一株红高粱"这一焦点性的比喻,对表达主题起到了画龙点睛的作用,映衬出战士淳朴的自然美、大无畏的英雄美,意蕴深邃,令人难忘。

3. 事件聚焦

事件聚焦就是截取事件过程中的一个片断或情节中的一个点作为核心,弥纶全篇,刻画人物,以传达一定的感受和思想感情。如鲁迅的小说《祝福》中的"祝福"这一事件,就将祥林嫂一生的遭遇和最终的悲剧命运紧紧地绾结在了一起。

以事件聚焦,绝不是说要交待整个事情的始末,而是要善于选择事件中最具有包孕性的片断来组织布局。

4. 物件聚焦

物件聚焦是以一个具有特定意义的物件作为聚焦点,组织篇章,表情达意。如冰心的《小桔灯》便选择了物件聚焦的方式。

运用物件聚焦时,一定要注意把作为聚焦点的物件凸现出来,写出特性。但又万万不可忘记,写物是为了写人,最根本的还是要写出人的思想、情感、喜怒哀乐。不可为写物而写物,忘记了最根本的目的。

5. 场面聚焦

场面聚焦是选择某个富有意蕴的典型场面,经纬全篇,以表现较为深刻的思想内涵。都德的《最后一课》,就将焦点聚在了"最后一课"这个场面上,从而展示出人物的内心世界,表达了深刻的主题。

运用场面聚焦,关键在于选择和设置一个典型的、蕴含深刻的场面,这样文章就有了基本的框架,作者所要表达的思想感情也就有了依托。

6. 问题聚焦

问题聚焦是通过集中地放大、展示、强调某一个问题,使材料指向这一焦点,以谋篇布局表现作者的认识和感受。如韩愈的《师说》就围绕着"从师学习"这一问题,阐述了为什么要从师学习、如何从师学习等观点。以问题聚焦不仅用于议论性的文章,在记叙性文章中使用更为普遍。

上述各种聚焦方式,实质都是使文章形成一个核心和主干。有的是作品结构中一个形式上的凝结处,有的则是思想内涵的结穴点。不论采用何种方式,在安排材料时,都应注意有虚实、隐显的变化。高明的作者能够在人物、细节、事件、物件、场面、问题等的聚焦中,显示出谋篇布局的功力。

(二)立骨

立骨是确立文章骨架的一种写作技法。它与聚焦相似,但又有所不同,聚焦是以人物、细节、场面等作为文章焦点,立骨则是用一个字、一句话或一段话作为文章的中心。如果视聚焦为"形象的立骨",那么,立骨就可以看作"抽象的聚焦"。立骨的方式，常见的有三种：

1. 一字立骨

一字立骨，即选用一个关键的字或词作为中心，经纬全篇。如关汉卿的《窦娥冤》便将全文的立意凝聚在一个"冤"字上，写窦娥如何冤，写她如何申诉自己的冤。围绕着"冤"这一字，写窦娥因冤而怨、因冤而悲、因冤而恨，最后终于沉冤昭雪。

一字立骨中，那一个字往往是对全文材料的集中体现，往往暗含着文章的主旨，全文环之而开合变化，因之而一动万随，也是读者把握作者思想感情的门径、窗牖。请看崔颢的《黄鹤楼》：

> 昔人已乘黄鹤去，此地空余黄鹤楼。
> 黄鹤一去不复返，白云千载空悠悠。
> 晴川历历汉阳树，芳草萋萋鹦鹉洲。
> 日暮乡关何处是，烟波江上使人愁。

这首诗以"空"立意。首联突出了"楼空"，仙人乘鹤抵此楼后又飘然而去，此地只剩下一座空荡荡的楼阁。颔联突出了"天空"，人去楼空，且一去不返，空旷的天际，只见白云片片飞，不见仙人乘鹤来。颈联突出了"洲空"，即使风和日丽，鹦鹉洲上也是弥漫着萋萋芳草，一片寂寥。尾联突出了"家空"，诗人自己漂流他乡，久久不归，家空无主。茫茫江面，蒙蒙烟雾，更增添了绵绵愁思。全诗紧扣一个"空"字，意脉清晰，表达了诗人一种空虚、惆怅、伤感的心境。

运用一字立骨，应紧扣一个字来行文，集中笔力，不可漫无归属。当然，文章所围绕的一个字，可以句句不离，处处点出，也可以围绕这一字的精神，而不拘泥于字面上的显隐。

2. 一句立骨

一句立骨是以一句耐人咀嚼的话来作为文章的"主宰"，即刘熙载说的"为千万语所托命"的"一语"。张丽钧的《看见阳光就微笑》便采用了"一句立骨"的方式。文章讲述了两位癌症患者坦然、乐观的生活态度，贯穿全文的正是那一句富有深刻人生意味的话语："看见阳光就微笑"，这既是文中人物的精神写照，也是作者要表达的一种有关生命的思考,形象而深刻,显示了作者构思的睿智。

在抒情性和议论性的文章中,一句立骨的方式也多有运用。如张晓风的《爱我多一些,好吗》一文,围绕着"爱我多一些"这句话,酣畅淋漓地抒发了作者对爱的一种新鲜的诠释。

3. 一段立骨

一段立骨是指用一段意味深长的话揭示文章的主旨,亦即古人所强调的"片言居要",在文章显要的地方用三言两语来表达和凸显主题。如苏洵的《六国论》的开头:"六国破灭,非兵不利,战不善,弊在赂秦。赂秦而力亏,破灭之道也。或曰:六国互丧,率赂秦耶？曰:不赂者以赂者丧。盖失强援,不能独完。故曰弊在赂秦也。"文章开门见山,提出了六国灭亡的原因,下面就紧紧围绕这段文字展开具体的分析论证。

在上述三种方式中,"一字立骨"是立骨的原初模式。"一句立骨"和"一段立骨"都是由此派生出来的。不论何种方式立骨,行文都要紧紧围绕着这一个字、一句话或一段话,使之牵动全文,经纬全篇,而不能脱离主干,另立中心。

和前面所谈的聚焦一样,立骨的作用也在于使文章有一个中心和主干,并在此基础上形成完整、匀称的框架、体式,以支撑和主宰全文。与聚焦不同的是,聚焦是将多种材料向焦点汇集；立骨则是树起躯干、骨架之后,运用材料使之肌肤丰满。此外,聚焦和立骨都需要精选材料、归纳材料,从中找出关键点,概括出共性。

一般而言,在组织众多纷繁复杂的材料时,应找到能把材料凝聚在一起的焦点,使之有个穴结之处,让所有材料都向这一点汇聚。在组织一个相对单纯的事件或问题入文时,则通常要用立骨的方式,确立主脑,树好躯干。

二、悬念与那辗

(一)悬念

悬念,本义是指读者对文章中人物的命运和故事的发展产生一种紧张与期待的心态。作为写作技法,它是指作者精心设置疑窦和矛盾,以激活读者阅读兴趣的艺术手段。如日本作家栗良平的小说《一碗阳春面》，开篇写大年三十深夜十二点，母子三人来到北海亭面馆吃面。这么晚了才来，而且是吃一碗，这一情节足以引起读者的好奇。接下来写一年后他们二吃阳春面，作者仍然没有揭开谜底。再写一年后他们三吃阳春面，时间、地点、人物依旧，阳春面变成了两碗，这又是为什么？读者的好奇心被作者撩拨得按捺不住时，小说恰到好处地通过母子三人的对话交代了他们所遭遇的厄运。但作者还嫌悬念设置得不够充分，往下是写母子三人十年没有来吃面，由此设下了新的悬念：他们为什么没来？他们的命运怎样了？直到篇末，读者紧悬的一颗心才放下，为主人公战胜厄运而欢欣。由于悬念扣人心弦，全文显得曲折有致。

悬念由设悬和解悬两个部分组成。设置悬念常用的方法有：

1. 倒叙

把事情的结果或某个突出片断先告诉读者，就可以使读者产生一种探究的欲望，这就是倒叙构成的悬念。一直要到把事情的经过叙述完毕，即搞清楚事件的来龙去脉之后，让读者获得心理上的满足，才算释悬。何为的《第二次考试》，文章一开始就提出了这样的疑问：在艺校招生考试中，陈伊玲初试成绩非常优异，复试却令人大跌眼镜，连著名声乐专家苏林教授也感到吃惊。这样一来，就把读者的心给"悬"起来了：这是怎么回事呢？文章直到最后才把谜底揭开，使人恍然大悟。

倒叙设悬以简洁为好，读者知之愈少就愈容易坠入"云雾"里。

2. 哑谜

如说哑谜，使人顿生疑窦，造成悬念。作品有时只露端倪，并不去具体说明，读者心里老是怀着探求"哑谜"的心情，不得不急切往下阅读。这种先虚后实的"哑谜"写法，是作者巧用心理因素设置悬念手法。如袁炳发的小小说《一把炒米》就运用打哑谜的方式，层层设悬，让读者直到读完小说，才知道将仅有的一把炒米留给一个战友，并为掩护战友突围而壮烈牺牲的竟是一对父子。

3. 切隔

切隔的方法是指将事情叙述到半路，特别是在危急关头时被突然切隔中断，又话分两头说到别处去，有意把下半截或结局留着，到后面再接上话头叙述。因为说半截话，会让人非要等到另半截话说完不可。

章回小说那种"欲知后事如何,且听下回分解"的方法,就是采用了切隔的悬念艺术。作者的"不急",正是为了换得读者更"急"。

4. 反常

一反常态,本身就耐人寻味。文章有时把意外事件或一种违背常理的"怪现状"故意先提到读者面前,以"耸人听闻"。这样,就一下子把读者置于悬念之中了。而后,文章才顺理成章慢慢道来,一旦真相大白,读者释悬,便会获得心理上的满足和艺术上的享受。如契诃夫的《装在套子里的人》的开头便写别里科夫好像要把自己装在一个套子里的反常的举止,引发人们对这一人物的好奇之心。

当然,"反常"往往就是情节展开的契机、作品入门的向导,与全文有着内在联系。如果"反常"只是一种偶然,或者游离于全文主线之外,也就使悬念失去了生命。

5. 危局

作品常置人物于命运维系之间,使读者为之捏一把汗,对人物生死备加关注。特别是在变幻莫测的时候,更会激起读者一探究竟的心理。在展示激烈的矛盾冲突时,常通过这种危险局面,最后曲径通幽,让读者的心情始终处于紧张、不平静之中。如刀光剑影的《鸿门宴》上,刘邦的生死,一直令读者牵挂,直到刘邦安全脱险,读者悬着的心才落定。不过,通过危局设置悬念,应以自然、可信为上,不可脱离生活地故意设险。

6. 布疑

有些作品并无惊险、剧烈的矛盾冲突,但可以用"疑云密布"这种方式设置悬念。譬如,彭荆风的《驿路梨花》写解放军战士来到哀牢山梨花林中一间小屋,里边有床有草,有水有米,还有柴、灶,就是没有主人。"主人"是谁?小说层层布疑,最后才点出"驿路梨花处处开"的主题。这篇小说构思新颖、巧妙,为人称道,可见通过布疑制造悬念的魅力所在。

无论哪一种设置悬念的方法,其共同点都是在情节发展中设置谜面,使读者产生急切的企盼心理,然后在适当的时机揭开谜底。

(二)那辗

作为一种写作技法,金圣叹认为,那辗包括搓那和辗开。搓那就是在引出描述的主要对象和问题之后,不立即道明,而是左盘右旋,延缓事情的发展;辗开,就是在写到快要接近矛盾的解决时,又故意停顿下来,再远远地宕开去。这与魏禧讲的"说而不说"和刘熙载所讲的"上意本可接入下意,却偏不入"的内涵是一样的。

那辗的方式主要有三种:

1. 多重铺垫,曲径通幽

这种方式是先有一个预定目标,但不直接去接触它,而是采取陪衬、渲染、烘托等手法,为逐渐接近目标创造条件。崔修建的《清风明月里的爱情瓜语》一文,前面通过"她"的失恋、与谭谈的邂逅、去"城外桃源"、"看到自己的照片"、"苦瓜根雕"、"瓜宴"等情节,进行层层铺垫,最后水到渠成,"她"终于读懂了那份美丽的爱情。由此可见,"曲径通幽"是指一种不是开门见山,直抒胸臆,而是曲折委婉地逐步显现主题的谋篇手法。

运用"多重铺垫,曲径通幽"时,要注意两点:一是"铺垫"和"曲径"是手段,"通幽"是目的,手段要为目的服务。二是行文的铺垫、曲折应适当有度,不要为铺垫而铺垫,为曲折而曲折。

2. 抑扬结合,欲擒故纵

这种方式是在确定了预定的目标之后,从反面落笔,让有关的情事,朝相反的方向发展,到一定的程度,经过转折,再达到预定的目标。如杨朔的散文《荔枝蜜》意在由蜜蜂而赞颂劳动人民的崇高品质。作者开头写自己对蜜蜂在感情上"疙疙瘩瘩",接着写自己因吃了荔枝蜜而"想去看蜜蜂",然后又写了蜜蜂的辛勤劳动与养蜂人的介绍,文章结尾写作者做梦"变成一只小蜜蜂",喜爱之情溢于言外。

3. 明断暗续,另辟蹊径

这种方式是指在描述过程中,将正在发展而尚无结果的情事暂时切断,而插入另一番情事,待这番情事完结或有眉目时,再接着原来的情事往下写。如鲁迅的《故乡》,当写到回故乡准备拜访亲戚本家时,情节中断,插入一大段忆少年闰土的文字,为下文"我"与闰土的见面打下了伏笔,也形成了人物形象的强烈对比。

运用那辗,要注意两点:一是要"觑定阿堵之处",即要有个预定目标。如果没有明确的目标,那辗就失去了依附,必然泛滥无归;二是要掌握好分寸,不可曲折太多,过于繁琐,以至影响读者理解。

三、巧合与误会

(一)巧合

巧合是作者在文章中精心策划的"偶然",它是情节"发展"、"突转"的推动力。如莫泊桑的《我的叔叔于勒》,菲力普一家朝思暮想的于勒,竟然在船上不期而遇,于是发生了一系列令人啼笑皆非的故事。

运用巧合应掌握以下原则:

1. 巧合要自然

看似无意却有意的巧合安排,可以为文章增添无穷的意趣,也给读者留下难以忘却的印象。但巧合要巧得自然、巧妙,需要安排一系列非主要情节或细节,作为后来情节发生、发展的必要铺垫,使事件的来龙去脉、前因后果显得自然,不给人突兀之感和刻意加工之感,如孙犁的《荷花淀》中,女人们去找丈夫时可谓"踏破铁鞋无觅处",却在敌人追赶、危急万分的当口,游击队员恰巧出现。看似在意料之外,其实在情理之中,因为作者在前文中已多次用铺垫手法作了巧妙的暗示:两次提到水生曾告诉过妻子"鬼子要在同安口安据点",并叮嘱过妻子"不要让敌人汉奸捉活的",交代了县委开会要成立"地区队",丈夫们昨夜刚离开马庄……作者用极为简练的笔墨,为后文伏击战的打响做足了伏笔,使最后的情节高潮来临的巧合水到渠成,丝毫不显突兀。

2. 巧合要合理

巧合是虚构的,但必须合乎情理。欧·亨利的名作《麦琪的礼物》,写一对贫苦夫妻,丈夫有一只金表却没有相称的表链;妻子有一头美丽的长发,却没有相配的发梳。于是圣诞节前夕,丈夫卖掉金表给妻子买了精美的发梳,而妻子卖掉长发给丈夫买了金表链。两人同时为对方考虑,各自干出了动人心魄的"壮举",使得双方的愿望都落了空。作品以意料之外而又在情理之中的巧合,表现出两人爱得诚笃、深挚,读来催人泪下。因为小说中夫妻二人彼此深深地相爱,都为对方着想,所以,彼此"不约而同"的巧合行为很合乎情理。

3. 巧合要新奇

巧合要新颖奇特，不落窠臼。符合人物之间的关系，符合情节发展的逻辑性。譬如《水浒传》中的"林教头风雪山神庙"一节，就安排了许多巧合。先写林教头巧遇李小二，为下文李小二知恩图报埋下伏笔；然后写李小二巧遇陆虞候，牵出林冲上街买刀准备复仇的情节；再写草料场巧遇大风雪，因风大雪紧，林冲才被迫到山神庙安身；正是风大雪紧，林冲进了山神庙，才用大石头顶住庙门，从而听到了仇人的谈话，知道了事情的原委。于是忍无可忍，愤而杀敌，被逼走向梁山。作者连设巧合，环环相扣，推动着情节发展。

此外，运用巧合时，要防止"弄巧成拙"。如果巧得有悖情理，"荒唐怪异"，就不是真正的"巧"，而是"拙"。

（二）误会

误会，是指错误地把此一事物误作彼一事物，并由此引发许多矛盾，藉此使情节曲折；或者利用作品中人物之间的猜疑或误解来激化矛盾，掀起波澜，不断推动情节的发展变化，最终将谜底揭开，给人以恍然大悟、豁然开朗的艺术享受。如《三国演义》写刘备三顾茅庐请诸葛亮出山，不厌其烦地运用了误会法。在没有见到孔明之前，却先后将崔州平、孟公威、石广元、诸葛均、黄承彦等人误当作诸葛亮。一次次的误会构成了一个个悬念：这诸葛亮究竟是一个什么样的人？故事情节由此波澜起伏，读来趣味横生。

"制造误会"是叙事性作品常用的一种技法，即在叙事过程中，作者先故意安插一些思维上的逻辑性错误，给人一种"错误"印象，故意领着读者在误会的"歧途"上越走越远，直到后来真相大白，被误者"迷途知返"，感慨顿生。

"制造误会"的目的在于避免平铺直叙、一览无余，而营造出跌宕起伏、曲折多变的情节，以便更好地吊起读者的胃口，增强阅读的兴趣。例如，美国著名作家奥莱尔的精短小说《在柏林》是一篇用"泪"和"血"写成的战争小说。作者没有正面描写战争，只通过一个单一的场面揭示了这场侵略战争的后果。这一个看似简单的故事情节就是由一个巧设的误会来铺设的。开始"两个小姑娘"看到"老妇人"指手划脚的奇特举动，

"不加思考地嗤笑起来";看到神志不清的老妇人重复数着"一,二,三"时,"两个小姑娘再次傻笑起来"。这就为故事的发展巧妙地制造了误会。最后,那位灰白头发的后备役老兵的一句话犹如一枚重磅炸弹,使得"车厢里一片寂静,静得可怕"。至此,相信读者会在强烈控诉战争的同时,又为作者高超的艺术构思所折服。

运用误会技巧,一定要注意前有伏笔,后有照应,并且要尽量安排得巧妙、合理、自然,否则就可能露出人为编造的破绽,给人留下笔法拙劣的印象。

巧合与误会是故事结构的链结和纽带,在情节构成中起着十分重要的作用,经常同时在作品中运用,如安徒生的《海的女儿》就将两者巧妙地加以运用:小人鱼在海上巧遇王子,又在暴风雨中救起了王子,但王子始终不知真相,一再误会了她。最后小人鱼为了王子的幸福,宁愿牺牲了自己的生命,使"人鱼姑娘"的故事波澜起伏,精彩纷呈。巧合与误会的运用,使情节更为复杂、多变。

第三节 常用现代写作技法举隅

现代写作技法主要是指从国外借鉴而来的,适合于表现现代人的生活、情感、意识特殊需要的一些写作技法。它包括意识流、蒙太奇、反讽、象征、变形、怪诞、魔幻化、切入、拼贴等。下面概括地介绍其中常用的6种技法。

一、意识流与蒙太奇

(一)意识流

意识流是美国心理学家威廉·詹姆士于1884年提出来的。他认为人类的思维活动是一种斩不断的"流",而不是片断的衔接。作为一种创作方法的意识流,是从西方意识流小说中引入的、主要用于表现人物多层面意识活动的一种写作技法。意识流不要求符合惯常逻辑,没有情节线索(或不完整、不连贯),拆除了时间、空间的种种藩篱,它把意识和潜意识、理智和非理智、存在和想象、真实与梦幻、过去和未来等等看似无关的东西都统一或集中起来，人物的意识流动构成了表现的中心。意识流常用的表现方式有：

1. 内心独白

为了能让人物直接展示其思想意识，意识流创作中经常采用内心独白的方式。运用内心独白更适宜于表现难以察觉的、微妙的、前后矛盾的、逐渐消失的心理活动，更有利于直观地展示意识屏幕上的种种内心视象，可以直接摹写内心活动片段，并且无须叙述者加以解说。内心独白的方式可分为直接内心独白、间接内心独白和戏剧独白。

直接的内心独白，多是人物独自在神情恍惚之中做"白日梦"式的无规则联想，也可以表现梦的意识，它可以涉及意识的任何层面，可以直接进行思想流露。在直接内心独白中，作者不作任何解释，不介入人物的叙述，所叙述的内容有时让人一时捉摸不透，需要仔细思考后才能准确把握。在那些涉及深层意识的直接内心独白中有时不用标点，句子往往也是不连贯、支离破碎的。詹姆斯·乔伊斯的《尤利西斯》结尾莫莉的那段独白，张承志的《北方的河》中主人公的独白，都是典型的直接内心独白。

间接内心独白，是一种使用第三人称描述人物意识活动的方法。作者采取"半介入"的态度，但所表达的意识仍然是直接的而不是从外部做心理描写。在间接内心独白中，作者处在人物心理与读者之间，起着现场向导的作用。由于作者的阐释、指点、连缀，间接内心独白较为连贯，读者易于把握其意识内容与现实的联系。伍尔夫的《达罗卫夫人》和谌容的《人到中年》，都运用了这种方法，很好地展示了人物的意识活动。

戏剧式独白直接从人物到读者，无须作者介入其间，但却有一批假想的听众。它所表现的意识深度是有限的，也不像内心独白那样毫无保留。如林夕的歌词《我坐在这里》，以"坐"这个静态来反衬"时间"的"速流"，以"角落"反衬时空的广漠，以静物"老房子"的不可能之"说"和"滴水声"来反衬静与寂寞。跳动的画面、跳动的自白，令人产生无边的联想与想象。

2. 自由联想

自由联想是指在外界环境的某种刺激下所产生的没有既定目标和方向的意识流动过程。它常常在表现人物未经整理的、无秩序的意识流动时，大跨度地往返于过去、现在、未来，使人物的内心世界得到"自然状态"的展示。运用自由联想表现人物意识尽管有很大的随意性和跳跃性，但也并非毫无联系地"乱流"。意识活动的过程总是有着某种或隐或显的联系，意识流程的转换又必然要借助某种媒介和诱因。如王蒙的小说《春之声》中主人公岳之峰在闷罐车里的那段自由联想跳跃性就很大：时而想到1956年他探望地主阶级家庭引来的辛酸日子，时而想到拥挤的北京，时而想到恬静的汉堡，最后又回到了现实，主人公自由流动的意识中蕴含着深沉的理性思考。

3. 时空交错

事实上，自由联想过程中不同时间的交错，往往也伴随着空间场景的转换、重叠、闪回。这就构成了意识流的另一种重要方式——时空交错。海明威的小说《乞力马扎罗的雪》是运用时空交错方式表现人物意识的典范之作。小说通过对哈里的幻觉梦境、回忆联想的展示，在一天时间里，表现出他一生的主要经历和感情历程。

运用意识流技法，可以深入挖掘和展示人物的全部意识领域（特别是传统心理描写所难以表现的深层意识）可以减少甚至抹掉作品中作者的人为痕迹，使读者直接从人物意识屏幕上"读"到人物的全部意识。弗吉尼亚·伍尔夫的小说《到灯塔去》以灯塔为贯穿全书的中心线索，写了拉姆齐一家人和几位客人在第一次世界大战前后的片断生活经历。拉姆齐夫人答应六岁的小儿子詹姆斯翌日去灯塔，但因为天气不好未能如愿。后大战爆发，拉姆齐一家历经沧桑，拉姆齐夫人也溘然长逝。战后，拉姆齐先生携子女乘舟出海，终于到达灯塔。虽然情节极其简单，但伍尔夫通过人物的意识流动，如实地记录了每个人物刹那间的情绪波动和思想转折。作者放弃了传统的"全知视角"、"退出小说"，让人物的思想、感觉、情绪的流动变化过程直接呈现在读者眼前。

意识流技法在作品形式上，多构成局部或整体的辐射式结构或象征模式。独特的跳跃式叙述，时空交错闪回切割，又大大节约了笔墨，扩展了作品的容量,使人物的各种思绪和不同层次的意识得以自如的表达。

(二)蒙太奇

蒙太奇本是建筑术语,意为"装配"、"构成"。转用到电影中,主要指镜头的剪辑和组合。在写作中,是指借助某种形式,把不同时空中的生活内容巧妙地组接在一起,以表达生活的内容和作者思想感受的一种写作技法。蒙太奇的表现方式很多,下面介绍常用的几种:

1. 相似式蒙太奇

相似式蒙太奇是借助两个事物的某种相似点,把两个场景或层次联结、组合起来的方法。茹志鹃的小说《剪辑错了的故事》中几个章节的转换联结,毕淑敏的散文《今世的五百次回眸》的内容转换联结,都使用了相似蒙太奇的手法。相似蒙太奇的转换联结,可以是外在形体动作的相似;也可以是心理状况的相似;还可以是画面、色彩或音响的相似。只要是合乎人们习惯的,都可以用来作为衔接的诱因和媒介。运用这种蒙太奇方式要注意寻找较易于接受的形式上或内容上的转换、连结因素。

2. 平行式蒙太奇

平行式蒙太奇直接把同一时间不同地点发生的事情交替表现,以形成烘托、比较、补充、对照。如归有光的《项脊轩志》便运用了平行式蒙太奇,作者写自己居住在轩子里,耳闻目睹家中发生的"多可喜,亦多可悲"之事:诸父分家、幼年失母、少年失祖、青年夫妻恩爱、中年贤妻去世。事件之间无主次之分,也没有因果联系,这些家庭琐事的平行展示,看似缺少波澜,但作者失亲之痛与思亲之情却充溢于字里行间。

平行式蒙太奇转换简捷,省却了不必要的过渡和交待。运用这种方式,可以同时展示两个以上空间范围的事件和场景,,常常能在对比中表达作者的态度,给读者以强烈深刻的印象。此外,还可以用交替出现的相关场面造成或加强作品的紧张感。

3. 联想式蒙太奇

联想式蒙太奇是人物在特定情境中受外界事物的触发产生的对以往生活经验回忆再造的形象画面与现实生活的画面的组接方式。它可以是在时间和空间接近基础上联想;也可以在相类似事物的启发下联想;还可以是在相对或相同事物的诱导下产生联想。无论是逻辑内容上还是外在形象上,甚至是在错觉的指引下,都可以产生联想并生成与现实生活相关的生活画面。王蒙的小说《蝴蝶》在结构安排上便运用了联想式蒙太奇。小说除了首尾两部分是现实生活之外,中间部分都是由主人公现实的返乡行程中所见所闻触发产生的联想回忆。这些联想式蒙太奇的片断,展示了张思远大半生的生活经历。这在传统的按时间过程组织的作品中,是难以承载这样大的容量的。

可见,运用联想式蒙太奇,可以在有限的篇幅中跨越较大的时空范围,使人物的思想感情得到更细致、更多方面的展示,也使作品的内涵更加丰厚。

4. 隐喻式蒙太奇

隐喻式蒙太奇又称比拟式或象征式蒙太奇。它是指用某些生活画面或形象作用于人们的思想感情,暗示或隐喻某种抽象的思想观念。隐喻式蒙太奇往往与作品中的具体情境相联系,离开了这种情境,它便失去了意义。此外,它又与民族审美的心理和文化传统的积淀相联系。如梅示清高,竹示虚心,银河象征分隔,红豆代表爱情。这在共同的文化传统背景下,是为人们普遍理解和接受的。应当注意的是:运用隐喻式蒙太奇要努力从作品的情境出发,寻找贴切和富有蕴含的象征物。而不要机械地落入俗套的象征模式。

在运用蒙太奇方法时,应注意不违背生活的逻辑,注意场面的形象特点和完整性,使内容之间的联接既方便快捷,又天衣无缝。

二、反讽与黑色幽默

(一)反讽

反讽来源于希腊戏剧中那种佯装无知的角色的傻话。这角色在自诩高明的对手面前故意说的傻话,到最后却被证明是真理,从而使对手出尽洋相。作为一种写作技法,它往往以超然的态度、谐谑的口吻,传达的是与文字表面意义迥然相异的内涵,它在内容上也往往表现为对传统价值观的反叛。在当今的文坛,反讽这一写作技法已经被多种文体所采用,它一般通过两项对立内容的悖逆冲突,拓展作品的艺术空间,丰富作品的内在意蕴。在叙述情节事件、塑造人物形象、显示作者的情感态度上,具有意婉旨微、深刻有力、耐人寻味的特点。

在反讽中,叙述人与叙述对象之间保持着心理距离,叙述人对叙述的一切都表现得冷漠和无动于衷,他不动声色,不露倾向,将互相抵牾的观念放在一起却不加评价,使叙述失去了以往"呐喊"中确定的意义和中心。反讽反映出作家的一种世界观,"他们否认以正义和理性的形而上学概念,以好与坏的陈腐的划分或以简单的因果逻辑关系为基础的正统性。"(杜威·佛克马:《走向后现代主义》,北京大学出版社1991年版,第97页)所以说,反讽是多元思维的产物,只有在多元的视野下,才可能产生反讽叙述。反讽的方式,通常有言语反讽、情境反讽、结构反讽和互文反讽。

1. 言语反讽

言语反讽是摒弃了严肃的话语,庄词谐用,正话反说,形成语言的表面意义和深层内涵的反差。要弄清这种反讽传达的意蕴,必须把它们放到一定的时代语言环境中。如鲁迅的小说《风波》中作者多处用到言语反讽,小说中说赵七爷"是邻村茂源酒店的主人,又是这三十里方圆以内的唯一的出色人物兼学问家",这位在村民心目中非常有影响的人物,学问却相当的浅陋,只知一部《三国演义》,他竟认为"倘若赵子龙在世,天下便不会乱到这个地步",在20世纪还发表如此荒谬的见解,仍被当成"杰出人物",足见其反讽意味。

言语反讽常常产生于作者的"冷叙述"。在该动情的时候却异常冷漠,叙述语调与反映的内容形成了反差。反讽摒弃了煽情式的感情抒写,不再用疾言厉色的表白,而是在嘻笑怒骂中,清醒地指出司空见惯的事物中存在的荒谬,它往往让读者在机敏幽默的语言中获得一份快感,体味那玩世不恭的话语背后深藏的意蕴。欧·亨利的小说《警察和赞美诗》中,苏贝为进监狱一而再、再而三在警察鼻子底下实施犯罪,警察都置若罔闻,而在赞美诗的感召下幡然醒悟,要重新做人时,却被投入监狱,实在具有强烈的反讽意味。其语言具有浓重的调侃和戏谑的味道,请看其中的几句:

(1)苏贝走过五个街口才重新鼓起勇气去追求逮捕。

(2)苏贝被提起来抛掷出去,他左耳贴地重重栽了下去,然后一节节地撑起来,像一把打开的木工曲尺。

(3)一丝恐惧刹时攫住苏贝,难道真有什么可怕的魔力使他总是不幸免于难吗?

欧·亨利正是利用这种充满智慧的幽默诙谐的语言,让读者沉湎于文本的语言狂欢之中而消解了对情节结局的过分追逐。

2.情境反讽

情境反讽指的是文本的主题立意、情节编撰、叙事结构等文本要素共同孕育的一种内在张力。D·C·米克认为,情境反讽中"反讽者似乎在说一件事,而实际上在说十分不同的某事;受嘲弄者深信事情原本就是这样,却不知它实际上十分不同……反讽者展示某种表象,假装不知事实如何,而受嘲弄者被表象所蒙蔽,确实不知事实如何。"(D·C·米克:《论反讽》,昆仑出版社,1992年版,第47页)也就是说,在叙事过程中,作者所设置的情节结果与作品中人物的思维结果大相径庭,甚至连读者的逻辑也被一并彻底否定或颠覆。叙事者或反讽者将叙事对象和旁观者(读者)一并推至尴尬之境。具体语境的挤压,使得叙述的表象和事实之间形成反差。

情境反讽通常有四种表现形态:一是现实性情境反讽。如刘震云的《一地鸡毛》、池莉的《烦恼人生》等小说都是在日常现实生活的情境中展现人物所面对的人生无法回避的矛盾和难以言明的困窘境遇;二是历史性情境反讽。如张炜的《古船》、王小波的《黄金时代》对"文革"中貌似严肃、革命、热情的情境描述中,充斥其间的是荒唐、可悲与无奈的实质;三是虚拟性情境反讽。如王朔的《顽主》就是通过虚拟具有假定性的情景或事件来制造情境反讽;四是异常性情境反讽。即在生活常态中加进某些变态性的东西,如冯骥才的《三寸金莲》就在常态与变态的背离中营造了反讽情境,批判了那种热衷于怪癖的文化痼疾和民族病态心理。

3.结构反讽

结构反讽可以是作者有意地将作品的情节和结构框架,与人们熟知的某一个神话故事平行,从而在处处对照和比较中,完成作品对神性内容的反讽。福克纳的小说《喧哗与骚动》中便将故事情节与《圣经·新约》中所叙述的基督受难和复活的遭遇平列在一起,通过描写一个普通家庭的日常琐事,巧妙地用基督的庄严与神圣来反衬康普生家子孙的猥琐、自私和相互仇视,从而给作品增添了一层浓厚的反讽色彩。

作为营造结构性反讽的手段,作者还可以把两极对立性因素的比照,即通过对悖反性因素——悲与喜、顺与逆、雅与俗、严肃与荒诞的对照性组织,来获得一种反讽效果。譬如,阿来的小说《尘埃落定》中通过主人公麦其土司家二少爷的"傻"与小说的基本叙事之间呈现醒目的错位,如二少爷对家族王位继承、财富积累、领土扩展等土司传统的漠然、茫然,与顺应时代变迁的坦然,便形成了贯穿整个文本的反讽结构。

4. 互文反讽

互文反讽是从以往的某些经典作品或类型范本中产生叙事缘由,使作品的人物或情节与所依据的范本形成对照。它并非以固有的形式反映新的内容,而是在对既存作品戏谑性模拟中表现出反讽的意味。乔伊斯的小说《尤利西斯》以希腊神话中的英雄命名,而作品中主人公却是卑怯、猥琐的小人物。在此,范本与新的文本形成了互文反讽。

总之,反讽摒弃了煽情式的情感抒写,不再用疾言厉色的直语,而是在看似玩世不恭的轻松谈吐中,清醒地指出人们在司空见惯的事物中存在的荒谬。它往往能让读者从作品机智幽默的语言中获得快感,并去体味那似有若无的深层内涵。

(二) 黑色幽默

黑色幽默最初是指美国 20 世纪 60 年代出现的一种重要的文学流派,它由弗里德曼编的短篇小说集《Black Humor》得名。黑色幽默又被称为"绞刑架下的幽默"。它用喜剧形式(或用"悲剧性闹剧"的形式)表现悲剧的内容。黑色幽默小说往往将滑稽、丑恶、畸形的人物和故事放在哈哈镜前,使其荒诞,并形成对社会、历史的某种隐喻。

作为一种从总体上透视和表现生活、从整体上构思文章的一种现代写作技法,它往往运用象征、隐喻、夸张、反讽、意识流等多种手法,只要能够达到对可怕、荒唐的社会现实做无情的调侃,冷峻的嘲笑,营造出那种冷峻、辛辣与反常荒诞交织的风格效果,其具体的方式是不受限制的。譬如,约瑟夫·赫勒的《第二十二条军规》就建立了一系列象征性形象,米洛代表国际垄断资本,卡思卡特代表着官僚集团,斯克斯考夫象征着军界。小说以极度夸张的手法,写了布莱克上尉发起的蓬蓬勃勃的忠诚宣誓运动和教官谢司科普夫少尉的"检阅狂",隐喻社会政治生活中专制恐怖和上层官僚扼杀人性,将人变为惟命是从的机器的现实。小说中丹尼尔医生的"死",更是采用荒诞手法写出了人们只相信理性推理的结论,而不承认客观事实,结果丹尼尔不仅难以向同事和妻子证明自己仍然活着,甚至连自己也怀疑起自己是否真实存在了。

黑色幽默技法常常与意识流结合,将真实生活与想象搅成一团。此外,精心编织当代寓言,大量使用比喻、夸张、倒错等手法,制造独特的句法结构图,调动科学概念、原理制造笑料等,表现具有荒诞意味的生活内容,都是黑色幽默常用的手段。比如,《减去十岁》中人们的煞有介事,《买买提处长轶事》中主人公近乎麻木的冷静,都是运用了黑色幽默的方法。迟子建小说《雪坝下的新娘》,以第一人称讲述了一个卑微小人物的悲剧故事:卖豆腐兼在筷子厂打工的刘曲竟因祸得福,享受到许多"优惠",引起不少人的羡慕和嫉妒。但不久,县长因受贿倒台,刘曲没有了保护伞,便被人瞧不起。本来就不贞的妻子花袖,还始终让他戴绿帽。懵懂糊涂之中的刘曲,最大的愿望和安慰,就是常去雪坝看他的"新娘"——没有结冰的一段河……一个寻常的题材,经过作者的匠心营运和智慧处理,作品便有了明显的中国式黑色幽默特征:人物的可笑可悲,令人警醒和震撼,而且情节内容被置放在蕴含丰厚、富于诗意的语境之中,显示出了非同寻常的艺术魅力。

三、象征与变形

(一)象征

写作技法所说的象征,是以具体、形象的事物,来寓意或揭示人们对生活的感受和认识,强化或美化人与物的精神品格的一种艺术手段和方法。象征的本体和象征体之间,并没有固定的、必然的对应关系,这两者沟通和联系的前提是作者和读者双方共有的文化积淀和心理感受。譬如,高尔基的《海燕》就是通过对海燕、海鸥、野鸭、暴风雨等象征意义的事物的描绘,形象地表达出自己的认识和情感:暴风雨是革命的象征,海燕象征着勇敢的革命先驱者和战斗者,海鸥、野鸭则象征着某些在革命来临前的犹豫者和怯懦者。通篇采用象征的手法,含蓄而深刻地传递出了作者丰厚的情思。

象征技法的表现方式,从它在文章中使用的范围来看,可分为局部象征和整体象征：

1. 整体象征

整体象征指用一个象征体或一组象征体贯穿全篇。茅盾的散文《雾》,只描述这一个象征物,以此贯穿全篇。茅盾后来回忆说："这篇散文用象征手法,表示我对时局的看法和我当时的情绪。"那使人颓唐、懒散,想挣扎却无从着力的浓重的迷雾,很好地体现了作者在大革命失败后流亡日本时的迷茫心绪。巴金的散文《灯》、叶蔚林的小说《没有航标的河流》都运用了整体象征。

2. 局部象征

局部象征指作品中某一局部使用象征技法。它不贯穿全篇,只在文章的局部出现,却可以起到深化主题的作用。比如,茹志鹃的《百合花》中的那床撒满百合花的被子,象征着牺牲小战士和新媳妇纯洁、美好的心灵;再比如,小说《孔乙己》中主人公始终穿着那件长衫,便是象征旧知识分子的身份象征。局部象征和总体象征常常结合在一起使用,如鲁迅的《药》以人血馒头为"药",这是贯穿全文的总体象征,而结尾处的夏瑜坟头的花环,则是局部象征。

运用象征手法时,一定要注意抓住象征物与被象征物之间的相似点和契合点,并提供必要的背景和环境,使象征物异常贴切地表达出深刻而含蓄的象征意义,从而也为读者了解文章内涵提供了一把钥匙。美国作家霍桑的小说《红字》中选择红 A 字作象征物,它不仅标志着一种耻辱身份,还象征着资产阶级人文主义时代,人的本性复苏及对人文关怀的呼请。

运用象征手法时,还应注意选取具有独创性的新颖的象征物。铁凝的小说《哦,香雪》就选择了一个带有吸铁石的塑料文具盒作为现代文明的象征物,农村姑娘香雪用一篮子鸡蛋换来了这个文具盒,反映了香雪的现代意识的觉醒和她对现代文明的向往。文具盒这一象征物的选择无疑具有鲜明的独创性。

(二)变形

写作技法的变形,是指根据写作主体的需要,对人物、情节、环境所做的突破常规的曲折的表现。它不仅在夸张的内容中突出事物的本质特征,而且在形式方面也给人以深刻的印象。

变形的方式是多种多样的,从不同角度讲可以有多种形态。从它所依据的创作方法看,有常态变形和超常态变形。从它所使用的范围看,有局部变形和整体变形。从变形的程度上看,可分为奇变和物化。

1. 畸变

畸变是在不改变人物、景物外形的情况下,展示出人物精神、心理的扭曲和变形或景物环境的主观化的变异。契诃夫《装在套子里的人》和史铁生的《关于詹牧师的报告文学》中的主人公便是这类心灵畸变的典型,这类心理扭曲的人物行为,在旁观者看来是那样荒唐可笑,但人物自己却那样执著、严肃、真诚,作品常常在这种反差中表现出深刻的社会生活内涵。肖洛霍夫的《静静的顿河》的结尾,主人公感受到"黑色的天空"和"一轮耀眼的黑色太阳",就属于景物畸变。

2. 物化

物化是以人格化的物来表现人类社会生活的内容,或以虚幻情景下的人演绎现实生活中扭曲的事。奥地利作家卡夫卡的小说《变形记》,写人被社会环境挤压变为甲虫,表现出像格里高里·萨姆沙这样可怜的小人物,在生活重压下凄楚哀怨的性格特征。甲虫的躯体里是这个小人物的灵魂,甲虫是被扭曲的人性的外化和物化。白景晟的《天堂的虚惊》则是让安居在天堂的古今中外艺术大师们领教一下中国的人间浩劫,在幽默之中让人们反观荒诞的岁月。它属于物化的后一种类型。

变形是通过作家们丰富的想象,注入了不同的感情色彩所创造出的艺术形象。同一对象,在不同作家的笔下会有不同的形态,而这些不同的形象又必须符合审美对象质的规定性,而不能有悖于生活的逻辑和事物的自然属性。

除了人物形象变形外,还有语言变形。即颠覆语言规则,将语言变得颠三倒四、拖踏重复和支离破碎。如法国戏剧家尤奈斯库的《秃头歌女》中,马丁夫妇是应史密斯夫妇之邀而来的,双方见面后却面面相觑,无话可说。在整个剧情的发展过程中,都是一些语无伦次、毫无意义的对话,这种荒诞的语言变形,对无聊的现实生活和虚伪的陈词滥调进行了有力的嘲讽。

第四节　写作技法的辩证艺术举隅

　　写作技法的辩证艺术,是指运用写作技法时,自然地处理好各种矛盾因素的辩证关系,更好地实现写作意图。如正与反、详与略、浓与淡、虚与实、多与少、庄与谐、雅与俗、藏与露、隐与显、抑与扬、断与续、张与驰、纵与擒等。本节重点介绍以下几种辩证艺术:

　　一、动与静

　　动,即动态描写,指对处于动态的人事景物的描写;静,即静态描写,指对处于静态的人事景物的描写。动静结合,可以更好地达到"以形写神"的艺术效果。如王维的《鸟鸣涧》:"人闲桂花落,夜静春山空。月出惊山鸟,时鸣春涧中。"诗歌旨在表现春涧月夜的静谧,但通过加入花落、月出、鸟鸣这些动态景物的描绘,使整首诗描摹的画面显得富有生机而不枯寂。以动来衬托静,更突显出春涧月夜的幽静。

　　就动静结合的方式而言,主要有以下四种:
　　(一)化静为动
　　即让笔下的"静态之物"呈现动的姿态,赋予景物活泼的生命力。如林逋《山园小梅》中有这样两句:"疏影横斜水清浅,暗香浮动月黄昏。""横斜"、"浮动"写出了月中梅枝的"疏影"与梅花的"暗香"流动之美,刻画出了梅花的秀姿、风神,流露了诗人高雅、闲适的审美情调。

　　李存葆的散文《绿色天书》中对石壁之上的古榕是这样描写的:

　　……它有着企图笼罩大地的浓荫,也有着妄图吞没白云的豪迈。树的主干下,有二百余条气生根根柱,远远望去,像一片挺立在峭崖上的

"桦林"。抵近崖下细观,那根根粗大的气生根柱上,又垂下了一大片绵长细密的气生根丝,飘飘悠悠,挂诸石壁,宛若波浪起伏的"瀑布",顺悬崖倾泻而下……

以"笼罩"和"吞没"写榕树的"企图",将静的根丝比作"瀑布",写得富有生气。"飘飘悠悠"、"挂诸"、"倾泻而下",极为传神地显示出自然景观之神奇,令人惊叹不已。

(二)以动写静

1. 以有声写无声

指以声音写静境和静意,因响亮的声音的衬托,寂静、幽深的情境而越发显得幽静。例如张继的《枫桥夜泊》中"姑苏城外寒山寺,夜半钟声到客船。"以钟声烘托出夜的清静。

王维的《过香积寺》亦然:"……古木无人径,深山何处钟。泉声咽危石,日色冷青松。……"诗人以钟声、泉声写出了"深山"、"古木"之幽静,收到了"蝉噪林逾静,鸟鸣山更幽"的艺术效果。

2. 以动态写静意

用动态的景物描写,来表达内心的静意,如陶渊明的《饮酒》之五:"采菊东南下,悠然见南山。山气日夕佳,飞鸟相与还。此中有真意,欲辩已忘言。"诗人心与山悠然相会,自身与南山仿佛已融为一体,那日夕的山气、归林的飞鸟,已是心中的一片美妙的风景,诗人在自然的喧响之中,仍保持着一份闲适、清净的心境。动态的自然之景,折射的是诗人平和、超然的心绪。

(三)动中取静

动中取静,就是从动态的图景中截取有意义的一景,定格为一帧静态的剪影。如莫泊桑的《我的叔叔于勒》,写"我"付钱给叔叔于勒,便是从"动中取静":

我看了看他的手,那是一张满是皱纹的水手的手。我又看了看他的脸,那是一张又老又穷苦的脸,满脸愁容,狼狈不堪。我在心里默念道:"这是我的叔叔,父亲的弟弟,我的亲叔叔。"

这里,作者将"我"与叔叔于勒相见时的"一瞬间"定格,表现了"我"

看到叔叔时的那种难过、同情、欲言又止的复杂、矛盾的心情。

在通常情况下,作者选取的一景,往往是文章中的极为传神的细节,它能生动、有力地刻画人物形象,有助于深化文章主题。

(四)先静后动

即先进行静态描写,然后进行动态描写,动静结合。请看茅盾的《风景谈》中的片段:

> ……更妙的是三五月明之夜,天是那样的蓝,几乎透明似的,月亮离山顶,似乎不过几尺,远看山顶的谷子丛密挺立,宛如人头上的怒发,这时候忽然从山脊上长出两支牛角来,随即牛的全身也出现。捎着犁的人形也出现,并不多,只有两三个,也许还跟着个小孩,他们姗姗而下;……这几位晚归的种地人,还把他们那粗朴的短歌,用愉快的旋律,从山顶上飘下来……歌声可是缭绕不散。

这是一幅迷人的风景画:蓝天、明月、远山,组成了"静"的背景;农人、小孩、耕牛、歌声,构成了"动"的画面。静动结合,展示了田园生活的自然、和谐。

总之,若是单写"动"或单写"静",有时很难完整、准确地传达表现对象的神韵,而动静统一,往往能够创造出别有意味的意境,能收到形神兼备的艺术效果。

二、隐与显

隐,即暗、藏,指含蓄;显,即明、露、秀,指直言。隐与显,又可表述为"暗与明"、"藏与露"、"隐与秀"。

着眼于写作实践,"隐与显"主要有以下三种情况:

(一)隐中有显

即"藏中有露"。如曹植的"七步诗":"煮豆燃豆萁,豆在釜中泣,本是同根生,相煎何太急!"诗人没有"直言"心事,而是巧妙地借豆萁燃豆,暗示手足相残,激切的责怪以形象的婉语流露出,自然,贴切,显示诗人的敏捷的文思。

再比如牛希济的《生查子》结尾一句:"记得绿罗裙,处处怜芳草",

这两句是对即将远行的情人的叮咛之语,意思是说,你如果记得我穿的绿罗裙,不论到什么地方,你都应知道爱怜那些青绿的芳草,也就是希望伊人"莫相忘也"。词人将内心绵绵的情隐于外露的"绿罗裙"和"芳草"之中。由此可见,隐中有显,就是"借彼言此","直者婉之"。

(二)显中有隐

显中有隐,也就是"露中有藏",具体表现为:

1.文外有旨

作者的行文已经结束,但在句中有些余味,篇中有些余意,作者并不直接点出,而是留下来令读者去思索。如范仲淹的《岳阳楼记》中,通过对登临岳阳楼所见到的洞庭湖一带美丽景象,来抒发作者求取古代仁人"不以物喜,不以己悲"的心情和"先天下之忧而忧,后天下之乐而乐"的情怀。但文章结尾却指出:"噫!微斯人,吾谁与归?"此句看似不经意的一笔,却透出了作者复杂的心曲,言犹未尽:作者为什么希望有人与之同归?这样的人真的是太少了吗?这就是"文外之旨",显中有隐了。再比如柳宗元的《捕蛇者说》,通过蒋氏自述,已经阐明了"赋敛之毒"甚于"蛇毒",结尾一句:"故为之说,以俟夫观人风者得焉。"意味深长地点出了写作的目的,别有深意在文外。

2.欲露还藏

指对某些生活中心理活动、隐秘行为或者某些情感的描写,含蓄、适度,美而不俗。如晏殊的《蝶恋花》:

槛菊愁烟兰泣露。罗幕轻寒,燕子双飞去。明月不谙离恨苦,斜光到晓穿朱户。昨夜西风凋碧树。独上高楼,望断天涯路。欲寄彩笺无尺素,山长水阔知何处?

词人写离别相思之苦,"望断天涯路",却望不到天涯之人。一个有"槛菊"、"罗幕"、"朱户"、"高楼"之人,却找不到写信的"尺素",显然这里是托辞,却在露中藏起心中难言之隐:山长水阔,自己思念的人在哪里?即使可以写信,又如何写出心中的相思苦呢?这两句将别离之苦,许多难以言说或不愿说的情事,轻轻地推托于"无尺素",获得了意在言外、余味袅袅的艺术效果。

再比如鲁迅的小说《祝福》的结尾：

……我在这繁响的拥抱中，也懒散而且舒适，从白天以至初夜的疑虑，全给祝福的空气一扫而空了，只觉得天地圣众歆享了牲醴和香烟，都醉醺醺的在空中蹒跚，豫备给鲁镇的人们以无限的幸福。

作者的"疑虑"似乎真的"全给祝福的空气一扫而空了"，祥林嫂死的悲哀似乎真的被冲淡了。作者将内心沉重的情感藏在了看似轻松的"祝福"之中，但还是露出了一丝可以察觉的痕迹。

（三）先隐后显

先隐后显，也称"首藏尾露"。请看柳宗元的《江雪》：

千山鸟飞绝，万径人踪灭。孤舟蓑笠翁，独钓寒江雪。

前两句为"隐"，后两句为"露"，全诗先隐后显。诗人用简单的笔锋勾勒出一叶扁舟横在苍茫的江雪之中，四野不着笔墨，大片的都是空白，而"绝、灭、孤、独"几个字更是描绘出了被雪所笼罩的空阔、孤寂的景象，山上、路上、船篷上、渔翁的蓑笠、连江上都落满了雪，而就在这静寂的天地难分、上下苍茫的寒江之上，一个老渔翁还在孤独地坚持垂钓，从而表达出诗人渴望摆脱世俗、超然物外的清高孤傲的情感。

小说在叙述故事时，也可以采用先隐后显的方式安排情节。譬如莫泊桑的《项链》直到结尾，才告诉读者玛蒂尔德丢失的那串令其付出十年艰辛的项链，其实是假的，它只值五百法郎。西班牙作家伊巴涅思的《一枪两个》也采用了此法：一个老实的农民森托收到了一封匿名恐吓信，要他拿出四十块银元。信是谁写的？开篇没有"露"，而是将之"藏"了起来。情节进一步展开：森托与邻居商量，决定伏击匪徒。进而推至高潮：伏击成功，一枪两个。卒章"揭底"：原来匪徒是当地治安官巴蒂斯塔和法警西格罗。一"藏"，使情节曲折，引起了读者的阅读兴趣；一"露"，揭露了社会的黑暗，表达了作家对"官匪一家"的犀利批判，发人深省。

三、断与续

断，指中断正在叙说的事，而转入另一事。续，指此事与彼事的相关、相续。

在写作过程中,有时由于文意的需要,常常于论说、描写和叙述中,故意忽然终断文路和行笔,停顿之后,插入一些有关的内容,或议论、或引证、或抒情、或说明、或描写、或其它情节的叙述、补充,这样就把原来的文脉割断,似乎搁在一旁不再予以理会,可是当插入的内容表达完之后,却又突然"旧话重题","断线再接",继续回到了原来的文路上。

"断与续"的常见方式有二:

(一)**断处皆续**

也就是句子与句子之间、段落与段落之间,看似没有联系,都是断开的,其实是按着一定的逻辑关系或者情感线条紧密地接续的。如一篇题为《读懂美丽》的小文片段:

默默地品味依米短暂而非凡的生命历程,仿佛有缕缕清新的风吹拂着年轻的心扉。蓦然,我读懂了我们熟稔的那个词汇——美丽。

美丽,是绽放生命的坚贞与执着。

美丽,是柔弱中的坚强,是平凡中的伟大。

美丽,有时仅仅是稍纵即逝的一瞬,也完全可能永恒。

美丽,不只是开放于肥沃的田野,也开放于贫瘠的荒漠。

美丽,不只是枝头绚丽的花朵,还有泥土里扭曲变形的根。

美丽,就是要以自己独特的方式,珍视仅有的一次生命展示。

美丽,就是在某些似乎不可能的时候,创造出光彩流溢的神奇。

美丽,就是用跋涉的步履踏平所有的艰难,用坚韧的求索印证生命不屈的主题,用不懈的顽强写下追求不息的篇章。

这里,看似每一段的内容之间都是断开的,但实际上是紧密相连的,都围绕着对"美丽"感悟展开,是断中有续,断处皆续。断,断得自然巧妙;续,续得不露痕迹,天衣无缝。

"断处皆续"实际是从不同角度(侧面)来言说主旨,而主旨就是它们之间"暗联"的内线。这是"断处皆续"的内在肌理。"断处皆续"一般多用于"横式结构"的诸如言情或明理类的文章。

(二)**先断后续**

指作者述说某一事、某一情节后,忽然中断,又转到另一事、另一情节上；经过一段"转折",却又突然"断线再续",重新提及已"断"的事件、情节。故曰"先断后续"。也就是林纾所讲的"断处亦不必即续"。

任大霖的《我的第一个文学"启蒙老师"》就是"先断后续"。作者先叙述父亲在贫困中、生病时教"我"学习古诗文的情景,然后笔锋一转,插入了另一件事：杭州的一位亲戚送给"我"一大包新书,"给我打开了心灵的窗"。此事似乎与父亲教导"我"不相干,是"断"；但"很久以后","我"向亲戚表达谢意时,才知道那一大包新书是父亲托交的。原来,还是父亲"启蒙"了"我",这是"续"。断而后续,使文章有了波澜,深切表达了作者对父亲的怀念。

先断后续,实际是"明断暗续",通常用于叙事性的文章,尤其是适用于以时间为序的叙事性作品。

在写作中,采用断与续结合,可以使文章曲折有致,激发读者的阅读兴趣。小说《水浒传》中的断与续就安排得十分巧妙,几乎在叙述每一位好汉出场时,都要将正进行的叙述打断,插入一段相关故事,给读者一个交待,并再埋下一处伏笔,作为以后展开故事的由头。如描写鲁达和史进相遇,正要去吃酒时,又遇上打虎将李忠。作者当即中断主线,说起了九纹龙史进学艺拜李忠为师的往事,然后又回到史进身上,接续前言。三人去酒店吃酒时,遇上了一对卖唱的父女,引出了镇关西。鲁达仗义救走这对父女,打死了镇关西出逃。在半路上又被他所救的人认出来,再次接上前面中断的情节,从而让鲁达出家当了和尚。而史进、李忠也是书中重要人物,他们和鲁达分手后,作者就中断了对他们的去向描写和交待,而是隔了很长一段时间才又接续起来。但因为前面已有了描写,接续时就让人感到很自然。

无论采用哪种方式进行断与续,都要力避两个毛病：一是"断而无续",二是"有续无断"。前者破绽百出；后者呆板平直,无摇曳多姿之美。

断续结合,还要与"伏笔和照应"相区别。伏笔和照应只是一伏一应,而断续却是断的深长,续的遥远。断时突然插入别的情节,续时水到渠成,给人一种自然而然之感,虽是出人意外地接续起情节,却又让人感到一切尽在情理之中。断续得当,可以加强行文的曲折变化,丰富情节和事理,引人入胜。

四、繁与简

繁是指繁丰、繁复；简，是指简洁，简练。

任何一种文体，对于情节和语言而言，一般是崇尚简练、精要的，但有时为了收到理想的表达效果，会有意地追求行文的繁复。古今写作者都主张，文章应该繁则繁，该简则简，繁简得当，繁而不缛，简而意丰。

简不是粗疏、空泛，而是由厚而薄，由博而精，以少总多，是经过艺术提炼和概括而表现在更高意义上的简；繁也不是繁琐、拖沓、啰唆，而是作家以细腻的笔法为增强文章和作品的艺术表现力而有意采用的一种艺术手段，这种手段表情达意绵密严实，极具功效。故繁与简既有对立的一面，也有统一的一面。

(一) 繁复

1. 繁复。可以是重复或复叠咏叹。如郭沫若的《凤凰涅槃》就采用了重叠式的繁复：

……我们欢唱　我们翱翔。
我们翱翔，我们欢唱。
一切的一，常在欢唱。
一的一切，常在欢唱。
是你在欢唱？是我在欢唱？
是他在欢唱？是火在欢唱？
欢唱在欢唱！欢唱在欢唱！
只有欢唱！
只有欢唱！
欢唱！
欢唱！
欢唱！

这里，有意地采取了重复咏叹的方式，不惜笔墨地一再重复"欢唱"，反复和排比的修辞方式的运用，构成了这首诗独特的艺术风格，传达出了诗人内心汹涌澎湃的强烈情感。

2.详写。就是毫不吝惜笔墨,有话都通通说出来,尽量说得细致些。如吴伯萧的《记一辆纺车》中的一段:

纺线也需要技术。车摇慢了,线抽快了,线会断头;车摇快了,线抽慢了,毛卷、棉条会拧成绳,线会打成结。摇车、抽线,配合恰当,成为熟练的技巧,可不简单,需要用很大的耐心和毅力下一番功夫。初学纺线,往往不知道劲往哪儿使。一会儿毛卷拧成绳了,一会儿棉纱打成结了,纺手急得满头大汗,性子躁一些的人甚至为断头接不好生纺车的气,摔摔打打,恨不得把纺车砸碎。可是那关纺车什么事呢?尽管人急得站起来,坐下去一点也没有用,纺车总是安安稳稳地呆在那里,像露出头角的蜗牛,像着陆停驰的飞机,一声不响,仿佛只是在等待、等待。

作者不惜笔墨,花大力气尽量写得详细入微。不说"车摇慢了,线抽快了,线会断;反之。线会打结",而说"车摇慢了、线抽快了、线会断头;车摇快了、线抽慢了、麻卷、棉条会拧成绳,线会打成结"。这就是繁复。作者之所以这样写,是想表现作者亲身体会纺线的辛苦,以此来表现解放区军民为了抗日,开展大生产活动的高涨热情。

3.全方位描写。有些事物,只要从某一方面描写,也可以让人明白。但有些事物非得弃简就繁,从各个方面来描写不可。如在小说中描写一个人物时,可能在其一出场,就从各个方面加以介绍,或者在描写一个人内心活动时,要把这个人物一瞬间所有的意念都写出来;在写景状物的文章中,作者往往也要从多个角度状写景物。请看余光中的《听听那冷雨》描绘的雨景图:

惊蛰一过,春寒加剧。先是料料峭峭,继而雨季开始,时而淋淋漓漓,时而淅淅沥沥,天潮潮地湿湿,即连在梦里,也似乎把伞撑着。而就凭一把伞,躲过一阵潇潇的冷雨,也躲不过整个雨季。连思想也都是潮润润的。

听听,那冷雨。看看,那冷雨。嗅嗅闻闻,那冷雨,舔舔吧,那冷雨。雨在他的伞上这城市百万人的伞上雨衣上屋上天线上雨下在基隆港在防波堤在海峡的船上,清明这季雨。雨是女性,应该最富于感性。雨气空而迷幻,细细嗅嗅,清清爽爽新新,有一点点薄荷的香味,浓的时候,竟发出草和树沐后特有的淡淡的土腥气,也许那竟是蚯蚓蜗牛的腥气吧,毕竟是惊蛰了啊。也许地上的地下的生命也许古中国层层叠叠的记忆皆蠢蠢而蠕,也许是植物的潜意识和梦吧,那腥气。

……雨来了,最轻的敲打乐敲打这城市,苍茫的屋顶,远远近近,一张张敲过去,古老的琴,那细细密密的节奏,单调里自有一种柔婉与亲切,滴滴点点滴滴,似幻似梦,若孩时在摇篮里,一曲耳熟的童谣摇摇欲睡,母亲吟哦鼻音与吼音。或是江南的泽国水乡,一大筐绿油油的桑叶被啮于千百头蚕,细细琐琐屑屑,口器与口器咀咀嚼嚼。

余光中笔下的"冷雨"有光、有色、有声、有味。可以看看、听听、嗅嗅,作者多感觉地写出了雨的别具韵味:"天潮潮地湿湿,即使是在梦里似乎也把伞撑着","连思想也都是潮润润的"。在对"冷雨"的全方位的状写中,渗入了作者的主观感觉,将古典意蕴与现代情绪自然地融合在一起,使文章"感性十足"而又充盈着灵性和智性。

需要特别强调是,繁复决不是啰唆、冗长、拉杂。陆机《文赋》:"要辞达而理举,故无取乎冗长。"严羽《沧浪诗话·诗法》:"意贵透彻,不可隔靴搔痒;语贵脱洒,不可拖泥带水。"运用繁复表现法,要根据实际的需要。如鲁迅《秋夜》的开头:"在我的后园,可以看见墙外有两株树,一株是枣树,还有一株也是枣树。"开头看似重复、啰唆,但"繁"得有理,"繁"得巧妙。作者反复强调枣树这一主要描写对象,目的是为了引起读者的充分注意,也表明枣树在作者心目中的地位,作者要赋予枣树这一形象更丰富的象征意义。

(二)简洁

简洁,就是简练精当,言简意赅,句中没有多余的词和字,全文没有多余的话,明朝的吴讷《文章辨体序说》:"篇中不可有冗章,章中不可有冗句,句中不可有冗字,亦不可有龃龉处。"便是强调用语精炼。

古人为我们留下了许多简约的文章和求简的事例。如《荆轲刺秦王》的开头五句:"秦将王翦破赵,虏赵王,尽收其地,进兵北略地,至燕南界。"22个字就写出了秦国势如破竹的进攻和燕国已被大兵压境的局势,可谓言简意丰。贾谊的《过秦论》结尾:"仁义不施而攻守之势异也",只11个字就把秦国灭亡的原因概括出来,简洁而准确得令人称叹。

现当代很多作家也特别讲求语言的精炼简约,请看老舍的《骆驼祥子》中交待祥子身世的一段:

生长在乡间,失去了父母与几亩薄田,十八岁的时候便于工作跑到城里来。带着乡间小伙子的足壮与诚实,凡是以卖力气就能吃饭的事他几乎全作过。可是,不久他就看出来,拉车是件更容易挣钱的事;作别的苦工,收入是有限的,拉车多着一些变化与机会,不知道在什么时候与地点就会遇到一些多于所希望的报酬。

那么多的内容,作者只用了三句话,第一句叙述了祥子的出生;第二句叙述了他进城后求生的情况;第三句话叙述了祥子的心理和拉车的动机。

简洁不等于简单。简单的话语若说不明白问题,就不是简洁。半文半白,晦涩难懂,也不是简洁。

语言是否做到简洁,与作者语言修养有关,也与作者的思想认识有关。一个经验丰富、语言修养深厚的作者,写文章往往能一下子说到点子上,三言两语就能把一个问题说得清清楚楚。反之,一个经验不丰、修养不够、认识不深的作者,很容易"废话连篇"、"下笔千言,离题万里"。

(三)处理好繁与简关系的方法

1. 删繁就简

删繁就简,就是把可有可无的字、句、段、人物、情节等,毫不吝惜地删去。契诃夫在写作《三姐妹》一剧时,曾给安德烈安排了一段长达两页的向别人描述妻子是何等人的台词,演出时全部删去,只用"老婆就是老婆"一句来代替;海明威的《老人与海》几经压缩、删削,最后变成了一部情节非常紧凑的中篇小说,但其含量却胜过了一部长篇小说。

2. 以繁求简

以繁求简是指作者在构思时从全局出发,用此处的繁复,来求得彼处的简约。如《三国演义》中的"三顾茅庐",前两顾中对卧龙岗周围秀丽、恬静的环境,以及与诸葛亮往来的朋友们等,都作了繁复的描写,渲染出一种浓重的氛围,烘托出诸葛亮的抱负、才略和隐者风度,从而在第三顾时,能够把笔墨集中到"诸葛亮三分天下"的预测上来,以前两顾之"繁"求得了第三顾之"简"。

3. 以简驭繁

以简驭繁,就是用简约的语言把繁复的内容或者概括起来,或者包含在内。鲁迅小说《故乡》,先通过回忆,以繁复的笔墨描写了少年闰土的事迹,到闰土出场时,却以极简省的语言来写人物:

我这时很兴奋,但不知道怎么说才好,只是说:"阿!闰土哥,——你来了？……"

我接着便有许多话,想要连珠一般涌出:角鸡、跳鱼儿、贝壳、猹,……但又总觉得被什么挡着似的,单在脑里面回旋,吐不出口外去。

他站住了,脸上现出欢喜和凄凉的神情;动着嘴唇,却没有作声。他的态度终于恭敬起来了,分明的叫道:"老爷!……"

我似乎打了一个寒噤;我就知道,我们之间已经隔了一层可悲的厚障壁了。我也说不出话。

这段文字,看似简单,却意蕴丰富,不仅把前文的繁复包含在内,且又有更深一层的思想:封建礼教把一个天真活泼、充满灵性的人,变得自卑、木讷起来,使一对儿时的好朋友也生疏起来。这是以简驭繁的一个范例。

4. 繁简穿插

繁和简穿插在文中,是经常使用的一种繁与简的辩证手法。如乐府民歌《木兰诗》写木兰代父从军前的心理和准备,征战岁月中的思乡之情,以及解甲归田同家人团聚的欢乐等,均使用繁复的写法,极力进行铺陈;而对长达十年的疆场厮杀只用"将军百战死,壮士十年归"寥寥数语一带而过;鲁迅在《祝福》中让祥林嫂多次用相近的大段语言向人讲述儿子被狼叼走的故事,却对祥林嫂第一次丧夫前的生活略去不写,对祥林嫂怎样死去的情况也只作侧面描写。这些都体现了作者繁简穿插得当。

在写作中,繁简要恰当,不能怕繁琐而一味求简,也不能为求简而失丰。

五、张与弛

作为一种写作技法,张,即陡、疾,指以快速流动的笔法记述紧张、激烈的内容。掀起情节的高潮;弛,即纡、徐,指以缓慢流动的笔法记述轻松、舒缓的内容,显得从容不迫。

写文章时,有张有弛,张弛交错穿插,张驰结合,可以形成一种自然的节奏,使文章或作品有起有伏、错综变化。如《荷花淀》,前面部分写水乡风景异常恬静美好,给人一种和平的感觉,这是弛。接着作者转过笔锋,描写水上一场激烈的游击战,使浓烈的战争气氛弥漫其间,这是张。

张弛结合,不仅可以更形象、更深刻地反映生活,还可以提高作品的艺术美感,使作品适应读者的欣赏要求和欣赏习惯,从而达到调节读者情绪,吸引、感染、征服读者的目的。

"张与弛"主要有四种方式:

(一)先张后弛

如《史记·项羽本纪》中的"鸿门宴"一节。范增欲杀刘邦,"数目项王,举所佩玉 以示之者三",是"张"之始;范增又"召项庄",令其"剑舞","以击沛公",乃"张"之中;樊哙"带剑拥盾入军门","披帷西向立,嗔目视项王,头发上指,目眦尽裂",项王亦"按剑",此时剑拔弩张,一触即发,乃"张"之至;项王赐酒与樊哙,节奏趋"缓",乃"张"之末;后来"沛公起如厕","令张良留谢","脱身独骑","间至军中",情节由"疾"变"徐",由"张"而"弛",惊心动魄的情节在张弛之间展开,扣人心弦。

(二)先弛后张

如《荷花淀》中的"水上遇敌":

她们轻轻划着船,船两边的水哗,哗,哗。顺手从水里捞的上一棵菱角来,菱角还很嫩很小,乳白色。顺手又丢到水里去。那棵菱角就又安安稳稳浮在水面上生长去了。

"现在你知道他们到了哪里?"

"管他哩,也许跑天边上去了!"她们都抬起头往远处看了看。

"唉呀!那边过来一只船。"

"唉呀!日本人。你看那衣裳!"

"快摇!"

小船拚命往前摇。她们心里也许有些后悔。不该这么冒冒失失走来;也许有些怨恨那些走远了的人。但是立刻就想,什么都别想了,大船紧紧追过来了。

…… …… …… ……

后面大船来的飞快。那明明是鬼子!这几个青年妇女咬紧牙制止住心跳,摇橹的手并没有慌,水在两旁大声的哗哗,哗哗,哗哗哗!

这是典型的先弛后张。"轻轻划着船","船两边的水哗,哗,哗",捞菱角等写出了妇女们愉快的心境,节奏是舒缓的;日本船一出现,节奏加快:"小船拚命往前摇","大船紧紧追过来了",就连水声,也由平和变得急促:"哗哗,哗哗,哗哗哗!"作者用了快速流动的笔法,只写她们如何摇船逃跑,躲避敌人的追踪,而没有拖泥带水地去写她们的慌乱和内心世界,更没有写敌人如何追。由"弛"而"张",前后反差强烈,将紧张的气氛推到了令人窒息的高处。

(三)张弛交替

张弛交替,是张中有弛,弛中有张,张弛穿插。如姚雪垠的《李自成》中:商洛大战后,李自成元气大伤,找张献忠会合,共图大业。张献忠却趁机想谋算李自成,设下"打凤捞龙"之计,在兴归山摆下了"鸿门宴",情节顿呈紧张,令人心惊。李自成的手下王吉元在张献忠军营听到风声,惊慌之中混过盘查,飞马报信,使紧张的气氛得到一点点的松弛,读者以为李自成将会得到消息,会有所防范,这是由张入弛。但突然间,作者陡起险笔,写王吉元碰到了张献忠的巡骑,一方策马狂奔,一方纵辔死追,情节又由平缓急转而为急促。但没有多久,王吉元就陷入了前有伏兵,后有追兵的绝境。情节紧张到令人心惊的地步,读者不免要为王吉元担忧,为李自成担忧。这就是由弛入张。

(四)以张衬弛

以张衬弛,是以紧张激烈的情节,衬托弛缓平静的情节,以突出弛的效果。如《三国演义》的赤壁大战前夕,双方调兵布阵、激战一触即发之际,曹操却悠然地赏月饮酒,赋诗抒怀。这是以平缓舒展的笔墨来渲染宁静的气氛,使人暂时放开心中忧急,但却在这宁静平和的气氛之外,隐藏着令人窒息的、紧张的、惊心动魄的情节。再如《李自成》中,当王吉元报信身陷绝境时,作者却转笔写了李自成率领手下走在赴会途中的愉快情景,使人眼目一变,人们虽因替李自成的命运担忧而紧张,但他却和亲信们游兴大发地沿途览胜。这是"弛",它使人们暂时放开王吉元,把紧张的心情弛缓下来。但这种弛缓并不是真的弛缓,它只是为"张"作衬,使"张"张得更大,更加慑人魂魄,紧紧抓住读者,令人欲罢不能。

无论采用哪种"张弛法",都要遵循"张弛相间"的基本原则,张与弛紧密联系,二者都不能游离于情节整体之外,不能互不相干,各行其是。张而不弛,读者易疲倦;弛而不张,读者兴味索然。只有张弛互补,才能令人执卷流连。因此,在具体运用时,要充分研究事物的内在联系,审时度势,当张则张,当弛则弛。

六、抑与扬

抑,是按下、收束;扬,是振发、放开。抑扬指的是在同一表达过程中,对特定的对象进行"揉直使曲、叠单使复"的褒贬或渲染,使所描述对象的某些方面前后形成反差,从而掀起波澜,收到强烈艺术效果的一种艺术手法。

(一)欲扬先抑

欲扬先抑又叫先抑后扬,即文势先下抑后上扬,或文意先贬抑后褒扬,犹如登山,由谷底到山顶。唐弢的《琐忆》一文开篇使用了抑笔,说鲁迅被人传言"多疑"、"世故"、"脾气大"、"不容易接近"等等,接下来作者回忆了鲁迅的一件件琐事,逐一解除了先前的误解,推翻了听来的议论。原来,鲁迅对青年平易近人,亲切热情,从不使用教训口吻;而对那些攀附阔老的奴才、伪装的道学者等,那确实是很有"脾气"、也很爱"骂人"的。这样先抑后扬,表现出了鲁迅"横眉冷对千夫指,俯首甘为孺子牛"的高贵精神。

鲁迅的《范爱农》也采用了欲扬先抑的写法。范爱农在前文给人的印象是一个不通人情、不革命的懦夫,作者甚至写道:"这范爱农……很可恶。……要革命,首先就必须将范爱农除去。"这是"抑";下文写通过多次交往，才得知范爱农不是原来认为的那种人，他和鲁迅一样对反动派残酷杀害革命者是极其愤恨的，只是当时他对发电报的作用有看法，这便是"扬"。通过这一抑一扬，一个正直、爱国、愤世嫉俗的知识分子的形象便跃然纸上了。

(二) 欲抑先扬

欲抑先扬又叫先扬后抑，即文势先高扬后下抑，或文意先褒扬后贬抑，好像瀑流，从高处飞泻而下。比如，李商隐的《贾生》"宣室求贤访逐臣，贾生才调更无伦。可怜夜半虚前席，不问苍生问鬼神"，诗的前两句从正面着笔，仿佛热烈颂扬汉文帝求贤若渴，虚怀若谷，这是扬。可是读了后面两句，才恍然大悟，原来郑重求贤，虚心垂询，乃至"夜半虚席"，不是为了寻求治国安民之道，却是为了"问鬼神"这样的问题，这便是抑。诗人运用欲抑先扬的手法，辛辣讽刺了汉文帝政治上的昏庸与懦弱。

《水浒传》第九回描写林冲棒打洪教头时，就采用了欲抑先扬的方法。先写洪教头出场的傲慢、自负，这是一扬，接着写洪教头高叫"来来来！"向林冲挑战，气势汹汹，恨不能一口水吞了林冲，这是再扬；又写了洪教头见林冲棒法怯了，第三次喝一声"来来来！"使棒过来。这是三扬。由这三扬，已把洪教头扬到高处，令人误以为洪教头一定艺高胆大，否则不敢如此气壮自负。但接下来写了林冲一棒直扫着洪教头踝儿骨上，让洪教头撇了棒，扑倒在地。这是抑，抑出了洪教头的狂妄而又无能的个性，抑出了林冲的高超武技。

运用抑扬手法，会使文章波澜起伏，避免了行文的平庸呆板，单调乏味。

第五节 变化多端的开头艺术

一、为什么要重视文章的开头

开头是文章的重要组成部分。古今中外写作者都极为重视写作的开头,因为新颖、别致的开头,可以激发作者的写作欲望,开阔写作思路,调动写作情感,勾连起材料,推动情节的发展等;同时,还可以引发读者的阅读兴趣,引导读者进入阅读状态,帮助读者理解作品。清代戏剧家李渔在《闲情偶记》中指出:"开手笔机飞舞,墨势淋漓,有自由自得之妙,则把握在手,破竹之势几成,不忧此后不成完璧。如此时此际文情艰涩,勉强支吾,则朝气昏昏,到晚终无晴色,不如不作之为愈也。"可见,文章开头对于写作的成功具有十分重要的作用。

(一)好的开头可以确立文章的情感基调

文章的基调是作者在传达初始阶段对未来文章的情韵、情绪、情感倾向等因素的一种整体把握,它往往建立在作者对文章最有魅力、冲击力、震撼力的主要材料性质的准确把握上,表明作者对文章内容的一种立场、态度。好的开头,可以为文章定下语调、情绪和气氛,为文章的展开打开了通道。请看列夫·托尔斯泰的《安娜·卡列尼娜》的开头:

幸福的家庭总是相似的,不幸的家庭各有各的不幸。

小说简短的开头便奠定了一种深沉、哀婉的感情基调。它一方面用一种缓慢、低沉的语调,创造出沉郁的悲剧气氛,一方面通过幸福的家庭与不幸家庭的对比,引发读者迅速地进入沉思,同时暗示作品主题的两大发展方向。接下来,作家告知读者他要探索的是家庭的幸福如何走向不幸的。由此,可以看出这一开笔绝对是意味深长的,它流露出了作者对生活与人生命运的深切关怀,更显示出了一种写作智慧。

台湾作家李乐薇的《我的空中楼阁》是一篇脍炙人口的散文,作者在对"我"的"空中楼阁"穷形尽态的描状中,寄寓了真挚的赞美之情。文章是这样开头的:

山如眉黛,小屋恰似眉梢的痣一点。

文章起笔凝炼又新颖。其凝炼在于:仅用十四个字,直指文章主要内容,既写出了山的形态,也写出了小屋的形态,没有一字废言;同时,还用语十分简省地交代了山与小屋的关系,并在其中蕴含了真挚的情感,给全篇定下了这样的基调:明丽清新的色调,轻快舒展的格调,挚爱与赞美的情调。其新颖则在于:写山、写屋,均采用了形象而别致的比喻,使山与屋的形态灵动飘逸,呼之欲出。

(二)好的开头可以使作者意识流淌更自由

不少文章的开头会与主体、结尾紧密配合,可以冲破时空的限制,让主体意识自由流动。请看哥伦比亚作家加西亚·马尔克斯的长篇小说《百年孤独》著名的开头:

> 许多年之后,面对行刑队,奥雷良诺·布恩地亚上校将会回想起,他父亲带他去见识冰块的那个遥远的下午。

这个开头被评论家大加赞赏,认为开创了"从将来的角度回忆过去的新颖倒叙手法"。确实,这个开头仅用了短短几十个字,就把读者带进扑朔迷离的时空中去体验荒诞离奇的事件,完美地体现了拉美魔幻现实主义流派的特殊风格。同时,它打破了时空顺序,让作者的思绪自由地穿梭于过去、现在和未来之间。

再来看看威廉·福克纳的短篇小说《纪念爱米丽的一朵玫瑰花》,小说讲述了一个自闭于破败宅邸的女人爱米丽以其罕见的意志力在这个世界上孤独地生存、死去的人生故事。作家是这样开头的:

> 爱米丽·格里尔生小姐过世了,全镇的人都去送丧:男子们是处于敬慕之情,因为一个纪念碑倒下了。妇女们呢,则大多数处于好奇心,想看看她屋子的内部。除去一个花匠兼厨师的老仆人之外,至少已有十年光景谁也没进去看这幢房子了。

小说开头从爱米丽小姐的死开始讲起,然后追溯其生前的居住场所和一生中了不起的事情。从死开始讲起,必然要返回生,让时间从现在流向过去,这是文本内的时间流向。另外,在文本这个相对自足的狭小世界之外,还蕴涵着另外一个开头,即爱米丽整个故事的开头。叙述者在这里追踪爱米丽一生的走向,截取了她一生中在叙述者眼中重要的、可为叙述的资源的部分事情,而剩下的是大量的空白。这个空白促使读者将目光投向未被叙述的过去,引导人们去思索,从而实现文本内外的互补。

(三)好的文章开头可以推进情节的发展

有些文章的开头,作者通过环境描写,渲染一种特殊的氛围,推动情节向前发展。请看鲁迅小说《药》的开头：

> 秋天的后半夜,月亮下去了,太阳还没有出,只剩下一片乌蓝的天,除了夜游的东西,什么都睡着。华老栓忽然坐起身,擦着火柴,点上遍身油腻的灯盏,茶馆的两间屋子里,便弥满了清白的光。

这个开头的容量很大,把时间、地点、人物、环境氛围都作了交代,为小说故事的展开、人的刻画起到了很好的引导和推进作用。正是在这样一种灰暗的氛围之中,英雄热血换来的,只是再受欺骗的"人血馒头",是看客们的嘲笑,是侃爷们茶余饭后闲聊的话题。旧中国老百姓的麻木、愚昧,如同阴冷的秋夜,压抑得人喘不过气来。

(四) 好的开头能帮助读者理解文章主旨

刘震云的小说《一地鸡毛》开头这样写道：

> 小林家一斤豆腐变馊了。
>
> 一斤豆腐有五块,二两一块,这是公家副食店卖的。个体户的豆腐一斤一块,水分大,发稀,锅里炒不成团。

这一个典型的生活细节,如此琐屑,很多人会不以为然,但是它却像一面镜子,照出了小林这样的普通人生活真实的一面:琐碎的生活所带来的种种矛盾和困窘,正在一点点地消磨着人的热情、理想和意志。接下来,作家由豆腐的馊引发夫妻间的争吵,以此拓展开生活中一系列其它矛盾,写出底层人们的那种委顿而卑琐的生活,其间夹杂着权力的庸俗化对世俗生活的支配和浸透,正是某种"原生态"生活的缩影。

(五) 好的开头慑人魂魄,引人入胜

好的文章开头,往往以奇妙之句吸人目光,令人一见而惊,不忍释手,就像来到一座花园门口,还未曾见到满园美景,已有醉人的芬芳扑面而来。有时,只那么寥寥几语,便可以紧紧抓住读者,把读者引入文章之中。且看徐迟的报告文学《哥德巴赫猜想》开头：

> 陈景润是福建人,生于1933年。当他降生到这个现实人间时,他的家庭和社会生活并没有对他呈现玫瑰花朵一般的瑰丽色彩。……从生下来的那一天起,他就像一个被宣布为不受欢迎的人似的,来到了这个

世间。

作家将陈景润幼年的不幸遭遇,形象化地描述为"家庭和社会生活并没有对他呈现玫瑰花朵一般的瑰丽色彩",在令人思索的同时,也给读者留下了一个大问号:陈景润生下来时没有玫瑰花,那他又是怎样让生命绽放出玫瑰花的色彩呢?精心设置的开头,吸引着读者迫不及待地阅读下去。接下来,文章生动、形象地告诉读者:陈景润是通过执著的努力,才取得了令人瞩目的成就,成为一名时代的楷模的。

再欣赏下面几篇小说的开头:

一封父亲突然病亡的电报,使小小中止期末的最后三门课程考试,赶回久已忘怀的家。

——虹影的小说《你一直对温柔妥协》的开头

在 N 省省会 V 市,住着一位国内外驰名的"年轻的"小老头。

——王蒙的小说《冬天的话题》的开头

他们的初次相见是在两年前的秋天。

——霍达的小说《未穿的红嫁衣》的开头

他一动不动地站在土崖下面,看着远处的背影。

——李锐的小说《无风之树》的开头

以上这些小说的开头虽然只是只言片语,却已经流露出一些重要的故事信息,或时间、或地点、或人物、或事件、或兼而有之,这些突兀而来的重要信息点,宛若不邀而至的灵感,其本身已蕴藏了一个很好的故事,读者理解了这个开头句,顺着开头暗示的线索,就可以迅速进入故事的主要情节,等待作者对此开头所设的悬念与问题进行一一解释和阐述。

二、常见的开头技法举隅

文章开头的具体方式变化无穷,无法一一加以列举,但它们都与文章的构思和组织息息相关,根据不同文体的文章对开头的不同要求,可以将文章开头概括为以下三种基本类型：

一是叙事交代性的开头。或交代时间地点，或介绍人物事件，或表明原因结果，或以事件的发端起首，或以事件的结局开篇，或以事件的高潮肇始，有的则交代写作的缘起，皆与叙述的六要素有关。

二是论理说明性的开头。或直接亮出中心论点，或先说明问题的由来和背景，或先概括形势发展的特点，或先概述全文的要旨，或先指明论述范围或评论、批驳的对象，或先引用名言警句，总与文章的中心论点或中心思想有关。

三是抒情描写性的开头。或以抒情为先导，或以写景为前驱，或描绘场面以烘托气氛，或抒发感慨以形成情调，或借联想比喻以起兴，或以遥远的想象作启迪，总与作者的感受、感情有关。

开头，是一种极其微妙的艺术，有时宜直，有时宜曲；有时宜近，有时宜远；有时宜急，有时宜缓；有时宜轻，有时宜重；有时宜高，有时宜低；有时宜奇，有时宜平；有时宜响，有时宜静……其变化多端，各有妙处。如何选用，因文而异，因人而异，不可机械照搬，不可草率套用。

下面这些便是常见的开头方法：

（一）开门见山，直入正题

这类的开头用墨极为俭省，一落笔便触及文章的主要内容，或是将叙述的人、事直截了当写出，或是将要论证的观点摆出，或是把要说明的事物点出，或者写作的任务、目的、意图等一下子就交代出来。篇幅短小的文章和一些应用文章常用这种开头方式。譬如：韩愈的散文名篇《师说》就采用这种方式，这篇文章开头一句，就开宗明义地提出"古之学者必有师"，第二句就阐述老师的作用："师者，所以传道、授业、解惑也。"为全篇文章尊师重道的观点提出了纲领。再比如《六国论》开门见山地亮出自己的观点："六国破灭，非兵不利，战不善，弊在赂秦。"何以如是说呢？作者接下来条分缕析，层层深入地论证，显示出难以撼动的雄辩力。

请看朱光潜的《咬文嚼字》的开头：

郭沫若先生的剧本《屈原》里婵娟骂宋玉说："你是没有骨气的文人！"排演时他自己在台下听，嫌这话不够味，想在"没有骨气的"的下面加"无耻的"三个字。一位演员提醒他把"是"改为"这","你这没有骨气的文人!"就够味了。……

开头引用一个炼字的典型事例,自然扣题,令人玩味。

明朝谢榛关于文章的开头曾有过这样生动的比喻:"起句当如爆竹,骤响贯彻",这里所强调的就是开头的干脆利落,绝不拖泥带水。

(二)说明情况,交代意图

开头说明相关情况,交代写作意图,其目的不使读者感到突然,有助于读者对文题、内容和旨意的理解。如邓拓《不要秘诀的秘诀》,开头作者就指出了社会上某些人为了寻求写作技能捷径所酿成的谬误,从而说明自己写作的动机。再比如茅盾的《白杨礼赞》的开头:"白杨树实在是不平凡的,我赞美白杨树!"开篇两句破题直入,以简洁明快的笔调,刚健有力的语气,点明全篇宗旨。

开头说明情况,也是应用文体常用的一种的开头方式,请看《关于北京市家用缝纫机销售情况的调查》一文的开头:

为了增强计划性,加强对家用缝纫机的经营,更好地掌握市场销售动态,我们采取了走访经营单位与分析历史资料的办法,对北京市家用缝纫机历年销售情况以及当前社会保有量和市场需求变化进行了调查。经过分析,认为北京市场除上海缝纫机供不应求以外,其它牌号缝纫机销售在北京已趋于饱和。

这篇调查报告的开头,简单地交代了调查的目的、方法、时间、范围、背景等,使读者在开篇阅读时便对调查的过程和基本情况有所了解。

(三)描写环境,渲染气氛

常用这种开头写法,使读者身临其境,或引发某种感情。如魏巍《依依惜别的深情》的开头:

我在凯歌声里来到了朝鲜。我又看到了这里的人民,这里的山水。……看到这种种情景,回想起朝鲜人民的遭遇,真叫人说不尽的欢欣!

这里,作者感情饱满地,真切地描绘了朝鲜战后的壮丽景象、和平气氛,为下文从各个侧面描写人民的深厚友谊,作了有力的铺垫和烘托。

再来欣赏一下郭文斌的散文《点灯时分》的开头:

总觉得城里的元宵夜有点过于热闹,热闹得让人几生迷失之感。在街上转了一会儿,就急切地往回赶。可是热闹是躲不脱的。紧紧地关了门窗,热闹还是不可阻挡地挤将进来,让人无可奈何。就索性站在阳台上,面向老家出神。岂料身心就一下子踏实下来,那是因为有一片火苗在心里展开。

作者开头点出城市元宵之夜难以躲避的热闹,自然地引出下文对故乡元宵夜的宁静的描述,从而寄寓了关于生活与人生的深邃情思。

(四)扼要概括,提示全文

有些内容多,篇幅长的文章,常常先用简明的语言概括出全文的中心或要点,其作用是纲举目张。调查报告、经验、消息、通讯和报告文学等文体,就经常采用这种方法。

一些说理性的文章,也常常在文章的开头,用简洁的语言交代文章的主要内容或主旨。如李雪峰的《浮生若茶》一文的开头:

茶叶因沸水才释放出深蕴的清香,生命也只有遭遇一次次挫折,才能留下人生的幽香……

作者先点明文章的主旨,然后缘着开头亮出的观点,再详细地叙事、说理,思路清晰,条理分明。

文章开头在进行扼要的概括时,也可以用文学的笔法,生动、形象地引出后面的内容。请看李存葆的散文《绿色天书》的开头:

上苍是最富有想象力和创造力的魔幻大师,它从袖口里轻轻抖出的每件东西,都会让人惊讶得说不出话来。

西双版纳的热带雨林,就是上苍从袖口里撒落在华夏版图上的一卷翠得让人眼亮、美得叫人心颤、神秘得令人窒息的"绿色天书"。

作者简明扼要地写出西双版纳雨林是上苍魔幻出来的"绿色天书",文章的主体便沿着开头设计的总纲,去和读者一同欣赏这一"绿色天书"的详细内容。

(五)提出问题，引人关注

文章开头提出问题，设置悬念，可以吸引读者的注意力，引发阅读的兴趣和热情，并且作者所提出问题的答案，往往正是文章要表达的主要内容或主旨。如朱自清的《匆匆》开头：

> 燕子去了，有再来的时候；杨柳枯了，有再青的时候；桃花谢了，有再开的时候。但是，聪明的，你告诉我，我们的日子为什么一去不复返呢？

作者由自然界的景物的周而复始，自然地引出"我们的日子为什么一去不复返呢？"这样的疑问，令读者与作者一同关注并思考时光流逝的问题，一同寻找挽留时间的方法。

有时作者在开头提出问题，并一定非得用问句，叙述性的句子同样可以给读者留下探寻的问题。譬如庞婕蕾的文章《每个女孩都是天使》的开头——"安琪是我们初二(3)班最受男生欢迎却最不受女生欢迎的女孩。"简短的一句话，引人关注，读者不禁要问：为什么安琪"最受男生欢迎却最不受女生欢迎"呢？

(六)引事用典，借题发挥

引事用典，借题发挥，这种开头方法在散文、杂文、短论等文体式样中常见。其作用自然入题，还可以巧喻至理，意蕴深远。请看马南邨的文章《不求甚解》的开头：

> 一般人常常以为，对任何事情不求甚解都是不好的。其实也不尽然。我们虽然不必提倡不求甚解的态度，但是，盲目地反对不求甚解的态度同样没有充分的理由。不求甚解这句话最早是陶渊明说的。他在《五柳先生传》这篇短文中写道："好读书，不求甚解；每有会意，便欣然忘食。"……

作者开头引出"不求甚解"这一典故，强调有些时候不求甚解是十分必要的。作者巧妙地借题发挥，提出了令人耳目一新的观点。

再请看梁启超的《敬业与乐业》的开头：

我这题目,是把《礼记》里头"敬业乐群"和《老子》里头"安其居,乐其业"那两句话,断章取义造出来的。我所说的是否与《礼记》、《老子》原意相合,不必深求;但我确信"敬业乐业"四个字,是人类生活的不二法门。

这里,借用典故,自然而然地点出了作者的见解。扣题而作,意蕴隽永。

(七)奇语突起,悬念陡生

鲁迅的《藤野先生》,劈头一句就是:"东京也无非是这样。"突兀而起,令人猝不及防,但又令人好奇叠起:"这样"又是什么样的?为何这样说呢?再看他的名篇《秋夜》的开头:

在我的后园,可以看见墙外有两株树,一株是枣树,还有一株也是枣树。

这是一个令人玩味不已的开头,平中见奇,句式和语调都是平淡无奇的,但奇在作者故意不嫌啰唆、不避冗赘地将所见的两株枣树分作三句来说。这样写,一方面强调地表现了枣树的独立和冷静,突出了全文的主角,一方面引人思索:作者为何偏偏对这两株枣树情有独钟?

再看朱苏进的小说《孤独的炮手》的开头:

太行山脉奔腾到这里忽然消失,宛如一群巨龙潜入地下,面前留下一大片沉积平原。

开笔从太行山脉在"这里"突然消失写起,"这里"是何处?"这里"又是如何让太行山脉突然消失的呢?作家突如其来的一笔,留下了令人急于一探究竟的悬念。

第六节 意味深长的结尾艺术

一、言尽意存的结尾

结尾,是全文内在的逻辑和情感发展的自然结果,是文章的自然收束,也是文章的一个重要组成部分。结尾绝非可有可无,不能草率了事,也不能为了追求形式勉强外加或者画蛇添足。好的文章结尾,能够"言不尽之意,传不尽之情",是写作中必须高度重视的一个重要环节。

无论是戛然而止,还是一咏三叹,抑或是逐渐淡去,抑或是高潮再起,文章结尾的目的都应如古人所说"其妙不外寄言而已"。请看鲁迅的小说《社戏》的结尾:

真的,一直到现在,我实在再没有吃到那夜似的好豆,——也不再看到那夜似的好戏了。

这里,表面说的是戏和豆,实际上仍然是赞美那些纯正无邪、聪明果断、正直无私的农家孩子,抒发的是对仍然是萦绕在心头的那些美好的少年时光的怀恋之情。这一简约、深刻的结尾,充满了作者无限的深情。可谓是言已尽,而情不止。

再比如《孔乙己》的结尾写人们长久没有看见孔乙己,从年关到第二年的端午、中秋,再到第二年年关,"我到现在终于没有见——大约孔乙己的确死了"。这个结尾用这两句话结束了全篇,简洁而平淡,似乎是漫不经心的一笔,却用意颇多。"大约"一词说明了人们对孔乙己的生死命运的漠不关心,他什么时候,在哪里,怎样死的,无人过问,无人知晓,这是怎样一个冷酷的社会!在这表面淡漠的一笔后面,蕴藏着作者对旧社会的不满与揭露。

好的文章结尾,"以媚语摄魂,使之执卷留连,若难遽别",好比那"临去秋波一转也",(郭绍虞:《中国历代文论选》上海古籍出版社,1979年版,第306页)言有尽而意无穷,如"阳关三叠",令读者吟咏再三。

二、常用的结尾技法举隅

文章的结尾一向深为写作者所看重,并在写作中进行了大量有益的探索。下面仅选讲一些常用的结尾方式:

(一)意尽曲终,戛然而止

戛然而止的结尾方式,在新闻写作、应用文写作和文学创作中都较为普遍地被运用,它的特点是:随着文章情节的发展,自然而然地收束,无需再生硬地添加一个结尾。如苏轼的《赤壁赋》结尾：

客喜而笑，洗盏更酌。肴核既尽，杯盘狼藉。相与枕藉乎舟中，不知东方之既白。

伴随情节的推进，文章自然地结束，毫无拖沓之感。

再来看看乔伊斯·斯达克的散文《喷泉里的两枚硬币》的结尾：

一天，当我对她说到她的梦想正在变成现实的时候，她大笑着说："你必须坚定信心去实现梦想，就像你第一次经过喷泉时往里扔进两枚硬币一样，要相信它总有一天会变成真的。"

随着人物对话的结束，文章戛然而止，没有再添加任何赘言。

（二）淡淡化出，余音袅袅

有些文章的结尾可以像徐徐"化出"的电影镜头，逐渐暗淡消失，并留有回味的余地。例如，海明威的《老人与海》极力描绘一个老人在大海中与鲨鱼搏斗的过程，最后带回的只是一付鱼骨架。主体部分的描绘可谓是惊心动魄，扣人心弦。其结尾却采用了逐渐"淡出"的方式：一番激烈的生命的搏斗已经过去了，海岸上只有一付等待海水带走的鱼骨架，而老人却"又睡着了"，还"梦见狮子"了。这一结尾，任何地渲染、点化，让故事情节自然地由高潮滑向尾声，让画面渐渐地淡出，给人留下了回味的空间。

再来欣赏一下赵丽宏的散文《假如你想做一株腊梅》的结尾：

哦，我的南方朋友，我把腊梅向我透露的一切都写在这里了，当你在和煦的春风里读着它们，不知道你还会不会以留恋的心情，想起我书桌上那几株腊梅。此刻，北风正在敲打着我的窗户，而我的那几株腊梅，依然在那里默默地绽蕾，默默地吐着清幽的芬芳……

结尾对书桌上的几株正绽放芬芳的腊梅，进行了渐渐淡化的镜像描写，给读者留下深刻的印象，又引发读者悠悠的遐思。

（三）哲理作结，引人思索

有些写作高手，善于在文章结尾处，水到渠成地提炼出一段富有哲思意味的话语，既升华了文章的主旨，又给读者留下咀嚼的内容，启发读者思考和想象。鲁迅的小说《故乡》描写了闰土在旧社会里"辛苦麻木的生活",表达了"我"对新社会新生活的希望之后,结尾自然而然地引发了这样的哲理性思考:

希望是本无所谓有,无所谓无的。这正如地上的路;其实地上本没有路,走的人多了,也便成了路。

这一结尾隽永精深,如今已成为众人耳熟能详的名言警句。

以精炼的哲理性的概括结尾,需要作者对文章全篇有非常准确到位的把握,并需要作者具备深厚的生活底蕴和深刻的洞察力、思维力、创造力等。请看徐迟的报告文学《歌德巴赫猜想》的结尾:

他生下来时,并没有玫瑰花,他反而取得了成绩。而现在呢,应有所警惕呢,当美丽的玫瑰花朵微笑时。

结尾紧扣开头,牵住读者,又旁逸斜出,"别出一层,补完题蕴",将读者的思路再拓宽一些,使读者对文章内容的理解再向前推进一步,充分认识到:不仅取得科学上的成就需要坚持不懈的拼搏,而且在取得成就时仍保持拼搏精神。

(四)突然逆转,出人意料

所谓逆转,就是在进行大量铺陈、悬疑等的基础上,在行文至末尾的时候,文章情节、结构、人物、事情的性质等方面发生突然变化,结果既在意料之外,又在情理之中。如欧·亨利的小说《警察与赞美诗》、《最后一片绿叶》等,都在前面进行了层层的铺垫、渲染,快到小说结尾时,情节陡然一转,出现一个令人惊讶不已的结尾。

请看莫泊桑的小说《项链》的结尾:

佛来思节夫人感动极了,抓住她的双手,说:"唉,我可怜的玛蒂尔德! 可是我那一挂是假的,至多值五百法郎!……"

让玛蒂尔德乐极生悲、付出十年艰辛的那串项链竟然是假的。这一结尾,实在是出乎小说主人公的意料之外,也出乎读者的意料之外,但又合乎情理,合乎逻辑。是小说前面层层渲染、铺垫后的陡然逆转。

(五)画龙点睛,卒章显志

有些文章的结尾,作者会用精炼的语言,或直接点明主旨,或含蓄地抒发作者的情感,或者交代作者的写作意图,以便于读者对文章的理解和把握。如张晓风的《不朽的失眠》,前文层层渲染和铺陈,在结尾处强调了张继的落榜令人永远记得,他那个落榜之夜的失眠是不朽的。作者画龙点睛式的结尾,一方面再次点题,深化了主旨,一方面又引发读者思考诸如该怎样看待生活中的某些失败等问题。

再看看杜牧《阿房宫赋》的结尾,作者只用"楚人一炬,可怜焦土"一句便将阿房宫被烧毁的经过写完,随即作者借题发挥,将自己内心的感慨于文末和盘托出:

呜呼!灭六国者,六国也,非秦也;族秦者,秦也,非天下也。……秦人不暇自哀,而后人哀之,后人哀之而不鉴之,亦使后人而复哀后人也。

结尾既总结了秦国破灭的根本原因,又表达了希望后世统治者以史为鉴的殷殷之意。

(六)情不可遏,一吐为快

随着主体内容的推进,作者的饱满的情感也在结尾处达到了顶点,其内心无法遏制的情感要喷薄而出,这时,结尾"当如撞神,清音有余",情绪热烈,情感深厚。如柯岩的报告文学《船长》的结尾:

那么,我是为了谁呢?是你吗,我的祖国!呵,我的亲爱的,经历了巨大欢乐和痛苦的祖国;我的正在向四个现代化前进,而又困难重重的祖国!我是为你而讲的,你听见么?呵,我的祖国,生我养我的祖国呵……

这是充满深情的呼唤,这是真挚而热烈的爱的淋漓酣畅地挥撒。

下面再请看夏衍的《包身工》结尾:

黑夜,静寂得像死一般的黑夜!但是,黎明的到来,毕竟是无法拒绝的。索洛警告美国人当心枕木下的尸首,我也想警告某一些人,当心呻吟着的那些锭子上的冤魂。

作家激愤之情脱口而出,自然,有力。

（七）展望前景，热情激励

这类文章的结尾，作者会以坚定的信念、满怀的热情，为读者描绘未来的美景，以激发读者的信心、勇气和力量，给读者以鼓舞和教育。例如郭沫若《科学的春天》的结尾：

春分刚刚过去，清明即将到来。日出江花红似火，春来江水绿如蓝。这是革命的春天，这是人民的春天，这是科学的春天，让我们展开双臂热烈地拥抱这个春天吧！

作者心潮澎湃地展望的"科学的春天"的美好前景，可以激发读者的向往和追求之情。

一些应用文如计划、总结等结尾，或写今后的设想，或是展望前景，预测未来，以增强人们的信心，使之产生美好的憧憬，产生为之奋斗的决心。

（八）提出希望，发出号召

有些应用文如决定、报告、计划、总结、述职报告、演讲稿等，常常在结尾处提出希望，发出号召，以激发斗志，鼓舞士气。例如，《济南市人民政府关于2000年度济南市科学技术进步奖励的决定》的结尾：

希望获奖单位和个人珍惜荣誉，再接再厉，不断取得新成绩。……全市广大科技工作者要向获奖单位和个人学习，为推动我市经济结构和生产结构的调整优化，促进经济和社会的全面发展做出新的贡献。

这样的结尾就宛如战斗的号角，激起人们为实现某一目标、完成某一任务而努力奋斗。

[思考与训练]

1. 可以通过哪些途径掌握写作技法？
2. 写作技法和表达方式的联系和区别是什么？
3. 为什么说"不能迷信某些所谓的写作秘诀"？
4. 举例阐述常用的曲径通幽的开头技法。
5. 举例说明可以运用哪些技法，使文章的结尾余音袅袅，令人回味。

6. 如何理解"法而无法"？

7. 选取实例阐述"多与少"的写作辩证艺术。

8. 查找相关资料，谈谈"拼贴画"是怎样的一种现代写作技法。

9. 举例说明，作为修辞手法的对比与作为写作技法的对比之间的差异。

10. 什么是随物赋形？

11. 巴尔扎克在《人间喜剧》前言中说："偶然是世界上最伟大的小说家，要想文思不竭，只要研究偶然就行了。"巴尔扎克所强调的技法是什么？如何运用这种技法？

12. 阅读下面这一段汤姆·克兰西关于写作技巧的论述，结合自己的写作实践，谈谈你对写作技法学习和运用的体会。

我从来没有看过任何一本讲述如何写作的书。真正的写作技巧绝不是看来的，这正如打高尔夫球一样，透过看书去学会打高尔夫球是不可思议的，真正学会高尔夫球是在不断打球的过程中最终掌握技巧，学会要领。同理，写作也是这样，学习写作的唯一方法就是去写，只有坚持不断的写下去，写到你最后真正学会写作。

13. 阅读鲁迅的小说《风波》的开头，分析这一开头的方式及所达到的艺术效果。

临河的土场上，太阳渐渐的收了他通黄的光线了。场边靠河的乌桕树叶，干巴巴的才喘过气来，几个花脚蚊子在下面哼着飞舞。面河的农家的烟突里，逐渐减少了炊烟，女人孩子们都在自己门口的土场上泼些水，放下小桌子和矮凳；人知道，这已经是晚饭时候了。

14. 阅读叶圣陶的小说《多收了三五斗》，评论一下小说结尾的妙处。

第二天又有一批敞口船来到这里停泊，镇上便表演着同样的故事。这种故意也正在各处市镇上表演着，真是平常而又平常的。

15. 阅读作家袁炳发的小小说《弯弯的月亮》，回答后面的问题。

星子的老师是刚从师范学校毕业的，年轻漂亮，很招星子和同学们的喜欢。

一天，老师在课堂上向同学们提问，老师问："同学们，弯弯的月亮像什么?"学生们几乎是异口同声地回答道:"像——小——船儿——"年轻的教师听了同学们的回答后,高兴地说:"好,同学们的回答很正确。"

这时,坐在前排的星子举起了手,可是老师没有发现,星子就仍举着手,还喊了一句:"老师。"老师听见后,说:"星子同学,有什么问题请讲。"星子站起来,眨动着那双晶晶亮的大眼睛,说:"老师,我看弯弯的月亮像豆角。"老师听完星子的话,一脸的不高兴,她对星子说:"你的回答是错误的。全班同学都说弯弯的月亮像小船儿,你为什么偏偏要说像豆角呢?难道就你特别有见解吗?"

班上的同学一阵哄笑,星子的眼窝里满是泪水。回到家后,星子把这件事告诉了曾做过小学教师的奶奶。奶奶说:"星子,老师的批评是正确的,弯弯的月亮是像小船,我从前教过的一批又一批学生,他们也都是这样回答的。"星子听完奶奶的话,眼窝里又一次含满了泪水。这件事情以后,星子开始变得少言寡语,她很不喜欢这位年轻、漂亮的老师,在课堂上从不敢再向老师提出"特别"的问题……

很快,几年过去,星子考入一所师范学校;又很快地,星子从这所学校毕业。她回到故乡的小镇做了教师。走上讲台的第一课,星子老师穿着朴素、整洁的衣服,笑眯眯地说:"同学们,在讲课之前,我首先提一个问题——你们说,弯弯的月亮像什么?"静默一会儿后,学生们几乎是异口同声地回答:"像——小——船儿——"星子老师没有说同学们的回答是否正确,她那双美丽的大眼睛,像探视器似的在同学们的脸上扫来扫去。接着,她又问:"同学们,有没有和这个答案不一样的?"

一个叫田菲的学生举起手,说:"老师,我的答案和他们不一样,我说弯弯的月亮像豆角。"星子老师听后很高兴,说:"田菲同学的回答正确。当然,其他同学的回答也正确。我只是启发同学们在回答每一个问题时,应该大胆发挥你们的想象力。多想出几个答案:比如弯弯的月亮除了像小船儿、像豆角之外,还像不像镰刀、弓?"学生们报以一阵热烈的掌声。星子老师的脸颊上,浮现出一种从心窝里涌出来的笑容。

……几十年后,已退休闲居在家的星子,接到女作家田菲寄来的她自己创作、刚出版的第一部长篇小说《弯弯的月亮》。星子急忙翻开

书,见书的扉页上这样写道:

赠给最优秀的老师星子:感谢您没有扼杀我少年时期富于想象力的天性……

您的学生:田菲

星子看后,脸上又浮现出当年那种很愉快的笑容……

思考题:

(1)这篇小说运用了哪些写作技法?

(2)这篇小说的情节安排巧妙之处体现在哪里?

(3)借鉴这篇小说的写法,写一篇小小说。

16.阅读黄兴旺的《圣诞岛红蟹的爱情之路》,回答文后的问题。

东印度洋的圣诞岛上,生存着一亿多只螃蟹,其中有一半是红蟹。

在每年的10月份,圣诞岛就进入了雨季,此时,蛰伏在洞穴里的红蟹也似乎听到了爱情的召唤,它们开始走出家门,爬向海边去搭建爱巢、寻找配偶。红蟹选择这个季节去相亲,不但有利于身体的保湿,而且此时的大潮汐也能把母蟹排出的卵顺利带入大海里。从栖息地到海边的沙滩,不足3公里的距离,这是红蟹们寻觅爱情的必经通道,也是一条充满凶险的艰难旅程。

红蟹上路了,铺天盖地、浩浩荡荡的红蟹,像一块移动的红地毯。它们趁着清晨的阴凉,以每小时700米的速度,从树林里出发。当红蟹们爬出树林时,赤道的烈日已经等候它们多时了。它们仿佛一下子就进入了50多度的烤炉里,毒辣的太阳光,迅速地蒸发着它们身上的水分。为了不被烤干,它们加快了速度,向海边爬行。

但是,爬行在队伍后面的那些体质差的老、弱、残蟹,却无法经受这种"烤"验,暴晒使它们身体迅速脱水,它们再也无力爬行了,只能带着对爱情的渴望,永远搁浅在了通往海滩的路上。

活下来的红蟹们,仍不能松懈,因为它们马上就会迎来下一个生死考验:那是几条运送矿石的铁轨,横亘在它们前行的路上。这些发着亮光的铁轨,在太阳的烘烤下,可以达到80摄氏度,从上面经过,无异于经受炮烙之刑,所以,红蟹们跨越这些铁轨时的速度一定要快。而那些腿脚不利索、爬行速度慢的红蟹,则会被烙得直冒烟。每次蟹群经过铁轨附近,都会留下大量的尸体,而每只死去的红蟹,都朝着海滩的方向,它们的身体还依然保持着爬行的姿势。

经过铁轨后,海滩就只有百米之遥了。但它们还要经历最后一次生死考验,因为它们还要穿过一条高速公路。命运好些的红蟹,逢路上无车,就算顺利过关了。而总有一些命运差的,会被碾在快速行驶的汽车轮子下面。每年迁徙的季节里,总有成千上万的红蟹被碾压而死,黑色的路面上,红蟹们用生命涂画着一片片悲壮的红色。

经过这一路光与热的洗礼、生与死的考验,当红蟹们最终到达海边时,它们的数量已经不多了。它们在海滩上筑起爱巢,交配产卵。据统计,每年都有超过500万只的红蟹,长眠在这条不足3公里的路上,这个数量达到了岛上红蟹种群的十分之一。为了海边上那短暂的爱情之约,为了下一代的繁衍生息,红蟹们前仆后继,殒身不恤,令人惊叹。

这是一条危机重重的死亡之路,但红蟹的爱与责任,让它成为一条灿烂动人的爱情之路。

思考题:

(1)分析这篇文章开头和结尾的特点。

(2)这篇文章的写作技法有哪些?

(3)这篇文章在选材、立意、表达方面,给你的启示有哪些?

17.通过网络或查阅其它文献,找到并阅读陈力娇的小说《少年》,然后回答后面的问题:

(1)这篇小说是如何设置悬念的?

(2)结合作品内容,谈谈小说是如何运用那辗的技法的。

(3)小说的结尾是什么特点?

主要参考文献

1. 刘锡庆：《基础写作学》，人民教育出版社，2007年版
2. 王泽龙：《中国写作学探要》，中国文联出版社，2004年版
3. 尹相如主编：《写作教程》，高等教育出版社，2004年版
4. 董小玉、刘海涛 主编：《现代写作教程》（第二版），2008年版
5. 马正平主编：《高等写作思维训练教程》，中国人民大学出版社，2002年版
6. 郑赓娴、马凤藻 编著：《简明写作教程》（基础知识部分），南开大学出版社，2006年版
7. 朱行能：《写作思维学》，人民出版社，2007年版
8. 孙绍振：《文学创作论》，海峡文艺出版社，2004年版
9. 刘勰：《文心雕龙》，北京燕山出版社，2001年版
10. 郭韧希、崔修建、吴井泉主编：《阅读与写作专论》，黑龙江人民出版社，2004年版
11. 尉天骄主编：《基础写作教程》，高等教育出版社，2005年版
12. 马正平编著：《高等写作学引论》，中国人民大学出版社，2002年版
13. 金长民主编：《现代写作学基本原理》，天津人民出版社，1996年版
14. 林可夫主编：《基础写作教程》，福建人民出版社，1985年版
15. 潘新和主编：《高等师范写作三能教程》，人民教育出版社，2002年版
16. 朱伯石主编：《现代写作学》，人民日报出版社，1986年版

17. 周姬昌主编:《写作学高级教程》,武汉大学出版社,1989年版
18. 刘海涛主编:《文学写作教程》,高等教育出版社,2005年版
19. 李壮鹰主编:《中华古文论选注》,百花文艺出版社,1991年版
20. 董小玉、梁多亮、蒲永川 主编:《现代基础写作》,西南师范大学出版社,2003年版

后 记

随着现代化进程的加快,随着社会对高素质人才需求的增长,写作在培养大学生综合素质和能力方面的重要性也越来越突出,写作学研究开始步入一个繁荣的新时期,尤其是 20 世纪 90 年代以来,写作理论体系和写作教学体系的探索都取得了显著成绩,许多高校创建了省级、国家级写作精品课,各类写作教材也纷纷问世。

虽然目前已出版的一些面向 21 世纪的写作教材不乏创新之处,其中增添了不少新的写作理论,更加注重了内容体系的完整性和训练设计。然而,令人遗憾的是,目前真正能够赢得众多读者的有特色的、贴近大学教学实际的适用性强的写作教材仍十分稀少,一些教材理论阐述空泛,拼凑痕迹明显,多是一些"坐而论道"的条条框框的简单罗列,缺乏对鲜活的写作实例的分析,对富有生机的写作操作指导性不强;一些教材偏重于学术探究,大量地借鉴和引用哲学、美学、文化学、语言学、逻辑学等学科的理论和知识,堆积了不少新术语和新名词,但没有突出写作学自身的特点,给人造成一种眼花缭乱、不知所措的感觉;还有一些教材观念陈旧,对一些重要的理论问题阐述浅尝辄止,或者缺乏系统的写作训练设计。

当下,高校师生迫切需要能够真正体现写作学科特征和学术规范的写作教材,需要结合现代大学对人才培养的要求,根据写作学发展的态势和当前大学写作教学实际,在整合现有各种写作教材的基础上,突出工具性、指导性、操作性的写作教材,以利于稳健地提高写作教学质量,更好地培养学生的写作能力和综合素质。

鉴于此,我们经过多方论证和深入研究,决定精心编写一套有特色、具有普泛适用性的《大学写作教程》，其突出特点是：一、贯穿"以人为本"的理念，突出对写作主体素质和能力的培养，围绕人才培养这一主题做文章，无论是理论阐述还是实践操作，均以素质和能力的提高为着眼点；二、强调"守正出新"，守写作学科之本位，重视吸收最新的写作学研究成果，同时汲纳相关学科资源，无论是内容还是编写体系，都力争有所创新，给人以新的收获；三、注重理论与实践统一，重点阐释写作原理和方法，明晰不少教材大多语焉不详的问题，并科学地设计系统的、便于师生操作的综合训练题；四、内容深入浅出，本套教材的编写者绝大多数集作家、学者、教师于一身，他们大多是省级以上写作精品课的主持人或写作课题的负责人，既有丰富的写作经验，又有丰富的教学经验，他们深知写作的奥妙和写作教学的甘苦，懂得写作教材绝不能炫耀编写者的"理论才华"，而应当在坚持学术规范的基础上，追求教材的好读性和耐读性，在与读者自然亲切的对话交流中，带给读者真正需要的东西。

本套教材由原理卷和文体写作卷构成。原理卷重在建构写作基础理论体系，文体写作卷重在建构主要文体写作理论与实践体系，两卷在内容上紧密衔接、相互配合，构成一个系统的、开放的、适应于现代大学写作教学需要的知识和理论体系。

作为一名有着二十五年的写作经历，发表过各类作品逾200万字的写作者，和曾先后执教中学、中专、大学写作教学近二十年的教师，本书编著者虽然至今仍身处写作实践和写作教学的第一线，对写作的研究一直抱着浓厚的兴趣，但因才疏学浅，加之勤奋不足等原因，对很多理论的探究还不够深入，对一些问题的研究尚不够透彻，需要向写作界内外的专家、读者广泛地求教和学习，从而不断地提高。此教材编写过程也是一次很好的系统学习的过程，教材中参阅了大量的文献资料，除了重点列于书后的，还有许多重要学术论文，限于篇幅等原因没有一一列出，但编著者始终保持一份感激之心，也借此向众多给予编著者多方面启发、教诲的专家、学者和同行们，表示真诚的感谢。

《大学写作教程》（原理卷）的完成，要特别感谢著名学者、博士生导师罗振亚教授，是罗先生的热情举荐，帮助编著者早日实现了出版一部教学中更为得心应手的写作教材的夙愿。同时，要感谢南开大学出版社，出版社对大学写作教材编写的高度重视，对编著者"不薄名人重新人"的开放胸襟，给了编著者极大的鼓舞和鞭策。还要感谢南开大学出版社副编审任增霞博士，从选题论证到内容设置、编写过程，任老师都倾注了大量的心血，她的勤勉与认真，令编著者十分敬佩和感激。

　　思考永远不会止息，探索永远在路上。对于本教材中的缺憾和不足，编著者在此向读者致以深深的歉意，并恳请有关专家和读者及时地批评指正，编著者愿意虚心地接受大家的反馈意见，以便在不久的将来有更好的呈现。

编著者

2009年春